湖北省公益学术著作出版专项资金项目

丛书主编 \ 周洪宇

人民之子 陶行知

RENMIN ZHI ZI TAO XINGZHI

周洪宇 著

华中师范大学出版社

新出图证(鄂)字 10 号
图书在版编目(CIP)数据

人民之子　陶行知/周洪宇著. —武汉：华中师范大学出版社，2020.11
（陶行知学文库）
ISBN 978-7-5622-9176-3

Ⅰ.①人… Ⅱ.①周… Ⅲ.①陶行知(1891-1946)—传记 Ⅳ.①K825.46

中国版本图书馆 CIP 数据核字(2020)第 208886 号

人民之子　陶行知
ⓒ周洪宇　著

责任编辑：张怀东	
责任校对：骆　宏	封面设计：罗明波
编辑室：学术出版中心	电话：027-67867792/3280
出版发行：华中师范大学出版社	
社址：湖北省武汉市洪山区珞喻路 152 号	电话：027-67863426（发行部）
网址：http://press.ccnu.edu.cn	电子邮箱：press@mail.ccnu.edu.cn
印刷：湖北恒泰印务有限公司	督印：刘　敏
开本：710mm×1000mm　1/16	印张：28.75
字数：442 千字	
版次：2020 年 12 月第 1 版	印次：2020 年 12 月第 1 次印刷
定价：144.00 元	

欢迎上网查询、购书

敬告读者：欢迎举报盗版，请打举报电话 027-67867353

"陶行知学文库"编辑委员会

顾　问：章开沅　朱永新　董宝良

主　任：周洪宇

副主任：周挥辉

委　员：申国昌　操太圣　刘从德　刘大伟　刘来兵

秘书长：齐彦磊

总　序

周洪宇

陶行知是中国近现代享有盛誉的教育家、思想家、政治家和文学家,也是中国近现代原创力最强、真正形成了自己的教育学说体系、富有世界影响力的教育思想家。2007年,美国知名学者、哥伦比亚大学教育学院大卫·汉森教授在其主编的《教育的伦理视野——实践中的教育哲学》一书中介绍了世界最具影响力的十大教育思想家,其中唯一的中国教育思想家就是陶行知。该书将陶行知与美国的杜威、意大利的蒙台梭利等世界著名教育思想家并列,足见陶行知在国际学术界的巨大影响力及其被国际人士高度认可。

2020年是陶行知研究100周年,2021年是陶行知130周年诞辰和逝世75周年。借此机会,我们与华中师范大学出版社合作,编辑出版"陶行知学文库"丛书50余册,约2000万字,以深化陶行知研究,推动中国教育改革发展,加快建设中国教育学。

一

"陶行知学文库"丛书的编辑出版具有重大的学术价值与现实意义。2020年是国家"十三五"教育事业发展规划的收官之年,2021年是国家"十四五"教育事业发展规划的起步之年。值此重要历史节点,编辑出版"陶行知学文库"丛书意义重大而深远。

其一,这是深化当代陶行知研究的迫切需要。

如果将1920年北京大学缪金源所写的关于陶行知学生自治思想研究的文章算为正式起点的话,陶行知研究到现在已有整整100年历史。回顾百年陶行知研究,可以发现陶行知研究已经逐步发展为一门国际性的学问,在美国、德国、法国、日本、韩国等国家都有不少学者在进行研究并取得了丰硕成果。陶行知研究是一门中国本土成长起来的学问,它是对中国近现代教育家陶行知的专门研究之学。既然是本土之学,中国人自己首先要研究好,这样才能更好地与国外学术界对话和交流,提高我国在国际学术界的话语权。

深化当代陶行知研究需要建立专业的、系统的、科学的"陶行知学"。所谓"陶行知学",就是一门以陶行知的家世家庭、个人生平、事业贡献、思想学说、人格精神、历史作用和国际影响为主要研究对象的学问。它涉及陶行知本人及其所处的时代环境、所经历的重要活动和重要事件、所交往的重要人物等,重点是研究陶行知的精神文化世界,对陶行知的历史价值及其局限进行历史反思。透过这种研究来看在当时的时代环境下,以陶行知、鲁迅为代表的中国近现代进步知识分子如何处理中西古今关系,走上一条追求真理、救国救民的历史道路,以及我们今天怎样学习和借鉴陶行知思想,推动当代的教育改革和社会进步。"陶行知学"的具体内容应该包括历史研究、文本研究、理论研究、应用研究、比较研究、海外研究和研究史研究等。就其性质而言,它有应用研究的一面,但主要还是基础研究。换句话说,它就是以基础研究为主、应用研究为辅的一门专门学问。

随着中国经济的快速发展、国际地位的日益提高,中国的学术和文化也要有相应的提升,以适应时代的需要。在当前西方学术文化占据强势地位的情况下,加强与西方学术界对话,发出中国自己的声音,很有现实意义。中国当代陶行知研究的重要任务之一,就是发展陶行知学术文化,形成陶行知学术话语体系,促进中西教育学术交流,在国际上拥有更大的话语权。"陶行知学文库"丛书的编辑出版正有助于此。

其二,这是加快建设当代中国教育学的迫切需要。

陶行知从20世纪10年代开始撰写教育论文,至40年代中期去世前,披阅不停、笔耕不辍,数十年如一日,围绕其独特的生活教育思想,著述达四百万字以上,客观上构建了一个概念清晰、原理明确、主张具体、内容丰富、结构完整的教育理论体系,得到了教育界、学术界的充分肯定。陶行知教育学说由若干概念范畴、基本原理和具体主张组成。具体而言,它以政治理念、哲学观点和文化思想为理论基石,以"生活"范畴为逻辑起点,以"生活即教育""社会即学校""教学做合一"三大原理为教育哲学依据,以民主教育、科学教育、乡村教育、师范教育、幼儿教育、创造教育、全面教育、终身教育等为具体教育主张,将其有机地建构成一个紧密联系、不可分割的整体,而且随着社会形势的变化与教育实践的深入,不断发展变化,具有鲜明的时代特征和特定的历史内涵。

20世纪上半期,陶行知在反传统教育和反洋化教育的斗争中,在长期的教育实践过程中,通过批判地吸收古今中外各种教育思想精华和总结自己的教育实践经验,创立了具有中国特色、以教育哲学原理为基础、以各类教育主张为内容的一套完整的生活教育学说。他的生活教育学说是在半殖民地中国社会历史条件下中国人民争取解放、自由、平等的教育理论,也是既符合中国国情又适应社会发展和世界潮流的现代教育思想,达到了近现代中国社会教育思想所能达到的最高高度,成为新中国教育思想体系的重要理论来源之一,也是当今与未来中国教育思想发展的一个重要理论资源。"陶行知学文库"丛书的编辑出版是对陶行知教育学说的系统梳理与科学总结,有助于丰富和建设具有中国特色、中国风格、中国气派的当代中国教育学。

其三,这是加快当代教育改革发展的迫切需要。

陶行知早年毕业于世界著名的教育研究机构——美国哥伦比亚大学师范学院,师从20世纪著名的哲学家、教育学家、美国哲学学会会长杜威,世界著名教育史学家、世界教育联合会会长孟禄,知名教育学家、"设计教学法"创始人克伯屈等人,并在美国教育行政学权威、美国教育行政学会会长斯特雷耶教授的指导下撰写博士学位论文,研究中国教育。陶行知一方面深受西方先进教育理论的熏陶,另一方面又有长期的中国教育改革实践经历,教育理论功底深厚,教育实践经验丰富,而且善于总结提炼,具有强烈的自觉去系统建构教育理论体系的愿望与能力,被美国最负盛名的汉学家、哈佛大学东亚研究中心主任费正清教授誉为"杜威博士最有创造力的学生"。

陶行知不仅是一位杰出的教育家、思想家、文学家,也是一位活跃的政治家。他始终把教育变革与社会改造紧密地结合在一起,一生致力于中国的民族独立、国家富强、文教发达、社会进步。他的爱满天下的博大胸襟、乐于奉献的伟大情操、炽烈真诚的教育激情、求真务实的思想作风、不屈不挠的刚毅品质、开拓求新的创造精神,是我们今天进一步推进改革开放、实现中华民族伟大复兴宏伟事业、圆美好中国梦最需要的精神财富。"陶行知学文库"丛书的编辑出版有助于深化陶行知研究,把这些精神财富很好地总结和提炼出来,服务于当代中国教育发展改革的需要,特别是服务于十九大尤其是十九届五中全会后中国教育改革发展、建设高质量教育体系、推进教育现代化、建设教育强国、办人民满意教育的迫切需要。

其四,华中师范大学陶行知研究团队四十年的学术积累使之具有可行性与可操作性。

华中师范大学是改革开放以后中国大陆最早开展陶行知研究的重点高校之一,编辑出版了国内外第一套《陶行知全集》(共 8 卷,湖南教育出版社 1984 年、1985 年出版前 6 卷,1992 年出版后 2 卷),该书 1986 年获得全国优秀畅销书奖,1988 年获得全国第一届优秀教育图书特别奖,1994 年获得第一届国家图书奖,为全国陶行知研究的顺利开展提供了基本条件;1993 年撰写出版了第一本陶行知研究专著《陶行知教育学说》,该书获得 1995 年首届全国高校人文社会科学研究优秀成果一等奖;1985 年和 1988 年分别培养了国内第一个教育史陶行知研究硕士研究生和第一个历史学博士研究生,这为 2000 年华中师范大学获得教育史学博士学位授权点以及此后培养多位以陶行知研究为论文选题的教育学博士奠定了坚实基础。无论是编纂出版陶行知全集、选集,还是编写年谱长编、人物传记、画传;无论是撰写出版专著、发表研究论文,还是组织开展教育改革实验,创新发展陶行知思想;无论是培养人才,建设一支高素质、专业化、创新型研究队伍,还是建立陶行知国际研究中心、举办专题国际学术会议,让陶行知研究走向世界,华中师范大学都走在国内外教育界、学术界的前列,成为举世公认的陶行知国际研究中心。在著名历史学家章开沅教授、著名教育史学家董宝良教授的导航引路下,一批中青年学者脱颖而出,成为当今国内外陶行知研究领域里的中坚力量。华中师范大学陶行知研究团队四十年深厚的学术积累为"陶行知学文库"丛书的编选出版奠定了坚实基础并提供了可能。

二

"陶行知学文库"丛书的编选范围广、体量大、内容丰富,主要是选取改革开放以来华中师范大学陶行知研究团队的陶行知研究成果,既有陶行知的全集、选集等资料整理，又有专题研究、人物传记、比较研究、国际研究、年谱长编和应用研究等。其中全集有《陶行知全集》（新编本）和《陶行知全集》（精编本），选集有《陶行知教育论著选》、《陶行知教育名篇选》、《陶行知教育名篇精选》（教师读本）、《陶行知教育名论精要》（教师读本）、《陶行知幼儿教育名篇选读》、《生活教育——陶行知英文著作精选》（中英双语），专题研究有《陶行知教育学说》、《陶行知生活教育学说》、《陶行知生活教育导读》（教师读本）、《陶行知生活教育理论》（英文版）、《陶行知与中国现代文化》、《陶行知与中外文化教育》、《陶行知与中外文化教育再探》、《陶行知研究的学术谱系》、《我与陶行知研究》，人物传记有《平凡的神圣——陶行知》《山乡社会走出的人民教育家：陶行知》、《人民之子　陶行知》、《陶行知画传》、《陶行知大传——一位文化巨人的四个世界》、《平凡的伟大：教育家陶行知、杨东莼、牧口常三郎的生活史》、《最后的圣者——陶行知新论》、《教育改变世界——陶行知》（英文版），比较研究有《蔡元培、黄炎培、陶行知的比较研究》《陶行知与牧口常三郎教育思想比较研究》，国际研究有《陶行知研究在海外》、《陶行知研究在海外》（新编本）、《全球视野下的陶行知研究》、《教育交流与社会变迁：哥伦比亚大学与现代中国教育》（此书大篇幅论述陶行知），年谱有《陶行知年谱长编》，应用研究也正在编写之中。需要说明的是，"陶行知学文库"丛书选收的研究性著述均为华中师范大学陶行知研究团队成员所作，有些优秀之作因各种原因未能纳入其中，不免有遗珠之憾，敬请原作者谅解。

三

本丛书的编选范围与编选体量决定了其以"陶行知学文库"命名，而非简单地取名为"陶行知丛书"或"陶行知研究丛书"。这既体现了丛书命名的科学性与准确性，也彰显了丛书内容的全面性与专业性。"陶行知学文库"丛书由章开沅先生、朱永新先生、董宝良先生担任顾问，周洪宇、周挥辉任编辑委员会正、副主任，申国昌、操太圣、刘从德、刘大伟、刘来兵为编委会委员，齐彦磊任编委会秘书长，陈诗、窦海元、詹淑兰、范青青、戚同欣、郑媛、王亭力、陈海霞、韩旭帆等为编委会工作人员。在丛书的编选过程中，编委会力求以历史唯物主义为指导思想，以历史研究、比较研究、理论研究等为研究方法,做到历史与逻辑相结合、抽象与具体相结合、理论与实践相结合、本土与域外相结合,深化陶行知研究水平,使之更具专业性、系统性和科学性。依此,编委会对丛书的整体进度作了如下安排:丛书共 50 余册,分三辑出版,2020 年出版第一辑 10 册,2021—2025 年出版第二辑 22 册,2025 年之后出版第三辑约 20 册。

　　本丛书在编选过程中得到了著名史学家、教育家章开沅先生,著名教育史学家董宝良先生的关心与支持,华中师范大学教育学院喻本伐教授、余子侠教授、申国昌教授、刘来兵副教授和曾在华中师范大学教育学院任教或学习的现深圳大学师范学院熊贤君教授、聊城大学教育学院胡志坚教授、长江大学教育学院陈竞蓉教授、南京晓庄学院陶行知研究院刘大伟副教授、武汉市市场监督管理局蔡幸福博士以及国内外教育界、学术界的其他朋友等均从不同维度为丛书的立意、构思与修改提出了宝贵的意见和建议。同时,"陶行知学文库"丛书编选工作的顺利展开也得益于编委会各位同志的辛勤付出。华中师范大学出版社社长周挥辉、总编刘从德、学术出版中心主任冯会平和编辑张怀东等人,为丛书出版倾注了大量的心血。值此丛书第一辑付梓之际,谨对以上各位同仁致以最诚挚的谢意!

2020 年 12 月 18 日于武汉东湖之滨远望斋

目录

一、家世背景 ································· 001
  出身贫寒 ································· 001
  徽州府与"徽骆驼" ······················· 002
  徽商与徽州文教 ··························· 002
  孩提岁月 ································· 004

二、教育经历 ································· 005
  乡村私塾的传统启蒙 ······················· 005
  内地县城的西式洗礼 ······················· 006
  繁华都市的现代文化熏陶 ··················· 008
  世界教育中心的留学深造 ··················· 017
  哥伦比亚大学 ····························· 020

三、爱情、婚姻与家庭 ························· 024
  父母 ····································· 024
  姐妹 ····································· 027
  第一任妻子汪纯宜 ························· 028
  四个儿子 ································· 030
  第二任妻子吴树琴 ························· 034

四、社会交往 ································· 043
  前辈 ····································· 043
  师友 ····································· 051
  弟子 ····································· 070

五、教育改革 …… 079

- 提倡高等教育革新 …… 079
- 主持全国教育改革 …… 081
- 开展平民教育运动 …… 083
- 发起乡村教育运动 …… 086
- 组织普及教育运动 …… 090
- 推动战时教育运动 …… 091
- 推动民主教育运动 …… 095

六、办学实践 …… 098

- 晓庄师范 …… 098
- 山海工学团 …… 109
- 育才学校 …… 120
- 社会大学 …… 133

七、教育学说 …… 143

- 思想来源 …… 143
- 形成与发展 …… 148
- 基本范畴和三大命题 …… 152
- 根本原则 …… 169
- 具体主张 …… 173
- 性质与特征 …… 210
- 历史作用及其现代价值 …… 226

八、文艺新风 …… 231

- 大众诗人 …… 231
- 大众教育小说家 …… 252
- 现代杂文家和散文家 …… 255
- 音乐大众化的健将 …… 263
- 大众戏剧家 …… 270
- 大众美术的倡导者 …… 275

九、文字改革 ... 278
  提倡新文字改革 ... 278
  推动大众语文运动 ... 282

十、新闻出版 ... 290
  主编《新教育》、《新教育评论》 ... 290
  创办《乡教丛讯》、《乡村教师》 ... 293
  主办《生活教育》、《大众教育》等 ... 296
  就任《申报》总管理处顾问 ... 299
  创办《平民周刊》 ... 302
  编写平民读物与创立大孚出版公司 ... 304
  支持进步报刊 ... 308

十一、新图书馆运动 ... 311
  倡导成立图书馆教育委员会 ... 311
  促进中华图书馆协会成立 ... 312
  筹设教育图书馆 ... 315
  提倡流通图书馆 ... 317

十二、科学普及 ... 320
  倡导科学教育 ... 320
  推动"科学下嫁"运动 ... 326
  出版科普书籍 ... 334

十三、民主之魂 ... 339
  政治理念的转变 ... 339
  民主活动的展开 ... 354

十四、伟大人格 ... 371
  爱满天下 ... 371
  乐于奉献 ... 373

炽烈真诚 …………………………………………………… 374
刚毅品质 …………………………………………………… 376
求真务实 …………………………………………………… 378
开拓求新 …………………………………………………… 380

陶行知大事年表 ……………………………………………… 383

主要参考资料 ………………………………………………… 438

一、家世背景

出身贫寒

陶行知原名陶文濬,字世昌,1891年10月18日出生于安徽省歙县西乡黄潭源村的一个贫寒家庭。他有一姊一妹:姊名宝珠,幼殇;妹名美珠,又名文渼。

陶行知的父亲名长生,字位朝,号笑山(筱山),粗通文墨,为人厚道,原在休宁县万安镇经营亨达官酱园。鸦片战争之后,由于帝国主义列强的入侵和洋货倾销,农村的自给自足经济每况愈下,百业萧条。陶家家境困难,陶父只得将酱园出顶给曹氏亲戚,回故乡黄潭源村种田务农,卖柴卖菜。陶行知的母亲曹翠仂,除种田务农、操持家务外,还替人缝补浆洗做佣人。

陶行知乳名和尚,这是因为他有一个姐姐幼年夭折,陶父鉴于人丁不旺,出于迷信观念和民间习俗,想让陶行知寄于沙门,荫佛长寿,故取乳名和尚。同时,也是因为他小时候为省事起见头发常常被母亲剃得光光的,村里人都叫他"小和尚"。陶家那把剃刀,用过三代人,遂有"一把剃刀剃三代"之说①。陶行知把母亲使用过的剃刀视为最可纪念的传家宝。母亲逝世后,他曾作诗一首:"这把刀!曾剃三代头。细数省下钱,换得两担油。"②

青少年时期的陶行知

由于家境贫寒,陶行知自幼便饱经世故沧桑,深知农家疾苦。十一二

---

① 张劲夫:《陶行知纪念馆五岁》,安徽省陶行知纪念馆、歙县陶行知教育思想研究会1989年编印,第162页。

② 陶行知:《吾母所遗剃刀》,华中师范学院教育科学研究所:《陶行知全集》第4卷,湖南教育出版社1985年版,第216页。

岁时，他就成为家中的半个劳动力，每天和祖母一起绩麻，跟母亲一起种菜，随父亲一起砍柴、卖柴和卖菜。他平日接触的大多是贫民，一直生活在贫民社会环境中，对劳苦大众无比挚爱，对有钱有势者则极为鄙视，自幼便形成了亲民、爱民、为民、救民的思想。

当时，歙县西干十寺有两个当家和尚勾结官府，鱼肉人民，利用宗教，作威作福，强奸妇女，并以宣扬佛教为名，沿西干山坡修建18座佛龛，强捐恶索，惹起众怒。陶行知激于义愤，与同学朱家治等人，把西干沿河的木雕菩萨全部摔入河里，并质疑说："佛心何在？"还告诫小和尚不要为虎作伥，应修善宁人，方是佛门本色[①]。可见他自小就有一种强烈的正义感，这是他日后亲民、爱民、为民、救民的思想起点。

徽州府与"徽骆驼"

陶行知的故乡歙县，旧属徽州府，在安徽省南部。徽州全境多为山区，虽风景秀美，但山多地少，土瘠民贫，全年生产的粮食仅够当地居民三月之需。因此，为了生存，徽州人大多离乡背井，外出经商。他们多以小生意起家，吃苦耐劳，积累资金，逐渐扩大势力，有的竟成为富商大贾。徽州人以善于经商闻名全国，甚至有"无徽不成镇"的说法，意指一个地方只要徽州人进来，就开始设店经商，把小村落变成小市镇。徽州人特别能够吃苦耐劳，富于开拓创业精神，人称"徽骆驼"、"绩溪牛"。陶行知自幼便深受这种精神的感染，萌生了艰苦奋斗、开拓进取的意识[②]。

徽商与徽州文教

为了在激烈的商业竞争中始终立于不败之地，徽州商人十分注重自身文化素养的提高，因此，徽州地区的学习气氛格外浓厚。孩子们从小就要

[①] 张劲夫：《陶行知纪念馆五岁》，安徽省陶行知纪念馆、歙县陶行知教育思想研究会1989年编印，第163—164页。

[②] 1923年春，陶行知曾在《游牛首山》这首诗的题注中，对"绩溪牛"的精神予以称赞："吾乡称绩溪人为绩溪牛，人以为侮辱，我以为是尊敬。因为牛是农家之友，没有牛，我们那里来的饭吃呀！"纵观陶行知的一生，他不正是这样一头"绩溪牛"或"徽骆驼"吗？

进各类塾馆读书,接触儒家经典。许多徽商都是或"先儒后贾",或"儒而兼贾",或"亦儒亦贾",或"先贾后儒"。由于徽商具有这个特点,因而他们在商业竞争中,具有"权低昂,时取予"的洞察能力,容易发财致富,并易于与政界官场建立密切联系,为进一步扩大势力创造条件。

与此相关,徽州人非常重视发展教育事业,兴建各级各类学校。自明初起,各乡创办社学,徽州六县共有社学394所①。及至清朝康熙年间,发展到512所②。嘉庆以后,社学渐衰,私塾又起。"远山深谷,居民之处,莫不有学有师","十户之村,不废诵读"③。徽州的书院也有相当发展。从北宋到清末,徽州六县共建书院70所,其中宋建18所,元建6所,明建34所,清建12所。明清时期,徽州宗族还普遍实行资助学员的宗规家法。《重修古歙东门许氏宗谱》卷八《许氏家规》规定:"凡逼族人子弟肄习举业,其聪明俊伟而迫于贫者,厚加作兴,始于五服之亲,以至于人之殷富者,每月给以灯油、笔札之类,量力而助之。"④

徽商拥有的雄厚经济实力与徽州甚为发达的教育事业,导致徽州地区的文化学术在明清时期出现了空前繁荣的景象。地域性哲学、经学、医学、绘画、戏剧、建筑、雕刻、盆景等专业性文化得到了长足发展,相继衍化为自成一体、具有鲜明地方特色的派别。新安理学、徽派朴学、新安医学、新安画派、徽班徽调、徽派建筑、徽派雕刻、徽派篆刻、徽派盆景等,无不享有盛名,著称全国。尤其是徽派朴学,在清代学术史上力压群芳,影响深远。徽派朴学的创始人为婺源江永,他一生从事教育与著述,学问渊博。江永的高足戴震是徽派朴学的集大成者,其治学"长于分析条理,而裁断严密,每获一义,乃参互考之,往往确不可易"。继戴震之后,黟县俞正燮、歙县洪榜、凌廷堪、汪莱、程恩泽,绩溪胡匡衷、胡培翚、胡春乔等,都是清代学术界出类拔萃的著名学者。徽派朴学代表了清代学术的最高成就,其学风集中体现了清代学术尚实、求实的特点。

诞生在这种文化地理背景中的陶行知,自然要受到地域文化的影响。其实事求是、大胆怀疑、敢于批判的精神,无疑是对徽派朴学基本治学精神

---

① 弘治《徽州府志·学校》。
② 康熙《徽州府志》。
③ 赵滂:《商山书院学田记》,见道光《休宁县志·风俗》,嘉靖《婺源县志·风俗》。
④ 《徽州的书院(资料)》,《徽学通讯》1989年第1期增卷。

的继承与弘扬。

孩提岁月

从孩提时代起,陶行知就在这样一个学风朴实、名人辈出的文化之乡,饱受传统文化的熏陶。源远流长的徽州文化,给他以耳濡目染、潜移默化的影响。他从6岁起开始接受启蒙,接受儒家教育。此后虽因家庭原因,时有中辍,但好学精神未减,即便是风雪之日,他也从不停止向先生问学。他曾先后拜歙县、休宁的几位名儒为师,研习四书五经,在传统文化方面奠定了厚实根底,这为他后来事业的发展,打下了良好的基础[①]。

少年时代,陶行知对唐代诗歌产生了浓厚的兴趣,尤为酷爱白居易、杜甫两人的作品。他因家贫无钱买书,就向同学汪采白的父亲汪纪修借唐诗来抄写。他边抄边吟,抄写十分认真。还书时,汪先生问他:"唐朝诗人中,你最推重谁?"陶不假思索地答道:"白居易、杜甫。"汪先生又问:"为什么?"陶说:"白诗通俗,杜诗沉郁。他两人诗的风格虽不同,但多感时之作,喊出了人民的呼声。"[②]

杜甫和白居易都是有强烈的人民性和爱国主义精神的诗人。他们的作品充满了对人民的爱和对敌人的恨,对祖国的赤诚和忧虑。从这些祖国的优秀文化遗产中,陶行知吸取了丰富的人民性的思想力量和爱国主义的精神。不仅如此,他还学习了白居易用大众语言写大众诗的艺术风格。陶行知后来写了近700首诗歌,成为现代中国著名的大众诗人。他的诗作感时忧国,反映民生疾苦,对反动派的祸国殃民、屈膝投降进行了口诛笔伐,沉雄有力,而且明白晓畅,老妪可解。这显然是师承白、杜的结果。

---

① 张国良:《再记我所知道的陶行知先生》,《行知研究》1984年总第11期。
② 张国良:《再记我所知道的陶行知先生》,《行知研究》1984年总第11期。

二、教育经历

乡村私塾的传统启蒙

陶行知自幼聪慧,资质优异,而且是家中唯一的男孩,陶父将家庭的希望都寄托到他的身上。再加上其父陶位朝有一定的文化基础,他期望通过教育儿子成才而改变家庭的贫困命运,于是经常利用闲余时间对陶行知进行识字教育,让其临摹字形。

早期的智力开发,使得陶行知比一般的孩子聪明,而且勤劳务实,礼貌待人,这就引起了旸村塾师方庶咸秀才的注意。于是在1897年,6岁的陶行知便通过行束脩之礼入方秀才私塾开蒙。此后陶父继续利用业余时间,在家对陶行知进行习字教育,并教授简单的儒学知识。陶行知的记忆力特别强,三刻钟内就能背诵《左传》43行。

8岁时,陶父重返休宁万安任册书,陶行知也随父到休宁入吴尔宽私塾伴读[①]。陶行知在这里接受了较为系统的经学教育。他天资聪颖,刻苦钻研,反应灵敏,深得外祖母、塾师、学友的青睐。在此他苦读中国传统儒学经典,奠定了坚实的旧学基础。

1903年,12岁的陶行知又得到了秀才程朗斋对四书的解读指导。后来,他还不辞艰辛,翻山越岭,奔波十几里来到航埠头曹家经馆,向前清贡生王藻请教。他经常站立门外候教,甚至不顾大雪纷飞,王藻曾赞扬他有一种"程门立雪"[②]的古人之风。这种求学的诚意深深打动了王先生,陶行知从王藻那里得到了对五经的指点与教诲。

这样,陶行知通过传统的家庭教育和四处求学的双重途径,受到了良好的传统文化教育,为其日后成为集中国传统美德与高尚气节于一身,兼

[①] 朱泽甫:《陶行知年谱》,安徽教育出版社1985年版,第3页。
[②] 据《宋史·杨时传》载,北宋杨时就教于程颐,"至是又见程颐于洛,时盖年四十矣。一日见颐,颐偶瞑坐,时与游酢侍立不去,颐既觉,则门外雪深一尺矣",借喻尊师重道。

具儒家的亲仁、墨家的兼爱、佛家的慈悲和基督教的博爱品质的文化伟人和教育大师打下了深厚的文化根基。

内地县城的西式洗礼

1906年,陶行知进入隶属于基督教内地会的徽州府崇一私立中学堂学习,开始接触西方近代科学文化知识,经受西方文化的洗礼。

陶行知跨入崇一学堂并非历史的偶然,实与当时的时代环境、他的家庭以及本人际遇均有密切关系①。鸦片战争以后,西方列强在军事侵略、经济掠夺中国的同时,逐步加强了对中国的文化渗透。他们以强大的武力做后盾,迫使清政府签订了一系列不平等条约,并逼其向西方传教士敞开了国门,允许西方传教士在各省租买田地,开设教堂,传播基督教。从此,西方传教士蜂拥而入,很快便深入中国的穷乡僻壤。当时在安徽地区活动的教会组织,主要有内地会、来复会、浸信会、北长者会、信义会、圣公会等。

陶行知早年就读的崇一学堂旧址

其中,内地会的势力最大。内地会是英、美等国基督教新教对中国派遣传教士的差会组织,由英国人戴汝生于1865年创立,总会设在伦敦。所派传教士来自各个不同的宗派,以英、美、加拿大、澳大利亚和新西兰人为主,亦有少数德、奥、瑞士和北欧人。在安徽打头炮的是密多士(Meadows)和卫良(Williamson)两人。经过一番惨淡经营,他们终于在1869年在安庆奠定了传教事业的基础。此后几年中,内地会是安徽唯一的教会组织。在1869—1885年间,他们先后创立差会总堂四处:安庆

---

① 周洪宇:《近代知识分子与教会教育——一项以陶行知为观照基点的历史透视》,章开沅、林蔚:《中西文化与教会大学——首届中国教会大学史学术研讨会论文集》,湖北教育出版社1991年版,第358—402页。

(1869)、宁国(1874)、池州(1874)和歙县(1875)①。歙县崇一学堂就是他们于 1900 年为传播基督教义和西方文化科学知识、扩大教会影响而创办的。校长由歙县内地会教堂的英籍牧师吉布斯(C. W. Gibbs)兼任,此人汉名唐进贤。

陶行知 13 岁时,一度重返休宁万安工作的父亲陶位朝被解除册书一职,再次回家务农。他也随父离开万安回到歙县。当时的教堂通事(翻译)章觉甫与陶位朝是朋友,看见老友落魄潦倒,全家生活困难,便介绍陶行知的母亲到歙县内地会教堂当帮佣,除炊事外,兼做勤杂工。小小年纪的陶行知,颇懂体贴父母,常随父母挑瓜挑柴进城出售,卖完瓜、柴后,总是去教堂帮助母亲做一些洗菜、挑水等杂活。崇一学堂校长唐进贤爱好中国经史文学,见陶行知举止大方,手脚麻利,又喜其聪明好学,遂嘱陶母送他入学,并免收学费。于是,在 15 岁这一年,陶行知进了崇一学堂这所教会学校求学②。

入崇一学堂学习,是决定陶行知一生命运的关键性的一步。崇一学堂为他从旧式知识分子转变为现代文化人架设了第一块跳板。崇一学堂学制三年,开设的课程有:德行、修身、经学、国文、英文、中西历史、算学、代数、格致、地理、音乐、体操 12 门,唐进贤一人兼授英文等 7 门课程③。这些课程的设置,体现了教会学校把基督教文化同儒家思想中有利于教会的内容结合起来的意图,表明教会教育是一种中西混合式的教育。当时的同学有姚文采、江粹青、程家庚、章文美、章文启、汪邦镐、朱家治、汪蒿祝、洪范五、程祖贻、汪邦荣、汪邦钊、汪孔祁、汪邦钧等 18 人。他与姚文采、洪范五同住在一间寝室,他们经常进行背书比赛,陶行知总是以惊人的记忆力夺得冠军。

在崇一学堂,陶行知珍惜时间,发奋攻读,如饥似渴地学习西方文化科学知识,学业上突飞猛进,并滋生了爱国意识。崇一虽名为中学堂,实际层次似仅与高小相齐④。尽管在此所接触到的西方文化还极为有限,但无论

---

① 王鹤鸣:《安徽近代经济探讨 1840—1949》,中国展望出版社 1987 年版,第 230—231 页。
② 朱泽甫:《陶行知年谱》,安徽教育出版社 1985 年版,第 5 页。
③ 根据"安徽省徽州府崇一私立中学堂毕业文凭"。
④ 关于崇一学堂性质与层次的评估,参见董宝良、喻本伐、周洪宇:《陶行知生平求是》,《教育史研究》1995 年第 2 期。

如何,它毕竟给年少的陶行知打开了一扇眺望新世界的窗口。从这扇窗口,他看到了发达的西方,看到了四书五经、子曰诗云所无法告诉他的新世界,他的视野也从一个小小的歙县扩大到全中国甚至全世界,一股强烈的历史使命感由此而萌发,他用毛笔在宿舍的墙壁上题写了两行座右铭"我是一个中国人,要为中国作出一些贡献",并朝夕以此自勉。正是以崇一学堂为起点,他开始了对救国救民真理的艰难探索。

繁华都市的现代文化熏陶

陶行知在崇一学堂学习两年后,因唐进贤临时有事返回英国,学校便关了门。当时,陶行知目睹旧中国贫穷落后,医疗科学很不发达,庸医误人,自己的姐姐就因病夭折,遂在好友章文美等人的影响下,像早期的孙中山、鲁迅和郭沫若那样,一度萌生了行医济世、医学救国的念头。为此,他于1909年春投考杭州的一所教会学校——广济医学堂。由于该校对于非基督徒学生在课程学习等方面有歧视性规定,他只待了三天便愤而退学[①]。

离开杭州后,陶行知一度流落苏州,不久又回家专攻了一年英语。1909年秋,他巧遇办完事后回到中国的唐进贤,经其介绍,考入美国教会美以美会在南京开办的汇文书院。1910年春,汇文书院与基督会和长老会合办的宏育书院合并为金陵大学堂,他直接进入金大学习。金大初创时,仅设文科及若干数理学程。文科分预科、本科两部,预科两年,本科三年。因他此前已有汇文的半年成绩,故预科只读了一年半,便于1911年升入文科本科,至1914年夏完成学业,他在金大生活和学习了五年。如果说跨入崇一是他在人生道路上迈出的关键性的第一步,那么,求学金陵无疑是更为坚实有力的又一步。

金陵求学的这五年,正是民族、民主革命浪潮汹涌澎湃之时。陶行知一面勤奋学习,一面踊跃投身于辛亥革命的洪流之中。他曾发起组织大学运动会,以门票收入充做"爱国捐",帮助黄兴领导的南京留守机关解决财政困难。他还倡设了金大《金陵光》中文报,并任中文主笔,撰文宣传民主

---

① Tao Wen-Tsing: To J. E. Russell, February, 16. 1916.

共和思想。

在此期间,陶行知在学习上非常勤奋,不但各门专业课程成绩优异,为全校师生所瞩目,而且还利用课余时间,广泛涉猎了近代西方各种哲学、社会政治学说和中国古代文化的大量典籍。西方的达尔文、赫胥黎、斯宾塞、林肯等人与中国的孔子、孟子、墨子、庄子、荀子、朱熹、王阳明、王畿等人的著作和学说,均在其博览之列,而近人严复、梁启超、孙中山等人的思想尤为他所熟悉。其中,他对严复介绍的进化论、西方资产阶级民约论和孙中山所宣传的资产阶级民主共和思想,以及明代王阳明的"知行合一"学说,所下苦功更非常人所及。这一番中西文化交融并摄的功夫,使其哲学思想和政治思想迅速迈入新境,极大地改变了他的世界观和人生观。

此时,陶行知通过阅读严复译述的《天演论》,开始接触并信奉达尔文的进化论。他认为,人类社会一切现象,都是"天演"(进化)的结果,没有"天演",就没有一切。他在为《金陵光》中文报创刊所写的发刊词《〈金陵光〉出版之宣言》中指出"《金陵光》随学生天演之进步自然发生"①,又在毕业论文《共和精义》里说:"共和者,人文进化必然之产物也。使宇宙万物无进化,则共和可以无现;使进化论放诸邦国社会而不准,则共和犹可以无现,无如进化非人力所能御也。进化非人力所能御,即共和非人力所能避。"小至一种具体的刊物,大至一种影响深广的政治学说和体制,无一不是人类进化之结果。他还认为,物竞天择是人类社会进化的公理,适者生存,不适者灭亡,"处此物竞之世界,与器间有竞争,与物诱有竞争,即下至饮食起居之细,亦莫不合有竞争之义。于是筹备竞争,宜任劳,实行竞争也,宜百苦。竞争而不能胜,则难生矣!"与此同时,陶行知在对清末民初社会现实冷静观察和思考的基础上,通过对近代中西各种社会政治思想的广采博纳和抉择改铸,初步形成了资产阶级共和主义的政治思想。

在自由平等观上,他把共和主义的根本精神概括为自由、平等、民胞(博爱)三大信条。依据近代西方学者的某些观点,他对自由、平等、民胞做了新的阐释。在他看来,自由可分为法律之内的和道德之内的两种,它们可被视为"负面的自由"与"真自由"。前者"人民久已不惜蹈汤赴火以争

---

① 陶行知:《〈金陵光〉出版之宣言》,华中师范学院教育科学研究所:《陶行知全集》第1卷,湖南教育出版社1984年版,第3页。

之,其成绩已大有可观。然人民脱离强暴之羁绊,未必即能自由也",为什么?"盖天下乏至不可超脱者,有自奴焉!故真自由贵自克。天下之至不可侵越者,有他人焉!故真自由贵自制。天下之至不可忽略者,有公福焉!故真自由贵个人鞠躬尽瘁,以谋社会进化。"显而易见,其"真自由"的含义是自克、自制、个人鞠躬尽瘁以谋社会进化。关于平等,他指出:"天之生人,智愚贤不肖不齐,实为无可匿之事实。平等主义亦不截长补短,以强其齐。在政治上、生计上、教育上,立平等之机会,俾各人得以自然发展其能力而为群用。"他所主张的,不是天赋的平等,而是机会的平等。值得注意的是,他把民胞视为比自由、平等更为重要的东西,只有"民胞主义昌,而后有共同目的,共同责任,共同义务;而后贵贱可除,平等可现;而后苛暴可蠲,自由可出。苟无民胞主义以植共和之基,则希望共和,犹之水中捞月耳!"民胞实为"共和之大本",这反映出他对民胞的极端重视,并成为他日后提出的"爱满天下"主张的滥觞。

在对个人与社会的看法上,他认为,共和主义"重视个人之价值"、"唤醒个人之责任"、"予个人以平等机会",人虽贵贱贫富不同,但价值则一,都是"社会邦国之主人翁也",都"对社会有天职之当尽耳","俱予以自由发展智仁勇之机会,俾得各尽其能"。他明确指出,"共和主义,视人民为社会主权。群之良窳,唯民是视。民苟愚劣,社会绝对不能兴盛。社会欲求兴盛,必负改良个人之责"。所以,共和主义"以博爱为社会组织之大本,而以兄弟视其分子","个人为社会而生,社会为个人而立,实共和主义之两元也"。这表明他试图以社会为基点,将个人与社会两方面协调起来,不致有所偏废。

在政治观上,他赞同美国总统林肯著名的"三民"原则,"政府者,人民之政府,人民自治以谋人民之福利",称之为"实共和政治之圭臬焉",并进一步将其具体化为三点内容:其一,"共和政治图谋国民全体之福利",给予人民以言论、著述、集会的自由,对于人民的各种建议,"择良而要者施行之";其二,"共和政治重视共和目的、共同责任",所以,"共和政治不特有透达既往目的之能力,且有发生将来目的为进步之母";其三,"共和政治能得最良之领袖",共和主义承认人民为主权,不是主张无首领,而是主张好首领,"共和首领由民举,必其人能亲民,新民,恤民,然后民乃推戴之。即有大奸巨猾,以媚民手段,占窃神器,然朝违民意,夕可弹劾也"。

在实施共和主义的途径上,他反对"不问国情",照抄西方模式,主张根据中国的具体国情,确定实施共和主义的途径。他把中国的具体国情归纳为四点:"国民程度不足";出现"伪领袖";"党祸"丛生;存在"多数之横暴"的可能。有鉴于此,他提出四条实施途径:发展教育;便利交通;依靠人文进化;维持一定秩序。尤其难得的是,他此时已对教育的社会功能有了深刻认识:"人民贫,非教育莫与富之;人民愚,非教育莫与智之;党见,非教育不除;精忠,非教育不出。教育良,则伪领袖不期消而消,真领袖不期出而出。而多数之横暴,亦消于无形。况自由平等,恃民胞而立,恃正名而明。同心同德,必养成于教育;真义微言,必昌大于教育。"因此,"教育实建设共和最要之手续,舍教育则共和之险不可避,共和之国不可建,即建亦必终归于劣败"①。可以说,陶行知后来献身于教育事业,就是以此时对教育功能的深刻认识为思想基础的。

哲学上开始信从王阳明"知行合一"理论,是陶行知在金大求学期间思想方面的又一重要收获。

进入金大不久,陶行知在该校F.G.亨克(Frederick Goodrich Henke)教授的悉心指导下,开始研究起明代大哲学家、教育家王阳明的学说。王阳明的学说产生于16世纪初叶,作为理学内部与朱熹学说相对立的异军,曾在中国思想文化领域里占据中心位置达百余年时间,并对后世产生了深远影响。王学体系可以用"致良知"三字来概括,主要包括三大理论:"心即理"论、"知行合一"论和"万物一体"论。王阳明认为,天理存在于人们的心中,心中的天理就是良知,这种良知乃先天具有的是

金陵大学时期的陶行知

非之心、恻隐之心。格物就是正心,是一种去恶为善的修心功夫。致知是放心中固有的良知,并把这种良知推及各种事物上,使各种事物各得其理。与这种主观唯心主义的认识方法相适应,王阳明在知行关系上提出了"知

---

① 前述引文未特别注明出处者,均见陶行知:《共和精义》,华中师范学院教育科学研究所:《陶行知全集》第1卷,湖南教育出版社1984年版,第43—53页。

行合一"论。他主张知是致心中固有之知,行是行心中固有之行,知与行在心学的基础上合而为一。王阳明指出:"知是行的主意,行是知的功夫;知是行之始,行是知之成。"①"知行功夫本不可离,只为后世学者分作两截用功,失却知行本体,故有合一并进之说。"②"知行合一"论的实质在于把知、行结合起来,不离行以求知。王阳明希望通过倡导"知行合一",注重道德践履,纠正只知不行或只行不知两种知行脱节的弊端,力促人们实现真正的道德完成,以拯救明代中叶日益衰败的封建社会危机。

王阳明的学说,注重知行统一,重视道德践履,颂扬百折不回、进取奋击的坚强意志,强调"心力",突出自我,具有反教条、反权威的积极意义。它适应了社会转折时期人们高扬主体意识,实现自我解放,蔑视正统权威,砥砺战斗意志,完善个体人格,统一理论实践的需要,往往成为后世人们冲破思想束缚、解放思想、发展个性的有力武器。19 世纪末 20 世纪初,王学受到了新一代思想家们的普遍重视。从康有为、梁启超等改良派到宋教仁、陈天华等革命党人,直至后来的毛泽东、郭沫若等,都极为推崇王学,视之为个人道德修持的工具和改造中国社会的利器。

王阳明的学说,对于金大求学时期的青年陶行知,产生了很大的吸引力。陶行知从完善个体人格与寻求救国之道的双重需要出发,认真学习和研究王阳明的学说,并为之倾倒,信仰"知行合一"的理论。为此,1911 年,他将自己的原名文濬,改为知行。1934 年,再改为行知,直至 1946 年遽然去世。尽管他 1927 年以后不再赞同王阳明"知先行后"的主张,提出"行是知之始,知是行之成"的理论,但知行问题始终是他关心并努力解决的问题,在他一生的道路与事业中占有极为重要的地位。

金大求学经历对于陶行知的影响,除了体现在其哲学观点和政治思想方面,还体现在其知识结构、价值观念、思维方式、个性心理特征、行为模式和人格风范等方面。凡是与陶行知直接接触过、交谈过或阅读过他的作品的人都会发现他学识渊博,涵养丰厚,具有学贯中西的大家风范。而这,首先是在新式学校开其肇端的。陶行知幼年从父亲以及别的教师那里接受中国式的启蒙教育,饱经中国传统文化的熏染,特别是深受尊奉理学、注重

---

① 王阳明:《王文成全书》卷一《传习录》上。
② 王阳明:《王文成全书》卷二《答顾东桥书》。

经世的徽州文化的影响,因而其知识结构具有中国传统文化的厚实根底。进入崇一学堂之后,他又接受了近代新式教育,学习西方文化科学知识,由四书五经、子曰诗云一变而为声光化电、科学民主。尤其是在金陵大学这所中西文化会聚一炉的教会大学里,他有意识地改造和重建自己的知识结构,既刻苦钻研生理学、心理学、医学和数学等自然科学,又努力学习文学、哲学、政治学等社会科学,既广泛涉猎近代西方各种哲学、社会政治学说和严复、梁启超、孙中山等先进中国人的论著,又遍览中国古代文化典籍,出入于经史子集之中,尤其是对王学的探讨不遗余力,颇有心得。上下数千年,纵横数万里,这种初始的飞越时间与空间的心灵历程,显示出陶行知一生的知识取向——横向采纳与纵向汲取齐头并进,两不偏废。如果说,崇一阶段中西文化在他那里还只是一种"无意识的交融",那么,金大时期就是一种"有意识的融汇"了。

经过这番中西文化"有意识的融汇",陶行知的知识结构呈示出鲜明的开放、综合的宏观走向;尽管中国传统文化已成为这个知识结构的重要构成部分,但由于陶行知已跨入了新的时代,进入了世界文化的大系统,获得了一种现代开放意识,因此他不再局限于过去与传统,而是面向世界和时代,展露出开放、综合的知识取向。

正是这一在新式学校初步形成的开放的知识结构,不仅使陶行知后来进一步采撷中外文化的精华更为容易,而且也使他日后在创造性构建其思想学说时全然没有左支右绌、捉襟见肘的感觉。像这样中西文化交融并摄而形成的渊博知识,在曾经就读于教会学校的民主革命先行者孙中山身上,也同样表现得特别明显。在南华医校时,孙中山不仅博览西方自然科学和社会科学方面的书籍,还特地请了一位老师教授中国经史,对中国传统文化下了不少功夫。或许,博采中西文化之所长,熔为一炉而自成体系,这正是孙中山、陶行知一类伟大人物的共性,也是他们成功的契机吧!如果说,知识结构的重建还只是陶行知主体意识结构表层的变化,那么,价值观念和思维方式的更新就属于其深层的变化。随着知识结构的重建而来的西方文化参照体系的形成,广泛的世界性视野的拓展,陶行知的价值观念和思维方式也相应地发生了实质性的蜕变。

在未入新式学校之前,作为徽州乡村一名接受传统教育的好学少年,陶行知当时的人生理想只能是传统的"修身齐家治国平天下"。是时代和社会改变了他的命运,也是新式教育促成了他的价值观念的转变。他开始由尊崇君王到服膺民主共和,由重群体轻个体到协调两者关系,由伦理道德至上到主张义利统一。他强烈抨击不合理的封建血统论和世袭制,反对"君主嗣统,只问血胤,鲜问才德",以及王权世袭,等级森严的制度,主张一切权力归于人民。他高扬个人的价值、个体的独立人格和个性的解放,并努力协调社会与个人的关系,认为它们"实共和主义之两元也"。他还公开宣布"奉天命为归宿,而不敢止于独善",表示传统的"独善其身"、"慎独"的个人修养方式业已过时,处于大变革时代的每个中国人,都有"尽天职之价值"和应"担负进化之大任",仅仅满足于"独善其身"是不行的,还必须"为全群谋福利进化"[①]。当然,我们不能说此时陶行知已与传统的价值观念彻底决裂。思想观念(尤其是价值观念)的转变是一个长期的过程,绝非一朝一夕之事。但无论如何,他此时毕竟开始走出传统价值观念的思想樊篱。

　　与此同时,他的思维方式也在悄悄地发生着某种变革,开始从中国传统的偏于直觉顿悟和模糊笼统、忽视实际观察和科学实验、轻视分析和逻辑论证的思维方式,转换为注重逻辑理知、观察实验和严密推理的现代思维方式。思维方式的更新往往与自然科学的学习和实践有密切关系。在进入新式学校以前,陶行知没有接触过近代自然科学。就读崇一学堂后,他对数学产生了浓厚的兴趣。在做习题时,同学们一般都是演算老师布置的习题,别人用一种方法来解答、证明一道习题,他却喜欢从不同的角度来证明,用几种方法来解答,然后从中比较,找出最佳方法。求学金陵大学后,他对数学的兴趣更浓,经常帮助同学解决数学难题,深得师生赞誉。大学时代奠定了他坚实的数学根底,训练了他缜密的逻辑思维能力,这对他一生的事业裨益匪浅。在日后的治学、工作中,他每每佐以数学方法,收事半功倍之效。他的论文和演说的成功,也与他具有很强的逻辑思维能力分不开[②]。还值得一提的是,在金大期间,他有一段时间热衷于生理科学的实验,曾受美国爱荷华大学西肖尔教授观点的启发,发明了一种观察视神经上的血管影的方法,并专门撰写了一篇研究报告《视神经上血管影之观察法》,发表在《金陵光》学报上。根据他的研究,此法不用烛光,不用暗室,

---

　　① 陶行知:《共和精义》,华中师范学院教育科学研究所:《陶行知全集》第 1 卷,湖南教育出版社 1984 年版,第 46—48 页。
　　② 许宗元:《陶行知》,人民出版社 1988 年版,第 8 页。

试验者熟睡透光室中，醒时向空中微开一目，即可见到眼前有一网形檀色物——视神经的血管影。这一方法他每天早晨醒来时曾试验多次，并请同学数人也试验多次，皆屡试不爽。这种亲自从事科学实验的经历，使他具备了注重观察实验的科学态度和实事求是的思想方法，不仅为他后来接受杜威的实验主义教育学说完成了必要的思想铺垫，而且也导致他后来从事教育救国事业时，始终坚持先试验后推广的原则，反对空谈，强调实干。

　　这一时期，陶行知的个性心理特征随着其社会生活条件、教育条件的改变以及生活经验的积累，逐渐衍化定型。他开始形成一种宏伟的气魄，胸怀祖国，放眼世界，把中国的前途与世界的未来联系起来考虑，以开放的文化心态对待中西文化，既不妄自尊大、盲目排外，又不妄自菲薄、醉心西化，呈现出明显的外倾开放、豁达包容的心理特征。他的历史使命感和时代紧迫感也得到新的升华。如果说崇一时期他还只有一种朦胧的为祖国做贡献的意识，那么在金大时期，这种朦胧意识就升华为一种自觉的理念。他清醒地意识到："即欲在世界求一生存，犹当夙兴夜寐，不容稍事蹉跎。苟仍委靡不振，习于因循，则保守已无余地，大局何堪设想？"① 为此，他大声疾呼："由感立志，由志生奋，由奋而捍国，而御侮，戮力同心，使中华放大光明于世界！"② 为了追求救国真理，完善个体人格，他努力与自己身上的"伪我"作斗争，时时解剖自己，处处克己求真，培养顽强的意志力。他反复告诫自己"欲载岳岳千仞之气概，必先具谡谡松风之德操；欲运落落雪鹤之精神，必先养皑皑冰雪之心志"③，并认为能否去伪存真，做一个道德高尚、以民族利益为己任的人，关键"是在及早努力，百折不回，在心中建立真主宰"。应该看到，定型于此时的上述个性心理特征，是陶行知主体意识结构中最富有个性色彩的因素，也是他日后从事救国大业、成为一位杰出的民主战士和伟大的人民教育家的重要主观条件。

　　伴随着上述主体意识结构诸因素的嬗变，此时陶行知的行为模式也发

---

　　① 陶行知：《因循篇》，华中师范学院教育科学研究所：《陶行知全集》第1卷，湖南教育出版社1984年版，第12页。
　　② 陶行知：《〈金陵光〉出版之宣言》，华中师范学院教育科学研究所：《陶行知全集》第1卷，湖南教育出版社1984年版，第3页。
　　③ 陶行知：《为考试事敬告全国学子》，华中师范学院教育科学研究所：《陶行知全集》第1卷，湖南教育出版社1984年版，第21页。

生了某种转换。在金大期间,受民主革命风潮的影响,他发起组织各种爱国演说会、展览会、运动会,举办爱国捐,积极参加各种社会活动。特别是当他听到武昌起义的消息后,便按捺不住激动的心情,赶回故乡参加地方开明绅士余德民领导的屯溪阳湖余家庄起义,亲自投身群众反清武装斗争,担任县议会的秘书,直至次年春才返校继续学习。这种积极进取、刚毅勇猛、投身武装斗争的行为模式,已与传统士大夫温和保守、消极退让、明哲保身的行为模式有天壤之别。它意味着在金陵大学求学期间,陶行知从观念意识到行为模式,都发生了根本性的转变。

值得注意的是,这一时期,在各种主客观因素的影响和推动下,为了加强自己的道德修养,完善个体人格,陶行知在借助于王阳明学说的同时,又对充满道德说教气息的基督教义产生了极大的兴趣。他"入大学后,暇时辄取《新约》展阅之,冀得半言片语以益于身心而涤其伪习"[1],把基督教义作为修养道德、完善人格的利器。不仅如此,基于救国救民的需要,他还注目于基督教义中朴素的人道主义因素,并于1913年成为一个基督徒。

信仰基督教是陶行知早年在自己人生信仰方面所做出的重要选择。这一选择,深刻地影响到陶行知人格风范的塑造,以及他日后事业的发展。尽管他后来放弃了基督教信仰转而接受更为先进的社会政治学说,但这种影响的痕迹始终或隐或显地体现在他的身上。事实上,他后来所奉行的"爱满天下"的主张及其伟大的牺牲精神,就与基督教的博爱主张和耶稣"舍己为人"的救世精神有着某种思想渊源。

需要说明的是,陶行知虽然一度皈信基督教教义,但他并未成为一个狂热的基督徒。他对基督教有自己的认识,而且从一开始就是按照自己的理解和需要来接受基督教教义的,从未盲目信仰过。他对基督教教义既有接纳,又有排拒,接纳中有排拒,排拒中有接纳,这种鲜明的主体意识和清醒的理性精神,使得基督教信仰对他的影响积极的方面远远大于消极的方面。陶行知之所以被人民所长久崇敬,原因之一就是他具有伟大的人格风范,而这一人格风范的塑造又显然离不开基督教信仰所起的作用[2]。

1914年6月,陶行知以优异的学习成绩毕业于金陵大学。因1911年金大

---

[1] 陶行知:《伪君子篇》,华中师范学院教育科学研究所:《陶行知全集》第1卷,湖南教育出版社1984年版,第27页。

[2] 周洪宇:《陶行知与基督教》,《安徽史学》1991年第4期,第64—70页。

已在美国纽约州立教育局和纽约大学注册获得认可,故金大的毕业生可同时接受纽约大学的文凭和学位,并能直接赴美深造。由于陶行知一贯品学兼优,素为金大美籍校长包文(Bowen)器重。此时,包文更是鼓励和支持他赴美深造。在师友和父母的帮助下,1914年秋,陶行知终于启程赴美留学。

1914年,陶行知以金陵大学全校总分第一的优异成绩毕业。图为毕业时他与师友的合影(台阶上后排左三为陶行知)

世界教育中心的留学深造

抵美后,陶行知先入伊利诺斯大学攻读政治学硕士学位。按照陶行知原来的设想,他是打算直接到哥伦比亚大学师范学院学习教育的。早在金大时期,他就对教育的社会功能有了明确的认识,认识到"教育实建设共和最要之手续,舍教育则共和之险不可避,共和国不可建,即建亦必终归于劣败",萌生了从事教育事业的念头。而当时的哥伦比亚大学师范学院是美国进步主义教育运动的大本营,聚集了一大批以改革传统教育为职志的新教育理论家,如杜威(John Dewey)、克伯屈(William Heard Kilpatrick)、孟禄(Paul Monroe)等人,他们中的某些人(特别是实用主义大师杜威)的教育主张,民国初年就通过蔡元培等人介绍,为中国教育界所知晓[①]。能进

---

① 参见蔡元培《对于教育方针之意见》、《1900年以来教育之进步》和《新教育与旧教育之歧点》等文(高平叔:《蔡元培教育文选》,人民教育出版社1988年版)。

哥大师范学院学习本是陶行知的初衷,但因该校的学费高昂,陶行知的经济条件负担不起,只得进了专为学习政治学专业的外国学生免除学费并提供奖学金的伊利诺斯大学①。

陶行知先后在美国伊利诺斯大学和哥伦比亚大学就读。图为他在伊利诺斯大学攻读政治学硕士学位时的照片

虽然陶行知在伊利诺斯大学研修政治学专业,但他研习教育的渴望一直没有泯灭。他在着重学习美国的外交、贸易和欧洲的政治等课程时,还专门选修了一门教育行政学。教这门课的是杜威的信徒——哥伦比亚大学哲学博士罗托斯·台尔塔·科夫曼(Lotlls Delt Coffman)教授②。科夫曼向陶行知介绍了杜威实用主义教育哲学的基本原理,这对陶行知产生了特别强烈的影响。恰好在1915年夏天,陶行知参加了在威斯康星州基尼法湖畔召开的基督教育年会夏季会议,他受到了与会者发言的极大鼓舞,正式决定以毕生精力从事教育工作,并计划一旦从伊利诺斯大学研究生毕业,就转入哥伦比亚大学师范学院深造。基于这种考虑,他在1915年夏

---

① 牧野笃:《关于陶行知在美国留学期间学习与生活的若干考察》,李宏、王学东译,周洪宇:《陶行知研究在海外》,人民教育出版社1991年版,第150页。

② 休伯特·O·布朗:《中国教育中的美国进步主义:陶行知个案》,王立诚译,许美德、巴斯蒂:《中外比较教育史》,上海人民出版社1990年版,第191页。

学期便全都选修了四门教育课程(教育评价基础、教育研究法、中学课程和教育心理学讨论)。陶行知在伊利诺斯大学学习期间的学习课程见下表①：

学年	学期	课程名称
1914—1915 年度	第一学期	政治学和公法讨论 城市行政学 国家论 教育行政学
1914—1915 年度	第二学期	政治学和公法讨论 欧洲大陆的政治 美国的外交 美国对外贸易和殖民地贸易
1915 年	夏学期	单位、尺度及标准(教育评价基础) 教育研究法 中学课程 教育心理学讨论

1915年秋，陶行知以优异的成绩毕业，并获得了伊利诺斯大学的政治学硕士学位。之后，他便转入梦寐以求的哥伦比亚大学师范学院主攻教育专业。

1915年秋，陶行知获伊利诺斯大学政治学硕士学位(后排右二为陶行知)

---

① 牧野笃:《关于陶行知在美国留学期间学习与生活的若干考察》，李宏、王学东译，周洪宇:《陶行知研究在海外》，人民教育出版社1991年版，第151页。

哥伦比亚大学

　　陶行知从伊利诺斯大学毕业后,正好取得了庚子赔款的留学生派遣制度"半费生"资格,有了维持继续深造的起码的经费,便于该年9月下旬转入哥伦比亚大学师范学院,攻读教育行政学博士课程。

　　根据校方的安排,斯特雷耶(G. D. Strayer)教授担任陶行知的论文指导教师。斯特雷耶教授是美国著名的教育行政学专家、美国教育行政学会会长,学问渊博,但有些学究气。杜威的专长是教育哲学,他虽然不是陶行知的论文指导教师,但陶行知选修了他讲授的学校与社会这门课程。相较之下,杜威在教育哲学思想上对陶行知的影响远大于斯特雷耶。

　　杜威的教育哲学是实用主义教育哲学。这种教育哲学以其经验论的实用主义哲学观为基础,强调变迁、行动和实用,主张"教育即生长"、"教育即生活"、"教育即经验的改造和改组"、"学校即社会"、"以儿童为中心"和"从做中学",要求教育应当与社会有广泛的联系,要反映社会对教育的要求,教育要密切联系社会生活实际;还主张教育要适应儿童身心发展的特点和规律,要着重培养学生适应生活的能力,要注意培养学生的主动精神和发展学生的个性。尽管这种教育哲学由于杜威本人在政治、哲学等方面的阶级制约性和历史局限性,存在着不少错误的、自相矛盾的地方,但从总体上看,它适应了19世纪末20世纪初急剧变化的社会现实的需要,对于改革美国当时形式主义占统治地位的旧教育,建立现代民主、科学的新教育,是有积极意义的。

　　陶行知求学哥伦比亚大学期间,正是杜威实用主义教育理论成熟和影响逐渐达到高峰之时。在此前后,杜威的主要教育论著《我的教育信条》、《学校与社会》、《儿童与课程》、《明日之学校》和《民主主义与教育》等,均已经相继出版。而最集中最系统地阐述其教育思想的《民主主义与教育》,正好就发表于陶行知就读该校的1916年。杜威对旧教育的抨击和对新教育的设想,他的批判精神、试验精神和创造精神,对于早就不满中国旧教育、亟欲建立一种新教育以维护和发展共和体制的陶行知来说,无疑有极大的吸引力。加之杜威教育学说的理论基础(达尔文的进化论、民主共和的政治主张和注重行动的哲学观)与陶行知在金陵大学时期就已形成的政治思想和哲学观点(达尔文的进化论、林肯的民主共和主张与王阳明"知行合一"的哲学观)在内容与形式上都有相通或相似之处,这些因素都使陶行知一跨入哥伦比亚大学师范学院的大门,就很快沉浸到杜威实用主义教育理论中去了。这一点可以从下面所附陶行知当时在该校学习的课程内容及任课教师的思想倾向看得很清楚①:

学年	学期	课程名称	任课教师
1915—1916年度	第一学期	学校与社会(伦理学及教育问题) 教育史 实习:美国的公共教育行政 教育哲学 财政学 进步社会的发展	杜威 孟禄 斯特雷耶 克伯屈 塞索库曼 斯列丁
	第二学期	教育史 实习:美国的公共教育行政 教育哲学 财政学 教育社会学	孟禄 斯特雷耶 克伯屈 塞索库曼 斯列丁
1916—1917年度	第一学期	实习:教育社会学 各国学校制度的社会基础	斯列丁 康德尔
	第二学期	实习:教育社会学 各国学校制度的社会基础	斯列丁 康德尔

以上课程有浓厚的杜威实用主义教育理论的色彩。在这些任课教师中,杜威本人自不必说,讲授教育哲学的克伯屈教授是杜威的学生和最得力的助手,讲授教育史、教育行政学、教育社会学和各国学校制度的社会基础的孟禄教授、斯特雷耶教授、斯列丁(D. Snedden)教授和康德尔(I. L. Kandel)教授等人,都是与杜威私交甚好、思想上不同程度受杜威实用主义教育理论影响的著名教育家。陶行知正是在这样一批实用主义教育理论大师或具有进步主义教育倾向的著名教育家们的直接教诲下,接受了杜威实用主义教育学说。

---

① 牧野笃:《关于陶行知在美国留学期间学习与生活的若干考察》,李宏、王学东译,周洪宇:《陶行知研究在海外》,人民教育出版社1991年版,第153—154页。

信奉杜威实用主义教育学说,这对陶行知日后的人生道路与事业产生了深刻影响。20世纪20年代前后,陶行知对传统教育的批判,就是以杜威实用主义教育学说为理论武器的。他独树一帜的生活教育学说,也与杜威实用主义教育学说有着某种思想上的联系。当然,陶行知对于杜威实用主义教育学说,也如同他早年对待其他西方文化(如达尔文的进化论、林肯的民主共和思想和基督教的宗教学说)一样,都不是盲从盲信,照搬照抄,而是按照自己的理解和需要来接受、来传播,进而根据中国的具体国情,在充分总结自己长期教育实践宝贵经验的基础上,加以扬弃和发展,形成一种与之有本质区别、为中国人民反帝反封建斗争服务的新型教育理论。

需要说明的是,留美期间,陶行知对于西方文化的接受,并不限于人们常说的杜威实用主义教育学说,也不限于前文所列陶行知在伊大、哥大两校所学的有关课程的内容。事实上,他对现代西方的诸多哲学、社会政治学说,尤其是当时在西方流行的各派教育新思潮,均有广泛的涉猎与钻研。这一点在陶行知回国不久后所发表的一系列文章中体现得特别明显。1917年秋,陶行知自美归国后,针对国内教育界因循守旧、不思革新的现状,连续发表《试验主义之教育方法》、《教育研究法》、《智育大纲》、《教学合一》、《试验主义与新教育》等文章,大力

在美留学期间,陶行知(左一)与同学的合影

介绍和宣传欧美教育新思潮、新学说,提倡以科学的试验方法来改造中国旧教育。在这些文章中,他提到的人物及其学说不下十种,如培根(Francis Bacon)、笛卡尔(Descartes)等人的哲学观点,威廉·詹姆斯(William James)、桑代克(Thorndike)、华莱士(P. Wallace)等人的心理学见解,约翰·费斯克(John Fiske)、华莱士(A. Wallace)等人的动物学理论,弗兰西斯·高尔顿(Francis Galton)的遗传学思想,裴斯泰洛齐

(Pestalozzi)、福禄培尔(Frobel)、赫尔巴特(Herbart)等人的教育试验,沃特的葛雷学校,爱莉(Ally)、沙力方夫人(Mrs. Sullivan)等人的盲童教育实践,等等。杜威及其教育学说,此时只是作为众多人物及其学说之一而被加以介绍。

  这些事实表明,陶行知在留美期间接受西方文化时,从来就没有局限于某人某派学说,而是从改造中国社会和文化教育的需要出发,以海纳百川、吞吐众家的博大胸襟和恢弘气度,博采诸家外来学说之长,融会贯通地形成自己的知识结构和思想体系。

三、爱情、婚姻与家庭

父　母

陶行知的家庭是个大家庭,除他之外,家庭成员先后包括:父亲陶位朝、母亲曹翠仂、姐姐陶宝珠、妹妹陶美珠、前妻汪纯宜、长子陶宏(乳名桃红)、次子陶晓光(乳名小桃)、三子陶刚(乳名三桃)、四子陶城(乳名蜜桃)、续妻吴树琴。

父亲陶位朝,1867年生于安徽歙县,1915年1月病逝于南京。他粗通文墨,为人厚道,古文功底较好。后来回乡务农,过起了清贫的生活。由于经历曲折,生活艰难,因此他将希望寄托到陶行知身上,对童年时陶行知的学习非常重视,亲自在家教儿子读书识字。陶行知15岁时,他又送其入本县的教会学校崇一学堂,为儿子接受西方教育乃至后来出国留学奠定了较好的基础。陶位朝望子成龙,将儿子的前途放在自己心目中的第一位。据陶城回忆:

> 祖父为了大力支持爸爸在美学习,他把吸大烟的恶习都彻底戒掉。对于一个吸鸦片者来说,没有良好的戒烟措施,自己来行戒毒,这是需要多么大的毅力,要忍受多么大的痛苦。但为了儿子能成才,为国效力,他还是作出了多么大的牺牲才把烟瘾坚决戒掉。慈祖父这种伟大的牺牲精神,为爸爸的前途和伟业着想,确实值得缅怀发扬光大。①

同样的,陶行知对父亲也有很深的感情。1908年春,陶行知由父亲陪

---

① 陶城:《真善美的爱——陶行知一家》,周洪宇、余子侠、熊贤君:《陶行知与中外文化教育》,人民教育出版社1997年版,第226页。

着,到万安外祖母家辞行,然后从万安古城岩下的水蓝桥上船,沿着新安江—富春江—钱塘江,到杭州投考。二十三年后,他作了一首诗,追忆当年离乡别父、两相依依的情景。诗前有小序:"我17岁之春,独自一人,乘船赴杭学医,父亲躬自送到水蓝桥下船。回想初别情景,历历如在眼前。今特追摄入诗。送别人竟不及见,思之泪落如雨。"诗云:

陶行知捧读家书,思念亲人,思念祖国

古城岩下,
水蓝桥边,
三竿白日,
一个怀了无穷希望的伤心人,
眼里放出悲壮的光芒,
向船尾直射在他儿子的面上,
望到水、山、天合成一张大嘴,
隐隐约约的把个帆影儿都吞没了,
才慢慢的转回家去。
我要问芳草上的露水,
何处能寻得当年的泪珠?①

陶行知毕生所保持的那种吃苦耐劳、平实俭朴、敬业奉献的作风,在很大程度上也是受其父亲的影响。

母亲曹翠仂,安徽绩溪人,生于1867年1月20日,因脑溢血病卒于1933年11月26日。她是一位"勤劳、善良、朴实、忠厚、爽朗,富有好学求真精神的劳动妇女"②。在陶行知儿时的记忆

陶行知手书《慈母遗刀》诗

---

① 转引自许宗元:《陶行知》,人民出版社1988年版,第12页。
② 陶城:《真善美的爱——陶行知一家》,周洪宇、余子侠、熊贤君:《陶行知与中外文化教育》,人民教育出版社1997年版,第228页。

中,母亲除种田务农、操持家务外,还替人缝补浆洗做佣人。陶母艰苦朴素,节俭治家,家中丈夫、儿子和后来孙子的理发,全由她一人包办,数十年如一日。她这种热爱劳动、艰苦朴素的精神,对陶行知一生影响很大。

在陶行知忙于中华教育改进社和晓庄师范创办期间,陶母与陶妹全力支撑着全家的事务,尽量不让陶行知为家事分心,做出了无私奉献。

1927年1月20日(农历1926年腊月十七日),陶行知在母亲60岁生日那天,从南京专门给在北京的母亲写了封信《送给国家的寿面》:

> 儿从母亲寿辰立志,决定要在这一年当中,于中国教育上做一件不可磨灭的事业,为吾母庆祝,并慰父亲在天之灵。儿起初只想创办一个乡村幼稚园,现在越想越多,把中国全国乡村教育运动一齐都要立他一个基础。儿现在全副的心力都用在乡村教育上,要叫祖宗及母亲传给儿的精神,都在这件事上放出伟大的光来。儿自立此志以后,一年之中,务求不虚度一日;一日之中,务求不虚度一时:要叫这一年的生活,完全的献给国家,作为我父母送给国家的寿面,使国家与我父母都是一样的长生不老。①

陶行知忙于中国的教育事业,连为母亲祝寿的时间都难以抽出,只能通过发奋工作来报答母亲的恩情。正如陶城所说:"可以说没有祖母,就没有我们兄弟四人的一切。"

特别是1930年后,国民党通缉陶行知,陶母带陶妻汪纯宜和四个孙子逃到远离五柳村的山上居住,那段艰苦的日子全靠陶母一人支撑着。陶母在全力照顾全家的同时,还在晚年抓紧时间学习,在孙子们充当教师的情况下,她努力识字。正是在这种家庭教育的场景的启发下,陶行知提出了"小先生制"这一伟大的教育理论。因此,在母亲入殓时,陶行知痛哭道:"母亲、文渼妹、纯宜妻,你们实在是三位最伟大的女性,实在是被我拖累垮的啊!"②

---

① 陶行知:《送给国家的寿面——致母亲》,华中师范学院教育科学研究所:《陶行知全集》第5卷,湖南教育出版社1985年版,第155—156页。
② 陶城:《真善美的爱——陶行知一家》,周洪宇、余子侠、熊贤君:《陶行知与中外文化教育》,人民教育出版社1997年版,第229页。

姐　妹

陶行知有一姐一妹：陶宝珠和陶美珠（又名文渼）。姐宝珠的出生年月没有记载，幼亡。妹文渼生于1895年，病逝于1929年6月6日。她与陶行知在崇一学堂和金陵大学的同学张枝一结婚，丈夫早逝，一直无子女，因此，陶行知就将二儿陶晓光和小儿陶城过房给了陶文渼做她的儿子。文渼为哥哥侍奉老母，主持家政，照顾生病的嫂子。有一次，陶行知得到了一万多元稿费，他拿回家后很小心地锁在柜子里。文渼见家里的钱已经不多了，奇怪陶行知为什么把钱锁起来，便向哥哥要。陶行知问她："你想要多少呢？"文渼知道哥哥的脾气，不敢多要，考虑再三后小心地说："留四分之一做家用吧！"

陶行知想了一想说："你要四分之一，说起来也应该，但我这些钱要去办大事，不能给你。文渼，你的头脑里正是缺少了四分之一，否则你就是我的好妹妹了。"

文渼生气地说："这家是你的，儿子也是你的，钱又不是给我一个人用。你不给我钱也可以，一家人全喝西北风吧！"

陶行知温和地说："我要去南京劳山脚下办晓庄师范，这钱要作为办学的经费。我们家虽穷，粗茶淡饭还能维持。中国三亿四千万农民非但没有饭吃，更没有文化。用这些钱去办学校，是为农民烧心香，是尽我们的绵薄之力去帮助他们。家里另外再想办法，你省着点用，算是帮我去办大事吧！"

文渼理解了哥哥的意思，不再生气了。她支持陶行知办平民教育，办晓庄学校，为他的事业耗尽心血，最后心力交瘁，年仅34岁就在贫病中去世了。[1]

陶宏说："在歌颂我父亲伟大的造就时，在哀悼他那种为大众谋幸福真正是鞠躬尽瘁死而后已的精神时，千万可别忘了三个无名英雄：第一个就是我的姑母，第二个就是我的祖母，第三个就是我的母亲。在七年之内，她们为了父亲的事业而相继牺牲倒下。父亲是为事业拖死的，她们都是为父亲的事业拖死的。她们的精神同样是伟大的，不朽的。"[2]

---

[1] 叶良骏：《陶行知的故事》，人民教育出版社1991年版，第27页。
[2] 陶宏：《我和我的父亲》，江苏省陶行知教育思想研究会：《纪念陶行知》，湖南教育出版社1984年版，第211页。

第一任妻子汪纯宜

陶行知一生经历了两次爱情和婚姻。第一次是与汪纯宜的婚姻,汪为其生了四个儿子。1914年6月陶行知从金陵大学毕业后不久,就与其妹妹陶文渼的同学汪纯宜结婚。汪纯宜生于安徽省休宁县,生年不详,3岁就丧父母,后来遵照长辈的意图按旧式婚姻与陶行知结婚。汪纯宜为人忠厚纯朴,温和慈祥,沉默寡言①。陶行知结婚后,便将全家迁至南京。不久,他便踏上了赴美留学的轮船,当他在伊利诺斯大学攻读政治学硕士学位时,长子陶宏于1915年4月在南京出生,给全家带来许多欢乐。1917年秋,陶行知从美国哥伦比亚大学毕业归国,应南京高师之聘任教育学教员。这时,他才和妻子家人团聚。1918年7月5日,妻子又生次子陶晓光。1919年11月,三子陶刚也在南京出生。

1923年2月,陶行知担任中华教育改进社主任干事。为了全力以赴做好中华教育改进社的工作,在经南京高师校方同意的情况下,他于夏季将全家迁往北京。9月27日,他在杭州开展平民教育不能回家过中秋,专门写信给母亲和妻子汪纯宜。

不管走在哪里,陶行知都心系家庭,总要写信给家中的妻儿老小,汇报自己的情况,关心妻子的身体与生活,关注孩子们的学习与成长。10月17日,他又写信给母亲和妻子汪纯宜,一方面,介绍自己在上海、南京、安徽等地开展平民教育的情况,另一方面,劝母亲抽空读《平民千字课》,多识字②。

陶行知与妻汪纯宜(右)、妹陶文渼(左)的合影

---

① 陶城:《真善美的爱——陶行知一家》,周洪宇、余子侠、熊贤君:《陶行知与中外文化教育》,人民教育出版社1997年版,第231页。

② 陶行知:《劝慈母读〈千字课〉——致母亲、汪纯宜等》,华中师范学院教育科学研究所:《陶行知全集》第5卷,湖南教育出版社1985年版,第46—47页。

三、爱情、婚姻与家庭

1924年10月29日,当他收到妻子汪纯宜祝贺他生日的来信后,从南京给远在北京的妻子回信:"我实在是不对,连自己最宝贵的生日都忘记了。多谢大家给我做生日,我欢喜得很。可惜这日子我不能在家里和大家一同快乐。"①11月4日,他收到妻子让他在天冷时加棉衣的信函后,回信说:"这几天天气稍冷,我请陈妈把我的绸夹袍拿去,找了一个裁缝给我翻了一件棉袍,穿在身上非常暖和。陈妈的算计真好,共总只化了一元三角钱,连棉花一起在内,真是便宜得很。我在外面自己能照应自己,请可放心。我饿了就吃,倦了就睡,事做完了就玩玩,很自然,很快乐。"②

1924年12月13日,汪纯宜在北京为其生下了四子陶城。12月18日,当陶行知在上海收到在北京的两个儿子陶宏和陶晓光来信后,他在给两个儿子的回信中写道:"你们的信收到了,影戏想必好看得很。阿姑的信也收到了。恭喜你们又得了一个小弟弟。你们可以给他一个名字。……请你们代我向老太太、妈妈、阿姑恭喜恭喜。衣服都收到了。"③

1927年1月31日,在春节来临之际,陶行知因忙于筹备晓庄师范学校,不能回家过年,便给妻子写了一封信:"年年难过年年过。今年已可安安稳稳过年了,请可放心。……家人的照片,都已收到。见照片如见人,固然不错,但我见了照片,更要念着人了。昨夜回宁,现正积极筹备试验乡村师范。"④

陶行知与汪纯宜相处十分和睦。1927年晓庄女子学校成立后,他反复劝导汪纯宜入学读书。他在当年12月3日给汪纯宜的信中写道:"纯妻:皮袍已收到,质地甚佳,袍面亦特别可爱,新年穿此,在乡间可以大出风头了。一月一日系晓庄学校落成纪念日,将有大热闹。深望您及全家均在此同乐。幼稚园已开学,收了徒弟三人,跟着幼稚园教师学做先生,此法非

---

① 陶行知:《四个小孩两人分——致母亲、汪纯宜等》,华中师范学院教育科学研究所:《陶行知全集》第5卷,湖南教育出版社1985年版,第108页。
② 陶行知:《我的生活——致母亲、汪纯宜等》,华中师范学院教育科学研究所:《陶行知全集》第5卷,湖南教育出版社1985年版,第109页。
③ 陶行知:《用小桃的笔法写信——致陶宏、陶晓光》,华中师范学院教育科学研究所:《陶行知全集》第5卷,湖南教育出版社1985年版,第110—111页。
④ 陶行知:《过年信——致汪纯宜、陶文渼》,华中师范学院教育科学研究所:《陶行知全集》第5卷,湖南教育出版社1985年版,第159页。

常有效。时局稍静,您是可以享优先权来此学习的。"①

1928年,为了支持陶行知在晓庄开展乡村教育运动,汪纯宜带着婆婆、小姑还有四个儿子,从北京搬到了晓庄农村。1930年国民党当局要查封晓庄学校,陶行知匆忙出逃,这使本来就因误服安眠药而精神错乱的汪纯宜,又一次遭到了沉痛打击,于是她产生了自杀的念头,投入夫子庙附近的一条臭水河欲自尽,幸好被一义士救起②。

1933年11月,陶行知母亲病故,使得陶家更是雪上加霜。陶妻的病进一步加重,陶行知让二子陶晓光带其母亲与四弟,住进了设在观音寺内的儿童科学通讯学校。后陶行知因投身于国难教育运动,无暇顾及,便让陶晓光将汪纯宜送进了天主教办的上海普慈疗养院。该院对精神病患者根本没有采取相应的治疗措施,结果汪纯宜于1936年4月23日病逝。

四个儿子

长子陶宏,1915年生于南京,1975年因心肌梗死而病逝于北京。

长子陶宏与陶行知,既是父子关系,又是朋友与同事关系。陶宏参加了陶行知在国内的大部分教育活动,并且对陶行知的教育理论与实践有直接的帮助与影响。比如:1923年陶行知在平民教育运动中所推广的"连环教学法",就是从陶宏教弟弟陶晓光识字中受到的启发,这一史实可以从陶行知于当年10月8日给儿子的信中得以证实:"桃红、小桃:你两个人很有功劳。我看见你们两个人,哥哥教弟弟读《千字课》,就发现了一个好法子,叫做连环教学法。这个法子是用家里识字的人教不识字的人:我教你,你教他,他又教他。一家当中,先生教师母,师母教小姐,小姐教老妈子,每人化不了多少工夫就要可以使全家读书明理了。我在南京试验这个法子很有效验,特为写这封信来感谢你两个人。"③

---

① 陶行知:《幼稚园艺友——致汪纯宜》,华中师范学院教育科学研究所:《陶行知全集》第5卷,湖南教育出版社1985年版,第199页。
② 陶城:《真善美的爱——陶行知一家》,周洪宇、余子侠、熊贤君:《陶行知与中外文化教育》,人民教育出版社1997年版,第232页。
③ 陶行知:《连环教学法之发现——致陶宏、陶晓光》,华中师范学院教育科学研究所:《陶行知全集》第5卷,湖南教育出版社1985年版,第35页。

陶行知非常喜欢儿子们，他经常与儿子们通信。1925年陶行知收到陶宏和陶晓光的来信后，于1月18日回信说："你们两个人真正好，你们写给我的信都收到了。多谢得很。因为南京打仗，信在南京搁下了，到前天才收到。……孟禄夫人前天从美国到上海，送了两盒玩的东西给你们。大盒是送桃红的，小盒是送小桃的。大盒难玩些。小桃大些的时候，大桃可以借给他玩玩。你们每人都要写一封信谢谢孟禄夫人，收到了就写，要写你们心里的话。写好了寄来，我给你们翻成英语，一齐寄到斐利滨去给她。"①1月30日，他又给陶宏、陶晓光写了题为《三花脸的白话诗——致陶宏、陶晓光》的信："你说你公道，他说他公道。公道不公道，自有天知道。"②

他一直注重教育自己的几个儿子。1927年春，他在忙于筹建晓庄学校的时候，也不忘给家人写信教育儿子。2月11日，他在信中写道："桃红、小桃在家，自己的事要自己干。衣服要学洗，破了要学缝。烧菜弄饭都要学。还要扫地抹桌。有益的事都要做。"③3月17日，他给陶宏写信："我很希望你和小桃多学做事。我的主张是：有书读的要做事，有事做的要读书。……我要你们做有知识、有实力、有责任心的国民；不要你们做书呆子。"④

陶行知自创办晓庄师范以来，长年累月在外奔波，很少有时间能回家与全家老小团聚，但这丝毫不影响他对孩子们的感情。他利用一切机会表达父爱，家人寄来照片，他总是爱不释手，抽空就看；儿子寄来自做的贺卡，尽管上面又涂又画，但他认为这是最好的礼物；每到一地开展教育活动，他都要写信给家人报平安，汇报近况，这既是对家人的最好慰藉，也是表达思家之情的重要方式。

1928年陶宏随全家迁来南京，进入晓庄学校学习，并发挥创造力，制

---

① 陶行知：《孟禄夫人送玩具——致陶宏、陶晓光》，华中师范学院教育科学研究所：《陶行知全集》第5卷，湖南教育出版社1985年版，第112页。
② 陶行知：《三花脸的白话诗——致陶宏、陶晓光》，华中师范学院教育科学研究所：《陶行知全集》第5卷，湖南教育出版社1985年版，第113页。
③ 陶行知：《下乡拜年——和牛大哥同铺——致母亲、汪纯宜等》，华中师范学院教育科学研究所：《陶行知全集》第5卷，湖南教育出版社1985年版，第165页。
④ 陶行知：《晓庄开学勉励桃红——致陶宏》，华中师范学院教育科学研究所：《陶行知全集》第5卷，湖南教育出版社1985年版，第174页。

定了"十九年度计划"。30年代初,陶宏协助父亲开展"科学下嫁"运动,还参与编写"儿童科学丛书"和"天文学活页指导丛书"。1939年,陶行知在重庆兴办育才学校,陶宏也来到重庆,在中国科学社生物研究所工作,参与筹建育才学校自然组,并负责自制实验仪器。陶行知于1942年在给二儿子陶晓光的信中写道:"现在自然组全靠陶宏一人力量维持,假使他走,对学校对小孩子都是一个大损失。"[①]后来,陶宏被聘到四川大学理学院任教后,还经常写信指导育才学校的孩子。在育才学校最困难的时候,他为育才学校募捐到18 000元寄给了陶行知,帮助育才学校渡过了难关。陶行知去世后,他调到了北京大学理学院化学系任教,后在中国科学院感光化学研究所工作,成为中国感光化学学科的奠基人与开创者。

次子陶晓光,生于1918年7月5日,1993年7月6日在北京病逝。

1923年陶晓光在家中教奶奶学习《平民千字课》,启发了陶行知后来所倡导的"小先生制"的灵感,自己也成为"中国第一个小先生"[②]。陶晓光回忆说:

> 当时我祖母已五十七岁,她受父亲的影响,发了一个宏愿,要读完四本平民千字课。那时我才六岁,刚读完第一册,父亲就让我当"小先生",教祖母读书。我和祖母一面玩一面读。读到十六天时,父亲依据十六课以前的生字写了一封信,从张家口寄给祖母,她居然能一字不差地读了出来。我这个"小先生"的实验给了父亲很深的印象和启发,一九三四年他正式提出推广"小先生制"。不久,就在全国二十三个省市取得了显著的成效。[③]

20世纪30年代初,陶晓光协助父亲开展"科学下嫁"运动,他与表叔曹子云一同自行组装了手提式直流无线电收音机数十台,还带着发电机与

---

① 陶行知:《动员一切朋友,解决南洋接济断绝的困难——致陶晓光》,华中师范学院教育科学研究所:《陶行知全集》第5卷,湖南教育出版社1985年版,第744页。
② 陶城:《真善美的爱——陶行知一家》,周洪宇、余子侠、熊贤君:《陶行知与中外文化教育》,人民教育出版社1997年版,第239页。
③ 陶晓光:《回忆父亲给我的教育》,江苏省陶行知教育思想研究会:《纪念陶行知》,湖南教育出版社1984年版,第357页。

放映机到农村为农民放电影。他第一次在上海利用无线电台对民众进行科学普及教育。抗战期间,他参加桂林的生活教育社,担任了育才学校驻印度的代表,负责为育才学校募集资金,还在加尔各答为育才学校绘画组举办了绘画木刻展览会,以此募集办学经费,为陶行知解了燃眉之急。他还为育才学校音乐组购置了一批音乐器材。陶行知去世后,陶晓光辞去中国航空公司无线电工程师的工作,又回到育才学校,将父亲的未竟事业接着完成。20世纪80年代以来,他任中国人民解放军师级干部、无线电专家。

1923年陶行知与长子陶宏及次子陶晓光的合影

1925年陶行知与次子陶晓光和四子陶城的合影

三子陶刚,1919年11月22日出生,1983年病逝于上海。

陶刚因先天不足,从小身体瘦小而虚弱[①],先后跟随陶行知在晓庄学校、山海工学团学习。抗战爆发后,他先在《徽州日报》当报童,后来甘愿务农种田,先后在桂林临桂教养院农场、重庆育才学校农场工作。陶行知去世后他一直在上海育才学校和行知中学工作。

四子陶城,1924年12月13日生于北京,2011年2月28日病逝于哈尔滨。

---

① 陶城:《真善美的爱——陶行知一家》,周洪宇、余子侠、熊贤君:《陶行知与中外文化教育》,人民教育出版社1997年版,第242页。

抗战期间,陶城在上海积极宣传抗日,与其他青年创办了《抗日每日战报》,在上海街头向市民报道中国部队的战况,还参加了上海童子军。1938年随父亲到桂林,参加储材学校少年抗日宣传队,张贴抗日宣传画,教孩子们画宣传画,讲抗日故事,教唱抗日歌曲。抗战胜利后,他先后在重庆九龙坡交通大学及上海交通大学学习。新中国成立后,为哈尔滨工业大学力学教授。

对于儿子们的成长,陶行知一直十分重视,但由于忙于人民教育事业而无暇分身亲自指导,主要是言传身教。他对儿子们的要求非常严格,有时甚至有点不近人情。他的二儿子陶晓光,由于小时候随父亲四处奔走,没有正规学历。1940年夏,经朋友介绍,陶晓光到成都一家无线电修造厂工作。进厂后,厂方负责人要看陶晓光的学历资格,陶晓光拿不出。出于无奈,为争取时间,他便没与父亲商量,直接写信给育才学校副校长,请对方速寄一张晓庄学校的毕业证书来应急。证明很快就寄来了,但没等陶晓光交给厂里,不知怎的这件事被陶行知知道了,他马上急电陶晓光,电函中严厉阻止晓光用此证明,并要晓光立即将证明寄回。接着又发来了一封快信,信上说:"我们必须坚持'宁为真白丁,不做假秀才'之主张……万一工作、学校被取消,你还是回重庆来……总之'追求真理做真人',不可有丝毫的妥协。你若记住这七个字,终生受用无穷。望你必须努力朝这方面修养,方是真学问。"信中还附来一张如实反映陶晓光学历资格的证明函。"追求真理做真人"这七个字,体现了陶行知一生求真的精神,也成了陶晓光人生的座右铭。

第二任妻子吴树琴

陶行知的第二次婚姻是与吴树琴的婚姻。

陶行知与吴树琴的相识是从1935年7月23日开始的。吴树琴是安徽省休宁县人,距陶行知老家仅有百余里。她原是安徽省隆阜第四女子中学学生,1935年7月为了反对父母包办婚姻与另一女生离家出走,经姚文采的介绍与陶行知相识,陶行知将她们介绍到上海中法大学药学专修科学习,从此他们开始书信往来。

经过一段时间的交往,吴树琴对陶行知产生了爱情。第二年春,回

三、爱情、婚姻与家庭

到老家的吴树琴开始给陶行知写信表达自己对他的好感。自20世纪30年代初起,陶行知的家庭出现了很大变故,母亲去世,他妻子汪纯宜又因受刺激而精神错乱成天住在疗养院治疗。可以说,很长一段时间,陶行知得不到家庭的温暖,爱情更是无从谈起。当陶行知收到吴树琴表达爱意的书信,说她在梦里常常看到陶行知,他非常激动与欣慰,犹如久旱逢甘霖,便接纳了这个女子的爱。他在1936年3月15日给吴树琴的信中讲道:

> 在最近的一封信里,你说到梦里常常看见我,我是多么高兴啊!你写这封信,谅想是用尽气力,拼命的要把心中话写出来,我佩服你的勇敢。老实告诉你,我做了你的梦里人,那是比做南面王还荣幸。我愿意永远在你的梦里安慰你。你不知道吧?我也时常在梦中看见你。不过我是没有你勇敢,从来没有给你说过。现在可以给你知道,你是我梦里最欢迎的人了。……你几个月才给我一封信,叫我想念来信如同三天没有吃奶的小孩。……亲爱的冰小姐!我得到了你的一封信,好像是得到了一种神秘的力量,又好像千军万马来到我的面前,听我指挥。我的精神顿加十倍,能做十倍的事并且做得十倍的好。①

陶行知在与吴树琴的通信中,称吴树琴为"冰小姐"、"冰冰"、"冰妹"等,自称"水"。通过这种称呼,可以看出陶行知对这种迟到的爱情,开始时还是心存顾虑的,因为这毕竟是他的第二次爱情,而且在吴树琴表达爱意时,陶行知的前妻尚在医院治疗之中,因而他与吴树琴的爱情并不像年轻人那样表现得热烈,而是体现出一种理性的爱。从中也可看出,陶行知与吴树琴的爱情是和谐的,因为冰的融化便是水,水的凝结就是冰。此外,也反映出在这场爱情中陶行知后来是主动的,他想通过水来融化冰,从而使爱情升华。

在1936年7月至1938年8月在欧美进行国民外交的两年多期间,陶

---

① 陶行知:《梦中的情景是人生的天国——致吴树琴》,华中师范大学教育科学研究所:《陶行知全集》第8卷,湖南教育出版社1992年版,第776—777页。

行知始终保持与吴树琴的通信往来,每到一处都要给吴树琴写信并寄一些风景照片。1937年6月15日,他在给吴树琴的信《人生遇逆境的秘诀》中写道:

> 人生遇逆境只有一个秘诀:把忧愁忘掉。吃饭、睡觉、工作、游玩、忘掉,包括奋斗,你若记得这五点,你可以活到一百岁。因此,你得把气忘掉,把闷忘掉,把敌人忘掉,把爱人忘掉,把自己忘掉。什么都可以忘掉,只是不可以把写信忘掉。现在把通信处寄给你。……短短信,常常寄,好吗?①

陶行知在异国他乡只能通过书信来与吴树琴交流感情,将读吴树琴的来信作为他工作之余唯一的精神享受。他盼望吴树琴的来信几乎到了望眼欲穿的地步,他在1937年4月29日给吴树琴的信中表达了这种心情:

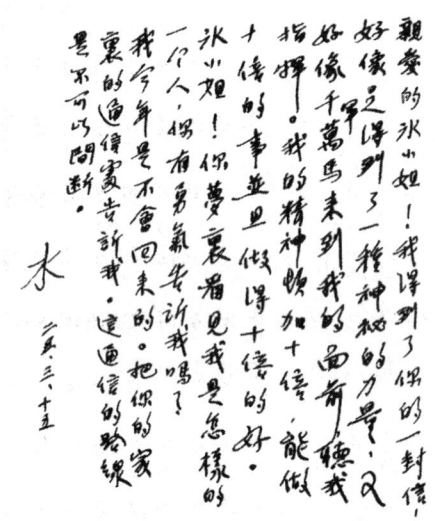

陶行知给吴树琴的信件手稿

> 你的三月十三的信,我是在两星期前收到的。这封信来后,好象是很久很久没有接到你的信了。但是仔细象[想]了一下,应该是再过两个星期才能接到你的信。何以呢?你大概是每月平均给我一封信。照我现在的心理看来,这好比是每天吃一餐饭,是觉得不能满足。②

后来,他与吴树琴的通信频率明显加快,有时一月写两三封信,现将

---

① 陶行知:《人生遇逆境的秘诀——致吴树琴》,华中师范大学教育科学研究所:《陶行知全集》第8卷,湖南教育出版社1992年版,第787页。

② 陶行知:《不要听信谣言——致吴树琴》,华中师范学院教育科学研究所:《陶行知全集》第5卷,湖南教育出版社1985年版,第309页。

1937年6月至8月陶行知给吴树琴写信的时间列举如下①：

书信题目	写信时间	与下封信间隔时间
《把实习情况告诉我》	1937.6.12	3 天
《人生遇逆境的秘诀》	1937.6.15	10 天
《诗一首，请教正》	1937.6.25	22 天
《在墨西哥要留到九月底》	1937.7.17	15 天
《明天到旧金山去，为自由而战》	1937.8.1	10 天
《国外行程安排》	1937.8.11	11 天
《加入红十字会》	1937.8.22	

由上表可见，从1937年6月12日到8月22日共72天，陶行知就给吴树琴写了7封信，平均每十天写一封，说明尽管陶行知在国外，两人相距数万里之遥，但大海都难以隔开他们炽热的爱恋之情。

1938年8月底，陶行知圆满完成了对26个国家的出访，回到香港。在准备回国之前，他就于5月23日从华盛顿写信约吴树琴8月底来香港。7月16日，他又在巴黎写信，告诉吴树琴"可以坐大船三等舱，一直到香港。八月底以前到。不要坐小船，行走慢而会害海病。东西不必多带。衣服和药书应当带，余寄存在人家"②，还为她找好了到香港的联系人，可以说安排周到，关怀备至，同时也可反映出他欲见吴树琴的迫切心情。8月5日，他到新加坡后又写信劝吴树琴"作一次最大的努力来看我。倘若这次不能相见，以后是很困难了"。顺便寄去他为纪念他们两人相识三周年所作的诗：

巴黎无雨也留客，独有今宵不可留。

抬头仿佛江湾月，屈指惊人已三秋。

---

① 参照华中师范学院教育科学研究所：《陶行知全集》第5卷，湖南教育出版社1985年版，第312—320页；华中师范大学教育科学研究所：《陶行知全集》第8卷，湖南教育出版社1992年版，第787页。

② 陶行知：《已托吴涵真帮助你——致吴树琴》，华中师范大学教育科学研究所：《陶行知全集》第8卷，湖南教育出版社1992年版，第797页。

横贯欧陆我去也,一任铁塔与云浮。

只是数月无音问,重逢何日令人忧。①

大概是出于年轻女子羞涩的缘故吧,吴树琴一直没答应去香港,因此陶行知回到香港后,未能见到自己的恋人,心里十分难过。他在9月7日给吴树琴的信中写道:读了近日的来信,"简直是把我从喜马拉雅山推到玛利亚那的海底去了。晚上睡不着,一半是因为热,一半是念你。通盘算起来,觉得你还是待我好的地方多,待我不好的地方少。但是问你生日,是始终不告诉我,照相也不给我一张,这次又不来,实在是令人难过。可是你一定有你的困难,我是要原谅你。我很希望你能安排一下,和我在一个地方做事,可以朝夕相见,那我就很感激你了"②。之后,9月13日吴树琴告知了她的生日,这使陶行知深受鼓舞。陶行知看信后心情立刻好转,9月22日马上回信说"你的九月十三夜的信,是给了我一个安慰"。之后的两个月中,陶行知又连续写了几封信催吴树琴来香港,还说"倘若你一定不能到香港来看我,那只好我来上海看你"③。

在陶行知的反复邀请下,吴树琴终于在1939年1月9日写信给陶行知,同意与她一位取道香港去福州的同学一同去香港。陶行知兴奋至极,他在1月12日的回信中写道:

今天接读一月九日来信,知道你将和琴姊来港,这是新年中最好的福音。……我是数着钟点等待你的来临啊。亲爱的冰妹啊!你要知道,叫我多等一天,便是叫我身上减少一磅肉。我有的是肉,减少一二十磅也不要紧,所可虑的,是我精神上有些受不住。若了解这一点,我相信你会插着翅膀立刻飞到我这里来。现在一切都照着你们21日来港计划准备。我要亲自去接你们。快

---

① 陶行知:《送给冰冰的诗——致吴树琴》,华中师范学院教育科学研究所:《陶行知全集》第5卷,湖南教育出版社1985年版,第347页。

② 陶行知:《希望和你共事——致吴树琴》,华中师范大学教育科学研究所:《陶行知全集》第8卷,湖南教育出版社1992年版,第798页。

③ 陶行知:《望你给我来信——致吴树琴》,华中师范大学教育科学研究所:《陶行知全集》第8卷,湖南教育出版社1992年版,第804页。

乐的日子快到了吧!①

  1939年1月21日，吴树琴来到香港与渴望已久的陶行知相见，犹如牛郎织女相会。吴树琴的到来给陶行知吃了一颗定心丸。从此，陶行知更加专心于自己的工作。同时，他也下决心再不让吴树琴离开他，于是不久就以女婿的名义给吴树琴的母亲写了一封信，委婉地告诉丈母娘他想让吴树琴留在身边。之后，陶行知就将这位准夫人带到了重庆，开始筹建育才学校。9月份陶行知正式向吴树琴提出结婚。其间吴树琴的家人不断来信反对，经过她的努力劝说，家人终于在12月10日来信同意他们结合。于是他们二人于1939年12月底，在重庆古圣寺举行了结婚典礼。陶行知在高兴之余，赋《结婚歌》诗一首：

  天也欢喜，
  地也欢喜，
  欢喜他和你。
  如鸟比翼，
  如枝连理，
  共造新家庭。
  相敬相爱相扶持，
  在工作上协力。
  把这力光大，
  化为抗战力，
  打退敌人回故乡，
  欢乐更无比，
  再进一步创造新民族新人类。
  多福多寿多儿子，
  儿子又生孙，
  孙又生儿子，

---

① 陶行知：《数着钟点等待你的来临——致吴树琴》，华中师范大学教育科学研究所：《陶行知全集》第8卷，湖南教育出版社1992年版，第814页。

子子孙孙生到无穷期,
一半儿像他,
一半儿像你,
个个强过他和你。①

育才学校音乐组的学生还给这首诗谱了曲,绘画组学生绘制了各种吉祥的图案贴在新房门上,育才学校师生及附近的农民参加了婚礼。结婚后,吴树琴便投身到帮助陶行知兴办教育的活动中来。她利用自己学医的专业优势,与中国科学社合作,在民间秘方的基础上,研制出治疗疟疾的药丸,经万人试用,效果很好。后来,她又到北温泉新药厂工作。他们夫妻每两周相聚一次,在这种离多聚少的日子里,陶行知通过写信与吴树琴交流感情,表达思念之情。两人相敬如宾,恩爱有加。1942年年底,陶行知生日来临之前,吴树琴来信作了安排,陶行知在回信中讲:"多谢你为我的生日这样关心,那是我母亲去世后,就没有受过这样的恩宠了。"②

1944年陶行知在生日前后,曾对妻子许下了愿:等抗战胜利后,他要带妻子"携手同游全世界名山大川,同访……手创世界和平的人们、思想家、发明家、诗人、美术家,尤其是各国的大众"③。1946年7月25日陶行知突然病逝,吴树琴悲痛欲绝。

陶行知的第一次婚姻是理智、冷静与生活型的,可以说是亲情多于爱情;而第二次婚姻是炽热、浪漫与爱情型的,陶行知从这次婚姻中真正得到了爱情,也有裨于其事业的发展。

对于陶行知的家庭生活和他的人生态度,他的学生戴伯韬根据自己的亲身见闻,在《陶行知的生平及其学说》中用很大一段篇幅作了如下生动感人的描绘:

---

① 陶行知:《结婚歌》,华中师范学院教育科学研究所:《陶行知全集》第4卷,湖南教育出版社1985年版,第502—503页。
② 陶行知:《多谢你为我的生日这样关心——致吴树琴》,华中师范大学教育科学研究所:《陶行知全集》第8卷,湖南教育出版社1992年版,第862页。
③ 陶行知:《谈一谈未来的美梦——致吴树琴》,华中师范大学教育科学研究所:《陶行知全集》第8卷,湖南教育出版社1992年版,第900页。

三、爱情、婚姻与家庭

　　他终日为人民大众事业，忙碌的奔波着，他对于自己的妻子儿女和对待一般同志没有什么差别，他也不常在家里，大家都觉得他对子女太不关心了。我很少看到过这样为人民而忘我的人，他这种伟大的精神，深深的感动了人。提起他的家庭是很凄凉的，他妹妹文汉[渼]先生逝世后，所有家务和四个小孩的教养，全由他六七十岁的老母亲负担。老太太勤俭持家，烧饭扫地，全自己动手，家里一直不用老妈子。后来，移住上海，年老多病，才雇了一位娘姨帮忙。他母亲早几天还在我们家里玩，劝我们节省过日子，青年人苦些不要紧，但不久就突然患脑溢血，送医院不治而死。他亲视老太太溘然长逝，便对大儿陶宏说，我们睡吧，祖母身体不好，想不到他[她]会活这样长。说罢，他就呼呼大睡，而陶宏则无论如何睡不着。可见陶氏理智很强，很洒脱得开。陶氏一贫如洗，靠了一些朋友的帮助，才把母亲安葬到南京晓庄去。

　　他的妻子则患不治之症多年，在他出国不久，也去世了。他的家早已离散，大儿得朋友帮助去中国科学社学习，三儿跟亲戚去南京，二儿和他最喜欢的四儿蜜桃，则留在上海和我们住在一起。陶氏不溺爱他的子女，也不象庸俗的父母把子女当私有品过分照顾他们。但他对母亲的爱和对子女的感情和关心他们的教育，则并不弱于人。因为穷，不能送子女一个个进资产阶级的大中学校，他从小就帮助儿女发展他们的爱好，等到高中程度他就送他们进专门机关跟教授学者做学徒，如此，几个儿子都有了专门的造就。

　　他平时，不喝酒、不吸烟，无任何嗜好，他喜欢吃点糖果、花生米之类，大概因为忙碌，没有吃饭的缘故吧，他拿出一把来和你一边吃，一边谈笑着。如果有什么好电影、好话剧，他就招呼你一起去看。他到处都有亲密的青年朋友，他似乎唯一的爱好就是青年和群众。他常说，人要不落伍，不老气横秋，就要和青年在一起。

　　任何受苦受难的青年人，只要找到他，他总是亲热的伸出双手来援助。他设法找人送钱或送书给在狱中受难的青年。当他十分窘困的时候，如果袋中有一毛钱他也会给你。

　　这个倔强的斗士，受国民党反动派政治和经济上双层压迫，但他从不消沉。他那幽默和潇洒的作风,常使人感到可亲又可爱。

有一次,他光脚到国泰大戏院去看戏,那所剧场比较阔气,观客差不多都是些中上层社会的中外人士,司阍看他身穿旧学生装,光着脚,不准他进去,怪他没有穿袜子。他一声不响的候在那里。一忽儿,有个摩登女郎,光腿露臂而来。他看她进去了,连忙对司阍人说,她不也光脚么,你为什么许她不许我进去?司阍人理屈,很客气的请他进去了。

他在上海这一段生活,仍和在乡下一样艰苦朴素。平时靠卖字、卖稿、卖讲所得维持学校和家庭生活。出国前,他通知二儿晓光到他的住处去取回他的东西。拿回一只网篮,两只破箱,打开一看,除几件破衬衫外,尽是些书信、书籍、杂志和一堆破袜子而已。①

---

① 戴伯韬:《陶行知的生平及其学说》,人民教育出版社1982年版,第100—101页。

四、社会交往

前　　辈

　　唐宋之前，中国的文化教育中心在北方（主要在河南、陕西、山西、山东等黄河流域）；而从两宋开始，随着中国经济重心的南移，文化教育中心也移向了江浙一带。据《宋元学案》统计，北宋共有学者603人，其中浙江就有142人，居全国第一，首次超过了北方人才大省河南（有101人）。到了明清时期，江浙明显成为中国的人才输出地。据统计：清代共有进士27014人，其中江苏与浙江两省共有5781人，占全国进士总数的21.4%，在全国各地遥遥领先[1]。进士中不乏衙门官员，故俗语道"无绍不成衙"。而仅就以文化教育为生的学者而言，也是江浙人在全国占据了绝对的优势，清代全国共有重要学者951人，而江浙两省就拥有545人，占全国总数的57.3%[2]。

　　如果将对陶行知成长和教育思想形成产生过影响的近代江浙教育家汇总起来称为江浙教育前辈群体的话，那么，这个群体成员主要有：张謇（江苏南通人，1853—1926）、蔡元培（浙江绍兴人，1868—1940）、袁希涛（江苏宝山人，1866—1930）、黄炎培（江苏川沙人，1878—1965）、郭秉文[3]（江苏江浦人，1880—1969）等。其中对陶行知影响最大的是蔡元培、黄炎培、张謇、郭秉文四位。因郭秉文是双重身份，他既是江浙教育前辈群体成员，又是哥伦比亚大学师友群体的主要成员，本书将其放在下一部分论述。现就其他三位教育家与陶行知的交往及对其影响作简略分析。

---

[1]　吴宣德：《中国区域教育发展概论》，湖北教育出版社2003年版，第107页。
[2]　萧一山：《清代通史》第5册，中华书局1986年版，第497—594页。
[3]　郭秉文既可以作为江浙教育前辈群体成员，也可视为哥伦比亚大学师友群体成员。因为他是江苏人，且长陶行知11岁，按照通常十年为一代人的说法，郭秉文也可以作为陶行知的前辈。

蔡元培与陶行知：感召与激励

蔡元培与陶行知是中国近现代教育史上两位最著名的教育家，一位是立足于以正规学校教育来实现中国教育现代化的教育巨匠，一位是着眼于大众教育普及、推动中国教育公平的教育大师。两人均是彪炳千秋、举世闻名的教育家，他们的共同之处在于将毕生的精力投入到振兴中华民族教育大业中来。蔡元培比陶行知年长23岁，当陶行知就读金陵大学时，蔡元培已经成为闻名遐迩的教育家。在陶行知心目中，蔡元培是中国教育改革的成功典范，尤其是蔡元培改革北大的成功经验成为陶行知在南京高师进行教育改革和管理晓庄师范学校的示范与样板。就蔡元培对陶行知的影响而言，一方面，这位出生江浙的大教育家，着实在青年陶行知的内心中是一个崇拜与效仿的楷模；另一方面，蔡元培对陶行知有过不少帮助，他们二人交往甚多。

当陶行知于1917年回国担任南京高师教务主任时，蔡元培任北京大学校长并取得了一系列的改革成就。陶行知借鉴蔡元培的一些改革经验如学生自治、男女同校等，打破了以往传统的高校管理模式，使南京高师成为继北大之后中国现代第二所运用新教育理念办学的公办高等院校。

1921年，蔡元培与陶行知等人共同发起成立了人称"教育司令部"的中华教育改进社，陶行知起草了《中华教育改进社简章》，并任主任干事。为了开展中华教育改进社的工作，蔡元培与陶行知不仅一直保持着密切的联系，而且相互支持。1922年7月中华教育改进社第一届年会在山东济南召开，大会选举蔡元培为董事长，当陶行知与王伯秋共同提出《创办青岛大学案》时，蔡元培很感兴趣，让陶行知在会上解释提案理由。陶行知指出："山东为我国文化发源之地，在学术上占重要之位置。自'山东问题'发生，青岛尤为全球视线所集。……为发展我国固有文化计，为沟通东西文化计，尤不能不设立永久高等学术机关，以谋改进，而扬国光。"[①]于是，在蔡元培的支持下，该提案得以通过。大会期间，蔡元培与陶行知还一起提出《国立大学与省立大学分别设立案》，成为当时中国高校设置的指导性文件。

---

① 陶行知：《创办青岛大学案》，华中师范学院教育科学研究所：《陶行知全集》第1卷，湖南教育出版社1984年版，第255页。

1927年，蔡元培任国民政府大学院院长，当陶行知申请创立晓庄师范学校时，蔡元培给予大力支持，并应邀亲自担任晓庄师范学校董事长。陶行知效仿蔡元培办北大时所提出的"兼容并仓,思想自由"的办学理念,在晓庄师范学校提出"自由园地"理念。他对晓庄师生讲："蔡元培办北大是'兼容并包',晓庄学校则是'自由园地'。"①他学习蔡元培的管理经验,不管是什么党派,也不管是哪里的人,只要有专业特长,热爱乡村教育事业,晓庄学校都来者不拒。1927年10月2日,作为晓庄师范学校董事长的蔡元培与陈鹤琴、张宗麟等人一同来晓庄学校参观,陶行知组织师生召开欢迎会,蔡元培在会上作了热情洋溢的讲话。他风趣幽默地说：

> 我这个董事长是空的,并不懂(董)事。首先,你们重视的教学做合一我就没有做到。不过,我听了介绍以后,极相信教学做合一是至理,也是合乎规律的。比如小猫要学捕鼠,大猫一定要做好捕鼠的样子给小猫看。老燕要教雏燕飞,雏燕要一面看,一面要模仿着飞,才能学会。在这种很小的事情上,也可以看出教学做是应当合一的。诸位到此,都抱有研究乡村教育的大志,我是非常赞成的。我虽然不能和诸位在一起共同生活,但我在旁边,当极力帮助诸位成功,祝诸位努力。我向你们学习,我这个董事长才能懂(董)事,否则,总有一天要被你们开除。

蔡元培参观晓庄师范学校后,对学校给予了很高评价。正当蔡元培兴致高、情绪好时,陶行知特请他用毛笔书写《我们的信条》中关于乡村师范教育的18条,蔡元培欣然提笔用楷书题写了共计260余字的教育信条18条,陶行知将其装裱后挂在晓庄师范学校的犁宫墙壁上。蔡元培来晓庄师范参观并题写教育信条,一方面体现出他对陶行知兴办乡村师范教育的理论与实践的认可与信任,另一方面也反映出他们二人交情之深、关系之密。

1928年4月,晓庄师范学校为纪念成立一周年召开联村运动会,蔡元培又与吴稚晖、杨杏佛等人一起来参会,使晓庄师范师生与农民很受鼓舞。其间,蔡元培曾两次拨款给晓庄师范,为陶行知办学解了燃眉之急。因此,

---

① 辛元、谢放：《陶行知与晓庄师范》，江苏教育出版社1986年版，第69页。

陶行知于 1929 年在晓庄师范致谢赞助人会上讲道:"拨给公债实现本校乡村计划为本校今后开一新纪元的是中华民国大学院蔡孑民(蔡元培)院长。"①

20 世纪 30 年代,面对国民党的白色恐怖政策,蔡元培与陶行知、李公朴、陈望道等一百多人,于 1933 年 3 月 14 日在上海举行纪念马克思逝世 50 周年大会,蔡元培发表了演讲,表达了对马克思的敬意,严厉抨击了国民党的文化专制主义。

黄炎培与陶行知:帮助与支持

黄炎培是江浙教育家群体中的重要一员,他毕生致力于发展职业教育,成为中国近现代教育史上最重要的职业教育理论家与活动家。他比陶行知年长 13 岁,当陶行知还在当学生时,他已是江苏省教育司司长。1914 年 6 月,陶行知以优异的成绩完成了在金陵大学的学业,在校方为陶行知等毕业生举行的毕业典礼上,黄炎培以江苏省教育会副会长的名义应邀出席。陶行知由于学习成绩突出,以全校总评第一的好成绩引起了黄炎培的关注。黄炎培十分赏识陶行知的学识与智慧,并亲自为陶行知颁发了毕业证书。从此,他们二人相识,并成为终生相互关照与支持的忘年之交。

1915 年黄炎培赴美国考察职业教育,他到哥伦比亚大学师范学院找到了陶行知,在陶行知等人的帮助与介绍下他结识了著名教育家杜威,并考察了美国一些地方的职业教育。可以说,黄炎培在美国期间,陶行知给予了全力帮助,使得他在美国考察顺利。当时,正值陶行知撰写博士学位论文《中国教育哲学与新教育》遇到资料缺乏之际,由于他所写的论文是中国教育哲学,需要在中国查阅大量的资料,而他身处遥远的美国,无法回国找资料,正好这时黄炎培结束了对美国的考察准备回国,于是陶行知就顺便委托黄炎培回国后为其搜集资料。这样,两人的关系进一步密切了。回国后,黄炎培四处为陶行知查找论文资料。1916 年 12 月 5 日,他在给陶行知寄资料时顺便写信提道:"国内青年,学成无用,中学毕业生就业者仅十之一,此为国内最急要之问题。解决方法,一在提倡职业教育;一在使普通教育方法之教材和训练方针,皆能切合于实用。"②

---

① 陶行知:《对于乡村教育及本校赞助人之总致谢》,华中师范学院教育科学研究所:《陶行知全集》第 2 卷,湖南教育出版社 1985 年版,第 135 页。
② 许汉三:《黄炎培年谱》,文史资料出版社 1985 年版,第 35 页。

陶行知得到黄炎培的赐教,将倡导普通教育与职业教育要切合于实用,作为解决中国国内教育脱离实际、所学非所用问题的重要途径,从此培养起对职业教育的兴趣。1917年5月6日,中华职业教育社在上海创立,黄炎培任办事部主任,大力倡导发展职业教育。同年,回国在南京高师任教的陶行知便加入了中华职业教育社。黄炎培创办中华职业教育社社刊《教育与职业》后,陶行知被聘为评论员和特邀撰稿人。陶行知非常支持黄炎培关于职业教育的主张,于1918年11月在《教育与职业》第1卷第3期上发表了《生利主义之职业教育》一文,他在该文中首次提出生活教育,并将生活教育与职业教育结合起来,强调"职业教育既以养成生利人物为其主要之目的,则其直接教授职业之师资,自必以能生利之人为限",应当培养"生利主义之职业学生"。他从职业教育的师资、设备、课程、学生等方面对此作了专门论述,主张通过加强生利主义的职业教育,来达到"国无游民,民无废才,群需可济,个性可舒"的目的①。以上这些,反映出当时陶行知与黄炎培不仅相互帮助,私交甚密,而且两人的教育观点一致,相互支持,朝着振兴中华民族教育的共同目标而努力。

两人除了共同探讨职业教育问题外,还共同致力于平民教育运动。1923年5月,陶行知、黄炎培、朱其慧等人发起成立了中华平民教育促进总会。他们分头行动,共同推动中国的平民教育进程。陶行知通过编写《平民千字课》、创办平民读书处、开办平民教育学校等方式,来开拓平民教育的新局面;而黄炎培也曾规划在山西试办乡村职业教育,以促进地方平民教育的发展。

抗战时期,为了促进中国的民主建设,团结一致,共同抗日,1940年12月,各民主党派的领导人黄炎培(中华职业教育社)、梁漱溟(乡村建设派)、张君劢(国社党)、左舜生(青年党)等在重庆集会,决定将原来的统一建国同志会改组成中国民主政团同盟。1941年3月19日,中国民主政团同盟在重庆召开大会,会议通过了《中国民主政团同盟政纲》,推选黄炎培为中央常务委员会主席。同年10月,中国民主政团同盟向中外正式宣告它的成立。1942年,以陶行知等为领袖的救国联合会加入,中国民主政团同盟

---

① 陶行知:《生利主义之职业教育》,华中师范学院教育科学研究所:《陶行知全集》第1卷,湖南教育出版社1984年版,第86页。

遂成为集合"三党主派"的民主党派,后更名为中国民主同盟。

1946年7月25日陶行知突然病逝,黄炎培闻此噩耗,极为悲痛,当即作《哭陶行知先生》诗一首:"秀绝金陵第一声,行知当日号知行。杜威北美开新旅,刘廖南高并盛名。合一晓庄'教学做',成群淞沪'小先生'。不堪闻李成仁后,天夺良师万泪迸。"他称赞陶行知学业和事业出类拔萃,为民主前仆后继,不畏牺牲,深得民众敬仰。黄炎培还与沈钧儒等人组织上海各界人士为陶行知召开追悼大会,并与沈钧儒、马叙伦、茅盾、陈鹤琴等人陪祭。12月4日,黄炎培又与沈钧儒、翦伯赞等人护送陶行知的灵柩到晓庄公葬。

张謇与陶行知:榜样与示范

张謇是中国近现代著名的实业家和教育家。他重视师范,关注普教,主张教育救国的思想,陶行知的教育理念大多与之不谋而合,受其很多启示。他躬身实践、勤俭建校、贴近民众的办学经验,深深打动了陶行知的内心,成为激励其潜心办学的动力与楷模。因此,在1946年6月14日,陶行知与将要回到解放区的柳湜①告别时,首先谈到对其影响颇深的张謇。他说:"我告诉你,到农村去的方法我是学得谁的。你说的到农村去有三关,我都经验过。其中第二关,就是和农民生活习惯打成一片,我是学得张謇的。……他对我的生活,影响不浅。我搞生活教育,他就是我第一个先生。"②第一次公开讲出对他创立生活教育理论与兴办晓庄师范的实践影响最早最深的教育家是张謇。他讲出这一秘密后一个多月就离开了人世,可见张謇对其影响之深,在其心目中分量之重。

张謇是中国近现代教育史上倡导实业救国的实业家,又是热心兴学的

---

① 柳湜(1903—1968),湖南长沙人。1921年在毛泽东创办的湖南自修大学附设补习学校教书,1928年加入中国共产党。旋即赴上海,由党派往安徽省委秘书处工作,由于叛徒告密而被捕入狱长达六年,他始终未曝露身份。1934年获释后即前往上海从事地下工作,他的公开身份是上海《申报》读书指导部主任,积极宣传抗日救国。之后,他先后在香港、汉口、重庆从事报刊的编辑工作。他与文化界进步人士沈钧儒、李公朴、史良、陶行知等广泛交往,积极开展抗日民族统一战线工作,参与救国会的建立,声援"一二·九"运动及抗议七君子被捕等重大活动。1940年冬离开重庆前往延安,任陕甘宁边区参议员、边区政府委员、教育厅厅长等职务。新中国成立后,先后任中央教科所所长、国务院科学规划委员会委员、教育部副部长等职。

② 陶行知:《与柳湜的谈话》,华中师范学院教育科学研究所:《陶行知全集》第3卷,湖南教育出版社1985年版,第609页。

教育家。他是江苏南通人,是近现代江浙教育家群体中出道最早的社会名流。他一生涉猎实业、政治、教育等诸多领域,既是发展实业、兴办教育的实干家,又是参与各种社会变际的活动家。他曾饱受旧式教育,中状元,任翰林,但不满清朝的腐朽统治,遂放弃仕途,从事实业,开办教育,成为中国近现代开明绅士与社会名流。他的"父实业、母教育"的主张和实践具有深刻的历史意义。他一生创办了20多家企业、370多所学校,为我国近代民族工业的兴起、为教育事业的发展做出了宝贵贡献。他倡导"教育与实业迭相为用",在发展实业的同时,在家乡南通开办各类学校。1902年,他创办了我国第一所民办师范学校——通州师范学校,1905年创建了我国第一座民办博物苑,1907年创办了农业学校和女子师范学校,1909年倡建通海五属公立中学,1912年创办了医学专门学校和纺织专门学校。后来,农、医、纺三所学校合并成为南通学院。后来他又兴办了各种中、初级职业学校,短期讲习班和特殊教育事业,如商业学校、银行专修科、测绘专修科、工商补习学校、镀镍传习所、蚕桑讲习所、女工传习所、伶工学社、盲哑学校等,使南通形成了一个以近代农工商科学技术为中心,包括初等、中等、高等教育在内的学校教育和社会教育体系。

张謇对陶行知的影响,主要表现在以下几方面。

第一,名扬四海、享誉学界的张謇在青少年时期陶行知的心目中留下了深刻印象。张謇于1905年出任江苏学务总会会长,大力发展江苏的新式教育,使江苏的新式教育走在全国的前列。他由于办学成绩突出,经常见诸报端,影响日益扩大,遂于1911年应邀出任中央教育会会长。1912年民国政府成立,他任实业总长。当时正在江苏南京金陵大学读书的陶行知,耳闻目睹张謇的办学事迹,不由地对张謇产生了仰慕之心,这为他日后从事教育工作,并以张謇为榜样创办学校、发展教育奠定了基础。

第二,张謇关注普及教育、重视师范教育,对陶行知产生了一定影响。张謇认为,要想振兴国家,就必须将实业与教育并重;而发展教育的重点在于普及教育;而要实现普及教育的目标,就必须兴办学校;而"立学校须从小学始,尤须先从师范始"①。在他看来,小学是教育之基,而师范是小学

---

① 张謇:《师范学校开校演说》,张怡祖:《张季子九录·教育录》,中华书局1931年版,第17页。

之母。因此,要普及教育,就要先发展师范教育。基于这样的认识,他于1902年就在家乡南通创办了中国近代第一所师范学校,成为中国近现代师范教育之父。之后,他又创办了一系列的师范学校和传习所。后来,陶行知也提出类似的师范教育思想,强调师范教育乃"国家托命"之所在,"师范教育可以兴邦,也可以促国之亡"。全面论述了师范教育的任务和作用,提出"教育界要什么人才就该培养什么人才",强调师范生要热爱师范教育,懂得教育规律,具有丰富的专业知识以及为人师表的高尚品德。值得注意的是,陶行知还是我国乡村师范的最早提倡者和创建者。他曾明确主张以乡村师范作为改造乡村生活的中心,以乡村教师作为乡村生活的灵魂,以乡村自治作为改造乡村的组织保证。

第三,张謇开办南通师范学校的经验和做法,成为陶行知创办晓庄师范学校的直接参照。陶行知与张謇的直接交往是在20世纪20年代他在东南大学任教期间。1921年3月,教育部拟批准东南大学董事会成立,张謇就是十大校董之一。张謇经常到东南大学议事,陶行知作为本校教授也应邀出席,因此他们之间有过直接的交往。特别是陶行知对张謇创办南通师范学校的经验一直心存敬仰。正是在东南大学教育系工作之时,受张謇的影响,他便产生了办一所乡村师范学校的想法。从选择校址、聘请教师、办学思路等方面,陶行知都竭力学习张謇。晓庄师范学校与南通师范学校都是乡村师范学校,既然是建立在乡村、为乡村培养师资的师范,就应当学会与农民打交道。因此,当陶行知在开办晓庄师范之前向张謇请教时,张謇便告诉他首先要学会与农民打成一片。正如陶行知所讲述的那样:

> 和农民生活习惯打成一片,我是学得张謇的。他曾告诉我,要替农民做事,第一就得和农民打成一片,不然,农民就怕你,什么真心话也不同你说。他建设南通的初期,自己就常在农民家中来来去去,吃农民一样的东西,说一样的话。农民并不怕他,他,也的确懂得农民的生活不少。[①]

[①] 陶行知:《与柳湜的谈话》,华中师范学院教育科学研究所:《陶行知全集》第3卷,湖南教育出版社1985年版,第609页。

正是受了张謇的教诲，陶行知才领悟到了在乡村办学的真谛。于是他按照张謇办南通师范的做法深入农民之中，亲自参加建校劳动，与学生、农民同吃同住，甚至与农民的耕牛睡在一起。同时，他也要求晓庄师范的师生都应学着与农民相处。在他的影响与带动下，晓庄的学生都养成了良好的习惯。正如梁漱溟参观晓庄后所说：

开办时，无屋可住，在山下立起三五个帐幕，几个人对着帐幕升起旗子来，就举行开学的典礼。后来人渐多，才分投到附近农家去住，现在因为校舍不够，还有住在农家的。他的用意在使学生能和农人一般吃苦，并且深知农民的问题，所以他们的生活都很平民化，穿短衣服，光着脚，如同农夫一般的。……农民也和他们很亲密。①

梁漱溟高度评价这种办学理念培养出的人才一定有能力，有合作精神。陶行知的生活教育理论，也正是在张謇的启发和自己的办学实践中逐步形成与完善的。

师　　友

哥伦比亚大学是世界一流的著名高等学府，该校师范学院是20世纪上半叶全世界的教育研究中心，这里名师荟萃，群星璀璨，人才济济。陶行知在该校攻读博士学位的两年时间里，结识了不少世界著名的学术大师，亲耳聆听了他们富有个人创见的学术讲授，正是他们的理论点拨与思想启迪为陶行知创立新的教育理论奠定了坚实基础；同时，他在该校也结识了一批中国留学生，这些人归国后成为中国现代著名教育家，有不少人与陶行知长期并肩作战，共同推动中国文化教育事业的发展。这个哥伦比亚大学师友群体，对陶行知的一生产生了很大影响。

---

① 梁漱溟：《参观南京晓庄学校所见》，北京市陶行知研究会：《陶行知研究》，湖南教育出版社1987年版，第98页。

哥伦比亚大学师范学院教师群体

哥伦比亚大学师范学院成立于1888年，原系工业教育协会设立的一所师资培训学校，1898年并入哥伦比亚大学。该院是研究性学院，以培养研究生为主。该校师资力量雄厚，聚集了一批世界一流的名师，如美国进步教育运动的先驱杜威、著名教育史学家孟禄、设计教学法的发明者克伯屈、教育行政管理专家斯特雷耶、教育社会学家斯列丁、教育心理学的奠基人桑代克以及比较教育家查尔斯·麦克默里（Charles Mcmurray）和康德尔等。这些教育家大都倡导进步主义教育，因此该学院被誉为"进步主义教育的摇篮"。1915年9月至1917年7月，陶行知在美国哥伦比亚大学师范学院攻读博士学位。他在哥伦比亚大学的两年中先后修习了杜威主讲的"学校与社会"、孟禄主讲的"教育史"、克伯屈主讲的"教育哲学"、斯特雷耶讲授的"美国的公共教育行政"、斯列丁讲授的"教育社会学"和"进步社会的发展"、康德尔主讲的"各国学校制度的社会基础"等课程①。陶行知就读哥伦比亚大学期间，这些老师为陶行知系统讲授了教育专业课程，给予陶行知睿智的点拨和方法的启迪，为其日后畅游教育学科的知识海洋做好了充分的准备。

斯特雷耶与陶行知

指导陶行知博士学位论文《中国教育哲学与新教育》的导师是知名教育行政学家、美国教育行政学会会长斯特雷耶教授。

陶行知的专业研究方向是教育行政学，他正是在斯特雷耶教授的指导下"研究美国公共教育行政问题，并要把普及国民教育的思想应用到中国教育的发展中"②。1916年2月16日他为了申请利文斯顿奖学金，在给罗素的信中写道：

> 我想向您和利温哥斯顿奖学金寄赠者说明，在斯垂伊尔教授和其他先生的指导下，再经过两年多的准备之后，我将回国同其

---

① 牧野笃：《关于陶行知在美国留学期间学习与生活的若干考察》，李宏、王学东译，周洪宇：《陶行知研究在海外》，人民教育出版社1991年版，第153—154页。
② 阿部洋：《哥伦比亚大学留学时代的陶行知》，冬景、晓玲译，周洪宇、余子侠、熊贤君：《陶行知与中外文化教育》，人民教育出版社1999年版，第270—271页。

他教育者合作建立我国有效的国民公共教育制度,以便仿效美国人的足迹,也能保持和发展真正的唯一能实现正义与自由理想境界的民主。①

从中可以看出,在陶行知博士教育阶段,斯特雷耶教授对他的影响比较大,因为斯特雷耶教授是他所修教育行政专业的直接导师,而且为他开设了两个学期的专业课——美国的公共教育行政,还亲自指导了他的学位论文,为他研究教育行政管理奠定了坚实的基础。

杜威与陶行知

对陶行知思想影响最大的是杜威博士。

由于杜威是世界知名的教育大师,陶行知在就读伊利诺斯大学政治学专业期

陶行知与哥大导师斯特雷耶合影

间就对杜威有所了解。从该校毕业后,陶行知之所以选择到哥伦比亚大学师范学院深造,在很大程度上是冲着杜威而来的。首先,杜威倡导的教育即生活、学校即社会、做中学、以儿童为中心等实用主义教育思想对陶行知的影响很大,可以说杜威的教育观是诱发陶行知生活教育理论的源头。其次,杜威积极投身教育民主管理的实践对陶行知在南京高师的改革产生了较大影响。比如,1915年杜威与朋友积极创立了美国大学教授联合会1916年又成立纽约教师联合会。在杜威的影响下,陶行知回国后,积极投身于中国各种教育社团组织的实践活动之中。再次,杜威的实用主义哲学思想对陶行知的影响亦很大。杜威倡导的经验自然主义、实验科学方法论、多元的历史观等都给陶行知留下了深刻印象。

正因为陶行知与杜威在哥伦比亚大学建立了亲密的师生情谊,因此,1919年,当他与胡适等人得知杜威到日本讲学后,便特邀杜威来华讲学。

---

① 转引自阿部洋:《哥伦比亚大学留学时代的陶行知》,冬景、晓玲译,周洪宇、余子侠、熊贤君:《陶行知与中外文化教育》,人民教育出版社1999年版,第267页。

正是在陶行知等人的精心安排下,杜威在华停留了两年多,走遍大江南北,大力宣扬他的实用主义教育学说,使他的思想与学说在中国产生了巨大影响。而且在讲学的大部分时间,陶行知都在场亲自当翻译或作点评。在杜威心目中,他最好的学生就是胡适和陶行知。

孟禄与陶行知

对陶行知日常学习和生活帮助最多的是曾任世界教育联合会会长的孟禄教授。

1915—1917年间,孟禄担任哥大师范学院教育部部长。由于他是陶行知就读哥大期间具体教学与行政事务的管理者,再加上他还亲自为陶行知讲授过两个学期的教育史专业课,因而,陶行知与孟禄平时接触比较多,孟禄对陶行知的帮助也比较大。正如日本学者阿部洋所说:"在师范学院学习期间,使陶得到公私两个方面最好照顾的是孟禄教授。"①

孟禄曾于1913年访问过中国,对中国教育表现出极大的关心,在促进中美文化教育交流方面起到了桥梁作用,他热心于对中国留学生的指导,再加上陶行知为人正直、品学兼优,深深地打动了孟禄。他不仅给陶行知等留学生传授教育史专业知识,而且还给予陶行知生活方面的关怀。1915年陶行知的父亲去世,长子陶宏出生。当时,正在美国求学的陶行知除需自费完成学业外,还要承担国内家中生活所必需的开支,"经济状况窘迫至极"②。尽管按照国内有关留学规定,在进入哥伦比亚大学师范学院不久,他获得了部分"庚款奖学金",但是,因纽约的生活费用昂贵,这笔钱真是微不足道。他已到了"囊中所有远不足以应付深造"③的地步,而自己又如此渴望能够继续完成学业。正当陶行知因生活困难入不敷出时,1916年初他向孟禄教授求助,孟禄及时给予关心和帮助,亲自出面帮助陶行知申请美国利文斯顿奖学金。在孟禄的指导下,他给担任哥大师范学院院长的罗素写了申请信。由于有孟禄教授的相助,陶行知很顺利地拿到了利文斯顿

---

① 阿部洋:《哥伦比亚大学留学时代的陶行知》,冬景、晓玲译,周洪宇、余子侠、熊贤君:《陶行知与中外文化教育》,人民教育出版社1999年版,第271页。

② 陶行知:《我的生活经历和今后打算——致罗素的信》,董宝良:《陶行知教育论著选》,人民教育出版社1991年版,第9页。

③ 陶行知:《我的生活经历和今后打算——致罗素的信》,董宝良:《陶行知教育论著选》,人民教育出版社1991年版,第9页。

奖学金，为其顺利完成学业提供了经济方面的保障。

1917年6月，当陶行知致力于毕业论文的写作时，遇到了资料不足的困难。由于他撰写的论文题目是《中国教育哲学与新教育》，必须回国查阅中国教育的第一手资料方可完成。在这种情况下，孟禄再次出面帮助陶行知，为陶行知想了一个两全其美的办法，即推荐其完成博士候选人资格考试，这样可赢得更多的时间来完成论文。1917年7月26日，孟禄给当时的博士学位评议委员会主席、政治哲学专业科学部部长伍德布瑞奇博士（Frederick J. E. Woodbridge）写了一封推荐信：

> 我建议为陶文濬先生指定考试日期。这是一个特殊情况。陶先生已满足在籍期间的必须事项，论文题目也得到认可，现在正在致力于论文的完成。但是，这篇论文只有当他回国后，进行有关资料的收集和选择方能完成。然而，他觉得他不可能从中国再回来了。他今后要从事与政府有关的教育事业。因此，我建议特别委员会马上举行考试，论文一经完成，即可委托特别委员会评审。建议考试日期最好定为8月2日。①

孟禄建议伍德布瑞奇博士为陶行知单独举行博士候选人资格考试，然后可以特批他回国边工作边写论文，等论文完成寄回美国就可授予博士学位。从此可以看出，孟禄与陶行知在哥伦比亚大学的交往是不寻常的，他们之间建立了深厚的师生友情。

陶行知回国后一直希望邀请孟禄来华指导教育改革。1921年夏他与范源濂、蔡元培、张伯苓等人商议邀请孟禄来华讲学，同年9月5日孟禄应邀到达上海，陶行知与黄炎培、郭秉文前去码头迎接。之后，他与哥大同学王文培、凌冰等先后陪同孟禄到南京、苏州、香港、广州、福州、杭州、北京、天津、保定、石家庄、太原、开封、奉天、济南、曲阜等9省18市进行教育调查和学术讲演。1922年1月7日，孟禄离沪回国时，陶行知与黄炎培、郭秉文等到上海码头送别，并将孟禄在华的教育调查与交流记录编成《孟禄

---

① 阿部洋:《哥伦比亚大学留学时代的陶行知》，冬景、晓玲译，周洪宇、余子侠、熊贤君:《陶行知与中外文化教育》，人民教育出版社1999年版，第271页。

的中国教育讨论》一书,赠送给孟禄博士。陶行知对此次活动的评价是:"此次博士(孟禄)来华,以科学的目光调查教育,以谋教育之改进,实为我国教育开一新纪元。"①

1921年,孟禄(右四)来华考察,陶行知(右三)陪同并任翻译

通过这次接待孟禄博士来华,陶行知一方面推动了中国的教育改革,另一方面也回报了在哥大求学期间孟禄对他的诸多关怀,扩大了孟禄在中国的影响。

克伯屈与陶行知

教学上对陶行知影响最大的是克伯屈博士。

克伯屈是杜威的得意门生,是设计教学法的发明者,也是哥伦比亚大学最受学生欢迎的教授之一,人称"百万教授"。克伯屈为陶行知等学生讲授了两个学期的教育哲学课,他采用的是设计教学法。正如陈鹤琴回忆的那样,"这种教法是兴奋剂。个个学生都愿意绞脑回肠去研究问题,检讨问题,辩论问题。在他的教室里二三百个学生没有一个会打盹,没有一个会偷看小说,没有一个不竖起耳朵、提起精神去参加辩论,贡献意见!"他那"独出心裁而能刺激思想的方法",颇具吸引力,经常出现数百名学生竞相选修他的课程的盛况,他讲课时常常是座无虚席,听过他讲课的同学对他

---

① 陶行知:《在孟禄与中国教育界同人饯别会上的讲话》,华中师范学院教育科学研究所:《陶行知全集》第1卷,湖南教育出版社1984年版,第173页。

都评价很高①。

陶行知对克伯屈的设计教学法也十分敬佩,他在回国进行教育实践的过程中,有不少教学方法是从克伯屈的教学法中受到启示,可以找到克伯屈教学法的影子。陶行知在哥伦比亚大学与克伯屈结下了浓厚的师生情谊,因此,克伯屈于1929年10月中旬访华期间专程到陶行知创办的晓庄学校参观,当他看到晓庄学校"依照实际生活的方法来实现生活的教育"时,对之予以高度评价:

> 这学校是我这几年天天所想到而急要看的一个学校,今天到这里,是非常快乐的事情!……我现在无论到什么地方,都要宣传在中国的晓庄有一个试验学校,把这里的理想和设施,宣传出去,使全世界的人知道!②

克伯屈还认为晓庄学校不仅"理论相当完美,付诸实践也很不错"③。

1946年7月陶行知病逝后,克伯屈积极筹划在美国召开陶行知纪念会。开会的目的,一方面,欲使更多的美国人知道陶行知;另一方面,想号召国际社会为陶行知所创办的学校捐款,以便保证其继续发展下去。他还成立了筹备委员会,由杜威担任主席,克伯屈、罗格和推士三人担任副主席,共同商讨于1946年10月10日召开纪念陶行知及捐款集会。

桑代克与陶行知

师范学院教育心理学家桑代克尽管没有为陶行知授过课,但陶行知对桑代克一直心怀仰慕之情,从他回国后不久所撰写的文章中多次提到桑代克即可看出他对这位大师的敬意。1918年,陶行知在《试验主义之教育方法》一文中列举世界著名教育家时,提到"忒耳诺泰刻(Thorndike)之集成教育心理也,亦以试验"④,将其列入世界实验主义教育家的行列,认为他

---

① 陈鹤琴:《我的半生》,陈秀云、陈一飞:《陈鹤琴全集》第6卷,江苏教育出版社2008年版,第538页。
② 克伯屈讲,徐鸿仪、宋恩鸿记:《我对晓庄之感想》,北京市陶行知研究会:《陶行知研究》,湖南教育出版社1987年版,第449—451页。
③ 克伯屈:《克伯屈日记》(1929年10月25日),现存哥伦比亚大学师范学院图书馆特藏室。
④ 陶行知:《试验主义之教育方法》,华中师范学院教育科学研究所:《陶行知全集》第1卷,湖南教育出版社1984年版,第60页。

为教育科学化做出了突出贡献。同年10月,陶行知又在《在南京高师教育研究会上的演讲》中提道:"桑代克(Thorndike)欲求父母于子女才能之关系,则以孪生弟兄五十姓而试之,以算数、文法之课窥其尽同,则孪生者之巧拙常等,可以知遗传之故矣。"①可见,桑代克也是对陶行知影响较大的哥伦比亚大学教师群体中的重要一员。

哥伦比亚大学师范学院校友群体

哥伦比亚大学师范学院是世界上研究教育的最高学府,因名师众多、学科齐全、资料丰富、氛围良好,吸引了世界各地众多学子来此深造。从1909年庚款留学以来,中国赴美留学的人数逐年递增,最多时一年就达300多人。据陈鹤琴讲,从1912年到1949年,从哥伦比亚大学毕业归国的中国留学生就达上万人②。

陶行知自从伊利诺斯大学政治学专业毕业,1915年秋季转入哥伦比亚大学师范学院改学教育专业,到1917年6月毕业,这两年时间内,结识了一大批中国同学,这些同学后来分布于中国社会各界,成为他一生中重要的校友群体。

陶行知(右)与哥伦比亚大学的中国同学合影

---

① 陶行知:《在南京高师教育研究会上的演讲》,华中师范学院教育科学研究所:《陶行知全集》第1卷,湖南教育出版社1984年版,第75页。
② 陈鹤琴:《在江苏省第一届人民代表大会第二次会议上的发言》,《文汇报》1955年2月28日。

四、社会交往

1915年秋，陶行知转赴纽约哥伦比亚大学师范学院攻读教育学博士学位，在哥伦比亚大学本部校区西门高台处与同学孙科（左二）等合影，背后是隔着曼哈顿上城125街的哥伦比亚大学师范学院大楼

陶行知的哥伦比亚大学校友群体成员主要包括：早于他毕业且第一个获哥伦比亚大学师范学院哲学博士学位的同专业师兄郭秉文（1880—1969），从康奈尔大学转入哥伦比亚大学哲学系学哲学的同龄同乡好友胡适（1891—1962），与他同年同船出国、先入霍普金斯大学后入哥伦比亚大学师范学院攻读硕士学位的陈鹤琴（1892—1982），1917年在哥伦比亚大学师范学院获教育学博士学位的蒋梦麟（1886—1964），与他同年赴美先入威斯康星大学后在哥伦比亚大学师范学院攻读教育学博士学位、回国后又在南京高师成为他同事的郑晓沧（1892—1979），在华盛顿大学获硕士学位后又转入哥伦比亚大学师范学院的朱经农（1887—1951），从加利福尼亚大学毕业迟他一年转入哥大主修政治与经济专业的同龄同学孙科（1891—1973，孙中山之子），先后在哥伦比亚大学师范学院教育行政专业获学士、硕士、博士学位的李建勋（1884—1976），晚于他入哥伦比亚大学研究院先后获硕士、博士学位的朱君毅（1892—1963），晚他一年入哥伦比亚大学师范学院教育专业并获硕士学位的汪懋祖（1881—1949），1917年入哥伦比亚大学师范学院学习并获硕士学位的张士一（1886—1969），与他同期留学哥伦比亚大学并获教育学博

士学位的凌冰(1894—1993),留学哥伦比亚大学师范学院并获教育心理学博士学位的庄泽宣(1895—1976),与他同期留学哥伦比亚大学师范学院并先后获教育学硕士、博士学位的张彭春(1892—1957),获哥伦比亚大学师范学院教育学博士学位的刘廷芳(1891—1947),1920年获哥伦比亚大学教育心理学硕士学位的张耀翔(1893—1964),1917年赴哥伦比亚大学师范学院进修与考察的张伯苓(1876—1951),1913—1914年在哥伦比亚大学师范学院考察的俞子夷(1885—1970),先后在哥伦比亚大学师范学院攻读硕士、博士学位的廖世承(1892—1979),1918年在哥伦比亚大学师范学院攻读教育哲学的邓萃英(1886—1972),哥伦比亚大学师范学院教育学博士毕业的傅葆琛(1893—1984),1918年赴哥伦比亚大学师范学院专攻教育学的张默君(1882—1965)等。

1916年哥伦比亚大学师范学院中国学生会(后发展为中国教育研究会)成员合影。第二排中间是孟禄教授,孟禄背后是陶行知。第四排左二是蒋梦麟(后任北京大学校长、教育部部长、行政院秘书长等),右三为凌冰(后任南开大学首任教务长、河南大学校长、河南省教育厅厅长、驻美全权代表等)。前排席地而坐的左一为胡适(后任北京大学校长、驻美大使等),右二为孙科(后任铁道部部长、立法院院长、行政院院长、国民政府副主席等)

郭秉文与陶行知：校友同门上司

郭秉文比陶行知年长11岁，1908年就赴美国留学，1911年在乌斯特大学获理学学士学位，同年入哥伦比亚大学师范学院主修教育学。就在陶行知赴美国的当年，郭秉文已获哥大哲学博士学位（教育学），成为中国近现代第一位哲学博士学位获得者。留学期间郭秉文任中国留美学生联合会会长，并兼任会刊主编。1915年他应南京高等师范学校校长江谦的邀请，回国担任该校教务主任。

1917年9月，陶行知从美国归来，郭秉文邀请他来南京高师担任教育学专任教员兼教务助理。1918年3月，江谦因病离职疗养，江苏省公署任命郭秉文为代理校长。5月，南京高师成立教育专修科，郭秉文聘陶行知为主任教员，并兼代理教务主任。陶行知先后主讲过教育学、教育哲学、教育行政、教育统计、师范学校与小学组织及行政、中等教育、学务表册、比较教育等课程。

1919年9月，郭秉文被正式任命为校长，陶行知也随之被聘为教务主任。陶行知上任后，积极配合郭秉文进行教育教学改革，先后实行学生自治、男女同校、改教授法为教学法等。特别是在开女禁问题上，陶行知与郭秉文携手并肩，共同努力，终于在南京公立高校中率先实行男女同校。1920年4月7日，南京高师决定自1920年暑期正式招收女生。考虑到这一举措可能遇到的阻力，为造声势，郭秉文与蔡元培、蒋梦麟和胡适等人商定，南北一致行动，共同开放女禁。实行男女同校的消息传出，朝野哗然，流言四起，就连思想比较开明的张謇和南京高师老校长江谦也明确表示反对。针对这一情况，郭秉文和陶行知多方解释，做通了南京高师教师的工作，招收女生的入学考试终于如期进行。高等教育中女禁的打破，推进了教育的民主化，揭开了中国高等教育史上新的一页。

陶行知与郭秉文密切配合，共同成为邀请杜威来华访问的发起人。1919年2月，陶行知得知杜威在日本讲学的消息后，便马上去找准备到美国考察的南京高师校长郭秉文，他们商定由郭秉文去美国途经日本时，面见杜威并当面邀请他来华讲学。当陶行知与胡适联系时，胡适已发出了邀请函，于是陶行知和郭秉文决定南北联合办好杜威来华讲学接待一事。3月份郭秉文赴日本面见杜威，并亲自邀请他来华讲学，杜威欣然答应。他在给胡适的回信中提道：

> 郭秉文博士同陶履恭教授前日来看我,他们问我能否在中国住一年,做演讲的事。这个意思很动听,只要两边大学的方面商量妥帖了,我也愿意做。我觉得几个月的旅行实在看不出什么道理。要是能加上一年工夫,也许我能有点观察了。①

不久,陶行知也接到了郭秉文从日本寄来的信,信中讲到他已面见杜威,并亲自发出邀请,杜威很高兴地答应来中国讲学,不仅同意按照沿上海、南京、长江流域到北京等地的线路,而且还主动提出要在中国一直活动到1920年底。郭秉文还答应到哥伦比亚大学后与校方请示杜威来华长时间讲学事宜。同时,由于郭秉文已出国,因此,他将接待杜威来华之事委托于陶行知。经与胡适、蒋梦麟等人协商,最后由南京高师的陶行知、北京大学的胡适和江苏教育会的蒋梦麟三人分别代表三个单位,组成接待组。蔡元培专门致函哥伦比亚大学校长巴特勒敦请杜威来华讲学,哥大同意了蔡元培的请求。于是,杜威从1919年4月30日抵达上海,到1921年7月11日离华返美,在中国讲学时间长达两年两月余。此次活动可以说是陶行知与郭秉文及其他哥伦比亚大学校友通力合作的结果。

1921年夏,陶行知又与郭秉文等人商讨接待孟禄来华考察,议定以实际教育调查社的名义邀请孟禄来华考察4个月。9月5日,孟禄到达上海码头,陶行知、郭秉文和黄炎培前去迎接,次日与孟禄座谈教育问题。陶、郭二人陪同孟禄先后在上海、南京、苏州、香港、广州、福州、杭州、北京、天津、太原、东北等地进行讲学、考察与访问。1922年1月7日,孟禄离沪回国时,郭秉文与陶行知等人又去码头送行。

1921年9月,教育部批准郭秉文为东南大学校长,陶行知任教育科主任。南京高等师范学校之各本科仍由南京高等师范学校继续办理。南京高师自1921年起不再招生,俟其学生全部毕业后即并入东南大学。

1921年,陶行知担任《新教育》杂志的编辑、主干。当时《新教育》杂志的编委会成员大都是哥伦比亚大学毕业的教育界名流,陶行知与郭秉文、蒋梦麟、张伯苓、胡适、汪懋祖、郑晓沧、朱经农、刘廷芳、凌冰、张士一、张耀

---

① 元青:《杜威与中国》,人民出版社2001年版,第55页。

翔、吴卓生、王文培、李建勋等哥大校友共同组成编辑队伍。1923年,陶行知为了全身心投入中华教育改进社的工作,向郭秉文提出辞去东南大学教育系主任之职,郭秉文从爱惜人才的角度出发一再挽留,陶行知先后打了四五次报告才获准。从1917年陶行知到南京高师工作,与郭秉文开始合作,到1923年离开南京到北京,在这六年当中他们精诚合作,配合默契,结下了深厚的情谊。

胡适与陶行知:同籍同龄同学

在哥伦比亚大学师范学院校友群体中,早年与陶行知交往最密的要数胡适。陶行知与胡适都是安徽人,陶行知是歙县人,胡适是绩溪人,两县均隶属徽州,两人的家乡相距不过几十里路;两人又是同龄,均出生于1891年下半年,陶行知生于10月18日,而胡适生于12月17日,仅相差两个月;两人都是先接受中国传统文化的熏陶,之后又到美国留学接受西方文化的洗礼。

陶行知与胡适的关系,可以分阶段来看。1927年以前两人交往正常,同大于异。

第一,同学哥大,友情深长。胡适于1906年入中国公学学习,1910年7月考取公派赴美留学生,9月入康奈尔大学学农学,因对农学不感兴趣,故于1912年春转入文学院,1914年6月毕业获学士学位,之后入该校研究生院。由于他对康奈尔大学哲学系占主导地位的新唯心主义的反感以及对杜威实用主义的信服,遂于1915年9月转入哥伦比亚大学哲学系师从杜威攻读哲学博士学位。而陶行知也是1915年9月从伊利诺斯大学转入哥伦比亚大学师范学院改学教育行政学,二人同时进入哥伦比亚大学,成为既在哥大哲学系又在哥大师范学院任教的杜威的学生,又是老乡、同龄人,所以一见如故,很快便成为最要好的朋友。再加上他们二人均对杜威怀有崇拜之心,胡适有幸成为杜威的得意门生,陶行知尽管不是杜威直接指导毕业论文的学生,但也接受了杜威不少的学术观点。

他们二人可以说是一师二徒,同门学友。他们经常一同去拜访杜威,1916年6月16日他们一同请教杜威时,陶行知还为胡适和杜威拍照合影留念,当天胡适在日记中写道:此影为"陶知行(文濬)所摄",杜威乃"今日美洲第一哲学家","胡(胡天濬)陶(陶行知)二君及余皆受学焉"[①]。在同

---

① 胡适:《胡适留学日记》,商务印书馆1947年版,第935页。

年7月5日的胡适留学日记中收有陶行知与张彭春（张伯苓之弟）的合影，他还在日记中评价道：陶行知与张彭春"皆今日留学界不可多得之人才"①。从中可以看出，胡适在哥伦比亚大学期间与陶行知的交往甚密。回国以后，他们的关系起初也很好。

陶行知与哥大同学合影。前排右一为陶行知，左二为胡适

第二，南北呼应，配合默契。1919年5月至1921年7月，他们二人同时陪同杜威在中国各地讲学，并轮流当翻译，他们还利用晨报社将杜威在北京的七大演讲中的前五种汇集成《杜威五大讲演》出版，并通过上海泰东图书局出版《杜威三大演讲》，表现出同为实用主义思想信奉者的合作态度，配合默契，关系良好。

1919年9月25日胡适撰文《大学开女禁的问题》，倡导开启女禁，建议北京大学招收女生。在胡适的呼吁下，北京大学于1920年2月开始招收女生，实行男女同校。1919年12月7日，陶行知在南京高师校务会议上提出《规定女子旁听办法案》，1920年4月，他再次提出招收女生案。在陶行知的努力下，南京高师于当年秋季开始招收女子旁听生和正式生，实行男女同校。这样，南京高师与北大成为中国公立大学中最早实行男女同校的高校（此前不久教会大学和私立大学中的广州岭南大学和上海大同学

---

① 胡适：《胡适留学日记》，商务印书馆1947年版，第939页。

院已经招收了女生),为女子与男子接受同等教育开通了绿色通道。可以说,实行男女同校是陶行知与胡适等人通力合作的结果。

第三,倡导西学,融会中西。陶行知和胡适的经历都可以说是中国近现代文化演变的一个时代缩影,他们二人既受到传统文化的熏陶和习染,从内心深处对中国传统文化心存依恋之情;又受过西方现代文化的导引和洗礼,从理智角度主张抛开传统,倡导向西方学习。他们两人均采取汇合中西、调和新旧的文化观:一方面,作为中国人有恨铁不成钢的心态,在比较中西文化教育的基础上,在国人面前对中国传统文化进行体无完肤的批判;另一方面,作为饱受西方文化教育的留学人员,亲身感受到西方科学文化的先进,但在洋人面前又因强烈民族自尊心的驱动而褒扬民族传统文化的可贵之处。总体来讲,二人倾向于向西方学习。

胡适起初极力主张中西文化的调和与融通,将"现代西方文化的精华与中国文化的精华联结起来"。在对待外来文化的态度上,他也反对不分青红皂白地将西方文化全盘搬来中国,他说:"不顾实际问题而囫囵吞枣地把整个有偏见的外国主义搬来中国,实在是一种智慧上的懒惰。"①在对待传统文化的问题上,他一方面为引进西方文化扫清障碍而大力批判传统文化的弊端与不足,另一方面又倡导保留传统文化中的精华部分,并亲自带头整理国故。

陶行知也倡导中西融通、新旧并重,既要学习与借鉴西方进步的思想文化,又要继承中国文化的优良传统。也就是说,要向西方学习先进的文化,但不能"为了学习新的,就抛弃了一切旧的"②;主张承袭传统文化中有价值的东西,反对一味仿古、"以古进今"的文化观。他说:"有的人见古人怎样解决,我们也怎样解决,这种解决是不对的,是没进步的。因为古时现象不是与今日现象一样。所以以古进今的办法往往是错的。"③他认为对"本国以前的经验,如有适用的,就保存他;如不适用的,就除掉他。去与

---

① 葛懋春、李兴芝:《胡适哲学思想资料选 下 胡适的自传》,华东师范大学出版社1981年版,第210页。

② 陶行知:《民国十三年中国教育状况》,华中师范学院教育科学研究所:《陶行知全集》第1卷,湖南教育出版社1984年版,第511页。

③ 陶行知:《教育与科学方法》,华中师范学院教育科学研究所:《陶行知全集》第1卷,湖南教育出版社1984年版,第291页。

取,只问适不适,不问新和旧"①。他主张传承与汲取已有文化中的合理部分,判断的标准为是否适用,采用的态度应当是客观的,"以科学方法,揭国粹之真相"。因此,陶行知对胡适的整理国故予以认可,他说:"整理国故如同清理银行账目一样,是有他的位置。"这说明他们二人在对待西方文化的态度上亦有相似之处。

第四,交往频繁,相互支持。20世纪20年代初,胡适提出"好政府主义",内涵包括:一是"好政府主义是一种有政府主义,是反对无政府主义的"②。二是"好政府主义的基本观念是一种政治的工具主义",即将政府看作一种人造的工具,旨在实现政治是社会用来谋最大多数人的最大福利工具的目的,提出改革中国政治的最低限度就是建立一个"好政府"。当时陶行知非常赞同胡适的这一政治主张,并加入宣传"好政府主义"的行列。胡适在1922年5月11日的日记中写道:他"打电话与守常(李大钊)商议,定明日在蔡先生家会议,邀几个'好人'加入。知行(陶行知)首先赞成,并担保王伯秋(王庞惠)亦可加入"③。在第二天的聚会讨论中,陶行知表示赞成胡适的政治主张,"他们都赞成了,都列名做提议人"。这个由当时的知识精英组成的政治改良团体,正式提出了带有自由主义色彩的改良主张。尽管陶行知没有参加后来组成的"好政府"内阁,但是从其支持这种主张和活动,足以说明在1927年以前陶行知的政治文化观与胡适的分歧并不大,他们两人的观点有不少是相同的,他也赞同并支持胡适的一些政治观和文化观。这里暂且不去评价胡适关于"好政府主义"的主张是否合理和价值如何,笔者仅就这件事来证明陶行知曾支持过胡适的政治文化观。

陶行知与胡适,两位同为徽州人,又一同师从于杜威,有亲密的乡谊和友谊,但是两人后来所走的道路却是大不相同的。这是因为两人在如何对待人民、对待专制政权、对待帝国主义这些根本问题上发生了分歧,从而最终分道扬镳。这里有两个小故事大致可以管窥两人在对待人民和帝国主

---

① 陶行知:《我们对于新学制草案应持之态度》,华中师范学院教育科学研究所:《陶行知全集》第1卷,湖南教育出版社1984年版,第191页。

② 中国社会科学院近代史研究所中华民国史研究室:《胡适的日记》上册,中华书局1985年版,第173页。

③ 中国社会科学院近代史研究所中华民国史研究室:《胡适的日记》下册,中华书局1985年版,第352页。

义等问题上思想感情和政治态度的迥异：

胡适在五四运动时期提倡白话文，有白话诗《尝试集》，对推广白话文写作有很大的贡献。抗日前正当文化界倡导大众文化运动的时候，胡适乘飞机到两广去，在飞行途中写了一首诗，自以为从此摸到了新诗的门径，诗的大意是说："古人千修百炼，才能成仙升天。看我不修不炼，也能凌云无碍。……"陶氏看了，颇不以为然，立刻和了一首，大意是："天上一日戏，地下千万滴。百姓流汗难，老爷游戏易。自己不劳动，还要吹牛皮。……"最后一句是一位小先生替他改的①。

与此同时，陶行知还在《胡适捉鬼》一文中，对胡适的政治见解提出批评。他写道："胡适整理国故，最有见地。他所著的《中国哲学史大纲》虽然只成三分之一，已是不朽之杰作。但他所撰时论，多不中肯要。去年他在《新月》上发表一文：《我们走那条路》。里面陈说中国五个鬼即贫穷、疾病、愚昧、贪污、扰乱，而对于帝国主义之侵略，竟武断的将它一笔勾消。梁漱溟曾写了一封信驳他，东京的几位朋友对于他这种见解也深致不满。我个人则以为除了外国帝国主义之外，认为国内还有一个大妖精被适之忽略了。这个大妖精便是多福、多寿、多男子的多生主义。因为多生所以田不够种，工不够做，饭不够吃；因为多生所以穷；因为穷所以有病不能医，有子女不能教；因为大家多生所以穷亲戚多，穷朋友多，累得意志薄弱的人不得不贪；因为多生而求生不得所以为盗、为匪、称兵、构乱。贫穷、愚昧、疾病、贪污、内乱，当然是要打倒的；但是国内若不铲除多生之迷信，国外若不推翻帝国主义，则这五个小鬼必定是跟着我们寸步不离。其实，帝国主义之总司令也是多生主义。因为多生所以要殖民地，要原料，要市场。世界最大之乱源便是多生主义。这个妖怪不除，世界那能太平，中国那会有出路？下面是我送适之的一首诗：'明于考古，昧于知今；捉着五个小鬼，放走了一个大妖精。'"②尽管陶行知此处对帝国主义根源的认识也谈不上深刻，但他对胡适放走了帝国主义这个大妖精的批评却是一针见血的。他没有因胡适是他的老乡和同学，就不批评。私交是私交，政见是政见，这就是陶行知的为人。这也是陶行知最终成为伟大的人民教育家的原因之所在。

---

① 戴伯韬：《陶行知的生平及其学说》，人民教育出版社1982年版，第26页。
② 陶行知：《胡适捉鬼》，华中师范学院教育科学研究所：《陶行知全集》第2卷，湖南教育出版社1985年版，第306—307页。

陈鹤琴与陶行知：同伴同学同事

陶行知与陈鹤琴是终生好友。他们二人几乎是同龄人，陈鹤琴比陶行知小一岁；他们有着相似的求学经历，在出国之前都在国内的教会大学读书，陶行知就读于南京金陵大学，陈鹤琴就读于上海圣约翰大学；他们都是1914年8月同乘"中国号"邮船从上海启程到美国留学，只是陶行知入伊利诺斯大学学政治学，陈鹤琴入霍普金斯大学学文学；他们先后隔一年都进入哥伦比亚大学师范学院学习教育专业，共同聆听了杜威、孟禄、克伯屈等教授的教诲；两人归国后，均在南京高等师范学校和东南大学教育系任教授。

陶行知赴美途中与同学合影。前排左一为陶行知，后排右一为陈鹤琴

五四运动前后，陶行知任南京高师教务主任、教授时，陈鹤琴任教育系教授，主讲教育学、心理学、儿童心理学。他们二人经常在一起相互切磋，共同商讨振兴祖国教育事业的大计。二人经常在《新教育》上发表新教育主张，倡导教育改革，主张教育实验，共同推动新教育运动的发展。20世纪20年代初，为了推广白话文，陶行知与陈鹤琴邀请北京大学的胡适来南京高师讲白话文法。之后，为了推动平民教育运动，提倡白话语体文，陈鹤琴花了三年时间编写了《语体文应用字汇》，一方面促进了语体文的推广，另一方面为陶行知和朱经农编写平民教育教材奠定了良好基础。陶行知和朱经农正是在陈鹤琴《语体文应用字汇》的基础上，选择了一千多个字，编成了《平民千字课》，成为当时推动平民教育运动开展的基本教材，从而

在全国掀起了平民教育运动高潮。

作为同学同事,陶行知与陈鹤琴二人总是相互支持,相互帮助。陈鹤琴开展幼儿教育理论研究与实践活动时,陶行知给予了很大的援助。1925年陈鹤琴完成《家庭教育》一书,交由商务印书馆出版前,请陶行知为该书写了序言,该书被陶行知认为是"近今中国出版教育专著中最有价值之著作","愿与天下父母共读之"。1926年陶行知以中华教育改进社的名义先后两次致函江苏省省长陈陶遗,建议在南京燕子矶创立试验乡村幼稚园,争取到了省政府的支持,于是1927年11月11日中国第一个乡村幼稚园在南京郊外燕子矶宣告成立,陈鹤琴与张宗麟为负责人。为了推动中国幼儿教育事业的发展,陈鹤琴于1927年发起成立中国幼儿教育研究会,陶行知积极支持,成为发起者之一,他们每月召开例会,重点研究中国幼稚教育问题及对策。

同时,在陶行知创办晓庄师范学校的过程中,陈鹤琴也给予了全力关注与大力支持。晓庄学校成立前贴出的招生广告内容,陈鹤琴于二十年后还记得一清二楚,他回忆说:"陶先生的试验乡村师范学校招生广告中,末了有这样一行'学费免,膳宿杂费详见简章,小名士,书呆子,文凭迷,最好不要来'!"[①]1927年3月15日举行开学典礼时,陈鹤琴专程从南京赶来祝贺,他看到陶行知在十分简陋的条件下办学,这种艰苦办学精神感动得他几乎落泪。1946年陈鹤琴在悼念陶行知的文章中写道:

> 我还记得,晓庄开学的那一天情形,几百个学生,几千个乡下男女老百姓在一个空旷的黄泥地上,进行开学典礼,陶先生指着蔚蓝的青天作为学校的天花板,踏着黄金色的泥土作为学校的地板,向着同学老百姓报告筹备经过,办学宗旨,教学方式,将来计划,我听了几乎被感动得流下泪来。陶先生坚苦卓绝的精神,创造力的伟大,思想的前进,确是空前的。[②]

---

① 陈鹤琴:《近百年来的大教育家》,江苏省教育学会:《纪念陶行知先生文选》,江苏省教育学会1981年编印,第100页。

② 陈鹤琴:《近百年来的大教育家》,江苏省教育学会:《纪念陶行知先生文选》,江苏省教育学会1981年编印,第100页。

正是受陶行知这种不畏艰辛的创业精神激励，陈鹤琴积极献身中国的幼儿教育事业，成为中国现代著名的学前教育家。

陶、陈二人始终保持着密切交往，1940年陈鹤琴为了逃避汉奸的暗杀，来到重庆，到育才学校找到陶行知，二人相见分外亲切，促膝谈心，怀旧话新。在陶行知的陪同下，陈鹤琴参观了育才学校的校园、设施、教学与管理。他又一次被陶行知在艰苦环境下振兴民族教育的精神所打动。不久，他便在江西创立省立实验幼稚师范学校，像陶行知那样亲自参加建校劳动，并且边劳动边唱着陶行知创作的《锄头舞歌》，激励师生。1946年5月，陶行知领导的生活教育社成立上海分社，他推选陈鹤琴为理事长，办起了生活教育社社员进修班。7月25日，陶行知因患脑溢血而逝世，当天下午陈鹤琴从《联合晚报》上看到陶行知去世的噩耗时，放声大哭。在陈鹤琴和史良的努力下，陶行知追悼大会追悼活动筹备会议在上海幼师召开，陈鹤琴与上海幼师师生做了大量的准备工作。10月27日，有七千人参加的陶行知追悼大会在沪召开，陈鹤琴担任大会执行主席并致悼词。12月4日，陈又与沈钧儒、翦伯赞等人护送陶行知灵柩到晓庄。在公葬时，陈鹤琴含泪宣读祭文。他说："行知先生的死，不仅全国教育工作者在哭，全国人民在哭，就是全世界的人民，也都为这巨星的殒[陨]落而挥泪！"为了将陶行知创办的育才学校办下去，陈鹤琴还出任育才学校顾问委员会主席，努力完成"陶行知先生未竟的事业"①。

弟　　子

陶行知的共产党人学生群体是在不同时期的办学实践中逐步形成的，主要包括：他任教东南大学时的学生张宗麟、王越、金海观等；晓庄师范时的学生张劲夫、刘季平、董纯才、方与严、戴伯韬、操震球、程今吾、王洞若、孙铭勋、汪达之、马侣贤、徐明清、石俊、叶刚、谢凤韶、高缨等；工学团时的学生张健、方明、杨应彬、许翰如等；育才学校时的学生李鹏、张昌、胡晓风、田大畏、李治元、陈尧楷、徐永培、徐相应等；社会大学时的学生陈作仪、韦

---

① 陈鹤琴：《近百年来的大教育家》，江苏省教育学会：《纪念陶行知先生文选》，江苏省教育学会1981年编印，第101页。

德富、任士学、汪文风等。

李鹏与陶行知

国务院原总理、全国人大常委会原委员长李鹏,曾于1939—1941年初在育才学校读书,是自然组的学员。他在育才学校学习期间,受到陶行知的亲自教诲。陶行知吃苦耐劳、勤俭节约的生活习惯,爱生如子、诲人不倦的师长风范,给他留下了深刻印象。李鹏在1946年8月撰文纪念陶行知时讲道:"忆及先生生平为人民服务的事迹,特别是在一九三九年的育才学校,我亲受先生教诲,他那艰苦朴实的作风,对待青年慈祥的爱抚,使我难以忘却。"①他还回忆了在育才读书期间学校的教学、管理情况:"校中学生的管理是发扬自治作风,实行民主集中制,提倡互助友好精神。"他对陶行知的生活教育理念记忆犹新,特别是对陶行知创作的《人生两个宝》——"人生两个宝,双手与大脑。用脑不用手,快要被打倒。用手不用脑,饭也吃不饱。手脑都会用,才算是开天辟地大好佬"记得很熟。

1940年,邓颖超与在陶行知创办的育才学校读书的李鹏(时名李远芃)在红岩村合影

直到离开育才学校数年后,他还对育才学校的生活记得非常清楚。他记得1940年国民党政权加紧破坏育才学校,迫使一些名师离开学校,陶行知让他们育才学生自力更生,"种地生产,解决了学校困难"②,这说明李鹏在育才学校读书时,陶行知对他的影响是很大的。因此,当1946年陶行知逝世后,李鹏深表悲痛:"我看到先生逝世的消息,心中很难过。……我们誓继承先生未竟的遗志,为中国的独立和平民主的事业而奋斗。"③在改革开放新时期,李鹏先后担任了国家教委主任、国务院副总理、国务院总理和全国人大常委会委员长,一直积极支持陶行知教育思想的学习、研究、宣传、运

---

① 李鹏:《陶行知先生与育才学校》,《晋察冀日报》1946年8月15日第4版。
② 李鹏:《陶行知先生与育才学校》,《晋察冀日报》1946年8月15日第4版。
③ 李鹏:《陶行知先生与育才学校》,《晋察冀日报》1946年8月15日第4版。

用和推广，以推动中国教育的改革与发展。

张劲夫与陶行知

原国务委员兼国家经委主任、中共中央顾问委员会常委张劲夫(1914—2015)，是安徽肥东人，由于家庭贫困，无法在私立国文补习学校读书，于是在邓西亭老师的推荐下，于1930年5月入陶行知创办的南京晓庄学校。可没多久，国民党政权就查封了晓庄学校，张劲夫与大部分学生一起被驱逐出学校，入太平门蚕桑试验场去半工半读学习蚕桑。20世纪30年代初，他写信给在上海的陶行知，表达了自己想去上海工学团的愿望。经陶行知同意，他于1932年冬去了工学团工作，后来参与编属《生活教育》杂志，"九一八"事变后积极参加抗日救亡宣传活动，1935年以后担任工学团团长。因他在晓庄学校时就开始与中共地下党员接触，深受共产党员的影响，遂于1933年向党组织递交了入党申请书，1935年12月正式加入中国共产党。

李鹏的题词

1936年陶行知发起成立国难教育社，让张劲夫担任总干事，此时张也是上海国难教育社中共总党团委员、中共战地服务团特别支部委员。1937年"八一三"事件后，他带领山海工学团部分师生及农友组成上海战地服务团，并亲任团长。10月他领导上海战地服务团在卢汉的云南部队开展抗日救国宣传教育工作。上海沦陷后他率战地服务团转入市郊打游击，不久调到中共江苏省委军委机关工作。

新中国成立后，张劲夫历任中共

张劲夫为陶行知纪念馆题词

浙江省委常务委员兼浙江省人民政府财政经济委员会主任、华东军政委员会财政经济委员会副主任、国务院地方工业部副部长、中国科学院副院长、国家科学技术委员会副主任等职。1975年后，他历任国务院财政部部长、中共安徽省委第一书记、安徽省省长，并兼任安徽省军区第一政治委员；1982年起担任中华人民共和国国务院国务委员兼国家经济委员会主任，是中共第八届候补中央委员，第十一、十二届中央委员，第三、四届全国政协常务委员，在中共十三大上被选为中央顾问委员会常务委员。他是中国陶行知研究会的名誉会长，始终关心和支持新时期陶行知教育思想的研究与实践。

刘季平与陶行知

先后任教育部常务副部长、代部长、文化部顾问的刘季平（1908—1987），原名刘焕宗，是江苏如皋人。1927年2月，他在江苏如皋师范学校加入中国共产党，因领导学生闹学潮而被校方开除。1928年春，他慕名来到南京晓庄师范学校求学。陶行知的踏实俭朴、关心民众、无私奉献精神与共产党人全心全意为人民服务的宗旨有很多地方是相似的，因此，共产党人在此广泛开展活动。1928年底刘季平被党组织任命为晓庄师范第一党支部书记，同时，又被学校选为保卫本校与附近乡村免受土匪侵扰的晓庄联村自卫团的副团长。从下面的照片可以看出，当时刘季平经常荷枪实弹参加武装训练[①]。1929年，陶行知推荐他到北平慈幼院任研究部主任，他按照陶行知的办学理念，提倡学生自己管理自己，对儿童实行六大解放，遭到传统势力的压制与排斥。

1930年，他回到晓庄师范学校，被党组织任命为中共南京市委宣传部部长。当年4月，刘季平与继任党支部书记石俊为声援南京下关英商和记洋行蛋厂工人罢工，组织了上万学生、市民参加示威游行，蒋介石以此为借口派兵查封晓庄学校。因遭国民党当局追捕，脱险后刘季平去了金陵大学，随后因参与发动红5月全市斗争遭逮捕。在苏州狱中他参加狱中斗争，被转入镇江侦缉队关押。1931年初，他与同狱难友挫断脚镣越狱。

---

① 周毅、金成林：《创造奇葩——陶行知的弟子们》，四川教育出版社2001年版，第72—73页。

1932年回上海后,他在党的左翼文化总同盟的领导下筹建上海教育者联盟,出版《教育新闻》。6月,再次被捕。他设法托人带信告知陶行知:当天下午两点钟法庭就要开庭审理,只有律师出庭辩护才有可能摆脱绝境,而雇律师要交付500元大洋。陶行知在开庭前4小时得知消息后,便马上停止了正在举行的自然学园的会议,四处筹集资金,终于在开庭前将大洋交到了律师手上。正是在陶行知和律师的帮助下,刘季平仅被判了五年。

1928年秋,晓庄师范建立联村自卫团,陶行知任团长,刘焕宗(左一,即刘季平,当时的晓庄师范第一党支部书记)任副团长

1933年,因在狱中发动犯人反对狱方残酷迫害,刘季平被押送山东烟台监狱。他在狱中攻读《资本论》、《中共六大文献》等,并撰写文章,设法送至上海陶行知手里,陶行知将其发表于《生活教育》杂志。1937年8月,刘季平获释回沪,参加国难教育社的活动,同时与戴伯韬等共同编辑《抗战教育》。之后,刘季平到桂林参加生活教育社,并担任常务理事,编辑《生活教育通讯》。1941年至苏中根据地任行署文教处长兼管行政学院、二专署专员等职,以陶行知的生活教育理论为指导,积极开展教育实践活动。新中国成立后,他历任上海市人民政府秘书长、副市长、市委常委,山东省委书记处书记,安徽省委书记处书记,教育部常务副部长、代部长、文化部顾问等职。1984年10月,任中国陶行知研究会首届会长,是新时期陶行知教育思想研究与实践的积极支持者和推动者。

董纯才与陶行知

教育部原党组书记、原常务副部长董纯才(1905—1990),是陶行知创办南京晓庄师范学校时的学生,20世纪30年代他又追随陶行知参加"科学下嫁"运动,是陶行知的得意门生之一。

1927年春,董纯才的父亲失业,家境困难,经济拮据,正当他徘徊在上学与失学的十字路口时,恰逢陶行知在南京晓庄办乡村试验师范学校,董纯才读完陶行知起草的介绍晓庄师范学校的招生材料后,便当机立断到晓庄去。1928年2月,他正式入学,成为晓庄师范学校的第三批学生。入学后给他的第一印象是:"崭新的环境,崭新的生活。在洁白的雪下,晓庄师范安静而别致,全部房屋都是茅草屋顶,土红色干打擂的墙,大玻璃窗。屋前是宽敞的走廊,全是民族风格的建筑。这都是陶行知先生带领学生们自己动手建造的。"[①]

董纯才本来就是抱着改造乡村、教育救国的理想来晓庄求学的,再加上陶行知这种朴实的工作作风和整洁的校容校貌给他留下了深刻印象,他马上就喜欢上了这所与众不同的学校。

董纯才在来晓庄前就曾先后就读于南方大学、国民大学、光华大学,因此他成为晓庄学校学生生源中仅有的三名大学生之一。入学的当天晚上,他目睹了陶行知甘于吃苦的精神。陶行知让学生们睡在床上,自己却睡在铺有稻草的地铺上,这让董纯才深受感动。在学校的日常教学和管理中,没有系统的课堂教学,教务、会计、庶务、扫地、放哨等均由师生自己来干,陶行知也亲自参加各项劳动。陶行知的模范行动,深深打动了董纯才的心,在他的心田里,播下了勤劳朴实、热情为民的种子。

陶行知让董纯才等备生物研究室。在董纯才与秉志老师的辛勤努力下,他们建起了由两间陈列室组成的生物研究室,并和其他学生一道东奔西走、北上南下,几乎将长江中下游一带以及沿海一些地方的标本采集齐全了。他们还在晓庄饲养了蛇、兔等动物。正是在晓庄的生物实验,为董纯才在20世纪30年代撰写大量科普读物奠定了良好基础。

1930年晓庄师范被查封后,董纯才与生物组的同学带着显微镜等实验仪器,来到了武汉。1931年春,陶行知从日本流亡回国隐居上海后,便写信给董纯才,约他到上海参加"科学下嫁"运动。董纯才马上来到上海,

---

[①] 王有盛:《董纯才》,《中国现代教育家传》编委会:《中国现代教育家传》,云南民族出版社1985年版,第359—360页。

加盟陶行知创办的"自然学园"。他参加编写了"儿童科学丛书"中的23册,近3万字。之后,他又编写了一系列科普读物如《游泳的动物》《爬行的动物》《攀缘的动物》《行走的动物》《动物大观》等。还翻译了苏联科普作品如《人和山》《不夜天》《几点钟》等20多万字的东西。

1937年,抗战爆发后,陶行知发起了国难教育运动,董纯才为了寻求抗日救国的新曙光,于10月奔赴革命圣地延安,从此走上了革命的道路。

戴伯韬与陶行知

曾任教育部党组成员、人民教育出版社总编辑、中央教育科学研究所所长的戴伯韬(1907—1981),是陶行知晓庄师范学校的学生,追随陶行知从事教育救国、科学救国事业前后二十多年。

戴伯韬是陶行知创办的晓庄师范学生中仅有的三名大学生之一。他在入晓庄师范以前,曾就读于江苏省立商业专科学校。他不喜欢从事商业工作,1926年当从《乡教丛讯》上得知陶行知在南京创办晓庄师范后,便决定报名。当他见到闻名中外的教育家陶行知时,受到了陶行知的鼓励,于是,他于1927年3月离开江苏商业专科学校来到了南京晓庄师范学校,参加了由陶行知亲任主考官的别开生面的入学考试。先是让报名入学的学生各自选一个题目进行演讲,之后就是让他们穿着草鞋去开垦荒地,经过一番艰苦劳动后,戴伯韬等人获得入学资格,成为晓庄师范学校的第一批学生。在校期间,当北伐军进入南京后,陶行知让戴伯韬等人组成了救护队,迎接国民革命军。之后,戴伯韬与其他同学在乡村发动和组织农民协会,开展打击封建土豪劣绅的斗争。第二年秋,他从晓庄师范毕业,开始了乡村教育实践活动。1930年国民党查封晓庄学校时,戴伯韬与同学们一道开展护校运动。晓庄学校解散后,他被迫流浪于上海、浙江等地。

1931年,陶行知从日本归国后,开展"科学下嫁"运动,特邀戴伯韬来上海,创办自然学园,对儿童进行普及科学教育。戴伯韬还协助陶行知创办了儿童科学通讯学校,在参与编写了"儿童科学丛书"后,戴伯韬还与董纯才一道编写小学自然科学课本,后来又编写农民科普读物。1934年陶行知创办《生活教育》杂志,指派戴伯韬负责编辑工作。其间戴在该刊上发表了60多篇儿童科普作品。1936年,陶行知在上海成立国难教育社,戴伯韬担任理事。抗战爆发后,陶行知创办《战时教育》杂志,让戴伯韬担任编辑。1937年9月,戴伯韬和刘季平等同学从上海转到武汉,10月《战时教育》正式出刊,受到了武汉教育界的欢迎与好评。由于他表现出色,当年年底正式加入了中国共产党。

1938年9月,戴伯韬按照党组织的安排,从武汉来到重庆,他又将《战时教育》编辑部带到了重庆。1939年5月,他和王洞若、陆维特等协助陶行知筹备育才学校,7月育才学校正式开学,他被陶行知任命为副校长,但由于国民党的反对未能到任。后来他奔赴苏北解放区开展革命教育工作。

戴伯韬既是陶行知在教育理论上的学生,又是陶行知事业上的得力助手。同时,他对陶行知的政治思想也有积极影响。

方明与陶行知

曾任中国教育工会主席、党组书记和中国陶行知研究会会长的方明(1917—2008),是陶行知创办的山海工学团学员,陶行知生活教育理论的信奉者、宣传者和实践推动者。

1934年夏,方明从《申报》上看到陶行知创立的中国普及教育助成会招聘工读生的广告后,便辞去在苏州钱庄的工作,只身一人来到上海,成为中国普及教育助成会的一名工读生。陶行知让方明等10名工读生在工学团充当小先生到农村进行普及教育,还经常带给方明一些《生活教育》等进步刊物。当发现街头卖报的报童不识字时,陶行知就专门指派方明去教那些不识字的报童,于是方明和另一位小先生将报童组织起来成立了卖报儿童工学团。方明每天在街头教这些穷孩子识字,使用的课本是陶行知编写的《平民千字课》。当时《良友》画报还专门刊载了一幅照片:在街头的一个墙角,二十几个孩子围坐在方明的周围,大的十几岁,小的似乎只有六七岁。方明蹲在地上,正在给工学团的孩子们放留声机。照片下面的说明写着"教育专家陶行知创办的流浪儿童工学团,这位进步的知识分子正实施国难教育工作"[①]。1936年1月,陶行知在上海创立国难教育社,方明参加了该组织,并将流浪街头的儿童招集到借来的一间房子里,进行识字教育和国难教育。1937年抗战全面爆发后,他加入了中国共产党,后来一直从

---

① 唐旬:《方明》,《中国现代教育家传》编委会:《中国现代教育家传》第7卷,湖南教育出版社1988年版,第257—258页。

事教育工会工作。

1985年中国陶行知研究会成立后,方明先后任秘书长、副会长、会长,为宣传和实践陶行知的生活教育理论竭尽了全力。他十分关心教师权益,倡设教师节,提出制定教师法,得到了教育界广大教师的好评。

张健与陶行知

张健是张劲夫的弟弟,原山海工学团小先生、中共地下党员,新中国成立后曾任教育部党组成员、中央教科所所长。他曾在《党在白区教育的一个据点》一文中写道:"由于中国革命形势的发展和陶行知先生本人的思想进步,山海工学团已经成为上海地下党领导的一个新民主主义教育的据点。许多革命的学者、知识分子到过山海工学团讲学。"上海地下党领导的两个进步组织,左翼教育工作者联盟(简称"教联")和中国青年反帝大同盟(简称"中青")就设在山海工学团内。"教联"的主要成员有徐明清、王洞若、张敬仁、张劲夫、王东放等人,"中青"的主要成员有毛远耀、林一心、宋任远、钟民、方明、张健、戴季康等人。这些人大都是中共地下党员,也是山海工学团的主要工师。1935年后,山海工学团还正式成立了地下党团组织。第一任党团书记是王东放,组织委员林一心,宣传委员张健。晨更工学团的陈企霞、袁超俊、柴川若、王东放、赵璋5人,因从事地下革命活动,而遭国民党逮捕,晨更工学团也因此被封闭。陶行知对山海工学团的革命活动尽力予以保护,国民党政权曾几次派人进山海工学团搜捕,都被陶行知顶了回去。

这个共产党学生群体,在一定程度上对陶行知一生的思想转变产生了重要影响,同时陶行知爱国奉献、心系民众、踏实敬业、吃苦耐劳的优秀品质给他的学生们也留下了深刻印象,时刻激励与鞭策着这个群体的每一位成员,将人民的利益视为最崇高的利益,将民族解放大业作为毕生的追求。他们之中的大部分人终生奋斗在文化教育战线,这是与陶行知直接的教育、熏陶与影响分不开的。

五、教育改革

提倡高等教育革新

1917年9月,刚从哥伦比亚大学师范学院毕业的陶行知,在南京高等师范学校校长郭秉文的邀请下,任该校教育学专任教员兼教务助理,先后讲授教育学、教育行政学、教育统计等课程。1918年5月学校成立教育专修科,提升他为主任教员兼代理教务主任。1919年9月,教务主任、哥大校友郭秉文被提拔为校长,陶行知也随之出任教务主任。陶行知上任以后,大刀阔斧地进行了一系列的教学与管理改革。

第一,改教授法为教学法。他针对以往中国学校教育的某些弊端,如"先生只管教,学生只管受教,好象是学的事体,都被教的事体打消掉了"①。而且先生都"以被称教授为荣,他的方法叫做教授法,他好象是拿知识来赈济人的"②。陶行知认为,教师的责任不光在教书,而是在教学,应当将重点放在教学生学,"教的法子必须根据于学的法子","先生不但要拿他教的法子和学生学的法子联络,并须和他自己的学问联络起来"③。当时南京高师的一些思想比较保守的教师反对陶行知的这一改革,使他的改革一时未能通过,但后来在其他学校率先接受这一改革主张后,南京高师也推行了这一制度。

第二,在学生管理中实行学生自治制度。为了培养学生的自我管理意识和自治能力,陶行知极力倡导学生成立各种社团组织,通过开展活动来进行自治管理。最初他与其他学校的领导共同发起成立了南京学术讲演

---

① 陶行知:《教学合一》,华中师范学院教育科学研究所:《陶行知全集》第1卷,湖南教育出版社1984年版,第87页。
② 陶行知:《在晓庄学校寅会上的演讲》,《乡教丛讯》1928年1月15日。
③ 陶行知:《教学合一》,华中师范学院教育科学研究所:《陶行知全集》第1卷,湖南教育出版社1984年版,第88、89页。

会,以活跃学术研究气氛。之后,在他的支持和鼓励下南京高师学生成立了不少研究团体,他还担任工读协助研究委员会、改良考试委员会等学生社团主任和学生自治委员会、暑假学校委员会、女生研究委员会委员等职。他希望通过这些社团活动,来培养学生的自治能力和管理能力,从而增强学生在社会上的适应能力与交际能力。为了让更多的人了解他的学生自治主张,他还特意撰文《学生自治问题之研究》,于1919年10月发表于《新教育》上。该文介绍了学生自治的内涵、学生自治的需要、学生自治的好处、学生自治的范围、学生自治与学校的关系等相关内容,成为指导当时南京高师乃至全国高校学生自治的指导性文章。

第三,力倡实行男女同校。1919年12月7日,陶行知就向校务会议提交了《规定女子旁听办法案》,"本校各科功课,有宜于女子旁听者,可否通融办理,容其旁听,遂其向学之志愿","本校各班有余额时,除本校职教员、学生、毕业生旁听外,得酌收女子旁听生","女子旁听生必具中等学校毕业之程度"①。北京大学于1920年2月,由代理教务长胡适提议开始招收了2名女生,开创了中国公立高校男女同校的先河。不久,陶行知于1920年4月校务会议上明确提出当年秋季开始招收女生。南京高师接受了陶行知的建议,于当年秋季开始招收女子旁听生和正式生,实行男女同校。这样,南京高师与北京大学成为中国公立学校中最早实行男女同校的高校,为女子与男子接受同等教育开通了绿色通道。

第四,运用科学手段进行教务管理。陶行知担任教务主任后,在编制课程表时发现以往的方法较为陈旧,不够科学,教师、课程和教室、实验室不能协调运用,常常使教室和实验室不能充分利用,教师与学生又因没上课场所而怨声载道。针对这种情况,陶行知将统计学原理运用到教务管理工作中,首先他将全校所有课程、班级、教师、学生、教室、实验室均开列出来,然后通过统计学理论去编排课程表,结果大大提高了实验室和教室的利用率,一改过去教师、教室和课程不统筹、不协调的局面,从而提高了全校的教学质量和管理水平。

20世纪20年代北京大学与南京高师是中国高等教育改革的两面旗

---

① 陶行知:《规定女子旁听办法案》,华中师范学院教育科学研究所:《陶行知全集》第1卷,湖南教育出版社1984年版,第143页。

帜,南北呼应,带动全国,而南京高师的成功改革无疑是与陶行知的努力分不开的。譬如"教学法"的提出、男女同校的实施、学生自治的倡导等,均成为中国现代高等教育改革的冲锋号角。

主持全国教育改革

中华教育改进社成立于 1921 年 12 月 23 日,是由实际教育调查社、新教育共进社、新教育编辑社三个团体合并组建而成的。在该社成立之前,陶行知就起草简章,并直接负责筹备事宜。之所以要成立中华教育改进社,主要是为了打破"门户之见、派别之分",达到"牺牲己见,力谋合作"的目的①。中华教育改进社董事会由蔡元培、熊希龄、张伯苓、汪兆铭、黄炎培、郭秉文、李建勋、袁希涛、范源濂9人组成。1922 年 2 月,改进社在上海召开董事会,范源濂被推为董事长,陶行知担任主任干事。主任干事的主要职责为:拟订活动计划、进行预算决算、任免职员雇员、执行董事会决议以及其他事务。入社社员分两类:一类是集体社员,由各级各类学校及教育学术团体、教育行政机关参加;一类是个人社员,为个人研究学术或办理教育有成绩者。社内设有学术部、事务部和专门委员会。其中学术部下设调查、研究、编译、推广4科;事务部下设会计、文牍、庶务3科;还设有32个专门委员会,如教育行政、高等、中等、初等、幼稚、义务、乡村、师范、职业、理化、数学、生物、国语、英语、历史、地理、美育、音乐、心理测验、教育测验等委员会。

中华教育改进社的总部设在北京。起初陶行知一边处理社内事务,一边兼东南大学(南京高师已并入东南大学)教育系主任和教授之职,每月奔波于北京与南京之间一次,基本上将大部分精力放在了中华教育改进社。他感到力不从心,两职难以兼顾,故而多次申请并最终得到校方同意,于1923 年 7 月辞去东南大学教育系主任之职,但仍兼该校教育系教授。此后,他便迁到北京,全身心负责中华教育改进社事务。

中华教育改进社以调查教育实况,研究教育学术,力谋教育改进为宗

---

① 陶行知:《四年前的这一周》,华中师范学院教育科学研究所:《陶行知全集》第1卷,湖南教育出版社1984年版,第597页。

旨。陶行知任主任干事期间,着重做了以下四方面的工作:第一,广泛开展教育调查。从 1922 年到 1925 年,陶行知主持开展了一系列的教育调查,如全国教育统计调查,对北京、南京、无锡、济南等地的教育调查,对小学教育的专题调查研究,对中国图书馆的调查等,并编出了《中国之教育统计》,为中国现代教育决策提供了重要的依据,也为后来研究中国现代教育积累了第一手资料。第二,深入开展教育研究。陶行知聘请一批中外教育家开展对中国教育现状的研究,并要求各个专业学术委员会开展相应学科的研究,探讨学制、教育经费、师范教育、普及教育、女子教育、平民教育、乡村教育、科学教育等一系列问题,极大地丰富了中国的教育理论。第三,编译教育书刊。陶行知主持《新教育》、《新教育评论》杂志,并聘请 40 多名中外专家担任编辑,还与其他机构合办了《中等教育季刊》、《初等教育季刊》等,发表了大量研究教育方面的文章。同时,他主持下的中华教育改进社,还编辑出版了"平民丛书"、"中华教育改进社丛书"等。第四,从事教育推广工作。改进社大力开展平民教育、乡村教育、科学教育、女子教育和职业教育等推广工作,促进了中国教育的发展。陶行知是上述四项活动的总设计师和总协调者。

在陶行知的亲自主持下,中华教育改进社每年举办一次年会。1922 年 7 月 3—8 日在济南召开第一次年会,出席人数为 366 人,共收到提案 119 件,"我们可以说这些议决案,是现代中国教育界思潮信仰的缩影"①,其中主要议案有推广女子教育案、推行平民教育案、创办青岛大学案等。1923 年 8 月 20—25 日,在北京召开第二次年会,出席人数为 570 人,收到提案 120 件,会议重要议题有:修订社章和年会规程,参加世界教育会议,推进义务教育与科学教育等。陶行知还在会上作了题为《平民教育》的讲演。1924 年 7 月 3—9 日,在南京召开第三次年会,出席人数为 600 人,收到提案 127 件,会议重要议题有:收回教育权,促进蒙古教育,推进平民教育等。陶行知还在会上举办了全国教育展览会。1925 年 8 月 17—23 日,在太原召开第四次年会,出席人数为 700 人,收到提案 78 件,会议重要议题有:建议将教育写入宪法,抵抗日英文化教育侵略,组织国家教育政策委

---

① 陶行知:《中华教育改进社第一届年会报告叙》,华中师范学院教育科学研究所:《陶行知全集》第 1 卷,湖南教育出版社 1984 年版,第 265 页。

员会等。陶行知还在会上作了题为《中国教育政策之商榷》的讲演。

中华教育改进社的活动对中国现代教育的发展具有重要作用,当时就有人称赞中华教育改进社"对于中国教育之改进,功绩甚大"①。而中华教育改进社的出色成就是与陶行知的直接努力分不开的。就教育调查而言,每次均是在陶行知的精心设计与周密安排之下开展的,而且他还亲自参加调查,在收到数据之后他都要作认真分析,从而得出对中国各类教育的分析结论。杨贤江曾评价说:"这种调查是教育用科学研究的初步,最足以供给实际教育的参考,可以认为是我国教育实行改进的先声。"②就年会而言,每次召开之前,选择会址、决定会期、编制预算、征集议案、办理食宿、编辑会讯、安排程序、接待宾客、接洽游览、分组讨论等,这一系列的具体事宜均离不开陶行知的奔波与努力。可以说中华教育改进社的活动走向与工作重心,均是由陶行知来规定与把握的。

开展平民教育运动

"五四"新文化运动以来,平民教育运动日益被提上中国教育的议事日程,陆续有教育家呼吁开展平民教育运动。1919年邓中夏在北京大学发起平民运动讲演团,1920年毛泽东在湖南组织平民夜校。杜威来华讲学之后,陶行知在南京高师创办平民识字班、平民夜校。1922年7月在济南召开的中华教育改进会第一次年会上,平民教育作为一个重要议案被列入会议讨论议题。之后,平民教育问题一直成为萦绕在陶行知脑际的一个重要问题。在对平民教育进行广泛调查的基础上,他努力寻求解决中国平民教育的出路。经过认真思考,他认为,必须成立一个全国性的平民教育领导机构,才有利于在全国范围内有组织有计划地推行平民教育。于是1923年5月,陶行知经与熊希龄夫人朱其慧,以及黄炎培、朱经农、胡适、袁希涛等人协商,共同发起成立中华平民教育促进会筹备会,作为中华教育改进社的下设分会,朱其慧任筹备主任,陶行知任筹备干事,具体负责北京和南京的筹备事宜。筹备会推举陶行知和朱经农共同编辑平民教育读

---

① 教育部:《第一次中国教育年鉴·戊编》,开明书店1934年版,第163页。
② 杨贤江:《学校调查问题》,《教育杂志》1922年第14卷第6期。

本。6月20日,南京平民教育促进会成立,发表宣言,筹集资金,创办平民学校,还议定筹备中华平民教育促进总会。之后,陶行知在南京创办了3所平民教育试验学校,在北京创办了4所试验学校。

1923年8月20—25日,中华教育改进社在北京清华学校召开第二次年会,陶行知在会上作了题为《平民教育》的演讲,号召动员全社会力量来全力实施平民教育。在陶行知的组织、宣传和发动下,借助中华教育改进社的力量,于会后的第二天即26日下午,举行中华平民教育促进总会成立大会,600多名代表分别代表19个省区参加了会议。大会讨论了组织大纲,选出了董事会,各省区出2名董事。接着,大会又选出执行董事9人,最后推选朱其慧为董事长,陶行知为董事会执行书记兼安徽省董事。中华平民教育促进总会附设在中华教育改进社之下,为中华教育改进社事业的一部分。会议决定由陶行知、晏阳初、姚金绅三人共同草拟《中华平民教育促进总会简章》。陶行知一向对平民教育非常重视,他在为中华平民教育促进总会制定的规划中,提出了三条合理化建议:一是聘请专家,对平民教育各种问题进行分工研究;二是开展平民教育的各种试验,包括开办各类平民学校,培养骨干分赴各省区;三是本会与各地各界通力合作,大力开展平民教育运动。同时他还为平教会规定了五项基本的活动内容:第一,开展研究。进行平民学校组织、教学、训育、管理等方面的研究,教材教具研究,乡村平民教育研究,少数民族教育研究,华侨平民教育研究等。第二,进行试验。在各省区开展平民教育试验,先从北京、南京、广州等城市试办。第三,编辑出版。编写平民教育课本、习字帖、教师指南、平民应用字典等,主办平民周报、平民教育画报,出版平民丛书。第四,推行平民教育运动。放映平民教育活动电影,发行平民教育招生传单,开办平民图书馆,开展讲演会等各种宣传形式。第五,筹集资金①。

平教总会成立后,为了扩大宣传力度,陶行知等人起草的《中华平民教育促进会宣言》于1923年9月在《新教育》上发表,强调"中国人有百分之八十不能识字,就是全国四万万人中间有三万万二千万个不识字的人。这些不识字的人里面,至少有一万万是十二岁至二十五岁的人。我们现在想

---

① 陶行知等:《中华平民教育促进会总会之进行方针与计划》,华中师范学院教育科学研究所《陶行知全集》第3卷,湖南教育出版社1985年版,第668—670页。

设法使这一万万人,在极短的时期内,受一点相当的教育……希望他们在百忙中每天能抽一点钟工夫来受四个月的平民教育"①。开展平民教育最为关键的问题是编写平民教材。为此,陶行知身体力行,率先承担起了编写平民教育课本的重任。他与朱经农共同研究平民教育课本的编写,他定下编写的宗旨是"1. 培养人生与共和国国民必不可少之精神态度;2. 训练处理家常信札、帐目和别的应用文件的能力;3. 培养继续读书看报领受优良教育之志愿和基本能力"②。经过认真研究,他与朱经农在参考陈鹤琴所编《语体文应用字汇》的基础上,编成了《平民千字课》四册,课本通俗易懂,图文并茂,融思想性、知识性与教育性于一体,是当时开展平民教育运动的最佳教材。经过一段时间的试教后,于1923年11月由上海商务印书馆正式出版,初版很快销售一空,月余后再版30万部③。陶行知将所得的稿费全部用于平民教育事业。到1924年年底,能读懂《平民千字课》的平民已有50多万人,这极大地推动了全国平民教育运动的开展。同时,从1923年秋至1924年春,陶行知东奔西走,风尘仆仆,足迹踏遍大半个中国,先后到南京、安庆、南昌、武汉、襄阳、沙市、宜昌、芜湖、北京、张家口、内蒙古、开封、上海等地进行讲演,宣传平民教育,并倡导各地兴办平民读书处。正是在他的辛勤奔波和努力下,全国各地开展了形式多样的平民教育运动,为广大民众文化素质的提高起到了积极的促进作用。

在陶行知的积极倡导和推动下,全国平民教育运动开展得轰轰烈烈。他在北京开设了100多个平民读书处,并在自家门口挂了一块"笑山平民读书处"的牌子("笑山"是陶父之号)。这个读书处,三人教,三人学。桃红教会了小桃,小桃又教祖母。他将次子小桃教祖母读千字课的情景拍成照片,题为《陶母读书图》,发表出来,以宣传、促进平教运动。后来,他还特别为此作了一首配图诗《慈母读书图》:

吾母五十七,发奋读书籍。十年到于今,工学无虚日。

---

① 《中华平民教育促进会宣言》,《新教育》1923年第7卷第2,3期合刊,第479—480页。
② 陶行知:《〈平民千字课〉编辑大意》,华中师范学院教育科学研究所:《陶行知全集》第1卷,湖南教育出版社1984年版,第361页。
③ 陶行知:《请看〈三字经〉之流行——致朱经农》,华中师范学院教育科学研究所:《陶行知全集》第5卷,湖南教育出版社1985年版,第65页。

小桃方六岁,略识的和之。不曾进师范,也学为人师。
祖母做学生,孙儿做先生。天翻地覆了,不复辨师生。
…………

上课十六天,儿子来一信。老人看得懂,欢乐宁有尽。
…………

《陶母读书图》和陶行知为这张照片所题的诗

发起乡村教育运动

在开展平民教育的过程中,陶行知深感乡村平民不仅是缺乏文化知识,而且还缺乏谋生知识。因此,要解决乡村平民的问题必须进行乡村改造运动。这样,乡村教育就被提上了议事日程。他将乡村教育列为1925年8月在太原召开的中华教育改进社第四次年会的主题之一。他在报告中强调中华教育改进社今后的工作重点是:"一为科学教育;二为乡村教育。"[①]在他心目中,乡村教育早该被作为中国教育的首要任务。早在20世纪20年代初他就曾讲过:"乡村教育不发达,可说已达极点。我国人民,

---

① 陶行知:《中华教育改进社第四届年会社务报告》,华中师范学院教育科学研究所:《陶行知全集》第1卷,湖南教育出版社1984年版,第549页。

乡村占百分之八十五,城市占百分之十五。就是有六千万人居城,三万万四千万人居乡。然而乡村的学校只有百分之十。"①他对这种不均衡深为感慨,为此很早就关注乡村教育,提出"到乡村去"的口号。

陶行知主编《新教育评论》,并写了创刊词

从1926年开始,陶行知就积极筹划建立乡村试验学校。当年年初在中华教育改进社内成立了乡村教育研究部,专门聘请赵叔愚等人为专职研究人员,研究乡村教育的发展之路,以便促进乡村教育的发展。1926年11月21日,他又在上海召开了乡村教师研究会第一次会议,在会上作了题为《我们的信条》的演讲,倡议:"我们从事乡村教育的同志,要把他们整个的心献给我们三万万四千万的农民。我们要向着农民'烧心香'。我们心里要充满那农民的甘苦。"②12月3日,他在《新教育评论》上发表了《中华教育改进社改造全国乡村教育宣言书》,指出"乡村教育的政策是要乡村学校做改造乡村生活的中心,乡村教师做改造乡村生活的灵魂",凸显了乡村教育的重要地位。同时还提出了乡村师范学校的办学宗旨为"造就有农夫身手、科学头脑、改造社会精神的教师",这样的教师,才能胜任乡村教育的重任。乡村教育的目标是"为我们三万万四千万农民服务。我们已经下了决心,要筹募一百万元基金,征集一百万位同志,提倡一百万所学校,改造一

---

① 陶行知:《师范教育之新趋势》,华中师范学院教育科学研究所:《陶行知全集》第1卷,湖南教育出版社1984年版,第167页。

② 陶行知:《我们的信条》,华中师范学院教育科学研究所:《陶行知全集》第1卷,湖南教育出版社1984年版,第651页。

百万个乡村"①。这些均为成立乡村教育同志会奠定了良好的基础。

1926年12月25日②,乡村教育研究会第二次会议在南京召开,陶行知邀请了乡村学校的教师代表参加会议,会议的中心议题就是发起并成立"乡村教育同志会"。陶行知在会上宣读了由他和赵叔愚共同起草的《中华教育改进社乡村教育同志会简章》,经过与会代表的讨论后通过了这一简章。简章明确提出"以群策群力,共谋中国乡村教育之改造为宗旨";会员资格为"实际在乡村学校服务者,学术实力足以研究或提倡乡村教育者,初中以上各级学校末二年学生预备毕业后从事乡村教育者";会议正式确定以陶行知撰写的《我们的信条》为会员的行动纲领和指南;会员分三类,第一类会员的职责是依据《我们的信条》"进行本职本校本村之改造",第二类会员的职责是切实研究乡村教育,第三类会员的职责是当好会刊编辑③。

会议决定创办《乡教丛讯》,作为乡村教育同志会的会刊,以扩大乡村教育的影响。乡村教育同志会设委员长1人、文牍1人、会计1人、庶务1人、编辑4人、执行委员9人,承担会务的处理工作。执行委员从会员中选举产生,任期为三年。每年改选3人,连选的连任。第一次执行委员任期一年、二年、三年各3人。执行委员会每月举行一次,遇到重要问题临时开会讨论。执行委员的职责是"联合全国同志,力谋乡村教育之改造;编辑《乡教丛讯》,以沟通各地乡村教育同志之声气;调制全会同志一览以资本会存查;答复会员质疑问难"等。每位会员每年应缴纳会费大洋4角,《乡教丛讯》每期将邮寄给每位会员一份。

1927年1月1日,陶行知任主编的乡村教育同志会刊《乡教丛讯》正式创刊,该刊为半月刊,第一年出24期,每月1日和16日出刊。仅半年时

---

① 陶行知:《中华教育改进社改造全国乡村教育宣言书》,华中师范学院教育科学研究所:《陶行知全集》第1卷,湖南教育出版社1984年版,第646页。

② 以往所有关于陶行知的传记都笼统地将乡村教育研究会第二次会议的开会时间写为"12月中下旬",未能找到其召开的确切时间,笔者在仔细查阅《陶行知全集》所有文稿后发现,在第5卷《新使命——致丁兆麟》的信件中有这样的记载:"开原小学全体教员五人,拟于本月(1926年12月)来宁参观,嘱将本星期日之联合研究会改在二十五日举行。"由此可见,乡村教育研究会第二次会议的准确召开时间是1926年12月25日,而乡村教育同志会正是在此次会议上正式成立的。

③ 陶行知:《中华教育改进社乡村教育同志会简章》,华中师范学院教育科学研究所:《陶行知全集》第3卷,湖南教育出版社1985年版,第677—678页。

间,乡村教育同志会会员就发展到上千人。该刊发表了一系列指导乡村教育的文章,如《中华教育改进社辅导乡村小学办法》《中华教育改进社拟订全国乡村学校大比赛办法》《中华教育改进社特约乡村学校办法》《中华教育改进社试验乡村师范学校组织大纲》等。

陶行知发起成立的乡村教育同志会以及创办的《乡教丛讯》,为后来创办晓庄乡村师范学校做好了组织、思想和舆论准备,可以说,它拉开了陶行知发动和领导的中国乡村教育的序幕。

陶行知提倡乡村教育,也鼓励支持自己的学生去乡村办教育。这里还有一个"见得与见不得的故事",彰显了陶行知新时代的爱情婚姻观和对国民党当局的藐视。

在晓庄学校,陶行知主张男女同学结了婚之后,能在乡下办夫妻学校,可以照顾到中国一半不识字的妇女,他写了一首《村魂歌》道:

> 男学生,
> 女学生,
> 结了婚,
> 做先生。
> 那儿做先生?
> 东村或西村。
> 同去改旧村,
> 同去造新村。
> 旧村魂,
> 新村魂,
> 一对夫妻一个魂。①

学校里的男女学生,正处于青春期,免不了发生自由恋爱。每当月上柳梢或晨光微动时,常见爱侣情话。这在当时的乡下人眼中是看不惯的。有人反映给陶,他召集男女学生讲了半天,说明自由恋爱是对的,但不能妨

---

① 陶行知:《村魂歌》,华中师范学院教育科学研究所:《陶行知全集》第4卷,湖南教育出版社1985年版,第34页。

碍自己的学习和整个学校的工作,尤其要注意乡下是个封建环境。

有人问陶行知恋爱的标准如何,他说志同道合,互相爱悦。有人提出德行是唯一的标准。他反问道:好,现在有一个老太婆,品德高超,你爱她吗?我看你还是会选择年轻貌美的女郎。说完,他哈哈笑个不止。

不知道什么时候晓庄学生的恋爱故事传到国民党政府大官员的耳朵里。有一天,教育部部长责问陶行知道:听说你的学校里,男女关系有些浪漫,我看到男学生和女学生合骑一匹驴儿,这倒有碍校誉。

陶行知一本正经地答道:对,两人合骑一匹驴的确与校誉有碍。但他们骑在驴子背上,上见得天,下见得地,中间还可以见得人。比那些大人先生坐在汽车里,偷偷摸摸,上见不得天,下见不得地,中间见不得人,不是好多了吗?

组织普及教育运动

中国普及教育助成会成立于 1933 年 9 月 18 日。陶行知创立这个群众团体是为了中国的普及教育,以"工以养生,学以明生,团以保生"为宗旨,力求将工学团的经验推广到全国各地。会址设在上海威海卫路的"中社",并拟定普及教育助成会简章及普及教育助成会组织大纲,提出"在采取最经济、最迅速、最能持久、最能令人进步之方法,力谋普及大众与儿童向上生活所需要之教育,以助成中华民国与大同世界之创造"[①]。普及教育助成会的会务主要有调查生活教育需要、拟制教育方案、补助中心试验、编辑新创材料、培养专门人材、辅导普及工作,共 6 项。会员分三种:一是永久会员,凡提倡普及生活教育,一次缴纳 1000 元会费以上者均可以成为永久会员;二是提倡会员,赞成助成会宗旨,热心普及生活教育,并年缴纳会费 100 元以上者,均可以入会;三是工作会员,凡赞成助成会宗旨,实际参加普及生活教育实践,并年缴纳会费 1 元以上者,可以入会。

中国普及教育助成会还成立了董事会,由执行董事、省区董事、当然董

---

① 陶行知:《普及教育助成会简章》,华中师范学院教育科学研究所:《陶行知全集》第 3 卷,湖南教育出版社 1985 年版,第 737 页。

事三类组成。董事会的职责有：制定会议章程、任免干事长、核定计划、预算决算、职员任免、筹集经费、吸纳会员等。董事任期为三年，设有董事长、书记、司库。助成会的具体事务由干事长负责，为了工作便利还设立五个部：总务部、调查部、试验部、辅导部、编辑部。助成会每年召开一次会员大会，每月召开一次董事会。经费来源主要有会费、纪念金、特别捐、补助费、投资利息等多种形式。

中国普及教育助成会成立后，便开展各种普及教育活动，于1934年开始招聘十余名工读生，充当小先生，并在上海江湾、沪西、浦东、杨树浦等地设立工人夜校和识字班。普及教育助成会还以本会的名义成立了余日章小学、余日章第二小学，成立了报童工学团、流浪儿童工学团等。普及教育助成会还制作普及教育车，并在各地推广，收到了良好效果。

中国普及教育助成会为陶行知后来实施工学团运动提供了组织基础和思想基础，起到了有效的宣传、发动和推广作用。

推动战时教育运动

"九一八"事变后，日本帝国主义加紧对华侵略，中华民族处于危难之际，"一二·九"运动掀起了全国的抗日救国热潮。为了配合抗日宣传，陶行知发起成立了国难教育社。他和张劲夫、王洞若起草了《发起组织国难教育社缘起》。1936年2月23日国难教育社正式在上海成立，参加成立大会的有社会各界人士，不仅有教师、学生、工人、农民、店员、商人，还有科学家、艺术家、律师、记者、宗教界人士、出版界人士、文艺界人士等，会上陶行知被选为国难教育社理事长，张劲夫被选为总干事。大会发表了宣言：

> 我们除了反抗敌人的侵略，没有法子可以获得民族解放；我们除了流血，不会获得民族自由。……国难教育，是民族解放斗争中最重要的工作，这决不是少数人能够担负起来的。……国难教育社是我们行动的指导机关，是我们行动的设计机关，我们不但要积极地拥护它，并且要诚意接受它的指导，执行它的设计。同时我们不要忘记：只有有组织的力量，才是真的战斗的力量，只

有集体的行动，才是真的战斗的行动。①

宣言还大声疾呼："警钟响了！危机迫在眼前了！从今日起，我们应该总动员，奋勇地执行国难教育的工作，坚决地担负起国难教育的工作，争取中华民族的解放和自由。"②

陶行知与王洞若、张劲夫、丁华等人共同起草了《国难教育社简章》，规定了该社的宗旨："谋推进大众文化，实施国难教育，以启发中国大众争取中华民族之自由平等，保卫中华民国领土与主权之完整。"③国难教育社总社设在上海，全国各地均设立分社，总社下设总务、组织、指导、编辑、宣传五个部。国难教育社领导各地分社主要开展如下工作："三　开办大众学校，读书会，时事研究会。四　开办新文字补习班。五　开办国难教育讲习班。六　举办军事，防毒救护，运用交通工具等常识技术讲习班。七　举办国难演讲，旅行演讲。八　组织巡回电影开映团，巡回演讲团，巡回唱歌团，巡回戏剧团，弄堂流通图书馆，马路流通图书馆，乡村流通图书馆。九　出版大众社会小丛书，大众自然小丛书，大众剧本，大众诗歌，大众小说，大众唱本，大众说书，大众连环画。十　出版大众国难读本，各级学校国难补充教材。十一　调查各地国难教育之设施，及敌人文化侵略之实况。十二　指导分社及社员团。十三　介绍前进书报。"④

此后，陶行知就投身到了国难教育、战时教育运动之中，将他的生活教育运动推向了一个新的阶段。"七七"事变后，日本帝国主义加紧对中国实施侵略，许多城市相继沦陷。在这国难当头的危急时刻，陶行知为了进一步推进国难教育、战时教育和全面教育，于1938年12月15日在广西桂林召集两千多名群众集会，正式成立了生活教育社。陶行知亲自主持成立大会，并发表讲话。他在会上号召生活教育社的同志承担四种任务：一是力

---

① 陶行知等：《国难教育社成立宣言》，华中师范学院教育科学研究所：《陶行知全集》第3卷，湖南教育出版社1985年版，第754—755页。

② 陶行知等：《国难教育社成立宣言》，华中师范学院教育科学研究所：《陶行知全集》第3卷，湖南教育出版社1985年版，第755页。

③ 陶行知等：《国难教育社简章》，华中师范学院教育科学研究所：《陶行知全集》第3卷，湖南教育出版社1985年版，第757页。

④ 陶行知等：《国难教育社工作大纲》，华中师范学院教育科学研究所：《陶行知全集》第3卷，湖南教育出版社1985年版，第760页。

求自己长进,把自己的团体变成抗战建国的真正力量;二是影响整个教育界共同进步;三是普及抗战建国的生活教育运动;四是普及反侵略的生活教育运动。他号召大家:"凡是有群众的地方,都是进行教育的地方。"①白崇禧、郭沫若、邱昌渭等人出席了成立大会,并在会上讲话。大会选举陶行知为生活教育社理事长,理事会由陶行知、李任仁、邵力子、黄炎培、汪达之、刘季平、戴伯韬、吴新稼、沈钧儒、雷宾南、杨东莼、田汉、王洞若、尚仲衣、周月宾、陆璀、张劲夫、方与严、林砺儒、徐特立、俞庆棠、孙铭勋等组成,生活教育社的成员有不少是共产党地下工作者。理事会每三个月举行一次会议,理事会下设总务、组织、编辑、服务四个部和一个调查设计专门委员会。分别由刘季平、戴伯韬、王洞若、杨东莼担任各部的常务干事。监事会负责考核理事会、常务干事会的工作,检查社员言论与不端正行动和审查本社经济出纳事项等。不久,戴伯韬负责的四川分社、潘一尘负责的浙江分社、张劲夫发起的安徽分社、张宗麟发起的上海分社、吴涵真负责的香港分社、徐谷荪负责的西北分社、曾木已负责的鄂西分社、楼南高负责的山西分社、戴自俺负责的贵州分社、刘琼负责的福州分社、台和中负责的甘肃分社等相继成立②,正式社员达2400多人。生活教育社成为拥有广泛群众基础的教育团体。

　　生活教育社是一个民间教育团体,"是一个教育界的大家庭。它是教育思想者的团体,又是教育运动者之团体,又是教育工作者之团体,又是培养教师的团体,又是一般人学习生活和知能的团体,又是一个共同生活体"③。生活教育社成立后,开展的主要活动有:编辑《战时教育》和《生活教育通讯》,进行桂林岩洞教育,成立儿童工学团,开展成人教育和儿童教育,创办特殊教育机构等。其中一项重要活动就是推行山洞教育。因为桂林有上百个岩溶洞,当地民众将之作为天然的防空洞,陶行知就利用这些山洞来进行教学。他动员了上万名知识分子来当教师,规定一个山洞为一所学校,推行普及教育。还通过实行"小先生制",来进行战时教育。并以

---

　　① 魏华龄:《生活教育社桂林纪事》,北京市陶行知研究会:《陶行知研究》,湖南教育出版社1987年版,第282页。
　　② 童富勇、胡国枢:《陶行知传》,教育科学出版社1991年版,第389页。
　　③ 陶行知:《告生活教育社同志书》,华中师范学院教育科学研究所:《陶行知全集》第3卷,湖南教育出版社1985年版,第342页。

在桂林的新安旅行团和孩子剧团为依托,组织两个团的孩子为伤员和难民服务。

1937年,生活教育社负责人王洞若、吴新稼(均为中共党员)在上海难民收容所组织成立了孩子剧团,在苏北、河南等地宣传抗日。陶行知与孩子剧团见面时鼓励他们勇敢地为抗日救国而斗争。图为孩子剧团成立时的合影

1939年春,生活教育社相继邀请徐特立作了中国农民运动和解放区教育工作问题报告,范长江作了国内外形势报告,叶剑英作了题为《积小胜为大胜》的演讲,受到了群众的热烈欢迎。同年4月,生活教育社创办了《工作与学习》杂志,由刘季平任主编。6月,生活教育社刊《西南儿童》正式创刊,由陆静山任主编。该刊是针对中国儿童而创办的,办刊的宗旨为:全中国的小朋友团结起来,互相通讯、互相学习、互相帮助。打倒日本鬼子,创造新中国;打倒法西斯,创造新世界。刊物设有《国内新闻》、《战时常识》、《儿童创作》、《儿童通讯》、《儿童言论》、《儿童歌曲》、《国画故事》、《儿童文学》等栏目。1943年8月25日,该刊被国民党政权查封。同时,生活教育社还在桂林七星岩设立岩洞教育民众书报阅览处,为广大民众提供阅读服务。还先后举办过"中国儿童运动问题"座谈会、时事讨论会、"战时教育之总检讨"、"宪政教育与国民教育"问题研讨会等活动。陶行知领导的生活教育社以生活教育理论做指导,大力倡导实行岩洞教育和小先生制,实

实实在在地推动了战时教育和全面教育的发展。正如当时《解放日报》社论所评价的那样，"生活教育社所提倡的生活教育与小先生制，是实际的，同时又是革命的。因为它是实际的、与生活打成一片的"①。延安新教育学会也高度评价陶行知创办的生活教育社及其生活教育理论，"这不仅是对摧毁中国传统教育起了很大的革命作用，同时也是为中国新教育树立了一块基石"②。

1939年4月15日，生活教育社重庆办事处成立，陶行知制订了活动计划：成立晓庄研究所，研究难民教育、华侨教育、伤兵教育等实际问题，筹备成立育才学校，成立重庆夏令共学会等。1940年3月15日，生活教育社召开生活教育运动13周年纪念会，陶行知发表了《生活教育运动十三周年纪念告同志书》，总结了1938年至1940年初生活教育社所开展的主要工作，包括成立晓庄研究所、创办育才学校、新安旅行团的伤兵难民教育、各省的战时教育情况等。1940年6月，生活教育社社员魏东明和戴伯韬成立了生活教育社延安分社，在边区政府的领导下，开展了一系列生活教育运动。

推动民主教育运动

民盟是中国民主同盟的简称，其前身是中国民主政团同盟，于1941年3月19日在重庆秘密成立，是由黄炎培、梁漱溟、章伯钧、左舜生、张君劢等人发起成立的。"皖南事变"后，国共合作遭到破坏，抗日民族统一战线面临危机。一些主张民主抗日的人士，迫切希望两党能够联合起来，团结抗日，争取最后的胜利，以实现中华民族的解放。在这种背景下，以统一建国同志会为基础，联合中华职业教育社、乡村建设协会、中国青年党、国家社会党、中华民族解放行动委员会的成员及其他人士，成立了中国民主政团同盟，公推黄炎培为中央委员会主席。1941年10月10日，设在香港的民盟机关报《光明报》发表了《中国民主政团同盟成立宣言》和《中国民主政团同盟对时局主张纲领》。1942年，以沈钧儒、陶行知等为领袖的救国联合会加入，中国民主政团同盟遂成为集合"三党三派"的民主党派。中国民

---

① 徐特立：《生活教育社十五周年》，《解放日报》1942年3月15日第1版。
② 徐特立、范文澜：《延安新教育学会致函陶行知先生庆祝生活教育社十五周年》，《解放日报》1942年3月19日第3版。

主政团同盟最初的政治主张是"贯彻抗日主张,实践民主精神,加强国内团结"。1944年9月19日,中国民主政团同盟在重庆召开全国代表会议,将名称改为中国民主同盟。10月发表《对抗战最后阶段的政治主张》,响应中国共产党提出的建立民主联合政府的号召。1945年9月1日,民盟在重庆市成立支部,陶行知被推选为支部委员兼宣传部部长。

1945年10月1—12日,中国民主同盟在重庆召开临时全国代表大会(第一次全国代表大会),大会通过《政治报告》、《临时全国代表大会宣言》、《中国民主同盟纲领》、《中国民主同盟组织规程》。会议产生了民盟第一届中央委员会,增选陶行知等33人为中央委员,选出由陶行知等18人组成的中央常委会,还决定推举陶行知为民盟中央民主教育委员会主任,负责发展民主教育事业。

陶行知担任民盟中央民主教育委员会主任之后,由于抗战已胜利,根据形势的需要,于1945年11月1日将《战时教育》更名为《民主教育》。他在创刊号上发表《民主教育》一文。首先对民主教育作了含义上的界定:"民主教育是教人做主人,做自己的主人,做国家的主人,做世界的主人。……民主教育是民有、民治、民享之教育。说得通俗些:民主教育是人民的教育,人民办的教育,为人民自己的幸福而办的教育。"[1]民主教育的核心是围绕人民的利益,为人民办教育,教人民争取民主权利,实施民主的教育理念。陶行知还阐释了民主教育的具体内涵:教育为公,以达到天下为公;教人民肃清法西斯细菌,以实现真正的民主;启发觉悟性,教人民自觉进行自觉的学习;培养创造力,以实现创造的民主和民主的创造;各尽所能,各学所需,各教所知,使大家各得其所;在民主的生活中学习民主,在争取民主的生活中学习争取民主;尽量采用简笔汉字、拉丁字母,双管齐下,以减少识字困难;充分利用无线电和近代交通工具,以缩短距离,使边远地方之人民小孩,可以加速享受教育;民主教育应该是整个生活的教育,应该要工以养生,学以明生,团以保生;承认中国是从农业文明开始过渡到工业文明,经济是极端贫穷的[2]。他后来又撰文《民主教育之普及》,强调:"民

---

[1] 陶行知:《民主教育》,华中师范学院教育科学研究所:《陶行知全集》第3卷,湖南教育出版社1985年版,第569页。

[2] 陶行知:《民主教育》,华中师范学院教育科学研究所:《陶行知全集》第3卷,湖南教育出版社1985年版,第569—570页。

主教育一方面是教人争取民主,一方面是教人发展民主。……民主教育的任务是配合整个国家之创造计划,教人依着民主的原则,发挥各人及集体的创造力,以为全民造幸福。"[1]

为了进一步落实民主教育理念,深入开展民主教育实践活动,陶行知与李公朴于1946年1月15日创办社会大学,目的是实现民主教育。陶行知担任校长,他在《社会大学运动》中讲道:社会大学之道"在明民德,在亲民,在止于人民之幸福"[2]。也就是说,社会大学之道,要明白人民的大德,要亲近老百姓,要为人民谋幸福。社会大学分为夜大学、函授大学、新闻大学、旅行大学、广播大学五部分,全校分经济、文学、新闻、教育、民间艺术五系。办学宗旨是"为人民服务"[3]。学校管理采用民主自治的制度,每四个月为一个学期,每天四节课,每年三个学期,两年零八个月即可毕业。社会大学是由民主人士创办的学校,是追求民主的大学,是实行民主管理的大学,是教育人民的大学。创办社会大学,是陶行知实施民主教育的重要实践活动。

---

[1] 陶行知:《民主教育之普及》,华中师范学院教育科学研究所:《陶行知全集》第3卷,湖南教育出版社1985年版,第571页。

[2] 陶行知:《社会大学运动》,华中师范学院教育科学研究所:《陶行知全集》第3卷,湖南教育出版社1985年版,第586页。

[3] 陶行知:《社会大学的创办》,华中师范学院教育科学研究所:《陶行知全集》第3卷,湖南教育出版社1985年版,第590页。

六、办学实践

晓庄师范

晓庄师范的创办缘起与经过

近代以来,虽经戊戌变法、辛亥革命和"五四"新文化运动的激荡,中国传统教育开始向现代教育过渡,但因积弊已久,教育与生活、社会与学校相脱节的现象仍很严重。为了改变这种状况,1926年,陶行知乘中国教育改进社下设乡村教育研究部之机,聘请东南大学乡村教育教授赵叔愚、金陵大学农业教授兼农场主任邵仲香为研究员,共同调查沪宁路沿线乡村学校现状,筹办试验乡村师范,图谋乡村教育的改进。

陶行知认为,师范教育是"改造社会环境的一个重要方法",并坚定地表示:"我从前曾经为师范教育努力,现在正在为师范教育努力,以后仍继续为师范教育努力。"他下决心"要筹募一百万元基金,征集一百万位同志,提倡一百万所学校,改造一百万个乡村"①。根据这一思想,陶行知于1926年12月撰写了《试验乡村师范学校答客问》一文,强调试验乡村师范学校的实验性质,指出晓庄的实验"就是用科学的方法去开新的生路"。

1927年3月5日,陶行知用筹集的开办费1万元,常年经费1.2万元,设备费5000元,购买南京神策门外小庄(后由陶行知改名晓庄)田园两百亩、荒山十里作为校址和农场。特约燕子矶小学、尧化门小学为第一、第二中心小学,并聘定吕镜楼、杨效春、邵仲春、朱葆初等为指导员(教员)。

同时,陶行知分别在《新教育评论》、《乡教丛讯》等刊物上,刊登了《中华教育改进社设立试验乡村师范学校招生广告》、《告来本院应试的同志》。其中的培养目标十分明确,即农夫的身手、科学的头脑和改造社会的精神

---

① 朱泽甫:《陶行知年谱》,安徽教育出版社1985年版,第99页。

三项。考试科目完全不同于传统的学校,分列科:(1)农务或土木操作一日;(2)智能测验;(3)常识测验;(4)作汉文一篇;(5)3分钟演说。考试科目根据培养目标的需要而设立。

1927年3月15日,晓庄师范正式成立。图为晓庄师范大礼堂——犁宫

招生广告见报后,引起了教育界特别是青年学生的浓厚兴趣。他们纷纷来函,索要报名简章,询问报考具体事宜。1927年3月11日,试验乡村师范学校招生考试第一天上午,共有13名青年准时参加入学考试。考试当天,正是北伐军与盘踞在南京的直系军阀孙传芳部褚玉战斗方烈之时。当时,南京大小学校均因战事激烈而纷纷停课。试验乡村师范学校偏偏选择此时招生开学,而且声言风雨无阻,不受战事影响。大家都担心无人会冒生命危险前来应试,结果却出人意料,竟有13人来报考,令陶行知喜出望外。

3月15日,试验乡村师范学校(简称"晓庄师范")在南京郊外的小庄正式开学。

晓庄师范的办学宗旨与培养目标

晓庄师范的实验是按照陶行知关于生活教育的设想来开展的。其办学宗旨为:"根据中心学校办法,招收中等以上各级学校末年级生加以特殊训练,俾能实施乡村教育并改造乡村生活。"遵循这一指导思想,师生们选择了荒山野岭作为建校的地址。开始只有两间茅草盖的房屋,草泥抹的墙壁。大家自己动手开辟校园,种粮种菜,绿化环境,注意根据中国当时农民生活状况进行实验。

晓庄师范的培养总目标为"培养乡村人民儿童所敬爱的导师"。为达此总目标,陶行知后又进一步提出五项培养目标:(1)农夫的身手;(2)科学的头脑;(3)改造社会的精神;(4)健康的体魄;(5)艺术的兴趣。

所谓"农夫的身手",是指试验乡村师范学校要培养的是能吃苦耐劳、能劳动、能实干、能与农民打成一片,为乡村人民儿童所敬爱的导师。

所谓"科学的头脑",是指培养学生具有近代自然科学与社会科学知识,对科学技术有浓厚的兴趣,并注重实验,到农村去积极推广应用科学方法,指导农民科学种田。

所谓"改造社会的精神",是对学生思想素质的一项特殊要求。活的乡村教育,必须有活的乡村教师,活的乡村教师必须"第一有农夫的身手;第二有科学的头脑;第三有改造社会的精神",具备这三项的"教师就是改造乡村生活的灵魂"。他们"一年能使学校气象生动,二年能使社会信仰教育,三年能使科学农业著效,四年能使村自治告成,五年能使活的教育普及,十年能使荒山成林,废人生利"。

所谓"健康的体魄",是对学生身体素质的要求。陶行知认为,"健康是生活的出发点",健康的体魄是成就一切事业的基础,因而多次提出"健康第一"的口号。

所谓"艺术的兴趣",是对从事乡村教育的人所应有的美学修养的要求。

晓庄师范的实验条件与组织机构

为实现上述目标,陶行知在学校建设上做了许多努力,创造了必要的实验条件,使晓庄师范成为一所与旧式学校迥然不同的新式学校。

在实验条件方面,除挑选南京北郊劳山脚下的荒坡为校址外,还有田园两百亩作为学生耕种土地,有大片荒山供学生造林;拨经费供学生自造茅屋作为教室与宿舍;并在附近农村设立几所中心学校和小学,供教学之用。

晓庄师范先后共建有:小学师范院、幼稚师范院各1所;中心小学8所;中心幼稚园4所;民众学校3所;中心茶园2所;中心木匠店1所;乡村医院1所;联村救火会1个;石印工厂1座。这些机构都围绕生活教育的要求进行多角度、多层次、多类型的实验。

陶行知在晓庄师范的组织管理上做了独特实验。晓庄师范设校长1人，由陶行知自己担任，校内设执行部（校长兼任部长）、研究部、监察部。执行部下设置第一院（小学师范院）、第二院（幼稚师范院）。第一院由赵叔愚任院长，第二院由陈鹤琴任院长。校长、院长之下各设干事1人、校工1人。晓庄师范的教师不称教员，统称指导员。学校除校长、第一院院长、第二院院长、指导员外，不设其他职员，实行师生集体治校民主管理，它的组织叫乡村教育先锋团。

乡村教育先锋团由全校师生共同组成。校长就是团长，两院院长是副团长，全校指导员组成指导部，有指导会议。全体学生选出总队长1人。学生以4—8人为1队，每队选出队长1人。由全体师生组成团务会议，从团长到团员，全体成员都受团规约束和团务会议的制约。团设肃纪部，执行全团纪律。团长有指挥全团各种行动之权，每周举行一次团务会议。学校经济公开，校务公开，发表意见自由，安排个人工作自由，但必须遵守各种公约，不得妨碍集体生活秩序。如果有人违反公约，通过小组生活检讨会解决，重大问题在团务会议（全体大会）评论，形成一种既有自由又有纪律，既有民主又有集中的集体生活秩序①。

晓庄师范的实验内容与措施②

其一，招生看重农事经验。

其二，考试方式别具一格。报考者在1927年3月10日报到，次日上午考国文、常识测验、智能测验，下午演说及辩论；12日上午垦荒施肥，下午修路；13日考试成绩揭晓；14日便办理入学手续；3月15日开学。国文试题是"孟子说'劳心者治人，劳力者治于人'，这话对吗？"演说的试题有20个，学生临时抽题准备3分钟，到时登台演讲3分钟。演讲要求用国语，通俗易懂。垦荒考试更是新奇。陶行知在山坡下用白粉线画好一小块荒地，投考者手中拿一把山锄，哨子一响，大家便挥锄垦荒。成绩视垦荒熟练程度及垦荒多少而定。这种考试，改变了传统做法，强调农事经验，面向

---

① 童富勇、胡国枢：《陶行知传》，教育科学出版社1991年版，第112页。
② 本部分内容参考了邓宗琦、熊贤君：《为中国教育寻觅曙光》，《教育研究与实验》1989年第1期。

农村实际,可谓破天荒之举,在当时影响极大。

晓庄师生在地里劳动,培养"农夫的身手"

其三,实行教学做合一,课程以乡村生活为中心。晓庄师范将课程分为五大部分:(1)中心学校活动教学做;(2)中心学校行政教学做;(3)分任院务教学做;(4)征服自然环境教学做;(5)改造社会环境教学做。

其四,打破学校的围墙,开展"联村"系列活动。陶行知反对关起校门,使学校与社会隔离开来。他主张晓庄师范的学生应与附近的村民建立广泛联系,熟悉他们的生活,了解他们的疾苦,与他们联合开展活动。为此,晓庄师范进行了打破学校围墙的实验。陶行知除了在学校设置一些为村民服务的活动课程,包括联村自治、民众教育、合作组织、乡村调查和农民娱乐教学做外,还专门成立了社会改造部,由他兼任部长,部下设总务、教育、卫生、农林、交通、水利、自卫、经济、救济、妇女、编辑、调查共12股,具体负责社会改造的规划和指导。

陶行知重视开展乡村体育运动,发起成立农民武术会,主张恢复"我国国民应有的尚武精神"。学校每年春秋两季举行两次规模较大的联村运动会。运动会结合乡村生活实际拟定比赛项目,如成人参加的项目有国术、跑山、挑柴、挑粪、举石担、玩石锁和田径等;学生可参加的项目有跳远、跳绳、掷球、提水、竞走及短跑等。

20世纪二三十年代的晓庄,偏僻荒凉,常有散兵游勇在此流窜为匪,危害百姓。为保一方平安,晓庄师范在冯玉祥将军的支持下,成立了晓庄联村自卫团,打击了土匪的嚣张气焰。联村自卫团还发起禁烟禁赌活动,张贴布告:"本团责任,在运用村民自己的力量,以维持地方的治安。……查烟馆赌窟,为窝藏盗匪之所。本团为正本清源计,自当一律禁绝,才算是为地方除害。"[①]晓庄全校师生到农村作宣传,宣讲吸鸦片之害,号召人人投入禁烟运动。联村自卫团维护了地方治安,烟赌也曾一度几乎禁绝,乡村改造方面取得显著进展。

冯玉祥是陶行知的好友,很赞同陶行知的平民教育思想,一直支持陶行知在晓庄的办学,也经常到晓庄来参观。有一次,陶行知特地请冯玉祥来晓庄参观,以便对自卫团进行实地指导。

晓庄的师生们一向敬佩冯玉祥的为人,听说他要来,个个穿戴得整整齐齐,自卫团员持枪肃立,大家列队站在路边迎接他,还大声唱着晓庄的校歌《锄头舞歌》:"手把个锄头锄野草呀!锄去野草好长苗呀!"

冯玉祥身材魁梧,戴着宽檐草帽,骑在马上比别人高出一大截,后面跟着一队人马。

见到欢迎的人们,冯玉祥高兴地向大家挥手,跳下马来,随手拿起一个自卫团员手中的枪问:"枪还好使吗?打几枪我看看。"自卫团员犹豫着。陶行知鼓励他:"今天是冯将军来了,打飞了也没关系,正好向将军请教。"团员壮起胆瞄准前面一棵树干,连打三枪,可是只中了一枪。枪声惊起了飞鸟,冯玉祥摇摇头,未加瞄准,一扬手连开三枪,三枪连中。"好枪法!""好枪法!"师生们欢呼起来。

陶行知笑着对冯玉祥说:"你这是'自投罗网',我们正缺少教射击的教官。今天,就请你这个教官上一课吧!"

冯玉祥也不推辞,站在操场上,一一讲解射击的要领,并仔细纠正团员们的姿势,直到大家都掌握了要领为止。他风趣地说:"你们唱'锄去野草好长苗',中国杂草太多,光用锄头,草锄不完,脑袋倒可能被别人除掉,我看还是用枪好。"

陶行知说:"农民的力量是很大的,如果人人都能用手中的锄头,自由就能从锄头底下找出来。我看光有枪没有锄头可不行。"

冯玉祥赞同道:"陶先生言之有理,'锄头锄头要奋斗',再加上枪,革命定能成功。"

[①] 辛元、谢元:《陶行知与晓庄师范》,江苏教育出版社1986年版,第58页。

1928年夏,冯玉祥将军(后排左二)到晓庄师范参观时与师生合影

随后,冯玉祥在欢迎大会上发表演说。他尖锐地批判了旧教育的弊端后说:"我以前看到中国的教育如此糟糕,真是又急又无办法。今天在晓庄,我似乎离开中国跑到另一个世界最好的学校里来了,真是使我又敬佩又欢喜。这个地方实在太好了,请允许我造几间房子,经常来住,向你们学习,向陶先生学习。"

见此表态,大家喜出望外,表示热烈欢迎。后来冯玉祥果真在晓庄造了一个"冯村",有空时常来,与陶行知纵论天下大事。应他的要求,陶行知还派了几位学生到西北为他的部下办乡村学校,搞普及教育,受到部队官兵的欢迎。

其五,改革教育实习体制,试行新的实习办法。为使实习顺利进行,陶行知设置了一批中心学校。晓庄师范根据中心学校的要求设置课程,中心学校需要什么就教什么。学生要经常到中心学校里去,在中心学校里教学做。

其六，颁发统一的毕业文凭。如果学生学习成绩合格，发给修业证书一纸，俟服务半年，经过考查，确能按照生活教育原理和晓庄师范精神办学者，发给毕业证书。但各学生入学时程度不同，颁发的证书也各异："初级中学程度学生给予初小教师证书"；"高级中学程度学生给予高小教师证书"；"大学程度学生给予师范学校教师证书"；"各级教师证书之外得依据特殊才能之表现加给各级校长及乡村教育辅导员证书"①。

在晓庄的这段时间，陶行知把全副精力都放在筹划学校上，他把教授工作辞了，搬到乡下来住，又号召大家自己动手建筑校舍，还写了一组《自立立人歌》勉励大家，其中第一首写道：

滴自己的汗，
吃自己的饭。
自己的事自己干。
靠人、靠天、靠祖上，
不算是好汉。②

在校舍没有建筑起来以前，大家住帐篷露营，陶行知自己也露过营，借住过老百姓的家。一位陆老头家里有三间草房，东头住主人，中间放农具杂物兼会客吃饭，西头拴着一头大水牛，遍地堆积着牛粪。陶行知就借住在西头牛大哥旁边，有一星期左右。他见了人便笑盈盈地说：和牛大哥同睡，只闻牛粪香。后来，这位人民教育家兼人民诗人陶行知，曾有"一闻牛粪诗百篇，风花雪月都变节"之句，叙述要做大众诗人，写大众的疾苦甘乐，就得和老百姓共同生活。

陶行知不只是理论家或事业的发起人，还常常喜欢用自己的行动来指引别人干。他在晓庄，提倡"师生共生活，共甘苦，是最好的教育"。他也毫不例外地和大家一起穿草鞋、挑粪、种田、种菜、养鱼，他请唐家洼一位出色的庄稼人唐老头教大家耕种的方法，他自己也做了唐老头的学生。他说，

---

① 陶行知：《中华教育改进社设立试验乡村师范学校第一院简章草案》，华中师范学院教育科学研究所：《陶行知全集》第 1 卷，湖南教育出版社 1984 年版，第 659 页。

② 陶行知：《自立立人歌》，华中师范学院教育科学研究所：《陶行知全集》第 4 卷，湖南教育出版社 1985 年版，第 266 页。

三百六十行,行行出状元,行行都有我们的老师。

那时候,大家都自己扫地、抹桌、烧饭……所有生活上的事不用听差、伙夫,陶行知也亲与其事。有一次轮到他烧饭,他就研究烧火的科学道理:如何节省柴草,如何使火候恰到好处,不致把饭菜烧坏。他写了一首诗,讽刺不会烧饭的人:

　　书呆子烧饭,
　　一锅烧四样,
　　生、焦、硬、烂。①

晓庄师范实验的中止

陶行知在晓庄师范开展的生活教育实验,引起了社会各界的瞩目,晓庄师范成了教育界的一盏明灯。此时,正值"四一二"事变不久,乌云密布,江南各省一些受迫害无处栖身的进步青年学生,将晓庄师范看成求学避难的理想地方。该校开展勤工俭学,学费很低,于是不少青年进入晓庄学习,还有的是隐名改姓秘密来的,其中有些是共产党员或共青团员。陶行知虽然不知道他们的政治身份,但认为他们是有抱负、有作为的青年,所以对他们主动关怀,多加支持。

陶行知亲自设计的晓庄师范校旗。100颗星代表征集100万位同志,倡办100万所学校,改造100万个乡村

---

① 戴伯韬:《陶行知的生平及其学说》,人民教育出版社1982年版,第7页。

到1929年,进步青年的力量已大大地发展了,共产党员和共青团员合起来有二三十人,还能够号召当地一部分群众。1930年初,上海进步知识界成立中国自由大同盟。晓庄师范的中共地下党支部也串联中央大学、金陵大学、东方大学等校部分师生发起组织中国自由大同盟南京分部,反对帝国主义及国内反动派的倒行逆施。2月,该分部在晓庄师范犁宫举行成立大会。该组织是中共南京地下党的外围组织,它的建立为南京群众运动创造了便利条件。同时,也使晓庄师范的各项进步活动与全市的学运、工运进一步密切联系起来。当时,南京下关和记工厂工人不堪忍受英国资本家的残酷压迫,举行了反帝大罢工,晓庄师范地下党组织积极支持推动这一罢工斗争。3月下旬,日本帝国主义十余艘军舰擅自闯入长江耀武扬威,而国民党政权不仅不加制止,反而鸣炮欢迎,这立即激起了南京各界人民的极大愤怒。消息传到晓庄,广大师生义愤填膺。4月3日,国民党政权勾结帝国主义镇压罢工工人,造成"四三"惨案,更使南京的工人、学生、市民怒不可遏。晓庄师范学生刘季平这时已任中共南京地下党宣传部部长,根据党的指示,他联络南京各校学生,组成"四三"惨案后援会,发动了4月5日全市支持工人的反蒋示威游行,迫使英国老板接受罢工工人的条件。但这一正义行动,却使晓庄师范成了国民党政权要人们的眼中钉、肉中刺。蒋介石认为晓庄师范是这次风潮的祸源,他通过孙科、谷正伦施加压力,要陶行知交出晓庄师范的共产党员名单,立即开除闹事学生。陶行知则坚决站在学生方面,明确表示学生的行动是爱国的、正义的,学生没有错,错在政府,断然拒绝这一无理要求①。

蒋介石恼羞成怒,遂于4月8日命令教育部停办晓庄师范。教育部即派出5人为"晓庄师范保管员",于9日下午3时到晓庄办理接收手续。1930年4月12日,南京卫戍司令部派出全副武装的部队,强行封闭了晓庄师范。同一天,国民党政权又下令通缉陶行知,晓庄师范的生活教育实验至此中止。

晓庄师范生活教育实验的影响与评价

陶行知在晓庄师范从事生活教育实验前后不过三年多时间,却在国内

---

① 王琳:《记晓庄学校——兼忆人民教育家陶行知先生》,钟叔河、朱纯:《过去的学校》,湖南教育出版社1982年版,第451页。

外产生了广泛而深远的影响。

晓庄师范的生活教育实验,在20世纪20年代中后期树起了一面教育革命的大旗,为中国教育改革探索到一条新路。陶行知与同时代的黄炎培、晏阳初、梁漱溟等人,率先从事乡村教育改革,在教育界掀起了一场革命,引起了时人对于乡村教育问题的广泛关注,对于转变当时教育改革的方向与重心,起到了积极的推动作用。

晓庄师范的生活教育实验也引起了社会各界的普遍关注。党政要人纷纷慕名而来,蒋介石、宋美龄夫妇曾于1928年下半年两度到晓庄参观。军政部部长冯玉祥也数次去晓庄考察,他对晓庄师生自己动手做饭的办法非常欣赏,打电话给所辖第二集团军总司令部,命令官员一律自己做饭,不用伙夫,以节省军费。某军人在中央大学称赞陶行知的教学做合一是"新发明的最好教育法",还有军人将陶行知自编教育文集《中国教育改造》翻印数千份,分送其防区内各教育机关。

晓庄师范的生活教育实验在国内不断扩大影响的同时,从20世纪20年代后期起,也开始在国际教育界产生影响。1927年9月,为迎接在加拿大召开的世界教育会议,陶行知撰写了题为《中国乡村教育运动之一斑》的专题会议报告,其中重点介绍了以晓庄师范为代表的乡村师范学校和中心小学、中心幼稚园的实验工作,第一次向国际教育界介绍晓庄师范的生活教育实验,开始引起国际教育界的关注。陶行知当年的老师、美国哥伦比亚大学师范学院的克伯屈教授在1929年10月下旬参观晓庄师范之后,对晓庄师范的生活教育实验赞扬备至,称他多年来一直在到处寻找这种实验学校,现在在晓庄师范终于找到了,"他的实施的方针和办法,以及发动的理想,进步的过程,都合乎我的标准。这也可以代表中国整个民族的精神"[①]。他预言晓庄"作为教育革命的策源地",必将在历史上留下其地位,"过一百年以后,大家要回过头来,纪念晓庄!欣赏晓庄!"[②]他还表示,今后"无论到什么地方,都要宣传在中国的晓庄有一个试验学校,把这里的理

[①] 克伯屈讲,徐鸿仪、宋恩鸿记:《我对晓庄之感想》,北京市陶行知研究会:《陶行知研究》,湖南教育出版社1987年版,第450页。

[②] 克伯屈讲,徐鸿仪、宋恩鸿记:《我对晓庄之感想》,北京市陶行知研究会:《陶行知研究》,湖南教育出版社1987年版,第450页。

想和设施,宣传出去,使全世界的人知道"①。

威廉·克伯屈1929年1月同哥伦比亚大学师范学院中国学生会(中国教育研究会)成员合影

山海工学团

山海工学团的创办缘起与经过

晓庄师范1930年4月被国民党政权查封后,遭到通缉的陶行知被迫流亡日本。1931年3月,他从日本潜回上海,匿居在法租界里。尽管处境艰难,但他对事业的追求并没有因此而放弃。

1932年夏,陶行知在其教育小说《古庙敲钟录》中提出了工学团的教育理想,设想以工学团教育来代替传统的学校教育。

什么叫工学团呢?陶行知在《普及什么教育》一文中作了详尽回答:

---

① 克伯屈讲,徐鸿仪、宋恩鸿记:《我对晓庄之感想》,北京市陶行知研究会:《陶行知研究》,湖南教育出版社1987年版,第451页。

什么叫做工学团？工是工作，学是科学，团是团体。说得清楚些是，工以养生，学以明生，团以保生。说得更清楚些是，以大众的工作，养活大众的生命；以大众的科学，明了大众的生命；以大众的团体的力量，保护大众的生命。工学团是一个小工场，一个小学校，一个小社会。在这里面是包含着生产的意义，长进的意义，平等互助、自卫卫人的意义。它是将工场、学校、社会打成一片，产生一个富有生活力的新细胞。①

陶行知用工学团，而不用工场、社团等名称命名他理想中的乡村学校，除了工学团分别代表的三层意思外，还包含着他试图从形式、内容上完全区别于传统学校的意图。他说：

一般办学校的是抱着书本而忘了人生；一般办工厂的是抱着黄金而忘了人生；一般社会运动者是抱着标语而忘了人生。从这样改到那样，从那样改到这样，若忽略了人生的大前提，都会使你失望。我们的工学团只是以人生为大前提，在我们心目中，人生是超过一切。因为要培养合理的人生，所以反对学校、工厂及一切忽略人生之组织，而要创造出一种富有人生意义的工学团。②

工学团没有一定的模式，它可大可小，从几个人的家庭、店铺到几十个人的学校、庙宇，几百人的村庄、监狱，乃至几千人的工厂、几万人的军队，都可以造成一个富有意义的工学团。所以，它是不同于任何传统教育的"三不像"，是一种全新的教育组织形式。

陶行知认为"工以养生，学以明生，团以保生"的基本主张，是改造旧教育和"培养合理的人生"的要件。如果全国的家庭、商店、工厂、学校、军队、乡村一个个都变成工学团，人人生产，人人长进，人人平等互助，人人自卫

---

① 陶行知：《普及什么教育》，华中师范学院教育科学研究所：《陶行知全集》第2卷，湖南教育出版社1985年版，第636页。

② 陶行知：《古庙敲钟录》，华中师范学院教育科学研究所：《陶行知全集》第2卷，湖南教育出版社1985年版，第568页。

卫人,那么,工学团便可成为"中华民族的救生圈","中华民族的新生命"也就"在工学团的种子里潜伏着"。他还认为,广大乡村既是中国新教育之"新大陆",也是工学团的"最好的育苗场"。只要开辟一个苗圃,就能培养一批园丁,这些园丁便可带着幼苗到处栽培,使它繁殖到天之尽头。所以,办乡村试验工学团,前途不可限量。为此,他发表《乡村工学团试验初步计划说明书》,正式向社会宣布办乡村试验工学团的打算。

1932年夏,赞同陶行知乡村工学团主张的同志发起组织了一个乡村改造社筹备会。会上推举陶行知、丁柱中、欧伟国、陈立廷、沈嗣庄、海斯、叶桂芳7人为执行委员,主持工学团的具体创办事宜。

1932年7月,陶行知指派晓庄学生马侣贤、戴自俺、郑先文、王作舟等人,按上述要求,分头寻找试验乡村。9月9日,王作舟沿沪太公路寻找,终于在上海宝山县大场附近找到一座古庙。庙前场地空旷,周围有许多村庄,没有学校,交通便利,正是创办乡村试验工学团的理想场所。

9月15日,陶行知亲自下乡指导创办乡村工学团事宜,决定以大场孟家木桥为乡村工学团团部。

9月25日,马侣贤等人根据陶行知的指示,率先在侯家宅创办青年夜校一所,吸引44位青年农友参加夜校活动。

10月1日,孟家木桥儿童工学团正式成立。用原租定的房子为活动场所,聘请指导员4人,艺友2人,儿童工学团团员24人。不久,工学团的小农场、木工场、袜工场、藤工场先后创办,团员也从24人增至48人。团员们一方面跟随工艺师傅学习技术,一方面在指导员的指导下学习文化科学知识。

由于孟家木桥附近的村庄处于宝山县和上海市的交界处,且此时日本侵占东北,觊觎上海,"天下第一关"山海关已无险可守,陶行知遂将创办的工学团命名为山海工学团。"山海"一名,语意双关,体现了陶行知在国难之际创办工学团的一番苦心。

孟家木桥儿童工学团的成立,标志着山海工学团正式成立。10月1日这一天成为山海工学团的成立纪念日,具体经办人马侣贤也就成为山海工学团的第一任团长。为了便于立案,山海工学团以"山海实验乡村学校"的名义向宝山县教育局立案。因此,山海工学团又可称作山海实验乡村学校。

1932年10月1日，上海山海工学团在宝山县大场创立。取名"山海"，志在唤醒民众，收复东北失地，还我河山

山海工学团的办学宗旨、培养目标与培养内容

工学团以联合本村青年、儿童，"自动地实行工以养生，学以明生，团以保生的教育，以参加新村、新国、新世界之创造"为宗旨，以培养工学团成员具有康健的生活、劳动的生活、科学的生活、艺术的生活、改造社会的生活为目标。

根据工学团的性质和特点，其学习或者说训练、培养的内容必定异于传统的学校教育内容。陶行知把它归纳为"六大训练"或"六大培养"，其具体内容是：

普遍的军事训练，使人人成为保国的健儿；

普遍的生产训练，使人人成为造富的工人；

普遍的科学训练，使人人能在劳力上劳心；

普遍的识字训练，使人人获得传达思想的符号；

普遍的民权训练，使人人成为中华民族的主人；

普遍的生育训练，使人人到了生育年龄可以生得少、生得好，以再造未来更优良的民族。

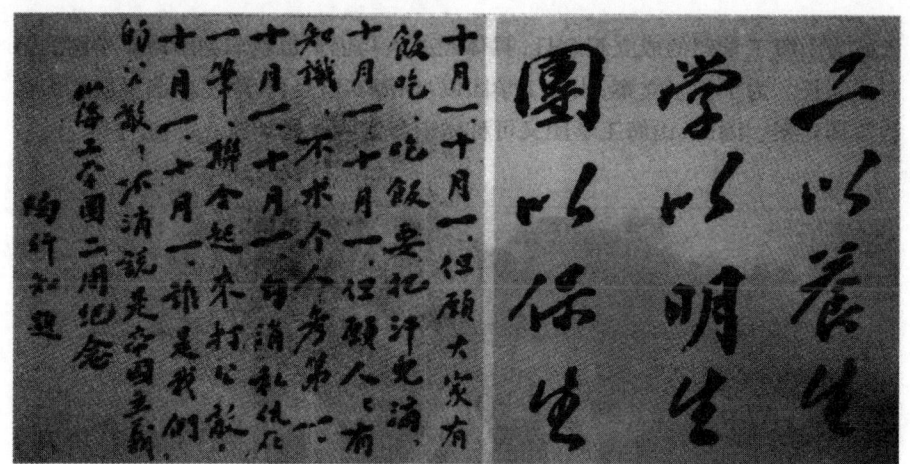

陶行知手书的工学团宗旨以及为工学团成立两周年所作之诗

陶行知要求乡村工学团将上述"六大训练"在所在的乡村里尽量推进，以造成中华民国的健全分子，并与全国的一百万个乡村联合起来，共同推进。他认为，这样做就可以使整个中华民族"起死回生"，就可以造成一个"伟大的，令人敬爱的中华民国"。

1932年夏，陶行知撰写了《乡村工学团试验初步计划说明书》，系统地阐述了乡村工学团与传统教育的区别，并具体回答了如何建立乡村工学团等重要问题。

陶行知认为，乡村工学团与传统教育至少有"七大区别"，换言之，乡村工学团与传统学校相比，有七个特点：

（一）传统的方法，是学校与社会隔离；乡村工学团主张以社会为学校。

（二）传统的方法，是生活与教育分家；乡村工学团主张生活即教育。

（三）传统的方法，是师生的界限分得太严；乡村工学团主张会的教人，不会的跟人学。我们跟农人学种田，农人跟我们学科学，这是相师相学的意思。我们还可以教大徒弟去教小徒弟，七十二行都有资格做先生，都有资格做太上先生。先生既多，学问自广。

（四）传统的方法，是先生教而不做，学生学而不做；乡村工学团主张先生在做上教，学生在做上学。教与学都以做为中心，这便是教学做合一之要义。

（五）传统的方法，是教劳心者不劳力，不教劳力者劳心；乡村工学团主张在劳力上劳心，才算真正的做，否则便是瞎做瞎学瞎教了。

（六）传统的方法，教人先费几年，把智识装满了再去行；乡村工学团，主张"行是知之始"，我们要在行动上去追求真知识，有行的勇敢，才有知的收获。

（七）传统的方法，是教少数人升官发财；乡村工学团主张与大众共甘苦，共休戚，以取得整个中华民族之出路。①

陶行知认为，乡村工作团的主体，应该是"本村之真农人"。所谓真农人，就是"靠自己动手种地吃饭的人"。村外的同志，只处于"推动、赞助、辅导的地位"。而这种推动、赞助、辅导，以适合本村需要的时期为限。推动的宗旨在求本村之自动，赞助之宗旨在求本村之自助，辅导之宗旨在求本村之自导。多年乡村改造运动的实践经验，使陶行知感到，"乡村改造运动者，最忌替农人做"。代替农人做，一手包办，最终农人仍旧不会自己做。农人自己不会做，那么替农人做也就失去了意义。

山海工学团实验的活动与措施

山海工学团中成立最早的是孟家木桥儿童工学团。该工学团自1932年10月1日建立之后，迅速开展如下工作：（1）工读结合。设有木工、袜工、藤工三个手工工场，聘请工匠作技术指导，师生学手工，工匠学文化，自己动手制作课桌椅、简易教具、玩具及实验器具，同时还在生物教师的指导下，学习养蜂、养兔、种菜等农副业生产。工学团通常上午学习文化科学和政治知识，下午参加劳动。（2）防治疾病，普及医药卫生常识。工学团设立小诊疗所，聘请医生担任医学指导，免费为农民治病，送医送药上门，辅导

---

① 陶行知：《乡村工学团试验初步计划说明书》，华中师范学院教育科学研究所：《陶行知全集》第2卷，湖南教育出版社1985年版，第594页。

农民家庭卫生。(3)开展文娱活动。每星期五晚上举行同乐会,师生农友欢聚一堂,演节目、讲故事、玩科学游戏。

孟家木桥儿童工学团影响所及,使得山海地区周围近十里内的各村如萧场、沈家楼、红庙、夏家宅、越泾巷、侯家宅等相继办起工学团。按年龄性别分,则有青年工学团、儿童工学团、幼儿工学团和妇女工学团;按生产性质分,则有棉花工学团、养鱼工学团、养鸡工学团、缝纫工学团和纺织工学团。

继踵山海工学团而创办的是晨更工学团和光华工学团。它们设立于沪西周家桥工业区的边沿,分别由晓庄学生徐明清和朱泽甫负责主持。选择这一城乡交接的结合部作为办学地点,显然是陶行知的精心考虑。此后在上海创办的工学团,还有晓庄学生孙铭勋、戴自俺主办的劳勃生路劳工幼儿团,方明主办的静安寺报童工学团和流浪儿童工学团,在徐明清启发

陶行知亲自到夏家宅工学团指导工作

引导下英美烟厂女工朱冰如主办的浦东女工读书班等。上述单位,尽管有的名称不叫工学团,但其实质都是工学团的组织。

在陶行知的推动下,工学团实验不久便取得了可喜的成绩。在这一新型的教育组织中,陶行知及其弟子和当地群众同甘共苦,努力奋斗。他们在做中教农民科学种田,发动农民修桥铺路,抗旱救灾,发展生产,移风易俗。他们为工人开办夜校,举办文艺体育活动。1933年10月,在庆祝山海工学团成立一周年所办的展览会上,展品琳琅满目,前来祝贺的本地及外地来宾济济一堂。此后,有关工学团实验的情况经常出现在报刊上和电影中,成为进步教育运动的一面旗帜。人们常常怀着浓厚的兴趣前来参

观,上海文化界知名人士也常常应邀来此讲课或演出。

青年工学团

为了更好地开展实验,普及教育,陶行知于1934年"一·二八"淞沪抗战两周年之际提出了"小先生制"。在他看来,"小先生制"是推行生活教育的理想途径。"生活即教育"、"社会即学校"和"教学做合一"等基本原理,都可以在"小先生制"中得到贯彻。在推广实践"小先生制"的过程中,陶行知总结归纳出不少在普及教育中很有实用意义的原则和方法。

即知即传,是最主要的原则和方法。与即知即传相对立的是守知奴,那种大头鬼式的守知奴同那种大肚鬼式的守财奴都是社会上的怪物。即知即传才能收服守知奴,做到知识公有,使中国人聪明起来。能够即知即传的成人,可称大先生,小孩便称为小先生。小先生的职务,不但是教人,更重要的是教人去教人。小先生的成绩并不仅仅在于直接所教学生的人数,更在间接所传人数之多。

非班级常规,是第二条原则和方法。如果不从实际出发,硬要小先生做起传统先生,把一个班级的小学生交给他去领导,那便是摧残小先生,必定一败涂地。所以,克服贪多的野心,把小先生所担任的人数减少到两三个,是保证小先生成功的基本条件。

开门教人,是第三条原则和方法。关起门来由优秀的大同学教小同学,这种外国流行过的"蓝喀斯特制",同"小先生制"毫不相干。"小先生制"不但要把在校和不在校的小孩都变成小先生,而且要开起大门去找学生。不论是家中不识字的父母兄嫂姐弟,还是隔壁邻居不识字的大人小孩,都是他教的对象。只有开门,1000万小先生才能变为3000万,才能体现"小先生制"的力量。否则,关起门来教来教去,1000万人还是原数,终与"小先生制"无关。

与生活连在一起教,是第四条原则和方法。文字是生活的符号。在现实生活中,符号与生活可以很自然地联系在一起。教一位不识字的妻子识字,可帮她读丈夫的来信;教一位不识字的母亲识字,可帮她认医生为其病儿所开的药方。山海工学团进行电化教育,会读入场券的就可以半价入座。

要有指导和考核,是第五条原则和方法。小先生在完成自己使命的过程中,会遇到种种困难,如找不到学生和不明自己职务,导师都应随时指导。导师还应加强考核,考查小先生所教学生所干出的成绩。在山海工学团用计分法考核,凡小先生教会一人读写一册《老少通千字课》者得一分,教会两人读写一册书或教会一人读写两册书者则得两分,余可类推。小先生团员证上有一颗金星,教出一代小先生则加一颗金星。

在陶行知的积极倡导下,"小先生制"在普及教育运动中充分显示了自己的力量。一重重传统的普及教育方法难以攻克的关口,如先生关、课本关、纸笔关、灯油关、文字关、城乡关、会考关、划一关、饭碗关等等,在小先生手持现代文明钥匙直叩之下,纷纷开关启门,迎纳普及教育的阳光。尤其在攻克女子教育关方面,"小先生制"更显示了自身的优长。年轻女子接受普及教育,常常受到来自家庭和社会习惯势力的各种阻碍。小先生却可将灶前、屋角、新娘洞房都作为自己的课堂,失学的女子在他面前不再害羞。小先生像热烈无比的太阳,他一出来,女子教育的许多障碍就像冰雪一样化掉了。

戴伯韬在《陶行知的生平及其学说》中曾回忆过这一时期的办学情况:

> 晓庄启封之后,老蒋只答应发还一小片荒山,另加一所村民办的小学,其余仍被国民党中央党部的蒙藏政治学校霸占着。陶氏为了满足那里农民们的要求,急于想先恢复晓庄小学,但当时竟派不出适当的人去。他想了一想,就委晓庄小学的学生胡同炳任校长,提拔几个较大的、识字较多的孩子为教师,他把这所小学题为佘儿岗儿童自动学校。过了几天,有一位同志参观了那所自动学校回来说,精神很好,儿童们做事比大人还顶真,当地老百姓都欢喜呢。陶氏听了,哈哈大笑。第二天,他写了一首诗来给大

家看,那首诗道:

"有个学校真奇怪,

小孩自动教小孩。

七十二行皆先生,

先生不在学如在。"

另外一件事,尤其感动了陶氏,那便是汪达之同志在苏北淮安县河下镇办了一所新安学校。这所学校的儿童七人,为了实现陶氏"生活即教育,社会即学校"的主张,便组织新安旅行团,到上海来旅行修学。这七位孩子自动跑到上海找到陶氏,他高兴极了,介绍他们到各工厂、学校、机关去参观。到处开会欢迎这批孩子,他们也到处演讲。有一天在沪江大学演讲他们的教育主张,博得该校全体师生的称道。事后有一位教授对陶氏说,这些孩子真行,几乎把我这位教育系教授的饭碗打破了。陶氏在送给这七位孩子的诗中,写道:

"一群小光棍,

数数是七根,

小的十二岁,

大的未结婚,

没有父母带,

先生也不在,

谁说小孩小,

划分新时代。"

另外就是当时山海工学团有几位特出的儿童如侣朋、张健等,直接在该校担任教小孩。陶氏把这些孩子统称之为小先生。

....

大约是一九三四年的四月四日儿童节日,他在山海工学团举行小先生总动员大会,到会的儿童有好几百人,一队一队拿着他发给的红绿旗子。他号召每一个儿童都要教人,把每一个字,每一句话,都要像刺一样向敌人刺去。那天,宝山县的教育局长冯国华先生也来出席,他非常佩服陶氏的主张,立即在他的县里大规模推行起来。后来,这位局长因此得罪了国民党反动派,被撤职了。抗日战争发生后,国民党老爷和军队都吓跑了,这位被撤职的局长因被人民爱戴,在上海近郊领导人民组织游击队抗日,不幸殉国。

陶氏提倡小先生运动之后,不过年把,全国各地都响应了,但国民党的CC特务头子陈立夫有意污蔑陶氏说,陶行知没出息,提倡小先生运动,上海长三堂子里把不接客的小姑娘称作小先生呢!

但教育界不乏明哲之士,大家仍旧运用陶氏的小先生办法,反动派没办法,只好改称导生了。

陶氏听到陈立夫的污蔑之后,微微笑笑说:"照陈立夫这样说法,那么大先生不成了妓女了么?"①

在陶行知的积极倡导下,"小先生制"在普及教育运动中充分展现了自己的成绩。到1934年底,即"小先生制"问世11个月后,它已经推行到全国19个省、4个特别市。湖北江陵和浙江鄞县全县开始普遍采用"小先生制",安徽省教育厅视"小先生制"为普及全省教育之要图。在上海及其四郊已有小先生万余人。在宜兴西桥,晓庄佘儿岗,无锡河垾口,淮安之新安,歙县之王充,山东之邹平和泰山,河北之南开和定县,河南之百泉、洛阳和开封,广东之百侯,山西之舜帝庙等地,都有小先生活跃的身影。

1933年4月,山海各儿童自动工学团联合举行儿童节纪念大会。图为陶行知在大会上讲话

---

① 戴伯韬:《陶行知的生平及其学说》,人民教育出版社1982年版,第82—85页。

与此同时,"小先生制"在国外也迅速引起反响。日本著名实验学校东京池袋儿童之村小学的教师译述了陶行知有关"小先生制"的论文。他们表示要深刻反省日本教育过去照搬照抄德国和美国教育的弊病,更多地"注视邻邦中国的动向",考虑"在教育运动方面的相互协力"①。在东南亚地区,"小先生制"也引起人们的重视,1935年新加坡《星洲日报》刊发了陶行知介绍小先生运动的文章。

山海工学团生活教育实验的影响与评价

山海工学团创办后,名震全国,各地来参观者络绎不绝,并相继仿效。在陶行知的支持和具体帮助下,工学团的种子迅速在全国播种、发芽、开花、结果。山海工学团的生活教育实验是陶行知生活教育思想的又一次重要实践。它与晓庄师范生活教育实验将重点放在乡村师范教育的改革上不同,而主要是探讨如何配合民族救亡的头等任务,改变学校教育的内容和形式,用新的思路、原则和方法,去实现整个中华民族的教育普及重任。晓庄师范生活教育实验的基本思想和方法被继承和沿袭下来,并在新的形势下得到进一步丰富和发展。它所创造出来的新的普及教育的思路、原则和方法(特别是"小先生制"),对20世纪三四十年代的普及教育事业起了明显的推动作用,甚至对革命根据地的教育普及工作也有借鉴作用,其影响还扩大到国外(尤其是日本、印度、缅甸、印尼和新加坡等国)。

育 才 学 校

育才学校的生活教育实验是陶行知人才教育思想的一次重要实践,它标志着生活教育理论和实践发展到一个新的阶段。

育才学校的创办缘起与经过

陶行知在长期的生活教育运动中积累了经验,又经过28个国家和地区之行,开阔了眼界,对生活教育有了新的认识。他在抗日战争爆发后回到祖国,信心百倍,兴奋异常,感到努力多年的普及教育运动,在抗战建国

---

① 牧野笃:《陶行知与日本》,《行知研究》1989年第3期。

的事业上应该有英雄用武的机会了。他打算扎扎实实干几件工作,一方面继续抓普及教育,"用教育来动员全国民众觉悟起来,在抗战建国纲领之下,担当这重大的工作,所以普及教育,实为今天所亟需","以提高整个民族的意识及文化水准"。另一方面他致力于"生活教育运动中的一件新发展的工作"①,即拯救被战争所贻误的青少年中的人才幼苗,为国家、为民族、为人类"培养人才之幼苗"②。育才学校的创立即是这一愿望的实现。

陶行知立志创办育才学校的动机,按照他的自述,有远因,也有近因。

从远因看,有两个动机:"第一,是爱迪生的幼年生活"的启示。爱迪生在孩童时期的遭遇,使陶行知深感人才必须从小培养。陶行知曾这样记述:

> 他(爱迪生)在十二岁的时候,就开始干科学的试验,他常把化学药品带到学校去,而且是欢喜动手,对于先生上的功课,觉得枯燥无味,不大注意,所注重的只是他自己愿意玩的化学把戏,那时美国的教师也像今日中国教师一样的古板,过不了三个月,便以"坏蛋"之罪名,把爱迪生开除了。爱迪生幸亏有一位好的母亲。她说我的"蛋"并不坏,指定家中之地下室给爱迪生做实验,只吩咐他不要把毒药放在厨房饭厅里去。她自己教英文、历史、地理,化学实验则让爱迪生自习,爱迪生因为得到一位了解自己的贤母,所以仅仅受了三个月的学校教育,也能成为一位现代的大发明家。爱迪生幼年的故事,给了我两个深刻的印象:一是科学要从小孩学起,二是科学的幼苗要像爱迪生的母亲一样爱护才能保全。③

"第二,是法拉第之幼年生活",也给陶行知很大的启发。法拉第是发

---

① 陶行知:《育才学校创办旨趣》,华中师范学院教育科学研究所:《陶行知全集》第3卷,湖南教育出版社1985年版,第379页。

② 陶行知:《致育才之友书》,江苏省陶行知研究会、南京晓庄师范学校:《陶行知文集》,江苏教育出版社2008年版,第873页。

③ 陶行知:《致育才之友书》,江苏省陶行知研究会、南京晓庄师范学校:《陶行知文集》,江苏教育出版社2008年版,第871页。

电机原理的发现者,他幼年在一个书店里做徒弟,因订书订得慢,别的徒弟到利波老板那里去告状。利波对众徒弟说:你们有所不知,法拉第是一面订书,一面吃书。书订好了,头脑也吃饱了。你们当中如果有人像他那样用功,我也可以宽容。当法拉第装订一部百科全书时,翻到电气一章,只有两页,他看完觉得不尽兴,说他将来要写一本电气的书。法拉第的科学生涯虽得力于进了皇家学院以后的发展,但当他做徒弟的时候,倘使遇不着利波老板的赏识宽容,这根科学的幼苗可能早已被人摧残了。

除了这两个早在陶行知心头萦绕的远因外,用他自己的话说,这次回国以后,又增加了三个新的近因。一是法国邮船上的见闻:

> 一九三八年我从埃及坐了一只法国邮船回国,出了红海,看见一位四岁光景的外国小孩在甲板上跳舞,细看才知道他是配着所开放的留声机片跳舞,他是很快乐的在甲板上活跃,因为留声机是开放着一支快乐的曲。我异想天开,竟要求换一张悲哀的片子,看这孩子表情有何变动。当这悲哀的片子一响,孩子立刻变容,如泣如诉,好像是失掉亲爱的人一般的舞去。我再问有革命的片子否?开留声机的朋友说,"马赛曲"如何?我说甚佳,马赛曲一开,小孩立即拿着拳头冲锋,作种种战斗表演,甚至做出向客人攻击之姿势。我看了之后,下一判断,小孩之音乐天才,四岁后可测验,测验确实,便应及时培养。[①]

二是湖北临时保育院之所见:

> 汉口沦陷前二十天光景,我们看见,一位害痫痫的小朋友在那儿指挥许多小朋友唱歌,他请了一位音乐家教给他们音符和拍子,他三天竟能将一支不曾听过的歌用音符记录下来。一个没有音乐才干的人是三年也不见得能学会。[②]

[①] 陶行知:《致育才之友书》,江苏省陶行知研究会、南京晓庄师范学校:《陶行知文集》,江苏教育出版社 2008 年版,第 872 页。

[②] 陶行知:《致育才之友书》,江苏省陶行知研究会、南京晓庄师范学校:《陶行知文集》,江苏教育出版社 2008 年版,第 872—873 页。

三是在重庆临时保育院所受之感触：

一九三八年十一月参观临时保育院，院长告诉我常有达官贵人大学教授来院选择干儿子，当着难童说，这个秃子不要，这个麻子不要，这个嘴唇缺的不要，那个长得好我要。这些失掉父母的难童于今还要受这难受的刺激，听了令人愤慨。当时我表示我若来选，只问他有无才干。倘使有才干，虽是秃子、麻子、缺嘴都要。我不要他们做干儿子，只是为民族培养人才之幼苗。①

这五个印象在陶行知的"脑子里各各独立存在了很久"。当他第二次回到香港时，忽然这几个意思凝聚起来了："几年来普及教育中的遗憾须求得补偿，选干儿子的做法，应变为培养国家民族人才幼苗的办法，不管他有什么缺憾，只要有特殊才能，我们都应该加以特殊之培养。"②这样创办育才学校的动机就明朗了。在"1939年1月的一天晚上正一时，我就草拟育才学校创校计划与预算"，"请张仲仁（一麟）先生领导创立董事会，并且得到赈委会许俊人（世英）先生之同意而实现"。育才学校董事会于1939年3月在香港成立，张一麟任董事长，由赈委会负担全部经费。拨给开办费45000元，经常费每月3000元。陶行知于是将全部时间投入育才学校的创办工作。为了在重庆立足，他与社会各界开展了广泛的接触，并专门给宋美龄写了封信，请她支持③。

陶行知苦心"创办育才的主要意思在于培养人才之幼苗，使得有特殊才能的幼苗不致枯萎，而且能够发展，就必须给予适当的阳光、空气、水分和养料，并扫除害虫"。陶行知的这个美好理想在育才学校得到了较为完满的实现。

为把育才学校办成培养人才幼苗的一所理想学校，陶行知有条不紊地

---

① 陶行知：《致育才之友书》，江苏省陶行知研究会、南京晓庄师范学校：《陶行知文集》，江苏教育出版社2008年版，第873页。

② 陶行知：《育才学校创办旨趣》，华中师范学院教育科学研究所：《陶行知全集》第3卷，湖南教育出版社1985年版，第376—377页。

③ 陶行知：《育才学校创办旨意——致宋美龄》，华中师范学院教育科学研究所：《陶行知全集》第5卷，湖南教育出版社1985年版，第366—367页。

着手进行各项开办工作,亲自制定了《育才学校教育纲要草案》。他在香港筹募到经费以后,立即到四川,与生活教育社的战友王洞若、戴伯韬(白桃)、帅昌书(丁华)、魏东明、陆维特等人(他们都是共产党员)商量,要求他们一道来创办育才学校。在他们的积极参与下,1939年5月,育才学校筹备处在四川省重庆市北碚清凉亭成立。由王洞若协助陶行知制订办学计划,请马侣贤负责筹募经费和租借校舍,请陆维特、孙铭勋、张望等组织选拔测验组。经保育院的领导机关——战时妇女指导委员会的同意,选拔测验组于

育才学校校牌

1939年夏天分赴各地保育院、孤儿院等难童机构,以智力测验、文化考查及特殊能力考察三个方面综合分析择优选拔儿童入学。各项工作进行得颇为顺利。1939年7月20日,这所培养人才幼苗的少年专科性质的新型学校——育才学校在重庆北碚北温泉诞生。8月初,学校迁到草街子凤凰山上的古圣寺正式上课。头一批到校学生40余人,开课时有学生71人,到年底增加到近百人,第二年增加到152人。以后每年都有新同学加入,也有从外省不远千里闻育才学校之名辛苦跋涉而来的。

育才学校的办学宗旨与培养目标

陶行知明确提出:"育才学校根据中华民国教育宗旨及抗战建国需要,用生活教育之原理与方法,培养难童中之优秀儿童,使成为抗战建国之人才","要为整个民族利益来造就人才",便须"引导学生们团起来做追求真理的小学生;团起来做自觉觉人的小先生;团起来做手脑双挥的小工人;团起来做反抗侵略的小战士"①。他认为:"真的集体生活必须有共同目的,

---

① 陶行知:《育才学校创办旨趣》,华中师范学院教育科学研究所:《陶行知全集》第3卷,湖南教育出版社1985年版,第378页。

共同认识,共同参加。而这共同目的,共同认识和共同参加,不可由单个的团体孤立的建树起来。否则,又会变成孤立的生活,孤立的教育,而不能充分发挥集体的精神。"①陶行知借用孟子的话:"先立乎其大者,则其小者不能夺也。"他认为,"我们中国现在最大的事",是"团结整个的中华民族,以打倒日本帝国主义而创造一个自由平等幸福的中华民国。我们的小集体要成了这个大集体的单位才不孤立,才有效力,才有意义",他反对把学校作为培养只求个人"升官发财"的"人上人"②的场所。为此,他要求育才学校的教学密切结合社会实际,把培养学生的人生观放在首位,德智体美劳全面发展,尤重德育。他要求实施"智仁勇合一的教育",培养"智仁勇兼修的个人","不智而仁是懦夫之仁;不智而勇是匹夫之勇;不仁而智是狡黠之智;不仁而勇是小器之勇;不勇而智是清谈之智;不勇而仁是口头之仁"。他强调"道德是做人的根本。根本一环[坏],纵然使你有一些学问和本领,也无甚用处。否则,没有道德的人,学问和本领愈大,就能为非作恶愈大",他把道德看作"建筑人格长城的基础"③。为帮助学生树立革命人生观,他取消了南京国民政府教育部开设的公民、社会课,而开设了社会发展史、政治经济学等马克思主义理论课,还专设劳动课,结合形势,举办时事讲座。育才学校在各项工作中,坚持了正确的政治方向,终成为革命人才的摇篮。

育才学校的组织机构与师资队伍

建立一支政治素质好、专业知识强、忠诚于人民教育事业的教职员工队伍,是陶行知办育才学校成功的重要经验。陶行知团结了一批志同道合、与他长期共同奋斗的生活教育社的战友,作为办学骨干,建立起校务部(方与严为主任)、总务部(马侣贤为主任)、研究部(王洞若为主任)与生活指导部(帅昌书为主任)等精干的校级领导机构,又请了当时堪称第一流的专家担任各个专业组的主任与教授。

---

① 陶行知:《育才学校创办旨趣》,华中师范学院教育科学研究所:《陶行知全集》第3卷,湖南教育出版社1985年版,第368页。

② 陶行知:《育才学校创办旨趣》,华中师范学院教育科学研究所:《陶行知全集》第3卷,湖南教育出版社1985年版,第379页。

③ 陶行知:《每天四问》,华中师范学院教育科学研究所:《陶行知全集》第3卷,湖南教育出版社1985年版,第471页。

他们不仅是学有专长的学者、专家,而且多是有强烈爱国民主思想的志士。先后来校担任教学的:音乐组有任光、贺绿汀、姜瑞芝、李凌、任虹、范继森等,戏剧组有章泯、水华、舒强、沙蒙、刘厚生等,舞蹈组有戴爱莲、吴晓邦、盛婕等,美术组有陈烟桥、张望、汪刃锋、许士祺、丰子恺、王琦、叶浅予、华君武等,文学组有艾青、力扬、魏东明、陆维特、徐荇等,社会组有孙铭勋、廖意林、苏永扬、屠公博等。学校还请了许多名流、作家如翦伯赞、田汉、何其芳、吴玉章、邓初民、周谷城、秦邦宪、萨空了、徐迟、姚雪垠、黎国荃、陆诒等来校兼课或讲学。学校还办了"林间讲座",特邀郭沫若、夏衍、曹靖华、刘白羽、周而复、周扬、邵荃麟、艾芜、戈宝权、沙汀、程今吾等演讲。当时的育才学校人才济济,极一时之盛,充分显示出陶行知善纳众流、器度宏大的办学才能与育才学校的兴旺。后来学校还派学生到设在重庆的中央乐团和音乐学院去学习、请教。名师出高徒,正是因为有了这批优秀的园丁,凤凰山上才繁花似锦,育才学校才培养出了大批人才。

育才学校地处穷乡僻壤,物质条件很差,怎么请得动、留得住这么多的名人来校服务呢?这除了当时处在抗日战争大背景下之外,还与许多进步知识分子聚集在战时陪都重庆有关。他们把投身育才学校,培养有为少年,视为献身民族救亡的实际行动。政治觉悟是这批优秀师资队伍教学的内在动力,而陶行知又善用人才,能团结大家共同奋斗,使育才的教职员工都能各得其所、各尽所能地贡献自己的力量与才智,也是一个重要原因。

育才学校的实验内容与措施

基础知识与专业技能并重

为了"使得有特殊才能者的幼苗不致枯萎,而且能够发展"[①],陶行知在创办育才学校时就确定基础教育与专业教育并重。按学生的特长分专业编组,给以不同的专业教育。开始设立音乐、戏剧、文学、绘画和社会科学五个相当于系科的组,后来又增设了自然科学组、舞蹈组与普通组。各专业组吸收有一定特长或条件的儿童,普通组则吸收智力较高,但一时尚

[①] 陶行知:《育才学校创办旨趣》,华中师范学院教育科学研究所:《陶行知全集》第3卷,湖南教育出版社1985年版,第377页。

未发现某种特殊才能的儿童,一俟在学习的过程中发现其特长时,即转组学习,给以特殊培养。

　　陶行知在长期的生活教育实践中,日益明确了生活教育应取"教学做合一"的原则,不放松基础知识、基本理论的教学,相反,不论何种专业,都应学好四门共同必修课:语文、数学、外语和科学方法(相当于思想方法论)。他认为这四门基础课是掌握现代科学、开发现代文明的"四把钥匙",是每一个学生都应认真学习的。所以学生又按文化程度编成不同年级,学习语文、数学、物理、化学、历史、地理、英语、哲学常识、音乐、体育等文化必修课(基础课)。除了共同必修课,他又视不同专业规定专业课程,名曰特修课,还开设第二外语,成立各自的科研兴趣小组。如文学组开设西洋文学史、中国古代文学史、名著选读、习作;音乐组开设弦乐、声乐、键盘、视唱;自然组开设科学新知识、物理、化学、代数、几何、解析几何、动物、植物、制作(木工)、天文学,根据自然组的需要,尤重外语学习,德国科学发达,所以确定德语为第二外语;社会组开设辩证唯物主义与历史唯物主义、社会发展史、新民主主义论、整风文献等。

　　育才学校分专业培养人才,但"和传统的人才教育办法有所不同"。陶行知认为:

　　　　传统的人才教育,一般地是先准备普通的基本教育,然后受专门的高等教育。我们的办法是不作这样严格的时间上的划分,我们选拔具有特殊才能的儿童,在开始时便同时注意其一般基础教育与特殊基础教育。前者所以使儿童获得一般知能及优良的生活习惯与态度;后者所以给予具特殊才能之儿童以特殊营养,使其特殊才能得以发展而不致枯萎,并培养其获得专门知能之基础。表面上看来,这是一般基础教育与专科基础教育之过早的区分,但根据我们的办法,这是及早防止一般基础学习及专科基础学习之裂痕。我们要及早培养儿童对于世界和人生一元的看法。倘若幼年的达尔文对于生物浓厚的爱好是发展伟大的进化论者达尔文的条件之一,那末今天提早发展儿童之个别优异倾向,实在有其理由。倘若中国近年来文化工作之脱离广泛社会实际生活,和技术专家之缺少正确的认识可以作为殷鉴,那末,今天便在一般基础教育与特殊教育中予以统一,防止那样的分裂倾向,实在有其必要。①

由于陶行知在培养专业人才时一开始即重视基础知识和系统理论,并使二者正确结合,所以培养出来的、以后成名的专家,都是基础雄厚、造诣高深的人。

注重"知情意合一"的教育

育才学校还注重"知情意合一"的教育。陶行知针对"中国数十年的新教育是知识贩卖的教育"这个弊病,赞成并倡导"知情意并重的教育",但他又批评那种把知情意三者"割裂的训练",孤立的感情教育。

注重创造教育

在1941年6月出版的《战时教育》第6、7、8期合订本上,陶行知发表了《育才二周岁之前夜》的论文,提出"集体创造"的主张。他说:"集体创造的目的在运用有思考的行动来产生新价值。我们虽不能无中生有,但是变更物质的地位,配合组织,使价值起质的变化而便利于我们的运用。这也构成普通功课之一部分,使学生在集体创造上学习创造。"他将这年6月20日到7月20日定为"集体创造月",并开始有领导、有计划地开展活动,要求师生们用脑又用手,"创造健康之堡垒"、"创造艺术之环境"、"创造生产之园地"、"创造学问之气候",迎接两周年校庆。8月1日,陶行知又在育才学校宣布"创造年"开始,制订了《创造年计划大纲》和《育才创造奖办法》,提出了"一切为创造,创造为改善生活、提高生活"的号召。

这个时期,陶行知撰写了许多鼓励大家充分发挥创造性的文章、诗歌,其中最有名的是《育才十字诀》、《创造年献诗》和《创造宣言》三篇。在陶行知创造教育思想的指导下,育才学校出现了一片浓厚的创造气氛,学生激发起创造的兴趣,发挥了创造的才能,出现了创造的成果。靠全校师生自己动手,育才学校克服了物资供应上的种种困难,在不到一年的时间里,建起了露天舞台、深湾游泳池、林中讲座、环校马路等。在学业创作上,有儿童文学、剧本、歌曲、舞蹈、美术、史地材料、自然科学实验、科学仪器工具等方面的创作百余种,全校掀起创造风。1941年,学校还建立了"育才幼年

---

① 陶行知:《育才学校教育纲要草案》,华中师范学院教育科学研究所:《陶行知全集》第3卷,湖南教育出版社1985年版,第366—367页。

研究生"制，招收幼年研究生 27 人。他们在各专业老师的指导下，进行专题研究，有的从地下发掘的残碑断砖、和尚坟墓中考证了古圣寺的历史，有的研究苏德战争，写出了长达 20 万字的论文，受到翦伯赞教授的赞扬。

注重集体生活

陶行知认定要用集体生活来达到他的创造教育的理想与计划，全校师生共同创造合理、进步、丰富的生活，形成优良的学风与校风，建设理想的成才环境，并通过这种集体生活来教育儿童，引导他们团结起来做追求真理的小学生，团结起来做自觉觉人的小先生，团结起来做手脑双挥的小工人，团结起来做反抗侵略的小战士。

在陶行知看来，这种集体生活也是民主集中制的体现。在民主方面，启发学生的自觉、自动、自治，生动活泼地发展个性；在集中方面，注意组织生活与严肃整齐，注意教师的辅导，防止散漫与自流。陶行知有一句名言是"办学如治国"①，要求有好的政治气候与社会环境。一个学校的理想环境是革命性与艺术性统一的环境，一种井然有序的环境。他要求"阵有阵容，校有校容，有其内必形诸外"，他认为军风不正必吃败仗，校风不正就会把青年引入邪路，出不了人才。按照"生活即教育"的原理，"育才学校的生活与教育是统一的，它认定劳动生活即是劳动教育，用劳动生活来教育，给劳动生活以教育；它认定健康生活即是健康教育，用健康生活来教育，给健康生活以教育；它认定政治生活即是政治教育，用政治生活来教育，给政治生活以教育；它认定〔文化生活即是〕文化教育，用文化生活来教育，给文化生活以教育"，"育才学校的集体生活，在其总的意义上来说便是一种政治生活。也就是说育才学校的政治教育笼罩着整个集体生活"②。全校师生在健康、进步的集体生活中潜移默化，共同提高。

课堂教育与校外教育、社会活动相结合

陶行知的生活教育理论在育才学校有了多方面的发展，"社会即学校"的主张得到了进一步贯彻。有计划地开展各种形式的社会活动，是育才学校整个"教学做"活动的有机组成部分，是陶冶青少年革命情操、培养学生

---

① 陶行知：《不能用人之长，便是自己之短——致马侣贤》，华中师范学院教育科学研究所：《陶行知全集》第 5 卷，湖南教育出版社 1985 年版，第 397 页。

② 陶行知：《育才学校教育纲要草案》，华中师范学院教育科学研究所：《陶行知全集》第 3 卷，湖南教育出版社 1985 年版，第 370 页。

"生活力"的重要途径。

为使课堂教育与校外教育、社会活动有机地结合起来,育才学校有计划地定期组织学生深入社会、接触实际,并规定每个星期一下午,有时加两个晚上,学生须分批去搞社会调查,开展群众工作,让学生养成与工农群众打成一片的习惯。具体方法因时而异,有去工厂的,但更多的是到附近农村去,分头访贫问苦,送教上门,送医上门,治疗小病小伤,教农民、小煤窑工人及他们的子女识字、唱歌、讲抗日道理,打扫卫生。同学们亲切地称这些活动为"走亲戚"。"走亲戚"对同学们帮助很大,也受到老百姓的欢迎。育才学校还组织见习团去工厂、农村、艺术团体、科研单位等调查、实习,最后,以见习成绩向全校及社会汇报。

更有影响的校外活动是各组结合专业,发挥特长,开展各类宣传活动。绘画组的同学们在"为老百姓而画"的响亮口号鼓舞下,背起画夹到民间去,"到老百姓的队伍里去画,跟老百姓学画,教老百姓学画"①。他们成立了"育才美术团"、"儿童美术团",举办"抗敌儿童画展",得到了各界的好评,重庆《新华日报》于1942年1月12日在第2版还作了专题报道。冯玉祥将军专门写了《小艺术家赞——为育才学校儿童画展而作》加以赞扬。

音乐组经常到校外举行演奏会。据当时重庆《新华日报》报道,从1940年到1946年6年中仅在重庆即举行了14场音乐会。戏剧组的活动也很出色,他们常到外地公演。每次演出,从前台到后场,从布景到灯光、效果,一切由学生自理。这样的演出,对育才学校的师生来说,既是政治上生动的自我教育,也是有益的艺术实践,从"做"中学习。舞蹈组虽然建立较晚,但也不甘落后,演出了不少进步的歌舞剧。文学组更是全校创作、宣传活动中的骨干,他们先后组织了佚名社、榴火社、浪花社,开展文艺创作,举行诗歌朗诵会,配合抗日宣传。社会组同学在城市、集镇作街头演讲,收到了很好的效果,成为一支救亡宣传的"轻骑兵"。自然组的同学,也进行了富有专业特色的社会活动。他们运用学到的知识,开展了凤凰山林木普查,给各类树木逐棵挂上牌子,标出学名、俗名、差别、特性和用途等,然后请专家与老农鉴定。同学们在老师的指导下,建立鸟类迎宾馆、昆虫招待

---

① 陶行知:《大众的艺术》,华中师范学院教育科学研究所:《陶行知全集》第3卷,湖南教育出版社1985年版,第582页。

所、植物园、水族馆等,对动植物的习性分类研究。他们还研究从凤凰山到北温泉十几公里区域的植物与土壤,为种植业提供可靠数据,直接为农民、为农业服务;举行兴趣盎然的"谈天会",观察星斗,共同探索太空的奥秘;开展科普宣传,通俗讲解自然科学的历史,如爱迪生的历史,他怎样发明电影、留声机等生动故事。育才学校的女同学帮助附近村落成立妇女合作社,有组织地制鞋、缝衣,送到城市出售,开辟生财之道,还帮助妇女扫盲读书。

多种多样的社会活动,破除了先生教死书、学生读死书的沉闷空气,培养了学生理论与实践密切结合的思想方法,增强了同劳动人民的亲密联系,大大提高了学习兴趣。学生在教学做合一的学习生活中,感到的不是枯燥无味、空洞无物,而是生动具体、饶有兴味,越学越有趣,越学越有劲。这样的学习生活,使青少年的德智体美劳全面发展,知情意的培养高度统一。

1940年,周恩来、邓颖超等专程赴育才学校看望师生,勉励他们"为真理而奋斗,为新中国的远大前途而斗争"

陶行知为育才学校的创办投入了极大的心血,与之相关有这么一个"抱着爱人游泳"的故事:

1941年,米价涨到了育才学校开办时的五十倍。陶行知被迫将大部分精力放到募捐筹款上。他忧虑万分,日渐消瘦。

为了节流,全校只好降低伙食标准,以稀饭葫[胡]豆度日。孩子们个个面呈菜色,瘦弱不堪。为了给孩子们增加一点营养,陶行知请伙房想办法,尽量买一点价廉物美的食品。

伙房的师傅想了半天说:"买点猪血吧,一角钱可买一大桶,营养也好。"于是,大家经常吃猪血汤。猪血汤没什么滋味,吃得多了,有些孩子见了就皱眉头。

一天中午,又吃猪血汤,一个小女孩对着汤发愣,许久才喝一口。陶行知和大家坐在一起喝猪血汤,见小女孩坐着,慈祥地摸摸她的头:"怎么?吃不下?"小女孩苦着脸摇摇头。

"猪血可是好东西呀!你见过那些贵妇人吗?她们脸上搽胭脂,把脸涂得红红的,自以为很好看,我们吃了猪血,脸上会出现健康的红晕,这叫'科学胭脂',人就会显得又健康又美丽。你想不想变得很漂亮?"

小女孩不好意思地笑了,她捧起碗,一口气喝掉了猪血汤。

第二天在朝会上,陶行知向全校师生报告学校的困难情况说:"由于物价飞涨和反动派的封锁迫害,学校经费已临山穷水尽难以维持之境。但为了人才幼苗之培养,我不怕反动派的恐吓威胁。除非整个中华民族都没有饭吃了,那时也只有大家饿死。育才一定要办下去,决没有自动停办之理。为了生存,让我们努力!勒紧裤带,开源节流,共度[渡]难关!"

"我们只有稀饭葫[胡]豆,恐怕会坚持不住,吃一点猪血汤,可以增加一点营养和抵抗力。同学们,为了坚持下去,让我们要一点'科学胭脂'吧!"以后,凡是食堂吃猪血汤,大家争着喝,再无人皱眉头。

朋友们见陶行知越来越瘦,整天为学校奔波,担心他的健康,纷纷心疼地劝他:"环境如此艰难,丢下育才吧!你何必顶着石臼做戏,抱着石头游泳呢?"

陶行知笑了,他说:"不,你们说错了。我是抱着爱人游泳,爱人怎么能丢掉呢?一定要抱着爱人游泳,游过急流险滩,到达胜利的彼岸。"①

---

① 叶良骏:《陶行知的故事》,人民教育出版社1991年版,第46—47页。

育才学校实验的影响与评价

育才学校是陶行知继晓庄师范、山海工学团之后创办的又一所新式学校。陶行知在该校从事的生活教育实验,在理论和实践两个方面都取得了丰硕的成果。

从理论方面来看,陶行知在育才学校的生活教育实验,突出集体生活和政治教育,注重教师的主导作用,强调基础知识与专业技能并重,这都较晓庄师范、山海工学团时期有了长足的进步,表明陶行知的生活教育理论正在克服此前的某些不足,与时代的任务与前进的民众相统一,业已步入一个新境界,变得更加丰满成熟。

从实践方面来看,陶行知在育才学校的生活教育实验,注重培养追求真理、追求进步的青年,培养勇于为祖国、为人民奉献生命的革命战士,造就了一大批杰出人才。育才学校从 1939 年开办到 1946 年陶行知还健在时,共招收学生 410 人。他们后来的去向,据不完全统计,去延安革命圣地的有 22 人,去中原、华北、苏北、皖南、浙东、云贵等根据地的有 76 人,去川东华蓥山同江姐开辟革命根据地的有 23 人,参加《新华日报》社工作的有 10 人,在成渝一带参加地下革命斗争的有 13 人①,总计有 140 多人走上直接的革命工作岗位,占总数的三分之一强。此外,有许多同学也都在不同的条件下为人民服务,不少人在艺术、科学、文教部门经过长期磨炼,成为出色的专家学者与领导干部。当年育才学校音乐组的同学有的后来成为北京、上海音乐学院的骨干教师,以及音乐界重要的作曲家和演奏家,其他组的情况也是桃李芬芳。此外,在农村识字小组、音乐俱乐部等处接受育才学校教育的人总共近 2000 人②。

社 会 大 学

社会大学的创办缘起与经过

抗战胜利后,国内进入一个新的阶段,出现了一个短暂的和平时期。毛

---

① 吕长春:《育才学校的优良传统》,北京市陶行知研究会:《陶行知研究》,湖南教育出版社 1987 年版,第 151 页。

② 陶行知:《育才学校的创办》,华中师范学院教育科学研究所:《陶行知全集》第 3 卷,湖南教育出版社 1985 年版,第 552 页。

泽东亲临重庆与蒋介石谈判,签订了《双十协定》。协定提出"以和平、民主、团结、统一为基础……长期合作,坚决避免内战,建设独立、自由和富强的新中国",召集政治协商会议,协商国是。当时,和平与民主是全国人民的愿望。

为了促进重庆民主运动的开展,陶行知主持的生活教育社等团体,每个星期六在管家巷28号育才学校驻渝办事处举办民主讲座,周恩来等人也曾去讲过形势和任务问题。许多来听讲座的进步青年,要求进一步组织起来,系统地学习革命理论。应青年们的要求,由金秀堤、周西平、陈作仪、王性容等向中共中央南方局负责青运的刘光作了汇报。刘光很支持,要大家想办法,组成学习的团体。1945年12月,当金秀堤等向陶行知汇报青年要求组织起来学习的心愿时,陶行知具体地提出了创办一所以培养在职青年为主的文科夜大学的设想。陶行知说:"有这个计划已经十年了,但过去政治条件不允许,现在政协成功了,可以办了。"①不久,由陶行知和方与严召集茶话会,专门研究筹办社会大学的问题。陶行知在会上阐述了办社大的意义和方法。会后,由金秀堤、翁维章、李企实、章增扬、徐健等出面,在一次民主讲座上提出筹办社大的倡议,得到了热烈的响应。

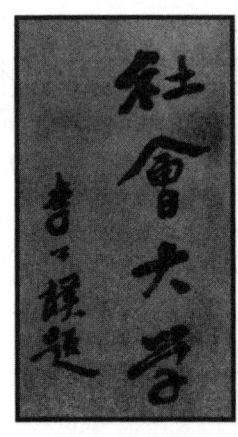

左为李公朴为社会大学所题校名,右为社会大学校址——重庆管家巷28号

由于各方面的积极支持,整个筹备工作只进行了20多天,社会大学就于1946年1月15日在重庆市管家巷28号院内开学了。在举行开学典礼

---

① 四川省育才学校、社会大学校史研究会:《社会大学的创办经过和它的实践》,昆明社会大学教务处:《社会大学1946—1985纪念》,北门出版社1984年版,第28页。

的那天,冯玉祥、张澜、沈钧儒、史良、饶国模、任宗德等到会讲了话,周恩来也出席。时有学生197人。

社会大学的办学宗旨与培养目标

陶行知认为,办好一个大学,必须具备三个条件:要有热心的教授,要有好学的学生,要有正确的办学宗旨。对此,他借用《大学》上的一句话,加以修改,赋予新的内容。他说:"大学之道,在明民德,在亲民,在止于人民之幸福。"①在社会大学开学典礼上,他进一步阐述了"明民德"的内涵:

> 要使人民头脑觉悟,自己起来作主人,自己团结起来,联合起来,要不让公仆"造反",要公仆为老百姓服务,去谋求自己的解放,达到捣毁旧的痛苦的地狱生活,创造新的世界、新的生活。这就是我们新的人民大学之道,也是社会大学的宗旨。②

社会大学的目标就是培养既愿意接受大众领导,又能领导大众的人才;换言之,就是培养能为大众服务的人,使社会上各种人都成为对社会有用的人才。

关于社会大学的教育方针,李公朴与陶行知商议后提出,以人格教育、知识教育、组织教育、技术教育四项为其教育方针。李公朴具体解释:人格教育是以革命的人生观和正确的宇宙观的建立为中心,而这又是四项教育的重点、核心;知识教育以社会科学,特别是政治经济学为主,组织教育就是培养和发展每一个人的组织能力,技术教育着重自动的、集体的学习方法。

社会大学的实验条件与组织机构

根据陶行知提出的"自己来发起,自己来筹款,自己选校董,自己选校长"的办法,民主集议决定请冯玉祥、张澜、沈钧儒、饶国模、任宗德、史良、陶行知、李公朴诸人为社会大学校董,公推冯玉祥为董事长,推举陶行知为

---

① 陶行知:《社会大学运动》,华中师范学院教育科学研究所:《陶行知全集》第3卷,湖南教育出版社1985年版,第586页。

② 四川省育才学校、社会大学校史研究会:《社会大学的创办经过和它的实践》,昆明社会大学教务处:《社会大学1946—1985纪念》,北门出版社1984年版,第29页。

校长,李公朴为副校长兼教务长(李去昆明后,由方与严继任教务长),又在常来听民主讲座的青年中,推选金秀堤、周西平为教务工作人员,翁维章为部务工作人员。在中共的支持和各界进步人士的赞助下,很快聘齐了一批教授。在重庆社会大学任教的有翦伯赞、华岗、邓初民、许涤新、王昆仑、侯外庐、罗克汀、章乃器、何思敬、徐苔、宋云彬、杨晦、胡风、何其芳、骆宾基、黄芝岗、力扬、艾芜、曹靖华、潘菽、孙起孟、李公朴、陶行知、方与严、孙铭勋、陈翰伯、张友渔、宣谛之、章汉夫、于刚、潘天亮、田汉、巴金等人。还有许多著名人士也到重庆社会大学讲学。邓颖超也被请去讲了妇女问题,秦邦宪、邓发、冯玉祥、黄齐生、于怀(乔冠华)等也作过专题讲座。

关于社会大学的入学与招生问题,陶行知说过,只要能听讲又能记笔记,便有入学资格。在正常情况下,学生是来一个,收一个;来两个,收一双;来一千,收一千;来一万,收一万。陶行知说,全中国四万万五千万人,全世界二十万万二千万人,如果愿意这样干,都欢迎入这个大学堂。重庆社会大学基本上是按照这一原则来招生的。学生多为职业青年,有小报童、公共汽车售票员、在码头上干苦力的小力夫、剧团里的小演员等等。由于当时的客观环境,每个学生的入学都要有一位政治上倾向进步的人士作介绍,以避免国民党特务分子混入。不过,进入社会大学要履行一定的入学考试手续。考试内容为:(1)论文一篇,题目是《民主世界与新中国之创造》;(2)中文自传一篇;(3)英文自传一篇;(4)口试(政治审查方式之一)。对一些有志为民族解放而求学的青年,考试分数略微放宽;对一些政治上别有用心的人,严加审查。据了解,当时重庆市政府有关部门,为控制社会大学,专派两名特务前来报名。由于这两人是一位国民党要员介绍的,不能明加拒绝,陶行知及其同仁就用巧妙的方法,让他们参加考试,要求他们用英文写一份详细自传,并作一篇作文,这两个人对英文一窍不通,只得灰溜溜地走了。由于入学审查严格,这便保证了社会大学学生政治上的可靠性,为后来在严重的白色恐怖下坚持斗争打下了基础。为了统一编班,一般要求新生具有高中毕业水平,以便入学后能按大学一年级课程上课。

学校的经费有三个来源:一是由中共中央南方局拨付开办费;二是由陶行知以生活教育社名义出面募捐;三是向学生收一点学杂费,每人每期两万元(在当时约可以买三四十碗面),确有困难的可以减免。学校的开支也很节省。教师基本上是尽义务,许多教师将每小时一千元的讲课费(时称"车马费")也捐给了学校。办事工作人员也都由学生们自己担任,无须另外开支。

校舍是借育才学校绘画组的几间教室,作分系上课用。另外,用毛竹篾席搭了一个可容四五百人上全校通课的礼堂,名曰奎杓堂,此堂也兼作育才学校的学生饭堂。

社会大学的实验内容与措施

重庆社会大学是陶行知成人业余教育思想的一种实践,也是"生活教育"理论的创造性实践。这不仅表现在学校的筹建原则是立足于实践中自己创造,自己动手,自己筹款,简便易行,更重要的是体现在教育内容、教育方法上。他们除重视专业知识的学习外,还十分重视学习革命的理论和实践。

学制

社会大学的学制主要有三个特点:(1)按学生的特长和兴趣爱好分系。第一期分四个系:政治经济系、文学系、教育系和新闻系。原拟办民间艺术系,因报考学生不多,遂并入文学系。第二期因抗日战争胜利,大批公私单位职员复员和被裁撤,工作变动,所以学生流动很大,减少了教育系。第一期入学学生中,计政治经济系74名,文学系54名,教育系40名,新闻系29名。(2)上夜课。社会大学学习是每天晚上6点半至9点50分,上4节课。社会大学实际上是个夜大学。(3)修业期限,原拟每学期16周,全部修业8个学期,共计两年零八个月。第一学期因受胜利复员影响,提前两周结业。

课程设置

社会大学的课程分类:一是公共必修课,各系都要学,采取上大课的办法进行;二是各系专修课,当时因热心的教授很多,都是知名学者,存在"因人设课"的现象,不免重复和庞杂,但各位教授讲授的内容各有侧重,各有特色,仍很受欢迎;三是专题讲座,即把原生活教育社举办的星期六"主讲座"改为社会大学专题讲座,后因华岗教授离渝,他在星期二讲授"中国近百年史"的时间,改作专题讲座时间。专题讲座有全校的,也有各系办的,非本校学生有可靠的介绍、证明关系也可以参加听讲,听众有时达到四五百人。

现将第一期的公共必修和各系专修课的课程、授课教授和课时,整理列表如下:

社会大学第一期各系课程表

	课程	教授	每周授课时间
一、各系必修课	中国通史	翦伯赞	两小时
	中国近百年史	华岗	三小时
	中国政治问题	邓初民	三小时
二、政经系课程	经济学	许涤新	两小时
	现代政治问题讲话	王昆仑	两小时
	中国学术思想史	侯外庐	两小时
	哲学	罗克汀	两小时
	现代经济问题讲话	章乃器	两小时
	宪法	何思敬	两小时
三、文学系课程	语文学	徐荇	两小时
	中国文学史	宋云彬	三小时
	文艺思潮	杨晦	两小时
	创作方法	胡风 何其芳	两小时
	作品选读	骆宾基 艾芜	两小时
	民间戏剧	黄芝岗	两小时
	诗与习作	力扬	两小时
	苏联文学	曹靖华	每两周两小时
四、教育系课程	教学法	孙起孟	两小时
	普通心理	潘菽	两小时
	十字教育	李公朴	两小时
	民主教育	陶行知	一小时
	生活教育	方与严	三小时
	幼儿教育	孙铭勋	两小时
五、新闻系课程	新闻学概论	陈翰伯	两小时
	时事分析	张友渔	两小时
	社论研究	宣谛之	两小时
	报馆管理	于刚	两小时
	美国新闻事业	章汉夫	两小时
	苏联新闻事业	潘天觉	两小时

专题讲座的老师及专题有：秦邦宪的"辩证唯物论的几个法则"，邓发的"解放区民主政府的工业和劳工政策"和"欧洲职工运动"（出席世界职工大会后的考察报告），田汉的"西南地区的文化活动"，于怀的"国内局势问题和国际局势的关系和影响"，柳湜（陕甘宁边区政府教育厅厅长）的"边区民主教育的新气象"，郭沫若的"我怎么研究古代史"等。冯玉祥、沈钧儒、章伯钧等人也都来作过专题报告。

第二期继续任教的有张友渔、于刚、罗克汀、艾芜、邓初民、力扬、何其芳等，增聘的教授和所开课程（包括顶替离开教授的课程）有林辰的"中国文学史"，丁易的"语文学"、"新闻写读"，李光诒的"新闻采访"，田伯萍的"新闻编辑"，孟超的"戏剧选读"，屈楚的"戏剧概论"，聂绀弩的"文学概论"，沈起予的"西洋文学史"，李紫翔的"民主政治与民主宪法"。其他如柳倩、熊复、田家、王亚平、陈白尘、郭则沉、梁漱溟、马哲民、洪沛然、于在、甘祠森、何鲁、老舍、漆鲁鱼等老师也授过课或作过专题报告。

从上述课程设置的内容和授课教授的阵容可以看出，社会大学教学的知识性、战斗性和针对性是很强的。教授们在讲授中都很注意理论联系实际。如许涤新在讲授"经济学"时，就以马克思主义政治经济学的观点分析了当时中国社会的经济形态；邓初民在讲授"中国政治问题"时，着重阐释了毛泽东《论联合政府》的基本观点，联系分析了当时旧政协的有关问题；何思敬在讲授"宪法"时，着重批判了国民党的《五五宪草》，等等。这使同学们不仅提高了基本理论素养，也更认清了时局中的各种问题。

社会大学的课程不限于这些专业课，还十分重视社会实践，并把这种实践与当时的革命形势和革命斗争紧密地结合起来。早在1936年抗日战争全面爆发前，陶行知就说过，民族解放大学校可以说从生到死，是一个终生的过程，它的主要一门功课，就叫"民族解放教学做"，也可以说是"救国教学做"。先生教什么？教救国。学生学什么？学救国。这门功课所包括的内容，都是以民族解放的实际行动为中心，有计划有组织的各种实际行动的过程，这些"便是这个大学的课程"①。

重庆社会大学也同样非常重视革命理论的学习和社会革命的实践。

---

① 陶行知：《民族解放大学校》，华中师范学院教育科学研究所：《陶行知全集》第3卷，湖南教育出版社1985年版，第16页。

例如,社会大学新闻系的学生除学新闻学概论、编辑学、采访学等专业课程外,还参加社会调查、时事政治问题的讨论和一些专题辩论,并利用各种机会进行写作采访等实习。虽然重庆社会大学是处在国民党政权统治区的战时首府,学生的实习受到很大限制,但在中国共产党南方局的正确领导下,通过统一战线,尽量为社会大学的同学提供了实习的条件,如中共的机关报《新华日报》、民主同盟的《民主报》,都为社会大学的学生提供了发表消息、通讯、文章、影评、剧评的条件。那时,《民主报》有些领导人,虽有国民党这样或那样的委员头衔,但工作人员中有不少编辑和记者都是共产党员、进步人士,特别是那些报纸的副刊,往往是掌握在中共地下党员手中。他们相互暗中联络,就成为社会大学学生发表调查报告、政治经济论文和文学艺术作品的一个渠道和平台。

尤其重要的是,同学们都积极参加了当时革命斗争的社会实践。除了许多同学各自在中共地下党组织的领导下参加地下斗争之外,社会大学作为一个集体,是站在当时民主运动的前列的。社会大学一成立,就组织同学们参加了"沧白堂事件"和"较场口事件"的组织工作和保卫工作。1947年初,又参加了"抗暴运动"的示威游行和宣传活动,有十多人被敌特毒打致伤,更有政经系的韦德富同学因此被捕,后牺牲在敌特"中美合作所"的集中营。社会大学还组织一些同学到农村参加武装斗争,筹集经费,采购军械、医药、电讯器材,支持武装斗争。另一部分同学参加各期《挺进报》的发行和收听消息、编刻、印发的工作。他们协助中共川东地下临委做好迎接解放的各方面的工作。

学习与考核

社会大学实行"自学为主、教授为辅",提倡学、教、做结合,强调"主动、实践、集体"。各系均编成学习小组,实行学习互助,开展课堂讨论,进行专题研究。当时,专题研究比较风行,题目都是结合实际选定的,如"中国封建社会问题"、"哲学问题"、"文学上的现实主义问题"等。此外,校、系学生自治会还组织读书研究组、时事研究组、戏剧研究组、音乐研究组等,学生可自由选择参加。各系都办有壁报,每周一期,刊载同学们的学习心得和研究报告。社会大学第二期新闻系还办有油印的《社大新闻》,它交换学习情况,反映同学中的动态以及对当前政治上有关问题的看法。社会大学也有社会实习,如新闻系就是到《新华日报》去实习的。

学期终结时,学校从五个方面对学生进行考核考试:(1)对本学期的每门课程,根据"学、教、做"结合的精神,写出心得,说明学到了什么,教给了别人什么,做到了什么,作一个学习总结。(2)问题回答。实行开卷考试,可以翻阅资料,允许交换意见,留给撰写时间,但要求写自己的真正认识。(3)各小组写出小组学习总结,作为集体的答卷。(4)组织集体专题研究。每个专题组织2至7人不等,自选题目,自由组合,分头准备,集体研究,写成报告。(5)每人写一篇一学期来学习、生活的态度和作风上的自我反省。

采取这样的学习内容和学习方法,同学们都很有兴趣,很自觉。虽然同学们在白天沉重的工作负担之余,晚上又有浩繁的学习任务,但大都进行得生动活泼,表现得生龙活虎,感到"日新又日新",收获很大。

社会大学实验的中止

社会大学这样性质的学校在重庆出现,对于国民党政权来说,显然是一个危险的"异端"。它一方面受到中国共产党的领导和各界进步人士的关怀和热情支持,另一方面遭到国民党政权的极力破坏。这两种力量在社会大学身上表现出鲜明的对比,形成了尖锐的斗争。

国民党政权是不甘心社会大学存在的。早在成立之初的1946年2月16日,国民党政府教育部就"训令"重庆市教育局"视察"社会大学。3月7日视察大员一来,就左右挑剔,一说社会大学不像大学,二要社会大学履行立案手续,三要社会大学筹备基金。教育部并有社会大学"设备简陋"的批语。对此,陶行知说,说"简"则有之,我们承认,只有简才容易行。特别是在中国,不需要一些东西,如住房、基金、立案之类的阻挠,要新的大学之道,"君子居之,何陋之有?"①把他们顶回去了。

国民党政府发动全面内战之后,对社会大学的迫害越来越严重,最后终于下了毒手。1947年3月1日,国民党政府查封《新华日报》、包围中共四川省委的次日,又武装搜查育才学校城区办事处并查封了社会大学。反动派就以这样卑鄙无耻的手段扼杀了仅仅存在一年零一个半月的社会大学,社会大学的生活教育实验也随之而中止。

---

① 陶行知:《谈社会大学》,华中师范学院教育科学研究所:《陶行知全集》第3卷,湖南教育出版社1985年版,第594页。

社会大学实验的影响与评价

社会大学是抗日战争胜利之后在中共中央南方局支持下由陶行知创办的一所新式学校。它从诞生之日起,就成为当时重庆民主运动的一座堡垒,成为陶行知生活教育理论的实验基地。尽管其存在时间不长,但对生活教育理论和实践的发展起了重要作用。

陶行知在社会大学的生活教育实验,提出了两种社会大学理论(有形的社会大学与无形的社会大学),具体论述了有形的社会大学的内容,包括夜大学、早晨大学、函授大学、新闻大学、旅行大学、电播大学等等。这是对生活教育理论中"社会即学校"思想的具体化和丰富化,对于当今中国推展非正规教育,使更多的适龄青年有求学深造的机会,具有重要的启示意义。

社会大学的生活教育实验,也推动了当时的民主运动,培养和造就了一批革命干部。不少师生为人民解放事业英勇战斗,奋不顾身,在敌人的屠刀下壮烈牺牲,谱写了可歌可泣的一页。幸存下来的人,终于迎来了解放,并参加了建设社会主义祖国的伟大事业。

七、教育学说

思想来源

生活教育学说是处于半殖民地半封建社会的特定历史条件下,陶行知本着救亡启蒙的双重目的,在反传统教育和反洋化教育的斗争中,在长期的生活教育实践基础上,从中国的具体国情出发,通过充分借鉴中外各种教育思想的精华和总结自己教育实践的宝贵经验,所创建的独具特色的现代教育理论体系。它是一种反帝反封建,实现民族独立、民主自由和国家富强的特殊的战斗武器,曾在新民主主义革命斗争中发挥了巨大的作用。它还是一种开放发展、能够充分吸收各种信息、充满活力的教育理论体系。近一个世纪以来,特别是近三十年来,经过人们的不断丰富与发展,这一理论体系日臻成熟和完善,已对并且还将继续对当代中国教育发展产生明显的推动作用。

应该看到,生活教育学说与陶行知思想、生活教育原理,是三个既有联系又有区别的概念。从三者的联系来看,它们都属于理性认识的范围,都是陶行知对客观世界的某种反映;都对其教育实践具有能动的反作用。陶行知思想包括生活教育学说,而生活教育学说又包括生活教育原理,后者均系前者的具体内容和表现形式。而从三者的区别来看,陶行知思想是陶行知各方面思想因素(包括政治思想、哲学思想等)有机结合起来的统一整体,生活教育学说是陶行知生活教育理论诸要素有机结合起来的统一整体,而生活教育原理则是生活教育基本原理诸要素有机结合起来的统一整体。它们所反映的对象的内容不同,陶行知思想所反映的对象的内容是最丰富的,生活教育学说所反映的对象的内容次之,而生活教育原理所反映的对象的内容最少;它们的外延也有差异,陶行知思想的外延最大,生活教育学说的外延次之,而生活教育原理的外延最小。看不到三者之间的内在联系,固然不对;但忽略了它们之间的差异,则更易误事。总之,把握三者的联系与区别,一方面能够提高我们辩证的理论思维水平,另一方面能使我们比较准确地把握和使用这些概念,有助于我们深入探讨生活教育理论。

　　生活教育学说是由概念范畴、命题原理和具体主张三个方面的内容构成的(当然,每个方面又包含着极其丰富的具体成分)。生活教育的概念范畴是陶行知对教育这种客观社会现象的最普遍本质的概括。这些概念范畴主要有:"生活"(起始范畴)、"教育"、"社会"、"学校"、"教"、"学"、"做"、"合一"、"劳力"、"劳心"、"教人"、"教己"等。它们形成一个与众不同的范畴群。生活教育的命题是回答它的某些范畴所持的观点,是对范畴要素的初步展开,它反映着生活教育理论的基础性论断。而作为其核心命题的原理,则是生活教育理论的基本思想。这些命题主要有:"生活即教育"、"社会即学校"、"教学做合一"、"在劳力上劳心"、"以教人者教己"、"即知即传"、"自觉觉人"、"手脑合一"、"行知合一"、"真善美合一"、"知情意合一"、"智仁勇合一"、"政富教合一"等。其中,"生活即教育"、"社会即学校"和"教学做合一"这几个核心命题,理所当然是生活教育的三大基本原理。以上命题共同构成一个颇具特色的原理群。至于生活教育的具体主张,则是对这些命题原理的进一步发挥和展开,其内容更加丰富多样,难以尽举,主要有"教育为公"、"机会均等"(教育目的与对象)、"要使学生自动"、"要客观,要科学"、"因材施教"(教学原则与方法)、"从丰富中求精华,从生活中求活的教材"、"普及与提高并重"和"要有系统,但也要有弹性"(课程与教材)、"虚心、宽容与学生共甘苦,跟民众学习、跟小孩学习"和"肃清形式、先生架子、师生的严格界限"(教师)、"单轨出发,多轨同归,换轨便利"(学制)、"鼓励人民办学校,鼓励学生自己管自己的事,肃清官僚气的查案,以及资格的作风"(行政管理)、"教人做真人"(德育)、"诚为智育之本"(智育)、"健康第一"(体育)、"艺术教学做"(美育)、"手脑联盟"(生产劳动教育)、"学习为生活,生活为学习,只要活着就要学习"(终身教育)以及在平民教育、乡村教育、幼儿教育、女子教育、民族教育、职业教育、师范教育、高等教育和成人教育等方面的许多具体论述。而以上各种主张的精髓,是民主第一、全民教育、全面教育和终身教育这四大基本原则。这些是生活教育理论的丰富内容,组合为一具体主张群。概括而言,范畴群、原理群和主张群,既相互独立又相互依存,既相互渗透又相互制约,一起构成骨骼分明、血肉丰满的生活教育学说体系。

"生活即教育"的来源

马克思主义认为,社会意识是社会存在的反映。要弄清楚某一种思想学说,必须首先从了解产生这种思想学说的社会来源入手。我们以教育与生活关系的演变为线索,对"生活即教育"产生的教育背景略作追溯。

从总体上说,在陶行知以前的教育发展史上,教育经历了一个与人民大众生活由融合到逐渐分离的过程。

在原始社会,教育与生活是融合在一起的。当时,由于劳动工具十分简陋,生产水平很低,人们的劳动只能维持自身的生存,社会上没有剩余产品,生产资料为氏族公有,没有阶级和剥削,人们共同劳动,共同消费,过着平等的集体生活。当时也不存在脑力劳动与体力劳动的分工,没有文字和书籍,没有专门的教育机构和专职教师。年轻的后代是在生产劳动和社会生活的实践中,接受长辈的教育。教育内容和方法非常简单,一般是结合生产和生活实践,通过成年人的言传身教对儿童进行个别教育。教育对全氏族儿童一律平等,没有阶级性。当然,这时教育与生活的融合还极为初步、原始。

进入奴隶社会以后,教育就与生活分离了。随着生产力的发展,社会上有了剩余产品,出现了脑力劳动与体力劳动的分工,出现了剥削阶级和被剥削阶级,并产生了国家。国家产生以后,统治阶级需要一种专门机构培养官吏和士人,这样,专门的教育机构——学校教育便应运而生了。奴隶社会的教育具有明显的阶级性。只有奴隶主子弟能入学校学习,而劳动人民子弟只能在生产劳动和日常生活中,跟长辈学习一些为人之道和生产劳动的知识与技能。当时,学校教育同劳动人民原始形态的教育是并存的。奴隶主通过学校传播统治阶级思想,让自己的子弟学习统治阶级的意识形态、行为规范、伦理道德、射御戎战等治人之术,把他们培养成国家大大小小的统治者。而劳动人民原始形态的教育,主要是通过家传形式或师徒制传授生产经验和一些粗浅的文化知识,为社会培养劳动力,以维系社会生产的延续和发展。

到了封建社会,教育与生活出现进一步分离。在中国两千多年的封建社会中,只有封建统治阶级的子弟才有条件入校学习,而大多数劳动人民的子弟因交不起"束脩"而被排斥在学校大门之外。劳动人民基本上还是通过父传子、师带徒的形式,在生产劳动和社会生活实践中接受教育。自汉武帝确立"独尊儒术"之后，孔子首创的儒家思想成了占统治地位的正统思想，儒家的经典便成了历代学校的教育内容。历代的选士和科举，虽在形式上或重经义、或重诗赋、或用八股，但在内容上大都限定以儒家经典四书五经为标准。封建统治者通过科举控制了全国的教育，用儒家的封建伦理思想奴役人民，使教育服务于培养忠于封建主的奴才，因而也使学校逐渐成为科举的附庸，导致教育内容日趋形式化、教条化，更加脱离人民大众，脱离生活实际。

1840年鸦片战争以后，由于西方列强的侵入，中国开始由封建社会沦为半殖民地半封建的社会，从而也产生了半殖民地和半封建的文化教育。清末以来，在资产阶级革命派和维新派的推动下，出现了废科举、兴学校的教育改革运动。政府颁布了新学制，翻译了不少外国的教科书，引进了从赫尔巴特到杜威等西方学者教育理论和方法。这些对中国教育从传统向现代过渡都起了某些积极的作用。但由于中国仍处于半殖民地半封建的社会历史条件下，整个国家教育的性质和面貌并没有得到根本的改变。在当时的新式学堂里，声光化电代替了子曰诗云，但读书做官、死读书等传统教育思想仍然占着支配地位，"老八股教育"和"洋八股教育"合流，教育仍然严重脱离社会生活实际，尤其是脱离人民大众的生活实际。正是在这样一种历史背景下，针对传统教育和洋化教育的弊端，陶行知提出了"生活即教育"的主张。

"社会即学校"的来源

关于"社会即学校"产生的根源，实际上在前面分析"生活即教育"产生的背景时已涉及了，这里再略作说明。

如前所述，在原始社会里，由于生产力十分低下，社会上没有剩余产品，生产资料为氏族公有，没有阶级和剥削，也不存在脑力劳动与体力劳动的分工，没有文字和书籍，也没有出现学校这种专门的教育机构。从某种意义上说，这个时候，"社会就是学校"①。

进入奴隶社会以后，随着生产力的发展，社会上有了剩余产品，出现了

---

① 陶行知：《生活即教育》，华中师范学院教育科学研究所：《陶行知全集》第2卷，湖南教育出版社1985年版，第183页。

剥削阶级和被剥削阶级,产生了脑力劳动与体力劳动的分工,并产生了国家。这时,统治阶级需要一种专门机构来培养和造就官吏和士人,于是学校产生了。学校从以劳动为目的的教育领域里分离出来,具有独立的存在形态,这在人类文明史和教育史上是一个划时代的进步。但是,学校教育的对象只是奴隶主和地主阶级的子弟,至于劳动人民子弟则只能在学校的大门外"望门兴叹",仍旧在生产劳动和社会生活的实践中,接受以劳动为中心的教育。而统治阶级的子弟在学校里学习他们的意识形态、行为规范、伦理道德有关统治劳动人民的"治人之术"。这样,学校不仅对社会上的广大人民群众关上了大门,也与活生生的社会生活隔绝开来,形成社会自社会、学校自学校的局面。

近代以来,在西方文化的冲击下,随着中国传统社会结构的演变,中国传统教育也产生了明显的变化。废科举,兴学校,颁布新学制,引进西方各种先进的教育理论和方法,学校的大门逐渐向社会民众开放,学校教育的内容也开始接近社会生活。但是,由于当时中国处在半殖民地半封建的社会历史条件下,学校教育的性质和面貌没有也不可能有真正的改变。"新学办了三十年,依然换汤不换药,卖尽气力,不过把'老八股'变成'洋八股'罢了。'老八股'与民众生活无关,'洋八股'依然与民众生活无关。"[1]仍然是学校自学校,社会自社会。教育严重地脱离人民大众的社会生活实际。针对传统教育和洋化教育的弊端,从推广大众教育的目的出发,陶行知在提出"生活即教育"的同时,又提出了"社会即学校"。

"教学做合一"的来源

陶行知认为,传统教育注重机械灌输,呆读死记,重教轻学,脱离实践,重知轻行,手脑两分,层层考试,束缚学生。教学中采取填鸭式教学法(又叫注入式教学法),不顾学生实际情况,一味死灌。教师讲,学生听;教师写,学生抄;教师问,学生答;教师主宰整个教学过程,学生毫无任何主动性和积极性。而且,"先生教而不做,学生学而不做"[2],教师为教而教,学生

---

[1] 陶行知:《生活工具主义之教育》,华中师范学院教育科学研究所:《陶行知全集》第2卷,湖南教育出版社1985年版,第76页。

[2] 陶行知:《乡村工学团试验初步计划说明书》,华中师范学院教育科学研究所:《陶行知全集》第2卷,湖南教育出版社1985年版,第594页。

为学而学,教与学都与做脱离,轻视行动,手脑分家,"教用脑的人不用手,不教用手的人用脑"。读书的人除劳心以外,不去劳力;除读书以外,不去做工,以致不能生产,而"作[做]工的人除劳力以外,不去劳心,除做工以外,不去读书,以致不能自保其利益,而受他人的横搜直刮"①。针对这一问题,陶行知在倡导"生活即教育"、"社会即学校"的同时,又提出了"教学做合一"的主张。

陶行知在晓庄师范周年纪念会上讲话,他说"教学做合一是我们的根本主张","乡村教育之能否改造,最要紧的是要问我们肯不肯把整个的心献给乡村儿童"

形成与发展

"生活即教育"的形成与发展

陶行知的"生活即教育"的观点又是在一定的理论背景下提出来的。这个理论背景就是20世纪上半叶杜威"教育即生活"等实用主义教育思想

---

① 陶行知:《目前中国教育的两条路线——教劳心者劳力,教劳力者劳心》,华中师范学院教育科学研究所:《陶行知全集》第2卷,湖南教育出版社1985年版,第598页。

在中国教育界的广泛流行。

"教育即生活"是杜威实用主义教育学说的一个基本原理和主张。这一思想是杜威针对20世纪初美国学校教育严重脱离社会生活实际的现状，以及英国教育家、社会学家斯宾塞"教育是将来生活的预备"的主张而提出来的。杜威基于实用主义的经验论，认为"教育就是经验的改造或改组。这种改造或改组，既能增加经验的意义，又能提高后来经验进程的能力"①。他把教育视为从已知经验到未知经验的连续过程，是经验不断增加的过程。经验的获得又总是和社会生活实践分不开的，因而"教育是生活的过程，而不是将来生活的预备"②。由此出发，他进一步提出"学校即社会"、"儿童是中心"和"从做中学"等主张。这些教育主张对于改革美国的传统学校教育，以适应当时处于急剧变化中的美国社会的发展，曾起到一定的积极作用。

20世纪20年代前后，伴随着民主政体的建立，资本主义经济的初步发展，中西文化交流的日益加强，杜威"教育即生活"等实用主义教育思想也逐渐传入中国。1912年，经蔡元培等人的介绍，实用主义教育思想开始传入中国③。五四运动期间，杜威来华讲学，实用主义教育思想成为当时中国传播最广、影响最深的一种西方资产阶级教育思潮。杜威1919年4月30日到上海，1921年7月11日离北京回国，历时两年又两月余，先后到直隶、山东、山西、湖北、湖南、江苏、江西、浙江、福建、广东等11省讲演，在北京、南京两地作系统演说，在北京高师、南京高师两校讲学。当时报刊大量发表他的讲演，如《新教育》杂志1—3卷各期均宣传杜威的哲学和教育理论，第3期出了"杜威专号"。北京晨报出版了《杜威五大讲演》，两年内印行达十几版之多。杜威在北京高师的讲演已被记录编成了《平民主义与教育》，在南京高师的讲演记录也编成《杜威教育哲学》，并于1922年由商务印书馆出版。他的学生胡适、蒋梦麟、陶行知等人以及教育界人士在这

---

① 赵祥麟、王承绪：《杜威教育论著选》，华东师范大学出版社1981年版，第159页。
② 赵祥麟、王承绪：《杜威教育论著选》，华东师范大学出版社1981年版，第4页。
③ 参见蔡元培1912年4月发表的重要文章《对于教育方针之意见》。该文曾指出："曰实利主义之教育，以人民生计为普通教育之中坚。其主张最力者，至以普通学术，悉寓于树艺、烹饪、裁缝及金、木、土工之中。……今日美洲之杜威派，则纯持实利主义者也。"后来，蔡在1918年5月30日天津青年会的演讲《新教育与旧教育之歧点》和1919年3月15日北京青年会的演讲《贫儿院与贫儿教育的关系》中，又多次对此加以论及。

期间发表了许多论著宣传实用主义哲学和教育理论。一时间,杜威实用主义教育思想风靡全中国。"教育即生活"等主张成为中国教育界的口头禅。

1919年5月,杜威(前排右一)应邀来华讲学期间由史量才(前排左一)、陶行知(后排右二)等陪同参观上海申报馆时的合影

不容否认,在封建传统教育思想仍然在中国教育界占有某种支配地位的历史条件下,在生活自生活,教育自教育,两者渺不相关、毫无联系的情况下,杜威的"教育即生活"等实用主义教育思想被引进到中国来,以反对中国传统教育中的形式主义,是具有某种进步意义的,也的确产生了一定的积极作用。但是"教育即生活"等主张毕竟是杜威针对20世纪初美国教育所存在的问题而提出的,是美国社会文化环境的产物。且不论其政治倾向是资产阶级的,哲学基础是非科学的,即使其基本内容多有合理之处,也不能完全适合中国的国情,真正解决中国教育所存在的问题。

基于此因,陶行知经过一番亲身体验之后,终于幡然醒悟,痛下决心,从"教育即生活"的信奉者一变而为批判者,针锋相对地提出了他著名的"生活即教育"主张。他曾讲过,"教育即生活"是杜威先生的教育理论,也是现代教育思潮的中流。他从民国六年(1917年)起便陪着这个思潮到中国来。然而八年的经验告诉他:"此路不通。"在山穷水尽的时候他才悟到"教学做合一"的道理,所以"教学做合一"是实行"教育即生活"碰到了墙壁把头碰痛时所找出来的新路。"教育即生活"的理论至此乃翻了半个筋斗。……没有"教育即生活"的理论在前,绝产生不出"教学做合一"的理论。但到了"教学做合一"的理论形成的时候,整个教育便根本改变了方向。这个新方向就是"生活即教育"。他还指出:"教育即生活这句话,是从杜威(John Dewey)先生那里来的,我们在过去是常常用他,但是,从来没有问过这里边有什么用意。现在,我把他翻了半个筋斗,改为'生活即教育'。"[1]由此可见,陶行知的"生活即教育"主张是对杜威"教育即生活"主张直接改造的结果。它与"教育即生活"既有某种思想上的联系,又有本质的区别。

综上所述,陶行知的"生活即教育"并非无的放矢,全凭臆想,更非无源之水、无本之木,而是在一定的社会背景(特别是教育背景和理论背景)下产生的。

"社会即学校"的形成及发展

"社会即学校"是陶行知生活教育学说的一个基本原理。它是紧随着"生活即教育"而来的,是"生活即教育"在理论上的自然延伸,指示着"生活即教育"的范围。换句话说,它是"生活即教育"的横向拓展,是陶行知教育学说的领域论(或曰场所论、范围论)。学习和研究陶行知的教育学说,不能不对这一原理有所了解。

如果说,"生活即教育"的理论背景是20世纪上半叶杜威"教育即生活"在中国教育界的广泛流行,那么,"社会即学校"的理论背景就是杜威另一个主张"学校即社会"的喧嚣一时。

"学校即社会"是紧随着"教育即生活"而来的。杜威在提出了"教育即生活"后,又提出了"学校即社会"。杜威认为,学校是一个重要的社会机构,这个机构早在有了文字交往之后就出现了,其目的是世代传递社会遗产,有效地进行社会交往。作为一种典型的社会环境,学校担负着特定的培养人才的任务。学校具有三种特殊功能:一是学校能将错综复杂的社会生活简单化,为青少年提供一个简化的环境,使青少年将被分成若干部分的复杂文化,逐步地、分阶段地吸收,不至于陷于混乱,无所适从;二是学校能尽量排除现存环境中无价值的东西,不让其影响儿童的心理习惯;三是学校为每个人提供了一个不受社会团体限制的社会,为人们创造了一个新的、广阔的学习环境。为了使学校正常发挥功能,他指出,学校应该具有社会生活的全部

---

[1] 陶行知:《生活即教育》,华中师范学院教育科学研究所:《陶行知全集》第2卷,湖南教育出版社1985年版,第180页。

含义。这一看法与他对教育的理解是一致的,教育既是一种社会过程,学校便是社会生活的一种形式。学校应办成一个小型的或雏形的社会,社会上的各种机构在学校里都可以模拟,使学生在学校就能接触到丰富的社会生活实践。具体说来,社会上的一切,如警察局、卫生局、市政厅,诸如此类,都可以请到学校里来,使之应有尽有,成为一个小型社会。

杜威抨击与世隔绝的经院式的学校,要求学校富有生活气息,并且对学校各个方面的性质作了理论上的探索,在当时是相当引人注目的,具有很大的影响,对扭转美国教育的时弊起了一定的积极作用。

五四运动期间,杜威来华讲学,在宣传其"教育即生活"的同时,也宣传了"学校即社会"。"学校即社会"与"教育即生活"一样,一时也被中国教育界许多人奉为圭臬,深信不疑。

应该承认,比起学校自学校、社会自社会的情形,"学校即社会"的提出显然是一个进步。它对纠正中国传统学校完全脱离社会生活实际的弊端,确实产生了某些积极作用。然而,杜威的"学校即社会"是有相当的局限性的。其错误的政治倾向和不科学的哲学基础暂且不说,即便是其基本内容也多有谬误。况且拿到与美国社会文化环境差异颇大的中国,则更显得方枘圆凿。

早期的陶行知,在接受和传播杜威"教育即生活"的同时,也接受和传播了"学校即社会"。但是,经过一段时期的实践之后,发觉不论是"教育即生活"还是"学校即社会",在中国都行不通,一遇到中国的具体实际,就必然碰壁。现实告诉他,"学校即社会"是不适合中国国情的。于是,他从中国的具体实际出发,又把"学校即社会"翻了半个筋斗,改为"社会即学校"。

由此可见,陶行知的"社会即学校",是针对传统教育和洋化教育的弊端,从推广大众教育的目的出发,在其教育实践的基础上,直接改造杜威"学校即社会"的结果。

基本范畴和三大命题

"生活即教育"是陶行知教育学说的基本原理之一,在陶行知生活教育学说的整个理论体系中占有中心位置,居于主导性地位,对其他基本原理和具体主张起着一种支配和决定的作用。

生活教育学说的基本范畴

"生活"、"教育"范畴

"生活"范畴是陶行知教育学说的基本概念,也是其整个理论体系的逻辑起点。陶行知对"生活"范畴的阐释,与人们对"生活"的一般理解不尽相同。他的"生活"范畴,具有特定的含义。正是以这个含义独特的"生活"范畴为理论基石,陶行知构筑起他的整个教育学说的理论体系。关于"生活"范畴,陶行知在不同时期、不同场合,针对不同问题作过不同解释。从总体上说,其基本含义主要有两点:(1)泛指一切生物的生存和发展的活动,即"有生命的东西,在一个环境里生生不已的就是生活"①;(2)特指构成社会历史的主体——人类的全部生活实践,即"生活主义包含万状,凡人生一切所需皆属之"②。"所谓'做'是包涵广泛意味的生活实践的意思"③,它既包括个人生活和社会生活,又包括物质生活和精神生活。而且,社会的物质生活实践始终是其中居于首要地位的因素,决定制约着其他方面的生活实践。上述两层基本含义不是相互对立、相互排斥的,而是相互补充、相互阐明的。

陶行知的"生活"范畴是从杜威那里借过来的,但与杜威的"生活"范畴在内容实质上有根本区别。杜威的实用主义教育学说也是以"生活"范畴作为其整个理论体系的逻辑起点的。他说:"生活就是通过对环境的行动的自我更新过程。""生活的延续就是环境对生物需要的不断重新适应。"他又说:"我们使用'生活'这个词来表示个体的和种族的全部经验。"④他还说:"学校必须呈现现在的生活——即对于儿童说来是真实而生气勃勃的生活。"⑤杜威所说的"生活",是一个从生物学中引申出来的范畴,是生

---

① 陶行知:《生活即教育》,华中师范学院教育科学研究所:《陶行知全集》第2卷,湖南教育出版社1985年版,第180页。
② 陶行知:《生利主义之职业教育》,华中师范学院教育科学研究所:《陶行知全集》第1卷,湖南教育出版社1984年版,第78页。
③ 陶行知:《教育生活漫忆》,华中师范学院教育科学研究所:《陶行知全集》第3卷,湖南教育出版社1985年版,第623页。
④ 约翰·杜威:《民主主义与教育》,王承绪译,人民教育出版社1990年版,第2—3页。
⑤ 赵祥麟、王承绪:《杜威教育论著选》,华东师范大学出版社1981年版,第4页。

物有机体适应环境的"刺激-反应",是个人应付环境、适应现实的行为,而不是以人民大众为主体的、以生产劳动为首要内容的改造社会、征服自然的社会实践。陶行知借用了杜威的"生活"范畴,并赋予其新的含义。他不是一般地谈论生物为生存和发展而进行的活动,而是着重指构成社会历史的主体——人类的生活实践;他不是毫无主次地开出一份包括各种生活内容的清单,而是把制造和使用工具的生产劳动视为生活的首要内容;他不是指个体的、消极适应性的生活,而是指社会的、积极能动的实践。他所说的"生活"包括制造和使用工具的生活,健康的、劳动的、科学的、艺术的和社会的生活,民族解放斗争的生活,争取民主自由平等的生活,等等。简言之,如果说杜威的"生活"实质上是指人们应付和适应眼前资本主义社会的现实生活的各种活动,那么,陶行知的"生活"实质上就是指半殖民地半封建中国的人民大众反帝反封建、争取民族独立、民主平等和社会发展的全部社会实践。

当然,陶行知的"生活"范畴本身也有一个发展演进的过程。起初,它的含义还比较笼统和抽象,并不十分明确和具体,尚未与杜威的"生活"范畴完全划清思想界限。后来,随着陶行知教育实践的逐步深入和思想认识的不断提高,它才逐渐明确和具体起来,走出杜威实用主义哲学思想和教育学说的樊篱,日益接近马克思主义的生活观。

"教育"范畴是陶行知教育学说中与"生活"范畴具有同等重要地位的又一基本概念。它与"生活"范畴有着密切联系。谈"生活"必然涉及"教育",谈"教育"也必然涉及"生活"。没有离开"生活"的"教育",也没有离开"教育"的"生活"。两者是一而二、二而一的关系。离开了"生活"和"教育"这两个范畴,陶行知教育学说的理论体系就不可能建立起来,因此,我们在弄清了陶行知"生活"范畴之后,有必要考察一下其"教育"范畴。

与"生活"范畴一样,关于"教育"范畴,陶行知在不同时期、不同场合,针对不同问题时也作过不同解释。大致说来,它有两层意思:第一,教育是培养人的活动。用他的话说,"教育是教人化人"[1],"教人做人"[2],"使人天

---

[1] 陶行知:《地方教育与乡村改造》,华中师范学院教育科学研究所:《陶行知全集》第2卷,湖南教育出版社1985年版,第128页。

[2] 陶行知:《空前之全国教育大会》,华中师范学院教育科学研究所:《陶行知全集》第1卷,湖南教育出版社1984年版,第458页。

天改造,天天进步,天天往好的路上走"①,是"引人向上向前生活"②。第二,教育是"生活的改造"③,是"民族解放、大众解放、人类解放之武器"④。培养人与改造生活这两种活动又是密不可分、相互推动的,它们是一个事物的两个方面。前者是教育的本质,后者是教育的功能。教育的根本作用就是通过培养人来改造生活。如前所述,陶行知所说的生活,既包括个人生活,又指社会生活。所以,教育改造生活实质上是改造社会生活,即改造半殖民地半封建中国的社会生活,以实现民族解放、大众解放和人类解放。

陶行知的"教育"范畴也是从杜威那里借用过来的,却与杜威的"教育"范畴在内容实质上存在本质差异。杜威认为,"教育就是经验的改造或改组"⑤,"教育是生活的过程,而不是将来生活的预备"⑥,"教育就是不断生长"⑦(简称"教育即经验的改造"、"教育即生活"、"教育即生长")。三句话含义相同,互为表里。杜威提出这样的模念,是针对传统教育的。他认为,传统教育远离生活,不适应美国现实的需要。应该把社会生活的内容当作教育的主要内容,资本主义社会需要什么,学校就教什么。这种教育虽然较传统教育离社会近了一点,注意到社会的实际需要,但并未真正解决好教育与生活的关系,而且它的服务对象不是人民大众而是在资本主义社会居统治地位的资产阶级。

陶行知成功地改造了杜威的"教育"范畴,使之含有新的内容。他从半殖民地半封建中国的社会现实出发,把培养人与改造社会的生活联系起来,提出"生活即教育","教育就是社会改造"。他把人民大众反帝反封建、改造中国的社会生活作为教学的首要内容,把教育看成社会改造的重要工

---

① 陶行知:《新教育》,华中师范学院教育科学研究所:《陶行知全集》第1卷,湖南教育出版社1984年版,第123页。

② 陶行知:《桂林战时民众教育工作人员须知》,华中师范学院教育科学研究所:《陶行知全集》第3卷,湖南教育出版社1985年版,第299页。

③ 陶行知:《地方教育与乡村改造》,华中师范学院教育科学研究所:《陶行知全集》第2卷,湖南教育出版社1985年版,第128页。

④ 陶行知:《谈生活教育——致一位朋友》,华中师范学院教育科学研究所:《陶行知全集》第5卷,湖南教育出版社1985年版,第477页。

⑤ 约翰·杜威:《民主主义与教育》,王承绪译,人民教育出版社1990年版,第82页。

⑥ 赵祥麟、王承绪:《杜威教育论著选》,华东师范大学出版社1981年版,第4页。

⑦ 约翰·杜威:《民主主义与教育》,王承绪译,人民教育出版社1990年版,第57页。

具,并进一步提出了"教育是民族解放、大众解放、人类解放之武器"。他正确地认识并阐明了教育的本质、功能与服务对象,把教育与生活真正地结合起来,为广大的人民群众尤其是其中的工人和农民及其子女服务。他的教育观不仅具有鲜明的阶级倾向,而且充满时代的气息,是对传统教育观的一次革命性改造。正如他自己所说:"这种教育观,是把教育从游戏场、陈列室解放出来输送到战场上去。"

陶行知对教育的认识是在不断深化的。"五四"时期,他对教育的看法与杜威的观点没有什么很大差异,他肯定杜威"教育是继续经验的改造"的说法,说:"'教育'是什么东西? 照杜威先生说,教育是继续经验的改造(Continuous reconstruction of experience)。我们个人受了周围的影响,常常有变化,或是变好,或是变坏。教育的作用,是使人天天改造,天天进步,天天往好的路上走;就是要用新的学理,新的方法,来改造学生的经验。"[①]在创办晓庄学校、推行乡村教育时期,他通过自己的教育实践开始认识到杜威"教育"范畴的不足,尝试着从其他角度来重新界定"教育"范畴。比如,他把教育与作为人类生活实践首要内容的制造工具和使用工具的生产劳动联系起来,提出"教育是什么? 教育是教人发明工具,制造工具,运用工具"[②]。又如,他把教育与社会生活的改造联系起来,提出"教育就是生活的改造"。由于他此时对"生活"范畴的具体内容认识还不十分明确和具体,所以,这时他的教育观还残留着一定程度的杜威教育观的痕迹。20世纪30年代以后,随着民族危机的空前加剧和抗日民族运动的蓬勃高涨,他的教育观发生了根本变化,明确认识到"教育不是玩具,不是装饰品,不是升官发财的媒介。教育是一种武器,是民族、人类解放的武器"[③]。这表明他的教育观已完全摆脱了杜威思想的影响,形成了个人的独特见解。

弄清了陶行知教育学说中"生活"和"教育"范畴的含义和实质,就为我们掌握"生活即教育"命题(原理)的含义和实质打下了初步基础。

---

① 陶行知:《新教育》,华中师范学院教育科学研究所:《陶行知全集》第1卷,湖南教育出版社1984年版,第123页。

② 陶行知:《生活工具主义之教育》,华中师范学院教育科学研究所:《陶行知全集》第2卷,湖南教育出版社1985年版,第77页。

③ 陶行知:《告生活教育社同志书》,华中师范学院教育科学研究所:《陶行知全集》第3卷,湖南教育出版社1985年版,第338页。

"社会"、"学校"范畴

"社会"范畴与"生活"、"教育"范畴一样,也是陶行知教育学说的基本概念之一。在分析了陶行知"生活"、"教育"范畴之后,有必要进一步探讨其"社会"范畴的含义。

首先需要说明,陶行知对"社会"范畴没有做过什么专门论述,我们主要是从他对"社会"范畴使用的有关情况来了解这一范畴的基本含义。大致说来,他的"社会"范畴主要有两层意思:一是泛指各种由于种种利益关系而互相联系起来的人群及其组织;二是特指以工农为主体的人民大众及其组织(例如"工学团"、"文化细胞"、"文化网"等等)。

陶行知的"社会"范畴是一个与其"生活"范畴有着内在联系的概念。他的"生活"范畴主要是指人民大众的生活实践,与之相应,他的"社会"范畴也主要是指人民大众的生活组织(场所)。人民大众生活在一定的组织(场所)里,结成一定的社会关系,从事生活实践。他们在这种组织(场所)里,相互之间发生作用,通过生活与生活的摩擦以及生活的变化和斗争,意识到自己的生活,不断地加以改进,从而共同得到提高。

在某种意义上,陶行知倡导"工学团"、"文化细胞"、"文化网"等,都是其"社会"范畴的具体体现。什么叫作"工学团"?"工学团"是陶行知自创的一个名词。依他的解释:"工是工作,学是科学,团是团体。说得清楚些是,工以养生,学以明生,团以保生。说得更清楚些是,以大众的工作,养活大众的生命;以大众的科学,明了大众的生命;以大众的团体的力量,保护大众的生命。"①"工学团是一个小工场,一个小学校,一个小社会。在这里面是包含着生产的意义,长进的意义,平等互助、自卫卫人的意义。它是将工场、学校、社会打成一片,产生一个富有生活力的新细胞。"②他指出:"工学团可大可小,从几个人的家庭、店铺,几十个人的学校、庙宇,几百个人的村庄、监狱,几千人的工厂,几万人的军队,都可造成一个富有意义的工学团。"③他还特别说明:"团不是一个机关,不是一个工学的机关。假使它只

---

① 陶行知:《普及什么教育》,华中师范学院教育科学研究所:《陶行知全集》第2卷,湖南教育出版社1985年版,第636页。

② 陶行知:《普及什么教育》,华中师范学院教育科学研究所:《陶行知全集》第2卷,湖南教育出版社1985年版,第636页。

③ 陶行知:《普及什么教育》,华中师范学院教育科学研究所:《陶行知全集》第2卷,湖南教育出版社1985年版,第636—637页。

是一个工学的机关,那便成了一个半工半读的改良学校而不是工学团。团是团体,是力的凝结,力的组织,力的集中,力的共同发挥。"①人民大众正是生活在这种团体里,团结起来,集中力量,保护自己的利益,抵御敌人的进攻,争取民族民主斗争的胜利。

"文化细胞"是陶行知自创的又一名词。他认为,为了适合大多数人的生活,便利大多数人继续不断地长进,必须创造一种下层文化的组织。这种组织便叫"文化细胞"。他提议:"每一店铺,每一工厂,每一机关,每一集团组成一个文化细胞。这种细胞里的分子有两种:一是识字的,一是不识字的。我们叫每一个细胞里的识字分子教导不识字分子,说得正确些,我们要叫识字分子取得现代知识精神,连文字一同教给不识字的分子。这样一来,每个文化细胞里的分子都能继续不断的长进。"他还指出:"这种文化细胞在山海工学团范围以内叫做工学队,为工学团最下层之组织单位。俞塘称它为生活教育团,安徽省会称它为普及教育团。有人建议称它为自学团或共学团。"②

在"文化细胞"的基础上,陶行知建议形成一个"文化网"。他说:"文化细胞虽是最下层的组织,但是光棍的细胞是没有多大用处,我们必须把一个个的'文化细胞'联合起来,结成一个文化网。在都市里,每一铺户里的识字者与不识字者组织一个生活教育团,继续不断的共同教学做,便成了一个'文化细胞'。有了这个'文化细胞'的组织,这一铺户里的人便可以活到老做到老,教到老学到老。如果一条街上的'文化细胞'都联了起来,成了一街的文化组织,再进一步,一区的街文化组织都联了起来,成了一区的文化组织,以至全市的文化组织,那便是有了文化网的作用了。我们可以称为街文化网、区文化网、市文化网。乡下的可以称为村文化网、乡文化网等等。"③不难发现,这种"文化细胞"和"文化网",既是人民大众的生活组织,又是其文化组织,均为陶行知"社会"范畴的具体化。显然,这与杜威的

---

① 陶行知:《普及什么教育》,华中师范学院教育科学研究所:《陶行知全集》第2卷,湖南教育出版社1985年版,第637页。

② 陶行知:《文化细胞》,华中师范学院教育科学研究所:《陶行知全集》第2卷,湖南教育出版社1985年版,第828—829页。

③ 陶行知:《文化网》,华中师范学院教育科学研究所:《陶行知全集》第2卷,湖南教育出版社1985年版,第830页。

资产阶级的"社会"范畴是截然不同的。

"学校"与"社会"是同一命题(原理)的两个相关范畴。如同谈"生活"必然涉及"教育"一样,谈"社会"也必然关联到"学校"。

那么,陶行知的"学校"范畴有哪些基本含义呢?概括起来,一是指正规的、专门的教育机构,也就是人们通常所理解的学校;二是指人民大众生活的场所,即"整个的社会是生活的场所,亦即教育之场所"①。从他一贯论述的重心来看,显然他更为重视后者。这与杜威也是大不相同的。

当然,陶行知的认识有一个发展变化的过程。最初,他的"学校"范畴的含义与杜威没有根本不同。他在1919年的一次题为"新教育"的演讲中指出:"要使学校成为一个小共和国,须把社会上一切的事,拣选他主要的,一件一件的举行起来。不要使学生在校内是一个人,在校外又是一个人。要使他造成共和国民的根基,须在此练习。对于身体方面、道德方面、政治方面,凡国民所不可不晓得的,都要使他晓得,那学校便成为具体而微的社会了。"②尽管在讲演中他已指出:学校是小的社会,社会是大的学校,但从他所讲的重心来看,此时的重点是放在前面的,是围绕着"学校即社会"来展开立论的。这里的"社会是大的学校"还不能简单地等同于日后的"社会即学校",至多只能视为"社会即学校"的萌芽。在平民教育运动中,陶行知通过总结推行杜威的"学校即社会"的教训,开始对传统的和洋化的学校观进行反思,逐渐认识到,在半殖民地半封建社会的历史条件下,传统的学校教育的那一套是无法适应人民大众的社会现实生活的需要的,应该对旧的学校来一个根本的改造。因此,他从推广人民大众教育的目的出发,在充分考虑到人民大众现实处境的基础上,直截了当地提出"社会即学校",把人民大众的生活场所都当成教育的场所,整个社会都是一所大学校。这就彻底改造了旧的学校观,使其"学校"范畴具有不同于杜威的思想新质。

明白了陶行知教育学说中"社会"和"学校"范畴的含义,就为下面分析"社会即学校"的含义和实质创造了必要前提。

---

① 陶行知:《生活教育》,华中师范学院教育科学研究所:《陶行知全集》第2卷,湖南教育出版社1985年版,第633—634页。

② 陶行知:《新教育》,华中师范学院教育科学研究所:《陶行知全集》第1卷,湖南教育出版社1984年版,第126页。

三大命题的内涵

"生活即教育"的内涵

"生活即教育"概括起来主要包括如下三层意思:

第一,从生活的角度说,"生活含有教育的意义"。陶行知认为:"教育的根本意义是生活之变化。生活无时不变即生活无时不含有教育的意义。因此,我们可以说:'生活即教育。'"①"生活含有教育的意义"来源于"生活具有教育的作用"。后者原是瑞士资产阶级民主主义教育家裴斯泰洛齐1826年在其论著《天鹅之歌》中最早提出的一条重要的教育原则。后来杜威接受了这条原则,继续加以阐发,肯定"一切沟通(因而也就是一切真正的社会活动)都具有教育性","共同生活过程本身也具有教育作用"②,旨在反对美国当时脱离社会生活的学校教育。陶行知在反对传统教育和洋化教育的过程中,批判地继承了这一教育思想,并根据中国的国情,加以创新和发展,使之具有新的思想内容。他在给"生活教育"下定义时,始终将"用生活来教育"作为最重要的内涵之一。所谓"用生活来教育",就是承认生活的教育作用,相信生活含有教育的意义。

生活为什么能起教育的作用? 生活又怎样起教育的作用? 陶行知认为:"生活与生活一磨擦便立刻起教育的作用。磨擦者与被磨擦者都起了变化,便都受了教育。"③他用唯物辩证法的观点来分析生活如何起教育的作用,从生活的矛盾斗争中看到了生活的教育作用,认为"受过某种教育的生活与没有受过某种教育的生活,磨擦起来,便发出生活的火花,即教育的火花,发出生活的变化,即教育的变化"④。生活又怎样起教育的作用? 陶行知指出:"过什么生活便是受什么教育:过康健的生活便是受康健的教育;过科学的生活便是受科学的教育;过劳动的生活便是受劳动的教育;过

---

① 陶行知:《生活教育》,华中师范学院教育科学研究所:《陶行知全集》第2卷,湖南教育出版社1985年版,第633页。

② 约翰·杜威:《民主主义与教育》,王承绪译,人民教育出版社1990年版,第6—7页。

③ 陶行知:《生活教育之特质》,华中师范学院教育科学研究所:《陶行知全集》第3卷,湖南教育出版社1985年版,第25页。

④ 陶行知:《生活教育之特质》,华中师范学院教育科学研究所:《陶行知全集》第3卷,湖南教育出版社1985年版,第26页。

艺术的生活便是受艺术的教育;过社会革命的生活便是受社会革命的教育。"①他又说:"过好的生活,便是受好的教育;过坏的生活,便是受坏的教育;过有目的的生活,便是受有目的的教育;过糊里糊涂的生活,便是受糊里糊涂的教育;过有组织的生活,便是受有组织的教育;过一盘散沙的生活,便是受一盘散沙的教育;过有计划的生活,便是受有计划的教育;过乱七八糟的生活,便是受乱七八糟的教育。"②他强调把自己"放在社会的生活里,即社会的磁力线里转动,便能通出教育的电流,射出光,放出热,发出力"③。

第二,从教育的角度说,"教育以生活为中心",通过生活来进行,以求得生活的向前向上与提高。陶行知在研究作为现实世界的教育现象时,是把教育与社会生活实践紧密联系起来进行考察的。他认为,生活与教育是同一过程,教育不能脱离生活,生活也不能脱离教育。有什么样的生活就应有什么样的教育,教育的内容应根据生活的需要。他猛烈抨击以文字、书本为中心的传统教育和洋化教育,提倡以"生活为中心之教育"。在他看来,文字、书本只是生活的工具,不是生活的本身,教育即来源于生活,由生活产生,文字、书本不能喧宾夺主,作为教育的中心内容。他指出传统教育和洋化教育的"文字中心之过在以文字当教育",把教育等同于读书,"以为文字之外别无教育",其实错矣。文字、书本只是求知的一种工具,生活中随处是工具,随处都有教育的内容。只有在生活中求得的教育才是活的、有用的教育。他打了一个非常形象的比喻,教育好比是蔬菜,文字好比是纤维,生活好比是维他命。以文字为中心而忽略生活的教科书,好比是有纤维而无维他命之蔬菜,吃了不能滋养体力。

他主张,教育要通过生活来进行,"用生活来教育",也就是说,"要想受什么教育,便须过什么生活"。如果"过的是少爷生活,虽天天读劳动的书籍,不算是受着劳动教育;过的是迷信生活,虽天天听科学的演讲,不算是

---

① 陶行知:《教学做合一下之教科书》,华中师范学院教育科学研究所:《陶行知全集》第2卷,湖南教育出版社1985年版,第288页。

② 陶行知:《生活教育》,华中师范学院教育科学研究所:《陶行知全集》第2卷,湖南教育出版社1985年版,第634页。

③ 陶行知:《生活教育》,华中师范学院教育科学研究所:《陶行知全集》第2卷,湖南教育出版社1985年版,第635页。

受着科学教育;过的是随地吐痰的生活,虽天天写卫生的笔记,不算是受着卫生的教育;过的是开倒车的生活,虽天天谈革命的行动,不算是受着革命的教育。我们要想受什么教育,便须过什么生活"①。只有使教育与社会生活实践切实结合起来,在生活中进行教育,教育才能发出力量而成为真正的教育。

第三,从生活与教育的关系说,"生活决定教育","教育改造生活"。陶行知说:"从生活与教育的关系上说,是生活决定教育。"②他又说,"教育就是生活的改造"③。所以,生活决定教育,教育改造生活,两者相互推促,共同前进。

生活决定教育,首先体现为教育的起源、目的、原则、方法都为生活所决定。教育起源于人类社会生活的需要。人类要生存和发展下去就需要不断向下一代传授生产劳动的经验、技能,传授社会生活的经验,教育就是为了满足人类社会生活的需要而产生的。教育也是为了满足"生活所必需"。陶行知认为,不能为办教育而办教育。他的教育目的一直是明确的,即满足人民大众的生活需要,为大众求解放,为人民谋幸福。教育的原则、方法更为生活所决定,生活具有教育的意义和作用。教育应以生活为中心,并且通过生活来进行。不能以文字、书本为中心,关在小鸟笼似的学校里读死书、死读书。其次,生活的全面性导致了教育的全面性。他说:"生活教育的要求是:整个的生活要有整个的教育。"④他并说:"民主教育应该是整个生活的教育。他应该要工以养生;学以明生;团以保生。他应该是健康、科学、艺术、劳动与民主织成之和谐的生活,即和谐的教育。"⑤他还将"整个生活的教育"归结为"全面教育",即"心、脑、手并用",学政治、学经

---

① 陶行知:《生活教育》,华中师范学院教育科学研究所:《陶行知全集》第2卷,湖南教育出版社1985年版,第634页。

② 陶行知:《谈生活教育——致一位朋友》,华中师范学院教育科学研究所:《陶行知全集》第5卷,湖南教育出版社1985年版,第477页。

③ 陶行知:《地方教育与乡村改造》,华中师范学院教育科学研究所:《陶行知全集》第2卷,湖南教育出版社1985年版,第128页。

④ 陶行知:《晓庄三岁敬告同志书》,华中师范学院教育科学研究所:《陶行知全集》第2卷,湖南教育出版社1985年版,第210页。

⑤ 陶行知:《民主教育》,华中师范学院教育科学研究所:《陶行知全集》第3卷,湖南教育出版社1985年版,第570页。

济、学文化相结合。健康、科学、劳动、艺术及民主将构成和谐的生活①。再次,生活决定了教育的场所。他说:"到处是生活,即到处是教育;整个的社会是生活的场所,亦即教育之场所。"②生活是大众唯一的教育,社会是大众唯一的学校。人民大众当时只能在"社会大学"里学习。另外,生活的变化引起了教育的变化。他说:"教育的根本意义是生活之变化。"③生活起了变化,教育也要起变化。生活是不断前进的,教育也要不断前进。教育要随着生活的发展而发展,站在生活的面前,引导人们过"向前向上"的生活。换句话说,就是过反帝反封、民族民主革命的生活。最后,生活的连续性决定了教育的终身性。他说:"天天变动,就是天天受教育,差不多从出世到老,与人生为始终的样子。"④他又说:"生活教育与生俱来,与生同去。出世便是破蒙,进棺材才算毕业。"他指出:"现在这种小学六年、中学六年、大学四年的教育制度,都可以'短命教育'四字代表之。我们所要干的是整个寿命的教育,不是短命的教育。"⑤在他看来,"教育最重要的成就在使众人养成一种继续不断的共同求进的决心。我们要对众人养成的态度是:活到老;做到老;学到老","终身教育。培养求知欲。学习为生活;生活为学习。只要活着就要学习。一旦养成学习习惯,个人就能终生进步不断。"

"社会即学校"的内涵

陶行知的"社会即学校",如同其"生活即教育"一样,有着极为丰富的含义。举其要者,大抵有三。

首先,从社会的角度说,"社会含有学校的意味"⑥。或者说,"以社会

---

① 陶行知:《全民教育》,华中师范学院教育科学研究所:《陶行知全集》第3卷,湖南教育出版社1985年版,第554页。

② 陶行知:《生活教育》,华中师范学院教育科学研究所:《陶行知全集》第2卷,湖南教育出版社1985年版,第633—634页。

③ 陶行知:《生活教育》,华中师范学院教育科学研究所:《陶行知全集》第2卷,湖南教育出版社1985年版,第633页。

④ 陶行知:《新教育》,华中师范学院教育科学研究所:《陶行知全集》第1卷,湖南教育出版社1984年版,第126页。

⑤ 陶行知:《普及教育》,华中师范学院教育科学研究所:《陶行知全集》第2卷,湖南教育出版社1985年版,第762页。

⑥ 陶行知:《创造的教育》,华中师范学院教育科学研究所:《陶行知全集》第2卷,湖南教育出版社1985年版,第617页。

为学校","把整个的社会或整个的乡村当作学校"①。这是"社会即学校"的基本含义。陶行知根据他的"生活即教育",进一步指出:"到处是生活,即到处是教育;整个的社会是生活的场所,亦即教育之场所。因此,我们又可以说:'社会即学校。'"②

陶行知为什么主张"社会即学校"？这主要是他有鉴于传统教育和洋化教育均不能适应人民大众生活实际的需要,同时又充分考虑到人民大众的现实处境。也就是说,他是从推广大众教育的目的出发而提出这一主张的。

他认为,传统的学校教育,最大的弊病是脱离社会生活实际。他对于脱离社会生活实际的学校教育深恶痛绝,说"没有生活做中心的教育是死教育。没有生活做中心的学校是死学校。没有生活做中心的书本是死书本。在死教育、死学校、死书本里鬼混的人是死人——先生是先死,学生是学死!先死与学死所造成的国是死国,所造成的世界是死世界。"③依他之见,无论是"老八股"还是"洋八股"的学校教育,都好比鸟笼一样将学生圈在狭小的范围里,与社会生活隔绝,与人民大众的生活实际无关,是仅仅服务于少爷、小姐、政客、书呆子的特殊学校,只有少数"有钱、有闲、有面子的人才能进去的"。为此,他主张拆除学校与社会之间的"高墙",把学校从"鸟笼里"解放出来,与整个乡村、整个城市、整个国家、整个世界、整个宇宙相联系,与人民大众的生活实际相联系,打破当时少数统治者对学校的垄断,使教育不再成为"少爷的手杖,小姐的钻戒,政客升官的梯子,书呆子的轮回麻醉的乌烟"。他提出学校教育之中,有志献身于社会改造的"人中人",去改造恶浊的旧社会,创造美好的新社会,使人民真正过上幸福美好的新生活。

另一方面,从人民大众的现实处境来看,"社会是大众惟一的学校,生活是大众惟一的教育"④。他说:"课堂里既不许生活进去,又收不下广大

---

① 陶行知:《晓庄三岁敬告同志书》,华中师范学院教育科学研究所:《陶行知全集》第 2 卷,湖南教育出版社 1985 年版,第 211 页。
② 陶行知:《生活教育》,华中师范学院教育科学研究所:《陶行知全集》第 2 卷,湖南教育出版社 1985 年版,第 633—634 页。
③ 陶行知:《教学做合一下之教科书》,华中师范学院教育科学研究所:《陶行知全集》第 2 卷,湖南教育出版社 1985 年版,第 289 页。
④ 陶行知:《生活教育》,华中师范学院教育科学研究所:《陶行知全集》第 2 卷,湖南教育出版社 1985 年版,第 634 页。

的大众，又不许人动一动，又只许人向后退不许人向前进，那么，我们只好承认社会是我们的唯一的学校了。马路、弄堂、乡村、工厂、店铺、监牢、战场，凡是生活的场所，都是我们教育自己的场所。"这样一来，"我们所失掉的是鸟笼，而所得的倒是伟大无比的森林了。为着要过有意义的生活，我们的生活力是必然的冲开校门，冲开村门，冲开城门，冲开国门，冲开无论什么自私自利的人所造的铁门。所以，整个的中华民国和整个世界，才是我们真正的学校咧"①。

基于上述考虑，陶行知积极从事"社会即学校"的实践，在社会上办各种各样方便人民大众及其子弟学习的场所（如他本人先后创办的民众茶园、自然学园、通讯学校、空中学校、工学团、业余学校、旅行团、社会大学等等）。他的基本宗旨，就是为了推广大众教育，使人民大众都能有机会学习现代文化科学知识，学会现代的技能，感觉时代的问题，并以现代的方法发挥其力量，取得反帝反封建的民族民主革命的胜利。一句话，救亡必须启蒙，启蒙为了救亡。

其次，从学校的角度说，"学校含有社会的意味"②。也就是说，学校要"了解社会的需求"③，与社会生活实际紧密结合起来，为社会改造和发展服务。

陶行知对脱离人民大众生活实际的学校多有批评。他在《攻破普及教育之难关》一文中指出："一个乡下先生住在一个破庙里教死书，就好比是一只孤鸦。他无意也无暇与农人交接。他教他的书，对农人的一切是不能过问。他所办的学校是与社会隔离。学校不能运用社会的力量以谋进步，社会也没法吸收学校的力量以图改造，双方都失掉互济的效用。这种孤僻的学校，普及了也没有意思。"他主张对这种学校来一个彻底改造，具体做法之一是："现在假使一切都不改，只把小学生变作小先生，这没有意义的学校便变成一个很有意义的学校，这位孤零零的赘疣的寒酸先生便立刻变

---

① 陶行知：《生活教育之特质》，华中师范学院教育科学研究所：《陶行知全集》第3卷，湖南教育出版社1985年版，第27页。

② 陶行知：《创造的教育》，华中师范学院教育科学研究所：《陶行知全集》第2卷，湖南教育出版社1985年版，第617页。

③ 陶行知：《教育的新生》，华中师范学院教育科学研究所：《陶行知全集》第2卷，湖南教育出版社1985年版，第712页。

成一位村庄中所不可少的有作为的先生了。比方这个学校原来有三十个学生都变成小先生，便好象是三十根电线接到各村去和他们通起电流来。在这些电线上所通的电流有来也有往。一个个小先生可以把各村的问题、困难带来和先生讨论，又可以把学校里从外面得来的知识与力量带去和农人与不能进学校之小孩讨论。有时大家来他一个总集合，在各村的问题上求他一个总解决。例如总动员救旱灾，除蝗虫，打倒土豪劣绅、贪官污吏、帝国主义。"① 如此一来，学校就被彻底改造成一所新型的学校。

1923年，陶行知和姚文采在南京创办安徽公学，提倡以人教人，师生共学、共事、共修养、共生活、共甘苦

当然，陶行知上面说的只是一个改造旧学校的例子，还不能完全反映出他改造旧学校的全部设想。在实际生活中，陶行知对改造旧学校、建设新学校曾提出了许多有益的建议，并作了大量的努力。他一生办了各种类型的新学校，如安徽公学、晓庄学校、湘湖师范、山海工学团、育才学校、社会大学等等。在这些学校中，学校与社会生活建立了密切的联系，并伸张到大自然里，与社会和大自然的"血脉"是"自然流通的"。

陶行知虽然对传统的学校教育颇为不满，但他对学校的社会功能却从未轻视，甚至可以说给予了极大的重视。这与他对教育的本质及其功能的认识是一致的。他把学校的社会功能提到很高的层次上来强调。他一直

---

① 陶行知：《攻破普及教育之难关》，华中师范学院教育科学研究所：《陶行知全集》第2卷，湖南教育出版社1985年版，第788页。

坚信:学校应当是社会改造的中心。"我们深信乡村学校应当做改造乡村生活的中心","乡村教师应当做改造乡村生活的灵魂"①。他还充满信心地向世人宣布:"我们的新使命是要征集一百万个同志,创设一百万个学校,改造一百万个乡村。"他并表示:"我们以极诚恳的意思,欢迎全国同胞一齐出来,加入这个运动!赞助他发展,督促他进行,一心一德的来为中国一百万个乡村创造一个新生命,叫中国一个个的乡村,都有充分的新生命,合起来造成中华民国的伟大的新生命。"②从这些不乏理想主义色彩的言辞中,可以窥知他对学校(当然这是指新型的人民大众的学校)的社会功能重视到何等程度!

最后,从社会与学校的关系说,"运用社会的力量,使学校进步,动员学校的力量,帮助社会进步"③。两者互相影响,一道进步。这与陶行知对生活与教育关系的认知是完全相同的,都体现出陶行知教育学说中的辩证法思想。

陶行知认为,传统"学校与社会中间是造了一道高墙。改良者主张半开门,使'学校社会化'。他们把社会里的东西,拣选几样,缩小一下搬进学校里去,'学校即社会'就成了一句时髦的格言。这样,一只小鸟笼是扩大而成为兆丰花园里的大鸟笼。但它总归是一只鸟笼,不是鸟世界。生活教育者主张把墙拆去。我们承认,'社会即学校'。这种学校是以青天为顶,大地为底,二十八宿为围墙,人人都是先生都是学生都是同学"④。他特别强调道:"不运用社会的力量,便是无能的教育;不了解社会的需求,便是盲目的教育。倘使我们认定社会就是一个伟大无比的学校,就会自然而然的去运用社会的力量,以应济社会的需求"⑤。

---

① 陶行知:《再论中国乡村教育之根本改造》,华中师范学院教育科学研究所:《陶行知全集》第2卷,湖南教育出版社1985年版,第5页。
② 陶行知:《再论中国乡村教育之根本改造》,华中师范学院教育科学研究所:《陶行知全集》第2卷,湖南教育出版社1985年版,第6页。
③ 陶行知:《实施民主教育的提纲》,华中师范学院教育科学研究所:《陶行知全集》第3卷,湖南教育出版社1985年版,第545页。
④ 陶行知:《教育的新生》,华中师范学院教育科学研究所:《陶行知全集》第2卷,湖南教育出版社1985年版,第711—712页。
⑤ 陶行知:《教育的新生》,华中师范学院教育科学研究所:《陶行知全集》第2卷,湖南教育出版社1985年版,第712页。

就两者关系而言,"学校不能运用社会的力量以谋进步,社会也没法吸收学校的力量以图改造",这样一来,"双方都失掉互济的效用"①。这种学校和社会当然都应改造,只有改造了它们本身,它们才有可能真正地相互推促,共同前进。

那么,怎样才能做到"运用社会的力量,使学校进步,动员学校的力量,帮社会进步"呢?陶行知也提出了原则性的意见。他指出:"应当有社会即学校的观点,整个社会是学校,学校不过是一课堂……并且对于大的社会,才能有民主的贡献。而学校本身就可以成为民主的温床,培养出人才的幼苗。"

总之,社会含有学校的意味,学校含有社会的意味;到处是生活,即到处是教育;整个社会是生活的场所,亦即教育之场所;整个社会活动,就是教育的范围;运用社会的力量,使学校进步;动员学校的力量,帮助社会进步。这些就是"社会即学校"的基本含义。

"教学做合一"的内涵

什么是"教学做合一"?陶行知指出:

> 教学做合一是生活现象之说明,即是教育现象之说明。在生活里,对事说是做,对己之长进说是学,对人之影响说是教。教学做只是一种生活之三方面,而不是三个各不相谋的过程。同时,教学做合一是生活法,也就是教育法。它的涵义是:教的方法根据学的方法;学的方法根据做的方法。事怎样做便怎样学,怎样学便怎样教。教与学都以做为中心。在做上教的是先生,在做上学的是学生。在这个定义下,先生与学生失去了通常的严格的区别,在做上相教相学倒成了人生普遍的现象。②

既然教与学都以"做"为中心,那么,什么是"做"?陶行知说:

---

① 陶行知:《攻破普及教育之难关》,华中师范学院教育科学研究所:《陶行知全集》第2卷,湖南教育出版社1985年版,第788页。

② 陶行知:《教学做合一下之教科书》,华中师范学院教育科学研究所:《陶行知全集》第2卷,湖南教育出版社1985年版,第289页。

"做"字在晓庄有个特别定义。这定义便是：在劳力上劳心。单纯的劳力，只是蛮干，不能算做；单纯的劳心，只是空想，也不能算做，真正的做只是在劳力上劳心。我们做一件事便要想如何可以把这件事做好，如何运用书本，如何运用别人的经验，如何改造用得着的一切工具，使这件事做得最好。我们还要想到这事和别事的关系，想到这事和别事的相互影响。我们要从具体想到原理，从我相想到共相，从片段想到系统。①

由此可见，"教学做合一"并非只重视实践的技能而忽视理论知识，只强调个人的狭隘经验而轻视间接的经验和系统的知识。它强调教育是以社会生活实际的"做"为中心，行动（劳力）和思想（劳心）结合才能取得真知。这种主张有助于加强理论与实际的联系，加强教育与生产劳动、社会生活的联系，培养学生手脑并用，消除劳心与劳力的对立，促进人的智力、体力和谐发展。

根本原则

生活决定教育，教育又反过来改造生活，推动生活发展，这是生活教育学说的根本原则。

教育改造生活，首先是改造社会生活。而改造社会生活的一个重要内容，就是改造社会政治。陶行知认为："政治与教育原是不能分离的，二者能同时并进，同时革新，国民革命才有基础和成功的希望。""教育上的革命"应该配合"政治上的革命"②。他还认为："主张生活即教育，就是要用教育的力量，来达民之情，顺民之意"，"是要解放人类的"③。他在自己的全部教育生涯中始终把教育改造与社会政治生活改造紧密结合在一起，以发挥教育改造社会的巨大作用，并逐步探寻到正确的政治方向，使教育为

---

① 陶行知：《谈教学做合——致朱端琰》，华中师范学院教育科学研究所：《陶行知全集》第5卷，湖南教育出版社1985年版，第204页。

② 陶行知：《晓庄试验乡村师班学校创校概况》，华中师范学院教育科学研究所：《陶行知全集》第2卷，湖南教育出版社1985年版，第17页。

③ 陶行知：《生活即教育》，华中师范学院教育科学研究所：《陶行知全集》第2卷，湖南教育出版社1985年版，第184页。

人民大众服务,为反帝反封建反官僚资本主义的新民主主义革命斗争服务。20世纪20年代,他创办晓庄学校,积极推行乡村教育运动,以改造社会、改造农村、改变中国贫穷落后的面貌为理想,提出生活教育要以培养学生和农民群众"征服自然改造社会的本领"为总目标,使之具有"康健的体魄"、"农夫的身手"、"科学的头脑"、"艺术的兴趣"和"改造社会的精神"①。到了20世纪30年代,国难当头,民族危机深重,他又提倡国难教育运动,提出:"教育没有独立的生命,它是以民族的生命为生命。唯有以民族的生命为生命的教育,才算是我们的教育。……国难教育的任务,在唤醒大众组织起来救国。"②他并得出"教育是民族解放、大众解放、人类解放之武器"③这一著名论断。以后他提倡战时教育、民主教育等运动以及先后创办山海工学团、育才学校、社会大学等教育事业,都是为人民大众民族民主的革命斗争服务,和人民大众民族民主革命斗争的历史发展相结合。生活教育的方向是人民大众反帝反封建的新民主主义教育的方向。

  教育改造社会生活的又一方面是促进社会经济的发展。教育必须重视科学传播,面向经济,与工农业生产实际相结合,与生产劳动相结合,使中国从"农业文明过渡到工业文明",实现"工业化","创造富的社会",为人民大众谋幸福,这是陶行知一以贯之的思想。早在大学时代,他就认识到:"'共和之要素有二:一曰教育;二曰生计。'然教育苟良,则人民生计必能渐臻满意。"④"五四"时期,他大力提倡"生利主义之职业教育",主张教育要"养成生利人物",认为倘如此,则国无游民,民无废才,群需可济,个性可舒。在从事平民教育运动时他便提出能够识字读书之后"要继续受职业训练"的主张。乡村教育时期他就主张"教育与农业携手",建设"科学农业",并认为"教育没有农业,便成为空洞的教育","农业没有教育,就失了促进的媒介"。他还提出了农村教育要与现代科学技术结合,促进农业进步的

---

  ① 陶行知:《第二年的晓庄》,华中师范学院教育科学研究所:《陶行知全集》第2卷,湖南教育出版社1985年版,第132页。
  ② 陶行知:《国难教育方案之特质》,华中师范学院教育科学研究所:《陶行知全集》第3卷,湖南教育出版社1985年版,第19页。
  ③ 陶行知:《谈生活教育——致一位朋友》,华中师范学院教育科学研究所:《陶行知全集》第5卷,湖南教育出版社1985年版,第477页。
  ④ 陶行知:《共和精义》,华中师范学院教育科学研究所:《陶行知全集》第1卷,湖南教育出版社1984年版,第80页。

思想。他倡议"把政治、经济、教育打成一片,做一个政富教合一的小试验",形成了"政富教合一"的理论。20世纪30年代初,他积极开展"科学下嫁"运动,努力把科学普及到工农大众中,创办以培养"生产能力"、"科学能力"等为主旨的工学团,提倡生产教育的科学教育。抗日战争时期他提出学校不但"是一个学问的组织,而且是一个战斗体","一个生产体","学习科学,帮助创造科学的新中国。现在的世界是一个科学的世界,整个中国必须受科学的洗礼"。抗战胜利之后,他在从事民主教育运动的过程中,仍主张民主教育要为改变贫穷落后的状况,创造"富"的社会、富强的中国、人民的幸福而奋斗。他指出:"科学不发达,不能造富,所以应该有科学的生产,科学的劳动。"[1]1946年初,他把生活教育运动的方针概括为"民主的、大众的、科学的、创造的方针"[2]。

教育改造社会生活还有一个方面,即是把"文化从小众手里解放出来"。他认为,教育的功能是多方面的,既有政治、经济的功能,也有文化的功能;不仅"传递社会的经验",而且"是社会经验之改造"[3],具有"引导人产生新价值的力量"[4]。在半殖民地半封建社会历史条件下的中国,教育的首要任务是把"文化从小众手里解放出来"。他指出:"文化是大众所创造的",可却"被小众所独占","现在应该将文化从小众手里解放出来。创造文化的大众应该享受创造的结果"。怎样才能把文化从小众手里解放出来呢?他指出了以下几种途径:一是"认识上的解放",即把文化从种种错误歪曲的观念里解放出来;二是"工具的解放",即提倡使用新文字;三是"方法的解放",即废除灌注的教授法,代之以"相互之自由讨论",反对"知识私有"、"知识封锁",主张"即知即传",把白话文解放成大众文,提倡教学做合一,"在行动上来推进大众文化";四是"组织上的解放",即"把文化从模范监牢里解放出来,使它跑进大社会里去。社会即学校。文化的场所多着哩";五是"时

---

[1] 陶行知:《实施民主教育的提纲》,华中师范学院教育科学研究所:《陶行知全集》第3卷,湖南教育出版社1985年版,第543页。

[2] 陶行知:《大众的艺术》,华中师范学院教育科学研究所:《陶行知全集》第3卷,湖南教育出版社1985年版,第581页。

[3] 陶行知:《谈教学做合一——致朱端琰》,华中师范学院教育科学研究所:《陶行知全集》第5卷,湖南教育出版社1985年版,第206页。

[4] 陶行知:《教学做合一下之教科书》,华中师范学院教育科学研究所:《陶行知全集》第2卷,湖南教育出版社1985年版,第300页。

间的解放",即"争取时间来推进大众文化";六是"新文化创造的解放",即反对文化刽子手对新文化创造的摧残。他认为,取得文化解放的关键,在于"要大众运用集体的力量来争取","决不能由少数知识分子代办","大众文化是大众的文化,是大众为自己推动的文化,是大众为自己谋幸福除痛苦而推动的文化","民族解放、大众解放、文化解放是一个分不开的运动。必得要联起来看,联起来想,联起来干,才会看得清楚,想得透彻,干得成功"①。可以说,陶行知一生提出的各种教育主张,推行的各个教育运动,都是为了把文化从小众手里解放出来,让文化的创造者——大众所享用。

教育不仅改造社会生活,也改造个人生活。这两者是紧密联系在一起的。教育的基本功能是通过培养人来改造社会生活。那么,教育如何培养人以充分发挥其改造社会生活的巨大作用呢?陶行知认为这就必须把培养人与生活实际密切结合起来,引导学生追求"高尚的生活"。他说:"'生'字的意义,是生活或是生存。学生所学的是人生之道。人生之道,有高尚的,有卑下的;有片面的,有全部的;有永久的,有一时的;有精神的,有形式的。我们所求的学,要他天天加增的,是高尚的生活,完全的生活,精神上的生活,永久继续的生活。"②"教育的作用,是使人天天改造,天天进步,天天往好的路上走。"③

陶行知指出:"在一般的生活里,找出教育的特殊意义,发挥出教育的特殊力量。同时要在特殊的教育里,找出一般的生活联系,展开对一般生活的普遍而深刻的影响。把教育推广到生活所包括的领域,使生活提高到教育所瞄准的水平。"④这既是陶行知对生活教育者的殷切期望,又可视为他对生活决定教育、教育改造生活的扼要说明。

总之,生活含有教育的意义,教育应以生活为中心,通过生活来进行,生活决定教育,教育改造生活,这些就是"生活即教育"的基本含义。

---

① 陶行知:《文化解放》,华中师范学院教育科学研究所:《陶行知全集》第3卷,湖南教育出版社1985年版,第76—80页。

② 陶行知:《新教育》,华中师范学院教育科学研究所:《陶行知全集》第1卷,湖南教育出版社1984年版,第126页。

③ 陶行知:《新教育》,华中师范学院教育科学研究所:《陶行知全集》第1卷,湖南教育出版社1984年版,第123页。

④ 陶行知:《〈战时教育〉半月刊方针——致戴伯韬》,华中师范学院教育科学研究所:《陶行知全集》第5卷,湖南教育出版社1985年版,第472页。

具体主张

陶行知在教育理论方面不仅提出了"生活即教育"、"社会即学校"、"教学做合一"三大原理,还在民主教育、科学教育、乡村教育、师范教育、终身教育、创造教育、教育实验等方面提出了许多具体主张。这些具体主张,是他的"生活教育"命题原理的进一步发挥和展开,丰富和完善了他的生活教育理论,使之达到了半殖民地半封建中国教育理论所能达到的最高的高度,不仅有力地推动了当时的教育改革和发展,而且成为新中国重要的教育思想资源,对当代中国的教育改革和发展产生了积极的影响和作用。

民主教育思想

在中国历史上,有两位大教育家为世人所推崇、敬仰,被人们誉为圣人。一位是古代的孔夫子,另一位就是现代的陶行知。

孔子与陶行知的教育思想和实践都极大地影响了中国文化教育的发展,他们的伟大人格也都深深地感染、熏陶着一代代青少年及教育工作者。但陶行知与孔子有一点很不相同,那就是陶行知办教育完全是为了人民大众,而孔子则主要是为了统治阶级。进而言之,这一点也是陶行知与中国历史上绝大多数教育家的不同所在。陶行知是教育家,但他不是一般的教育家,而是人民的教育家。

教育要为人民大众服务

教育掌握在哪些人手中、为哪个阶级服务是一个根本的问题。长期以来,由于国家政权掌握在反动统治阶级手中,教育成了少数统治者及其子女的专用品,而与广大劳动人民无缘。教育严重地脱离人民大众,脱离社会生活实际。

近代以来,在西方民主、科学思想的影响下,一些先进的中国人为改变这种状况曾进行了种种努力,探寻中国教育发展的正确方向。在"五四"新文化运动中走上历史舞台的陶行知继承了前辈们的未竟事业,继续寻觅中国教育的曙光。他高举反对传统教育、洋化教育的大旗,在教育领域发动了一场根本性的变革,为创建一种新型的人民教育奋斗了一生,成为中国近现代知识分子在文化教育界的一个杰出代表。

陶行知出身于安徽歙县的一个贫寒家庭,自幼饱经世故沧桑,深知农家疾苦。父母艰苦勤劳的优良品质给幼年陶行知以深刻的影响,使他从小就养成了勤劳的习惯和艰苦朴素的生活作风。他生活在半殖民地半封建的旧中国,目睹了中国人民尤其是农民深受帝国主义、封建主义和官僚资本主义的残酷剥削和压迫。他同情劳动人民,热爱劳动人民,恨其所恨,爱其所爱,从小就形成了亲民、爱民、为民、救民的思想。这影响他并决定了他一生努力的方向。

为了给中国人民谋解放、谋幸福,陶行知走上了一条为人民办教育的道路。他看见清末以来尽管废科举、兴学堂,但是新学办了几十年,依然换汤不换药,费尽气力,不过把"老八股"变成"洋八股"罢了。"老八股"与民众的生活无关,"洋八股"依然与民众的生活无关[①]。他决心彻底改变这种状况,办一种为人民大众服务、与人民大众实际生活密切相关的新教育,"要使全中国人都受到教育"[②]。为了实现这个愿望,1917 年他刚从美国留学回来就大力推行教育改革,先后开展了平民教育运动、乡村教育运动、普及教育运动、国难教育运动、战时教育运动、全面教育运动和民主教育运动,创办了安徽公学、晓庄试验乡村师范学校(简称"晓庄师范"或"晓庄学校")、山海工学团、育才学校和社会大学等新式学校,提出了"生活即教育"、"社会即学校"、"教学做合一"、"在劳力上劳心"、"以教人者教己"等生活教育理论,并发明了"即知即传"、"小先生制"等普及教育的方法,积极推广大众教育,让广大的劳动人民都有受教育的权利和机会。

陶行知在国民党政权统治之下的中国办教育,环境异常险恶,条件十分艰难,政治上屡遭打击,经济上缺乏来源,没有远大的理想、坚定的意志以及超乎常人的毅力是不行的。他不像当时的某些教育家为了推行自己的教育主张,蜷伏在国民党的羽翼之下,依靠国民党政权来办教育,甚至为虎作伥,蒙蔽人民。他既主张人民的解放,又相信人民的力量、人民的智能,认为只有人民自己为自己办的教育才是理想的教育。他尊重人民,相信人民,学习人民,依靠人民来办教育。

为了办人民的教育,他首先与人民打成一片,做到"人民化"。他曾任

---

① 陶行知:《生活工具主义之教育》,华中师范学院教育科学研究所:《陶行知全集》第 2 卷,湖南教育出版社 1985 年版,第 76 页。

② 陶晓光:《回忆父亲给我的教育》,《行知研究》1981 年第 3 期。

20世纪20年代初中国最有名的两所大学之一的南京高等师范学校（今南京大学前身）的教务主任、教育科主任兼教育系主任，做过名牌大学的教授，还一度做过全国性教育团体——中华教育改进社的主任干事和中华教育文化基金董事会执行秘书，有很高的社会地位，有优裕的生活环境，但他为了办人民的教育，毅然放弃了这一切。他脱下西装革履，穿上布衣草鞋，到贫穷落后的农村去办教育，与"牛大哥"同睡，自找苦吃。他当年在美国留学的同窗孙科、蒋梦麟、胡适、朱经农等人一个个在仕途上飞黄腾达，他却自觉地、心甘情愿地一步步"向下走"。尽管学校越办越低，职衔越来越小，生活越来越差，但他始终不以为意，矢志不渝地走为人民办教育的道路。他没有自己，只有他人；没有家庭，只有社会；没有索取，只有奉献。他是人民的仁者、智者、勇者、圣者。正因如此，他"富贵不能淫，贫贱不能移，威武不能屈，美人不能动"。

陶行知为人民的教育事业服务，在政治上坚决站在人民的一边，与帝国主义、封建主义和官僚资本主义作坚决的斗争。辛亥时期，他就参加过故乡人民推翻当地封建政权的武装起义。"五四"时期，他积极支持学生参加反帝爱国运动。北伐期间，他发动晓庄师范学生积极支持北伐军。"四一二"反革命政变后，他支持学生声援下关和记工厂工人反对英商剥削和反对日本军舰停泊南京的反帝大游行。为此，他所办的晓庄师范被国民党当局查封，他本人也遭通缉，被迫逃亡日本。"九一八"事变后他的政治立场更为鲜明。他抨击国民党政权的卖国投降政策，与沈钧儒、章乃器、邹韬奋等人联名发表团结御侮宣言。他响应中国共产党"团结抗日、一致对外"的主张，并受全国各界救国联合会的委托，出访28个国家和地区，为宣传抗日救国主张，开展人民外交。在伦敦，他先后三次拜谒马克思墓。抗战胜利后，他投身到民主革命运动的前列，成为中国共产党的亲密战友。他从自己多年的实际经验中，深切了解到中国共产党是中国人民的代表，是为中国人民利益奋斗的中坚，是中华民族的未来希望之所在，所以他不怕诬蔑打击，与中国共产党携手奋斗。

陶行知对大众教育的提倡和实践，开辟了一条人民教育的新路线。他把教育的对象由过去的少数统治者及其子弟转到广大的劳动人民尤其是农民及其子弟，把教育的目的由过去的培养剥削者和统治者转到培养具有生活力和创造力，为民族、为人类谋利益的新人，把教育的重心由少数的大城市转到广大的乡村,把教育的内容、方法等改造得适合人民大众实际生活的需要,把办教育的依靠者由反动统治阶级转到人民大众自身,这就改变了旧教育的性质与格局,给中国数千年的教育带来了一场根本性的变革。这不仅在中国教育史上,就是在世界教育史上,也是史无前例的。

陶行知为中国教育开辟的新路线,是人民的路线,是教人民做主人的路线,是教人民自己起来为自己创造幸福而自己办教育的路线。这条路线仍然是我们今天办教育的路线。近年来,中共中央明确提出要"依靠人民办教育,办好教育为人民",这一主张与陶行知的思想是完全一致的。陶行知早在六十多年前就指出,教育是"人民的教育,人民办的教育,为人民自己的幸福而办的教育"①。毫无疑问,我们今天办教育的路线正是陶行知路线的继承和发展。可以相信,沿着陶行知当年开辟的这条路线走下去,我国的社会主义教育事业一定会发展得更快更好。

教育要从国情出发

陶行知早年曾留学美国,师从杜威,是杜威门下几位屈指可数的中国高足之一。1917年回国后,他满怀改造中国旧教育的热情,积极地宣传和引进杜威的实用主义教育理论,试图用杜威的一套观点和方法来反对封建传统教育,解决中国教育的根本问题。经过八年的试验,他逐渐意识到杜威的那一套并不适合中国的国情,在中国行不通。于是,他幡然醒悟,从此走上了探索中国教育本土化的道路。

中国人口众多,当时农村人口占

杜威像 陶行知深受杜威实用主义教育学说影响,美国中国学泰斗、哈佛大学东亚研究中心首任主任费正清教授在他那本享誉国际学术界的《美国与中国》一书中曾称陶行知是"杜威学生中最有创造力的一位"

---

① 陶行知:《民主教育》,华中师范学院教育科学研究所:《陶行知全集》第3卷,湖南教育出版社1985年版,第569页。

85％以上。当时的文盲有三亿三千多万人,且主要分散在广大的农村。根据这种国情,陶行知确定以基础教育作为我国教育现代化的重点,并以农村教育作为重点中的重点。20世纪20年代中期以后,陶行知主要从事基础教育工作,认为基础教育不发达,民族振兴就没有希望。在基础教育中,农村教育尤为重要,它是解决中国教育问题的关键。为此,陶行知联合一批有志于中国教育改造的进步教育工作者,大力推行乡村教育运动,为数亿农民"烧心香",以提高广大农民的思想觉悟和文化水平。

陶行知又结合中国的具体实际,确定了办教育的原则和方法。他认为,中国是一个大国,又是一个穷国,人口众多,底子很薄,各地经济发展极不平衡。这些与西方发达国家的情况都迥然不同。要发展教育事业,如果"拿富国的办法,引到中国来,无异是乡下人吃大菜"①。因此,"我们必须发现穷办法,着重穷办法"②。根据这种认识,他运用穷办法,积极开设各种比较简陋的教育机构,让尽可能多的人民大众得到受教育的机会。

陶行知这种从国情出发确定教育改革与发展的重点、突破口以及办教育的原则和方法的思想,值得我们认真地学习和研究。今天,我们要立足于当前我国仍处于社会主义初级阶段这一基本点,坚持一切从中国的国情出发,重点发展基础教育(尤其是农村教育),提倡勤俭办教育的精神,并努力扩大教育经费的来源,走政府、社会团体和个人多方集资办学的路子,并实行多种层次、多种规格、多种形式、多种途径办学,各地区因地制宜地采取适合各自需要的方式方法,来发展各级各类教育事业,以提高中华民族的科学文化水平。

陶行知有着强烈的人民意识和民主精神。他坚决反对教育脱离人民大众,反对教育为少数统治者服务,主张"教育为公"、"文化为公"③,坚持教育为人民大众服务的方向。他沿着"五四"新文化运动的"民主与科学"这一方向继续迈进,回国后即从事平民教育、乡村教育和普及教育等运动,

---

① 陶行知:《普及教育》,华中师范学院教育科学研究所:《陶行知全集》第2卷,湖南教育出版社1985年版,第757页。

② 陶行知:《民主教育》,华中师范学院教育科学研究所:《陶行知全集》第3卷,湖南教育出版社1985年版,第570页。

③ 陶行知:《实施民主教育的提纲》,华中师范学院教育科学研究所:《陶行知全集》第3卷,湖南教育出版社1985年版,第540页。

努力使广大人民群众(尤其是占中国人口85%的农民)获得受教育的机会。他反对封建"礼教"和"理学"教育,采取多种形式和途径(如推广国语和新文字等),对民众进行思想启蒙,大力提倡女子教育,争取妇女受教育的权利。

抗战胜利后,他对教育民主化作了进一步探索。他积极提倡民主教育,以实现"人民大众做主,为人民大众服务"的宗旨,并将民主教育的要点和方法归纳为:教育为公以达到天下为公,教育机会必须均等;教人民肃清法西斯细菌;启发觉悟性;培养创造力,以实现创造的民主和民主的创造;各尽所能,各学所需,各教所知,各得其所;在民主的生活中学习民主;尽量采用简笔汉字、拉丁字母;充分运用无线电及其他近代交通工具,使边远地方的人民可以享受教育;民主教育应该是整个生活的教育;承认中国是从农业文明开始过渡到工业文明,经济是极端贫穷,我们必须发现穷办法,着重穷办法,运用穷办法,以办成丰富的教育;等等。

在学校中,陶行知的办学充满了民主精神,他认为"师生共生活,共甘苦,为最好的教育"①。"民主的教师,必须要有:(一)虚心;(二)宽容;(三)与学生共甘苦;(四)跟民众学习;(五)跟小孩子学习……肃清形式、先生架子、师生的严格界限。"②他主张师生平等,重视学生在教学过程中的主体地位,强调儿童个性的发展和创造力的培养,因材施教,教学相长。在学校管理上,他注意发挥教师与学生的作用,提倡"集体自治",健全集体生活,培养学生参与未来民主政治的基础。在学制系统上,他主张从"单轨出发",再到"多轨同归",以后还要"换执便利"。

陶行知对民主教育的探索,给我们留下了许多宝贵的经验。他在教育的对象、师生关系、教学过程及学校管理上的不少见解和做法,都含有合理因素,应该很好地加以总结和借鉴。

科学教育思想

陶行知高度重视科学教育问题,认为科学教育是与民主教育相辅相成

---

① 陶行知:《我们的信条》,华中师范学院教育科学研究所:《陶行知全集》第1卷,湖南教育出版社1984年版,第652页。

② 陶行知:《实施民主教育的提纲》,华中师范学院教育科学研究所:《陶行知全集》第3卷,湖南教育出版社1985年版,第543页。

的,两者相互依存,缺一不可。科学教育包括教育的科学化和科学的教育化两个方面。陶行知很早就对这两个方面有明确的认识,并给予了极大重视。

教育应科学化

在教育的科学化方面,他从美国回来后,即积极从事教育实验,提倡用科学的精神来办教育,反对"沿袭陈法"的传统教育和"仪型外国"的洋化教育。他一方面身体力行,把教育统计学、教育行政学的科学原理和方法运用于日常的教育工作之中,加强教育的科学化管理;另一方面又以中华教育改进社主任干事的身份,发起组织邀请外国专家来华讲学,推行科学教育与测验。在他和胡适、蒋梦麟等人的努力下,美国著名教育家孟禄(哥伦比亚大学教授)、推士(俄亥俄州立大学教授)、麦柯尔(哥伦比亚大学教授)、柏克赫斯特(马萨诸塞州道尔顿中学教师)、克伯屈(哥伦比亚大学教授)等人先后赴华讲学,宣传各自的教育理论与方法。陶行知还于1924年倡议并主编了"中华教育改进社丛书",出版了推士的《中国之科学教育》(英文)、《中国教育一瞥录》(随孟禄调查报告)、《中国全国小学概况》(英文)、《中国教育统计概览》、《中国最近教育状况》(英文)等书。从此,西方的教育测验(特别是智力测验)与统计被引进中国,中国教育的科学化逐步开展起来。

科学应教育化

在科学的教育化方面,他更是做了大量的具体工作。1925年,他提出"科学教育应从儿童时代下手"①。1932年,他又指出:"科学要从小教起。我们要造成一个科学的民族。"②20世纪30年代初,他创办"自然学园"和儿童科学通讯学校,编写"儿童科学丛书",把科学知识送给儿童和工农群众,以后又改为"空中学校",每周播送科学知识,并与高士其、董纯才、吕镜楼等人一起推广科学普及事业,从事"科学下嫁"运动。他在当时就已明确认识到:"从农业文明〔过〕渡到工业文明,最重要的知识技能,无过于自然科学。"③因此,不论形势多么严峻,条件多么困难,他都坚持科学教育。从

---

① 陶行知:《小学理科——致吕镜楼》,华中师范学院教育科学研究所:《陶行知全集》第5卷,湖南教育出版社1985年版,第114页。

② 陶行知:《关于科学教育——致庄泽宣》,华中师范学院教育科学研究所:《陶行知全集》第5卷,湖南教育出版社1985年版,第247页。

③ 陶行知:《教学做合一下之教科书》,华中师范学院教育科学研究所:《陶行知全集》第2卷,湖南教育出版社1985年版,第292页。

晓庄师范到上海工学团再到育才学校、社会大学,他始终把科学列为教育内容之一,置于重要的位置。1945年,他指出:"现在的世界是一个科学的世界。整个中国必须受科学的洗礼,方能适于生存……时机早已来到,刻不容缓,我们必须培养科学的幼苗,撒播科学的种子,使全中国遍开科学之花,丰收科学之果。"[①]1946年,他在为生活教育制订方针时,特地将"科学的"列为四大方针之一。

陶行知早在九十多年前就清楚地看到科学教育在现代社会生活中的作用,指出"科学要从小教起,我们要造成一个科学的民族"、"科学教育应从儿童时代入手",并积极开展教育试验和科学教育,推广科学普及事业,把科学知识传给广大人民群众,尤其是青少年儿童,这些都是非常难得的。

乡村教育思想

陶行知是我国近现代最早重视农村问题和农村教育的中国人之一。早在20世纪20年代中期,他就开始了对乡村教育的调查和改革试验工作,成为中国改革乡村教育的开拓者。陶行知生活在半殖民地半封建的旧中国,目睹了中国人民尤其是农民深受帝国主义、封建主义和官僚资本主义残酷的经济剥削和政治压迫,而且在文化教育上毫无地位的状况。他深刻地认识到,中国是以农立国的国家,农民占全国人口总量的85%,农民的地位与处境如何,决定着民族的兴衰。他在中国教育界最先觉悟到,农民是中国的主体,中国教育的重点在农村。据此,他明确主张,要改造中国社会,必先改造乡村社会,要改造乡村社会,就必须使教育下乡,"用教育的力量,来唤醒老农民,培养新农民"。

怎样搞好乡村教育?陶行知提出了著名的"大联合"的思想。他说:"我们要有一个大规模的联合,才能希望成功!那应当联合中之最应当联合的,就是教育与农业携手。中国乡村教育之所以没有实效,是因为教育与农业都是各干各的,不相闻问。教育没有农业,便成为空洞的教育,分利的教育,消耗的教育。农业没有教育,就失了促进的媒介。"不仅如此,"教育更须与别的伟大势力携手。教育与银行充分联络,就可推翻重利;教育

[①] 陶行知:《从五周年到五十周年》,华中师范学院教育科学研究所:《陶行知全集》第3卷,湖南教育出版社1985年版,第513页。

与科学机关充分联络,就可破除迷信;教育与卫生机关充分联络,就可预防疾病;教育与道路工程机关充分联络,就可改良路政。其他不胜枚举"。他深信,只要实现了教育与有关各方的"大联合",乡村教育就能沿着正确的方向得到迅速发展。

陶行知的乡村教育思想对于我们深化农村教育改革颇有启示意义。我们要进一步提高对农村教育改革重要性和必要性的认识,努力解决农村教育同农村经济发展需要相脱节的问题。要把教育与农业、科学、卫生、交通、银行等部门密切联系起来,用科学技术等方面的伟大力量从根本上改变我国农村贫穷落后的面貌。

师范教育思想

在师范教育方面,陶行知也提出过许多正确的主张。他在中国教育界第一个把师范教育与民族的前途和国家的命运紧密联系起来,称"教育是立国的根本",而师范教育乃"国家托命"之所在,"师范教育可以兴邦,也可以促国之亡"。他比较全面地论述了师范教育的任务和作用,提出"教育界要什么人才就该培养什么人才",师范教育要为教育界培养教育行政人员,各种指导员,各种学校校长、职员和各种教员,并且从师范教育自身的特点出发,对培养什么样的人和怎样培养都发表了自己的看法,强调师范生要热爱师范教育,懂得教育规律,具有丰富的专业知识以及为人师表的高尚品德。值得注意的是,他还是我国乡村师范的最早提倡者和创建者。他曾明确主张以乡村师范作为改造乡村生活的中心,以乡村教师作为乡村生活的灵魂,以乡村自治作为改造乡村的组织保证。他的乡村师范的理论和实践,对我国20世纪20年代以来的乡村教育和师范教育产生了广泛而深远的影响。

陶行知的师范教育思想有很多内容值得我们参考借鉴。我们要把师范教育的地位和作用提高到一个新的高度来认识,大力发展师范教育;根据社会主义现代化建设的需要,调整师范学校的教学内容和教学方法,更好地体现出师范学校的特点和优点,以培养更多适应现代教育需要的教师;采取有力的措施,加强对农村教师的培训,以提高农村教育质量。各类师范学校,都要特别注意培养师范生忠于人民教育事业,懂得教育规律,掌握丰富的专业知识和技能,具有为人师表高尚品德的综合能力素质。此外,还应千方百计地提高人民教师的社会地位和经济待遇,使全社会形成一种尊师重教的良好风气。

终身教育思想

终身教育是陶行知教育学说的一个重要思想。它以"生活教育"主张为理论基石,是"生活教育"理论的派生物。按照"生活教育"理论,教育不仅涉及人类生活的全部领域,也贯穿于人类生活的整个过程。教育应无限地向横向拓展,形成教育的社会化;也应无限地向纵向延伸,形成教育的终身化。终身教育思想的出现,是陶行知"生活教育"理论的重大发展和突破,亦是他教育学说日臻成熟和完善的明显标志。陶行知的终身教育思想,是中国和世界教育思想宝库中的一份珍贵遗产。

终身教育思想的形成与发展

陶行知的终身教育思想,是他在反传统教育和洋化教育的斗争中,为适应近代中国社会政治、经济、文化发展的需要,通过充分借鉴中外古今教育思想的精华和总结自己教育实践的宝贵经验而提出来的。

1840年以后,随着帝国主义列强侵略的日益加剧,古老的中国由一个独立的封建社会逐渐沦为一个半殖民地半封建社会。民国以后,帝国主义列强尤其是日本帝国主义步步紧逼,虎视眈眈,中华民族面临着亡国灭种的空前危机。要救亡图存,就必须广泛地动员千百万民众,提高他们的思想政治觉悟,万众一心,同仇敌忾,共赴国难。而要做到这一点,就应该大力发展教育事业,扩大教育机会,使全中国的每一个老百姓,特别是幼儿和成人,都接受一定的教育,具备起码的文化水平,能够看书读报,了解国事,并且养成终身学习的习惯,与时俱进,这样他们才有可能在反帝反封建的斗争中发挥巨大的力量,去建立一个真正自由、民主、独立、富强的新中国。

然而,近代中国的教育,不论是传统的还是洋化的,都还不能满足这样的需要。旧教育是一种小众的贵族的教育,而不是人民大众的教育,有钱、有权者才能享受教育,无钱、无权者则被拒之门外。广大劳苦群众及其子女,只能在生活中受到教育。同时,它将人生划分为彼此分离、毫不相关的三个阶段,即学龄前、学龄中及学龄后,这实际上将人生抛开了一大半,严重忽略了入学前的学习和离校后再学习的问题。换句话说,即只重学校教育,忽略学前教育和成人教育。这种教育的主要弊端是严重的形式化和划一化,脱离人民群众,脱离社会实际生活,难以适应近代中国社会政治、经济和文化发展的需要。陶行知的终身教育思想就是在这样一种历史背景下产生的。

陶行知的终身教育思想,是他批判地继承中外古今优秀教育遗产的产物。

一方面,它是对杜威"连续性"的教育观念的直接扬弃。杜威在达尔文进化论和詹姆士心理学原则的基础上,提出了教育是一个"连续性过程"的观点。他认为,"教育是经验的继续不断的改组或改造"①,经验的获得又总是和社会生活实践分不开的,因而"教育是生活的过程,而不是将来生活的预备"②。既然教育是一个过程,那就不会是学校教育之前和之后的中断。陶行知创造性地发展了这一"连续性"的教育观点,将之转化为终身教育的思想。这是陶行知对杜威教育学说的继承与超越。

另一方面,它是对中国古代"活到老,学到老"思想的丰富和发展。两千年前,荀况在《荀子·法行篇》中指出:"少而不学,长无能也;老而不教,死无思也;有而不施,穷无与也。"欧阳修在《答李翊第二书》中也认为:"学之终身,有不能达者矣,于其所达,行之终身,有不能至者矣。"至于"活到老,学到老"一语,更是中国古代一句流传颇广、妇孺皆知的格言。陶行知立足于现代科学的高度,对之作了一番翻新,进一步形成了其终身教育思想。

更为关键的是,陶行知的终身教育思想是对他自己长期教育实践宝贵经验的科学总结。如果把古今中外有关教育思想的精华视为"流"的话,陶行知自己长期的教育实践就是其终身教育思想的"源",不认识到这一点,就不可能真正认清他的终身教育思想的来源,也不可能真正弄清他的终身教育思想的含义和实质。

1917年陶行知由美归国后,便致力于人民大众的教育普及事业。其间,他除了积极从事学校教育改革外,还对幼儿教育和成人教育作了许多科学实验和理论探索,得出了不少宝贵经验。在此基础上,他了解并认识到终身教育的重要性与必要性,从而在中国(也可以说是在世界)最早明确

---

① 赵祥麟、王承绪:《杜威教育论著选》,华东师范大学出版社1981年版,第159页。
② 赵祥麟、王承绪:《杜威教育论著选》,华东师范大学出版社1981年版,第4页。

提出了终身教育的主张,这是他对中华民族乃至整个人类的一大贡献。

陶行知的终身教育思想经历了一个萌芽、形成和发展的过程。

1917年至1926年,是陶行知终身教育思想的萌芽阶段。1918年,陶行知发表《生利主义之职业教育》,认为:"生活主义包含万状,凡人生一切所需皆属之。其范围之广,实与教育等。"①他已看到了生活与教育相一致的方面,孕育着生活即教育思想的胚胎,这就为其终身教育思想的提出奠定了初步的理论基石。次年7月,他在一次题为"新教育"的演说中讲道:"照杜威先生说,教育是继续经验的改造(Continuous reconstruction of experience)。我们个人受了周围的影响,常常有变化,或是变好,或是变坏。教育的作用,是使人天天改造,天天进步,天天往好的路上走;就是要用新的学理,新的方法,来改造学生的经验。"②他并明确指出:"既然晓得教育是继续经验的改造,那么对于天然界和群界,自然受他的影响;天天变动,就是天天受教育,差不多从出世到老,与人生为始终的样子。"③显然,此时他已经意识到教育是一个连续性的过程,"差不多从出世到老,与人生为始终"。尽管他此时还深受杜威实用主义教育的影响,但已开始萌发了自己终身教育的思想。值得注意的是,早在20世纪20年代前后,他就意识到终身教育的思想,这的确是一个了不起的发现,是对世界教育的卓越贡献。

1927年至1935年,陶行知的终身教育思想逐渐得以形成。随着陶行知教育实践的进一步开展,他对传统教育和洋化教育的弊端认识得更加清楚了,开始感觉到杜威的实用主义学说虽然有反封建反传统的积极作用,但仍不能真正适合中国的具体国情和人民大众的现实需要。于是他在1927年创办晓庄师范学校,推行生活教育,并初步形成了生活教育学说。生活教育是生活所原有、生活所营造、生活所必需的教育,它突破了人只是在一定的学龄阶段接受正规学校教育的"一次性教育"的观念。这样,他就

---

① 陶行知:《生利主义之职业教育》,华中师范学院教育科学研究所:《陶行知全集》第1卷,湖南教育出版社1984年版,第78页。

② 陶行知:《新教育》,华中师范学院教育科学研究所:《陶行知全集》第1卷,湖南教育出版社1984年版,第123页。

③ 陶行知:《新教育》,华中师范学院教育科学研究所:《陶行知全集》第1卷,湖南教育出版社1984年版,第126页。

在总结自己教育实践宝贵经验和充分借鉴中外古今有关教育思想精华的基础上,初步形成了终身教育思想。1934年2月,他在《生活教育》一文中指出:"生活教育与生俱来,与生同去。出世便是破蒙,进棺材才算毕业。"① 同年3月,他在《从穷人教育想到穷国教育》一文中又说:"他是活到老,做到老,学到老,教到老,一直到进了棺材才算结业。"② 同年12月,他在一次题为《普及教育》的演讲中,批评现有的小学六年、中学六年、大学四年的教育制度实质上是一种"短命教育",公开表明"我们所要干的是整个寿命的教育,不是短命的教育",主张活到老,做到老,学到老③。次年3月,他在《中国普及教育方案商讨》一文中进一步提出了"整个寿命现代化"的主张,他说:"整个寿命现代化,不仅是四个月、一年、二年、四年之义务教育。教育最重要的成就在使众人养成一种继续不断的共同求进的决心。我们要对众人养成的态度是:活到老;做到老;学到老。"④ 上述言论,已初步揭示出终身教育的本质含义,即教育必须贯彻人生的始终,从出世到进棺材,人人都必须接受教育。不仅如此,陶行知还对教育必须贯彻人生始终的原因作了深刻分析,他指出:一方面,由于"学问没有止境"⑤,"社会的进步,都没有止境",一个人的进步也没有止境;另一方面,又由于人只有"活到老,做到老,学到老",才能做一个"与时代俱进"的"长久的现代人",才能"保证川流不息的现代化"⑥。由此可见,早在20世纪二三十年代,陶行知对终身教育思想已作了相当全面而深刻的论述,只不过尚未正式使用终身教育这一概念而已。

20世纪40年代,陶行知的终身教育思想得到了丰富发展,并正式使

---

① 陶行知:《生活教育》,华中师范学院教育科学研究所:《陶行知全集》第2卷,湖南教育出版社1985年版,第634页。

② 陶行知:《从穷人教育想到穷国教育》,华中师范学院教育科学研究所:《陶行知全集》第2卷,湖南教育出版社1985年版,第645页。

③ 陶行知:《普及教育》,华中师范学院教育科学研究所:《陶行知全集》第2卷,湖南教育出版社1985年版,第762页。

④ 陶行知:《中国普及教育方案商讨》,华中师范学院教育科学研究所:《陶行知全集》第2卷,湖南教育出版社1985年版,第804页。

⑤ 陶行知:《从穷人教育想到穷国教育》,华中师范学院教育科学研究所:《陶行知全集》第2卷,湖南教育出版社1985年版,第645页。

⑥ 陶行知:《攻破普及教育之难关》,华中师范学院教育科学研究所:《陶行知全集》第2卷,湖南教育出版社1985年版,第782页。

用了终身教育的概念。抗日战争爆发后,陶行知进一步认识到,要想使教育更加适合眼下救亡斗争的需要,就必须扩大教育的对象,使每个年龄层次的人都能受教育。他认为:"从教育的对象说:不只着重青年教育,而且要顾到老年人和小孩子的教育。"[①]这与传统教育体制下只注重青年教育,忽略小孩子和老年人的教育;只注意学校教育,而忽略家庭教育和社会教育,是截然不同的。这既是教育观念的变革,又是政治观念的更新。抗日战争结束后,为争取真正的民主、平等和自由,陶行知积极提倡民主教育,创办多种成人教育机构和中心,特别是社会大学和夜大学等。在这一过程中,他的终身教育思想得到了进一步发展。1945年5月,他发表了著名的《实施民主教育的提纲》,指出:"无论老少,也应该受教育。生活教育很早就提出活到老,学到老。"他并举例说:"生活教育运动中最老的学生为八十三岁之王老太太,她说:'我也快进棺材了,还读什么书?'但经她的孙儿曾孙的鼓舞,她的热情也烧炽起来了。因为她的缘故,她的媳妇也得读书了。"[②]同年9月,他在《全民教育》一文中首次明确使用了终身教育这个概念,亦将之界定为:"培养求知欲。学习为生活;生活为学习。只要活着就要学习。一旦养成学习习惯,个人就能终生进步不断。"[③]这是对他过去终身教育思想的重新概括和明确表述,不仅表明了陶行知终身教育思想日趋成熟,也显示出其生活教育理论的日臻完善。同年12月,他还在《民主教育之普及》一文中进一步指出:"教人、好学,都是传染的,等到大家都传染了教人、好学的习惯,便教人、好学成了瘾,整个中华民族便成了一个教人、好学的民族,万万年的进步是得到了保证。古人云:学然后知不足。一个人感到不足,他便要向高处追,向深处追,是不会有止境了。因此民主教育不但可能做到全面普及,并且可能做到立体的普及。"[④]终身教育的实施,有助于教育从全面普及走向立体普及。这表明包括了终身教育思想在内

---

① 陶行知:《全面抗战与全面教育》,华中师范学院教育科学研究所:《陶行知全集》第3卷,湖南教育出版社1985年版,第328页。

② 陶行知:《实施民主教育的提纲》,华中师范学院教育科学研究所:《陶行知全集》第3卷,湖南教育出版社1985年版,第541页。

③ 陶行知:《全民教育》,华中师范学院教育科学研究所:《陶行知全集》第3卷,湖南教育出版社1985年版,第554页。

④ 陶行知:《民主教育之普及》,华中师范学院教育科学研究所:《陶行知全集》第3卷,湖南教育出版社1985年版,第573页。

的陶行知的生活教育理论,实质上是一种现代的"大教育观"。

终身教育思想的内涵

作为生活教育理论的一个派生物,终身教育在总体上是受生活教育理论支配和制约的。同时,终身教育思想本身又具有相对的独立性,有它独特的含义和思想内容,值得我们深入地学习和探讨。

陶行知的终身教育思想包含以下两层基本意思:

第一,教育"与人生为始终"。陶行知从"生活教育"的观点出发,认为"生活即教育",生活与教育是同一过程,人生有多久,教育也应有多久,教育"差不多从出世到老,与人生为始终"。在他看来,教育不是在学校教育结束后就算完事的,它应贯穿于人生的全过程,包括贯穿于人的一生不同阶段的学前、小学、中学以及成人教育等等,应是一种"整个寿命的教育"。他主张不同阶段的教育应从纵的方面相互连接,构成一个完整系列,使人们永远"与时代俱进"。

第二,"家庭、店铺、工厂、机关、寺庙、民团、军队及现有学校做下层之教育场所"。根据"生活教育"的观点,终身教育应是各种正规教育和非正规教育的总和。陶行知一贯重视家庭教育,认为家庭教育在人的发展中有重要地位。他指出:"婴孩期就必须奠定民主教育的基础。或许,目前处理这问题最好、最经济的办法是通过教父母兄弟姐妹,尤其是通过教母亲、姐妹及女仆来教婴儿。"①他还要求家庭教育应注意养成新生儿童的个性,注意培养儿童的创造力。陶行知也很重视社会教育。从某种意义上说,他的"生活教育"理论就是一种广义的社会教

吉祥庵中心小学师生合影

---

① 陶行知:《全民教育》,华中师范学院教育科学研究所:《陶行知全集》第 3 卷,湖南教育出版社 1985 年版,第 554—555 页。

育的理论。他是根据"社会即学校"的原则,倡导"动员社会上现有的一切可能动员的力量、学校及个人尽力为民众服务。庙宇、茶馆、监狱、兵营、商店、工厂、残废士兵医院、普通学校不上课时空出的教室,都应给识字小组及训练中心使用。八千万受过一段时间再教育的识字成人可作为教师,帮助家人及邻居进步"①。在他看来,这些地方或机构实际上都是一种教育机构和渠道,都有教育意义,对人的发展都有重要影响。因此,他希望把各种正规和非正规的教育机构和渠道,通过横向的连接,构成一个有机的整体,以促进人的全面和谐的发展。

概括起来,陶行知的终身教育思想,核心是强调教育的终身化与一体化,即在纵向上,要实现从零岁开始直到老年,包括学前教育、学校教育、成人教育三个层次的一体化;在横向上,要实现家庭教育、学校教育、社会教育三个方面的一体化,以克服现存教育体制的弱点,培养和造就适应社会需要的各种人才,以适应近现代中国社会政治、经济、文化发展的需要,保证"川流不息的现代化"。

终身教育的对象、内容与途径

终身教育是从"生活教育"理论派生出来的一种重要的教育思想,是对"生活教育"理论的丰富和发展。它在对象、内容与途径等方面,既有与"生活教育"理论相一致的地方,又有其自身的特质。在对象方面,它既主张"不论宗教信仰、种族、财富及所属阶级有何不同,男孩与女孩机会均等,男子与女子机会均等,成人与儿童机会均等"②,又特别强调成人与儿童的教育问题,主张"无论老少,也应该受教育。生活教育很早就提出活到老,学到老"③。为此,陶行知不仅积极提倡,而且身体力行。这可以从他创立乡村幼稚园和社会大学等一系列教育实践中得到证明。与之相适应,在内容方面,他特别强调以儿童和成人的生活为教育的中心,主张围绕着儿童和成人的生活来开展教育。"过什么生活便是受什么教育:过康健的生活便

---

① 陶行知:《全民教育》,华中师范学院教育科学研究所:《陶行知全集》第3卷,湖南教育出版社1985年版,第555页。

② 陶行知:《全民教育》,华中师范学院教育科学研究所:《陶行知全集》第3卷,湖南教育出版社1985年版,第554页。

③ 陶行知:《实施民主教育的提纲》,华中师范学院教育科学研究所:《陶行知全集》第3卷,湖南教育出版社1985年版,第541页。

是受康健的教育;过科学的生活便是受科学的教育;过劳动的生活便是受劳动的教育;过艺术的生活便是受艺术的教育;过社会革命的生活便是受社会革命的教育。"[1]他并着重指出:"我们要用前进的生活来引导落后的生活,要大家一起来过前进的生活,受前进的教育。"[2]总之,应以反帝反封建的民族民主斗争的社会生活为幼儿和成人教育的中心内容。在途径方面,终身教育和生活教育虽然是互相包容的,但终身教育更加强调家庭教育和社会教育,把家庭教育和社会教育看成与学校教育同等重要,主张对传统教育制度加以彻底改造。他尖锐地批评国民党政府教育部颁布的《实施义务教育暂行办法大纲》纯粹是指学龄儿童的教育,没有改变成人教育与儿童教育各干各的不能打成一片的弊端。他主张:"根据民主思想从根本上重建学校及学制,使民有、民治、民享的教育在中国蓬勃发展。"[3]他一方面提倡家庭教育和社会教育,另一方面又积极改造学校教育,以求让灵活机动、富有弹性的教育体制代替千篇一律、僵化不变的教育体制。为使更多的幼儿和成人受教育,他还在教育实践中为终身教育提出和创造了一些崭新的教育学组织形式与方式,其中主要有幼稚园、中心学校、工学团、旅行团、社会大学以及小先生制、传递先生制、自动进修制等等。这些都丰富和发展了他的生活教育学说。

对终身教育思想的评价

陶行知的终身教育思想,萌芽于20世纪20年代,形成于20世纪30年代,发展于20世纪40年代。它的出现,丰富和发展了"生活教育"理论,对近代中国教育的改革和发展产生了积极作用,成为世界教育宝库里一颗璀璨夺目的明珠。

首先,陶行知的终身教育思想丰富和发展了"生活教育"理论。

陶行知终身教育思想的提出,标志着他的"生活教育"理论日臻成熟。他早期的"生活教育"理论主要由"生活即教育"、"社会即学校"、"教学做合

---

[1] 陶行知:《教学做合一下之教科书》,华中师范学院教育科学研究所:《陶行知全集》第2卷,湖南教育出版社1985年版,第288页。

[2] 陶行知:《生活教育之特质》,华中师范学院教育科学研究所:《陶行知全集》第3卷,湖南教育出版社1985年版,第27页。

[3] 陶行知:《全民教育》,华中师范学院教育科学研究所:《陶行知全集》第3卷,湖南教育出版社1985年版,第554页。

一"等基本命题和若干范畴组成。终身教育思想提出后,极大地丰富了"生活教育"理论的内容。终身教育主张教育是一个终身的全过程,"差不多从出世到老,与人生为始终"①,"与生俱来,与生同去。出世便是破蒙,进棺材才算毕业"②,又主张教育应包括各种正规和非正规的教育的机构或形式。终身教育在重视学校教育的同时,不忽略学前教育和成人教育,在抓好学校教育的同时,又强调家庭教育和社会教育。这就使"生活教育"理论的"教育"概念,在时间和空间方面有了进一步延伸和扩大,使"生活即教育"、"社会即学校"的思想更为具体和丰富。总之,它是对"生活教育"理论的重大发展和突破。

其次,陶行知的终身教育思想推动了近代中国的教育改革和发展。

近代中国的教育,只重视学校教育,忽略学前教育和成人教育,忽略家庭教育和社会教育。终身教育思想的提出,对于改变这种局面产生了巨大作用。具体说来,主要体现在以下几个方面。

第一,促进了成人教育的发展。成人教育是陶行知终身教育思想的主要组成部分。从20世纪20年代起,他就重视成人教育,把成人教育视为近代中国教育改革的突破口之一。他创办暑期学校,推行平民教育和乡村教育,是我国大规模的平民教育运动的首创者和主持人之一。他为平民教育运动的开展呕心沥血,殚精竭虑,付出了极大的努力。20世纪40年代,为使广大工农受教育,他积极推行普及教育、国难教育、战时教育和全面教育。特别是在抗日战争胜利以后,为解决广大青年失学问题,他又倡办了社会大学,独创了成人教育的新的组织形式,还设想今后的社会大学要更为丰富多样,除了"无形的"社会大学之外,还应有夜大学、早晨大学、函授大学、新闻大学、旅行大学、电播大学等等。这些主张和设想,不仅促进了近代中国成人教育的发展,就是在今天也仍具有重要的理论价值和现实意义,值得人们高度重视。

第二,促进了学前教育的发展。陶行知是我国早期重视幼儿教育的教育家之一。在他的终身教育思想中,幼儿教育占有非常重要的位置。在幼

---

① 陶行知:《新教育》,华中师范学院教育科学研究所:《陶行知全集》第1卷,湖南教育出版社1984年版,第126页。

② 陶行知:《生活教育》,华中师范学院教育科学研究所:《陶行知全集》第2卷,湖南教育出版社1985年版,第634页。

儿教育方面，他从事过许多扎扎实实的实践和理论探讨。他把幼儿教育视为基础教育的基础，强调儿童的个性，重视培养儿童的创造力，主张对儿童实行"六大解放"(即解放儿童的眼睛、头脑、双手、嘴、空间和时间)。在儿童教育理论方面，他有重大建树，彻底改造了近代中国的学前教育，并为我国未来学前教育的发展指明了方向。

第三，促进了学校教育的变革。陶行知一贯注重学校教育的改革。长期以来，他集中探讨了学校教育的阶级性质和服务对象，以及学校教育如何与社会生活紧密联系等问题。他主张教育是人民大众生活所原有、所自营、所必需，不能成为小众的专利品。无论贫富贵贱男女老幼都应有受教育的权利和机会。要建立更为灵活机动的新型学校教育体制，使人民大众及其子女能入学受教；强调学校教育的内容要以生活为中心，而不是以文字为中心；主张学校教育的方法和手段要多样化，要使学生自觉自动，学会学习，发展学生的创造力，而不是强迫灌输；他改变了传统的学校观念，提出了一种崭新的现代学校观；等等。所有这些对学校教育理论和实践的发展，为当代中国的教育改革提供了重要的理论借鉴。

第四，促进了学校教育以外的教育事业的发展。陶行知把终身教育视为一个宏大的战略，它的实现要通过家庭教育、学校教育、社会教育诸方面的协力合作。为此，他在发展学校教育的同时，注重利用一切可以利用的因素，开展各种形式的社会教育。他主张凡有人的地方，就是教育的场所。在他看来，家庭、当铺、茶馆、轮船码头、博物馆、电影院、图书馆甚至防空洞等等，都可作为教学的课堂。他还主张利用广播、电影、幻灯等现代技术作为教育的手段，使终身教育在中国的每一个角落、每一层面扎下根，并推广开来。他自己是这些主张的身体力行者，走到哪里，就在哪里开展教育，不拘形式灵活多变。他倡导在学校教育之外实行各种形式的教育，对我国社会教育的发展产生了积极影响。

再次，陶行知的终身教育思想是世界教育宝库里的一颗明珠。

陶行知是现代终身教育的先驱。他的终身教育思想，不仅在中国教育思想史上，就是在世界教育思想史上，也有突出的地位。长期以来，人们一般认为法国教育理论家保尔·郎格朗(Paul Lengrand)是现代终身教育的最早倡导者，认为终身教育这一概念是在他任联合国教科文组织秘书处成员时，于1965年召开的国际成人教育促进会议上所作题为"论终身教育"

的报告里出现的,并认为终身教育的基本思想是在他于1970年出版的《终身教育引论》中首次阐发的。这种看法是不符合历史事实的。正如前所述,陶行知早在20世纪20年代前后就已萌生了终身教育的思想,20世纪30年代已基本形成,20世纪40年代已有初步发展并已明确使用了终身教育的概念。他于1945年发表的《全民教育》,原是一篇英文论著。在这篇论著中,"终身教育"被译为"Education for the whole life"意即"整个人生过程的教育",这与今天通行的英文词"life long education"(终身教育)实际上就是一回事。陶行知的这篇《全民教育》的英文论著由生活教育社刊行后,曾作为一份宣传材料,向西方有关民间援华组织和人士广为散发,其中一个目的就是希望能得到国际友人支持和赞助。由此可见,早在20世纪40年代中期,陶行知的终身教育思想就已开始传播到国外。郎格朗是否看过这篇英文论著,我们不得而知。但可以断定:陶行知对终身教育概念的使用和这一思想的阐述,均早于郎格朗二十年左右的时间。如果说到其萌生,那就要早于郎格朗近半个世纪。当然,笔者这样说绝没有丝毫否认郎格朗的历史贡献的意思。事实上,郎格朗首次以专题论著的形式发表《终身教育引论》,系统论述终身教育理论,并利用他后来任联合国教科文组织终身教育科科长的身份,积极从事终身教育的理论指导和教育实践,使终身教育在20世纪60年代开始成为国际性的教育思潮,这都是值得后人称道的。笔者的目的在于,澄清历史事实,把最早提出、阐述终身教育概念和思想的人与最早系统论述终身教育概念和思想的人区别开来。如果说陶行知就是第一个提出、阐述终身教育观念和思想的人,那么郎格朗就是第一个系统论述终身教育并使之开始成为国际性的教育思潮的人。他们都是世界终身教育思想发展史上具有里程碑意义的卓越人物。

当然,正如任何一种伟大的思想在提出之初都不可避免存在某些不足一样,陶行知的终身教育思想自然也不是完美无缺的。从总体上看,陶行知还只是初步提出、阐述了终身教育的概念和思想,许多有价值的观点并没有充分展开,这就使得他的终身教育思想还没有一套比较严密完整的理论。之所以如此,主要是由于近代中国是一个半殖民地半封建社会,现代的政治、经济、文化还未充分发育生长,历史赋予他那一代教育工作者的使命是以教育作为拯救民族危亡的武器,客观现实不允许他有充分的时间去思考终身教育所有方面的问题。这是时代使然、环境使然,我们不能离开具体的历史条件和环境来对此加以苛求。列宁有句名言:"判断历史的功绩,不是根据历史活动家没有提供现代所要求的东西,而是根据他们比他们的前辈提供了新的东西。"①我们对待陶行知的终身教育思想,也应采取这种科学态度。

创造教育思想

陶行知在长期的教育实践中非常重视创造教育问题,曾对创造教育作过许多精辟的论述。解放儿童创造力的教育思想是陶行知教育理论中的一个重要组成部分,其基本内容主要为这样三点:(1)应该承认儿童身上蕴藏着创造力;(2)应该从六个方面去解放儿童创造力;(3)应该从三个方面去培养儿童创造力。这些思想集中体现在《创造的儿童教育》《实施民主教育的提纲》《民主教育》《小学教师与民主运动》等文章中。

"小孩子有创造力"

陶行知认为,"小孩子有创造力",是"千千万万祖先,至少经过五十万年与环境适应斗争所获得而传下来之才能之精华"②,又是需要经过后天的精心培养方能充分发展的。一个教育工作者,应该培养儿童的创造力,充分发挥儿童的创造力。他以自己亲身经历的两件事情为例,说明儿童身上蕴藏着创造力。

春秋时期的孔子曾有一个有名的"一字师"的故事,有趣的是,这个故事也在陶行知身上发生了。在晓庄师范被国民党政权勒令停办以后,教师不能回晓庄小学任职,而私塾先生又被小孩们拒绝,在不得已的情况下,小孩们自己便组织起来,推举同学做校长、教员,自己教,自己学,自己办,还自称"自动学校"。陶行知听到这个消息后,就写了一首诗去祝贺他们:"有个学校真奇怪:大孩自动教小孩。七十二行皆先生,先生不在学如在。"③他写好后交给几个大学生看,众人都说诗写得很好。于是,他就将诗给"自

---

① 列宁:《评经济浪漫主义》,中共中央马克思恩格斯列宁斯大林著作编译局:《列宁全集》第2卷,人民出版社1959年版,第150页。
② 陶行知:《创造的儿童教育》,江苏省陶行知研究会、南京晓庄师范学校:《陶行知文集》,江苏教育出版社2008年版,第917页。
③ 陶行知:《创造的儿童教育》,江苏省陶行知研究会、南京晓庄师范学校:《陶行知文集》,江苏教育出版社2008年版,第918页。

动学校"的小孩寄去。第三天,陶行知收到了小孩们寄来的回信,他们认为这首诗有一个字要更改,还提出一连串的问题:大孩教小孩,难道小孩不能教大孩吗?大孩能够自动,难道小孩不能自动吗?而且大孩教小孩有什么奇怪呢?陶行知看到这封回信,非常高兴,觉得小孩们的意见是很正确的,便马上把诗句改为"小孩自动教小孩"。他由此而认识到:"黄泥腿的农村小孩改留学生的诗,又是破天荒的证明,证明小孩有创造力。"①

山海工学团小先生合影

还有一次,陶行知在南通推行"小先生制",他随口念了一组诗:"不做工,要吃饭;什么人?王八蛋。""要吃饭,不读书;什么人?老母猪。""读了书,不教人;什么人?不是人。""教死书,不反帝;什么人?狗放屁。"他的诗通俗有趣,全场学生都被逗乐了。

有一个八岁的孩子站起来认真地说:"陶先生,'什么人?不是人'可不太好。'不是人'三个字不具体,桌子不是人,椅子也不是人,鸡鸭狗猫不是人。'不是人'还有点骂人的味道。"

"真的,你说得很对。我是随口念的,没有认真想过。'不是人'的确象骂人。你给我改一改怎么样?"陶行知诚恳地说。

小孩子歪着脑袋仔细地想着:"有了,改成'木头人'怎么样?"

---

① 陶行知:《创造的儿童教育》,江苏省陶行知研究会、南京晓庄师范学校:《陶行知文集》,江苏教育出版社 2008 年版,第 919 页。

陶行知拍案叫好:"好,改得好。读了书,不教人;什么人?木头人。"他将诗抄录在一张纸上,下面特意写上:"近来,我曾作一分钟歌谣式演讲小实验,这里面的一段原文末句为'不是人',南通刘宝璠小先生代我改为'木头人',我又多了一位小老师了。"

这就是"一字师"的故事。从这件事情里,陶行知又一次认识到"小孩子有创造力"。他指出:"我们要真正承认小孩子有创造力,才可以不被成见所蒙蔽。小孩子多少都有其创造的能力。"

小先生走上讲台教课

现代生理科学实验的结果表明,陶行知这样一种"小孩子有创造力"的论点,是符合实际情况的,是有充分的科学根据的。近年来,大脑研究和生化研究的一连串突破,使人们不能不承认,人的大脑还有很大一部分的潜力未被利用。从最新的生理研究材料来看,3岁儿童的平均脑重是1011克,7岁儿童是1280克,9岁儿童是1350克,12岁儿童是1400克,而一般成人平均脑重也不过是1400克。这意味着,仅就脑重而言,一个12岁的儿童就已经基本达到一个成人的水平了。儿童脑重的迅速发展也相应地促进了儿童智力的迅速发展。倘以17岁时所达到的智力作为100,那么,从出生至4岁就取得50%的智力,4岁到8岁取得另外的30%的智力,其余的20%智力在8岁至17岁时取得,此后便是智力的缓慢发展时期。有的科学家指出,人的大脑估计具有140亿个神经细胞,从18岁至20岁后逐年减少。人的大脑皮层细胞,每年失去成年初期的0.8%,60岁时将失去近50%。这些生理研究材料说明,人从出生到17岁时,都是具有相当的创造力的基础的,完全可以从事发明创造的工作。

陶行知的论点不仅在理论上得到验证,而且在古今中外的实际生活中也得到了充分的证明。从古代来看:中国如三国时的曹植7岁能写诗;初唐的王勃6岁善文辞,9岁读《汉书》;中唐的杜甫5岁能诗文,7岁咏凤凰;晚唐的白居易五六岁可即席赋诗,15岁写出"离离原上草,一岁一枯荣,野火烧不尽,春风吹又生"的名诗句;李贺则在7岁就写出《商轩过》的名篇;北宋的晏殊7岁开始写文章;明末的夏完淳5岁就知五经,9岁善诗文。外国如高斯9岁能解级数求和的问题;利喜比11岁热心化学试验;麦克斯韦14岁发表数学论文;朗道14岁上大学;维纳4岁就可自由地阅读书籍,14岁便大学毕业;莫扎特4岁开始作曲,10岁写歌剧《简单的伪装》,14岁作《密特里特泰》,17岁作《卢西奥西利亚》,在十二三岁时就已使全欧洲震惊;贝多芬和海顿都是13岁作曲;舒伯特自幼擅长钢琴、小提琴,18岁时创作《魔王》;但丁7岁就给阿特丽斯作恋诗;席勒14岁写史诗《莫泽》,15岁写《厄拉曼》,18岁著《群盗》、《雨果的悲剧》;歌德8岁时除德语外,还懂得法语、意大利语、拉丁语和希腊语,10岁开始写剧本;泰戈尔15岁开始写剧本;车尔尼雪夫斯基16岁学会7种外国语言。从当代来看,幼儿便具有相当发达的智力的事例更是层出不穷、屡见不鲜。据有关材料记载,中国湖南怀化市一个名叫陈轶佳的小孩,1岁零10个月能熟练地认识800多个汉字;江西南昌市宁铂两岁半能完整背诵毛泽东的三十余首诗词,六七岁时攻读医书,能看脉象,准确地诊断病情,八九岁学习天文,能用肉眼识别几十个星座;辽宁抚顺市10岁儿童吴大可归纳出"序数推算法";谢彦波11岁考入中国科学技术大学少年班,他的理解力、记忆力都很强。外国如美国的小女孩维尼伏雷特2岁开始记日记,3岁写论说文,4岁用世界语写剧本,5岁时能用8个国家的语言表达思想;日本儿童三轮光范,1岁零8个月就能读书、写字,2岁时开始记日记,11岁翻译《詹天佑》出版;苏联9岁小姑娘伊札木·拜捷米罗娃创作一首钢琴和民族乐协奏曲《山间》,作品受到专业作曲家的推崇;等等。古今中外的这些事例,都说明儿童是有创造力的。

总之,早在20世纪早期,陶行知就已认识到小孩子有创造力,需要教师去精心培养和开发,这正是他用科学态度办教育,强调实践出真知的最好证明。

儿童创造力的"六大解放"

陶行知认为,认识到儿童有创造力,就应该进一步将其解放出来。否则,就会使儿童创造力这种巨大智力资源埋没在未经开垦的广袤的沃土里。这不仅是教育工作者的严重失职,也是对民族、对国家宝贵财富的重大浪费。那么,应该从哪些方面去解放儿童的创造力呢?陶行知提出了"六大解放"的建议。

第一,解放儿童的眼睛。

陶行知认为,传统的封建教育给儿童戴上了一副封建的有色眼镜,使他们脱离社会实际生活,"两耳不闻窗外事,一心只读圣贤书",成为无益于社会的"小书呆子"。所以,他指出,不要让儿童"带上封建的有色眼镜,使眼睛能看事实"[①],应该培养儿童对大自然进行观察,对大社会进行分析,在大自然、大社会的怀抱中,陶冶性情,锻炼意志,培养分析问题、解决问题的能力。他译的一道题为《打开眼睛看看》的诗里就有这样的诗句:"打开眼睛看,看人怎样干?苏联真伟大,个个是好汉。工人打胜仗,浑蛋都滚蛋。自由又平等,大家吃好饭。"[②]他将这首译诗献给全国的儿童们,正反映出他对儿童解放眼睛,观察世界,成为改造社会新一代的殷切期望。

第二,解放儿童的头脑。

陶行知认为,儿童的创造力被固有的迷信、成见、曲解、幻想层层裹头布包缠了起来。要发展儿童的创造力,先把儿童的头脑从迷信、成见、曲解、幻想中解放出来。迷信要不得,成见要不得,曲解要不得,幻想要不得,幻想是反对现实的。那么,对于"这种种要不得的包头布"应该如何处理呢?他向人们发出了战斗号召:"要把他一块一块撕下来,如同中国女子勇敢地撕下了裹脚布一样。"[③]"这种种要不得的包头布"就像"女子的裹脚布",多么生动的比喻!多么生动的思想!多么深刻的思想!继而,他进一步分析说:"自从有了裹脚布,从前中国妇女是被人今天裹、明天裹,今年裹、明年裹,骨髓裹断,肉裹烂,裹成一双三寸金莲。自从有了裹头布,中国

---

① 陶行知:《实施民主教育的提纲》,江苏省陶行知研究会、南京晓庄师范学校:《陶行知文集》,江苏教育出版社 2008 年版,第 904 页。
② 陶行知:《行知诗歌集》,生活•读书•新知三联书店 1981 年版,第 407 页。
③ 陶行知:《创造的儿童教育》,江苏省陶行知研究会、南京晓庄师范学校:《陶行知文集》,江苏教育出版社 2008 年版,第 919 页。

的儿童、青年成人也是被人今天裹、明天裹,今年裹、明年裹,似乎非把个个人都裹成一个三寸金头不可。"①人们的头脑被裹成了"三寸金头",多么可

陶行知勉励孩子们好好学习,团结起来"做追求真理的小学生"

悲的结局!为此,陶行知郑重其事地向人们指出:"如果中华民族不想以三寸金头出现于国际舞台,唱三花脸,就要把裹头布一齐解开,使中华民族的创造力可以突围而出。"②在这里,陶行知所谈的对象已不仅仅限于儿童,他已推而广之,包括青年、成人乃至整个中华民族了。他将解放头脑、发挥创造力与儿童的未来,与中华民族的未来紧密地联系在一起,这反映出他具有开阔的政治视野。尤其值得注意的是,他这种解放头脑的战斗呼唤发出之时,正是中华民族与日本帝国主义侵略者决一死战的最后关头,这便使之在当时具有更为重要的现实性。

第三,解放儿童的双手。

陶行知认为,人类自从腰骨竖起,前脚变成一双可以自由活动的手,进步便一天千里,超越一切动物。自从这个划时代的解放以后,人类乃能创造工具、武器、文字,并用双手从事更高之创造。假使人类把双手束缚起

---

① 陶行知:《创造的儿童教育》,江苏省陶行知研究会、南京晓庄师范学校:《陶行知文集》,江苏教育出版社 2008 年版,第 919—920 页。

② 陶行知:《创造的儿童教育》,江苏省陶行知研究会、南京晓庄师范学校:《陶行知文集》,江苏教育出版社 2008 年版,第 920 页。

来，就不能执行头脑的命令。我们要在头脑指挥之下用手，使用机器制造，使用武器打仗，使用仪器从事发明。他还一针见血地指出中国传统封建教育的弊病是"中国对于小孩子一直是不许动手，动手要打手心，往往因此摧残了儿童的创造力"①。要根绝这个弊端，就必须解放儿童的双手。陶行知还以爱迪生的母亲关心爱迪生成长的故事为例，说明长辈们不要轻易否定了儿童的创造力。他说："在爱迪生时代，美国学校的先生也是非常的顽固，因为爱迪生喜欢玩化学药品，不到三个月就把他开除！幸而他有一位贤明的母亲，了解他，把家里的地下室让给他做实验。爱迪生得到了母亲的理解，才一步步的把自己造成发明之王。那时美国小学的先生不免也阻碍学生的创造力。"他呼吁："我们希望保育员或先生跟爱迪生的母亲学，让小孩子有动手的机会"②，应该培养儿童手脑并用，从事生产实践，从事科学研究实验，从事发明创造。他在《手脑相长歌》一诗中写道："人生两个宝，双手与大脑。用脑不用手，快要被打倒。用手不用脑，饭也吃不饱。手脑都会用，才算是开天辟地的大好佬。"③应该指出，陶行知"手脑相长"的观点与马克思主义教育学里"人的全面发展"的思想是基本相符的。马克思主义认为，自从人类社会出现两大分工后，尤其是脑力劳动和体力劳动的分离和树立，造成了人脑或手的才能的偏废，导致了人的智力和体力的片面发展。而在未来的社会里，教育对于所有已满一定年龄的儿童来说，就是生产劳动同智育和体育的结合，它不仅是提高社会生产的一种方法，而且是造就全面发展的人的唯一方法。尽管陶行知早期还不是一个马克思主义教育家，他的"手脑并用"的观点也并不出自马克思主义关于两大分工的理论，但他的"手脑并用"的观点毕竟已含有马克思主义教育与生产劳动相结合以促进人的全面发展的思想因素。

第四，解放儿童的嘴。

陶行知认为，中国一般习惯于不多说话，儿童没有言论自由。大人说

---

① 陶行知：《创造的儿童教育》，江苏省陶行知研究会、南京晓庄师范学校：《陶行知文集》，江苏教育出版社2008年版，第920页。

② 陶行知：《创造的儿童教育》，江苏省陶行知研究会、南京晓庄师范学校：《陶行知文集》，江苏教育出版社2008年版，第921页。

③ 陶行知：《手脑相长歌》，华中师范学院教育科学研究所：《陶行知全集》第4卷，湖南教育出版社1985年版，第173页。

什么,小孩就听什么,就照着做。久而久之,儿童养成一种盲从陋习。这种情况是不利于儿童成长的。"儿童应当有言论自由,有话直接和先生说,并且心甘情愿和先生说。首先让先生知道儿童们一切的痛苦。"①小孩子有问题要准许他们问,从问题的解答里,可以增进他们的知识。他指出:"小孩子得到言论自由,特别是问的自由,才能充分发挥他的创造力。"②他写了一首题为《每事问》的诗,阐发了这个道理:"发明千千万,起点是一问。禽兽不如人,过在不会问。智者问的巧;愚者问的笨。人力胜天工,只在每事问。"③在这首诗中,他将发明创造的起点归结于问,强调了问在一切发明创造中的重要地位,生动而形象地说明了问的作用。

第五,解放儿童的空间。

陶行知认为:"从前的学校完全是一只鸟笼,改良的学校是放大的鸟笼。要把小孩子从鸟笼中解放出来,放大的鸟笼比鸟笼大些,有一棵树,有假山,有猴子陪着玩,但仍然是个放大的模范鸟笼,不是鸟的家乡,不是鸟的世界。鸟的世界是森林,是海阔天空。现在鸟笼式的学校,培养小孩用的是干腌菜的教科书。我们小孩子的精神营养非常贫乏,这还不如填鸭,填鸭用的还是滋养料让鸭儿长得肥胖的。"④因此,"我们要解放小孩子的空间,让他们去接触大自然中的花草、树木、青山、绿水、日月、星辰以及大社会中之士、农、工、商、三教九流,自由的对宇宙发问,与万物为友,并且向中外古今三百六十行学习"⑤。他还进一步指出:"创造需要广博的基础。解放了空间,才能搜集丰富的资料,扩大认识的眼界,以发挥其内在之创造力。"⑥"空间放大了,才能各学所需;扩大了空间,才能各教所知;扩大了空

---

① 陶行知:《实施民主教育的提纲》,江苏省陶行知研究会、南京晓庄师范学校:《陶行知文集》,江苏教育出版社 2008 年版,第 904 页。

② 陶行知:《创造的儿童教育》,江苏省陶行知研究会、南京晓庄师范学校:《陶行知文集》,江苏教育出版社 2008 年版,第 921 页。

③ 陶行知:《行知诗歌集》,生活·读书·新知三联书店 1981 年版,第 12 页。

④ 陶行知:《创造的儿童教育》,江苏省陶行知研究会、南京晓庄师范学校:《陶行知文集》,江苏教育出版社 2008 年版,第 921—922 页。

⑤ 陶行知:《创造的儿童教育》,江苏省陶行知研究会、南京晓庄师范学校:《陶行知文集》,江苏教育出版社 2008 年版,第 922 页。

⑥ 陶行知:《创造的儿童教育》,江苏省陶行知研究会、南京晓庄师范学校:《陶行知文集》,江苏教育出版社 2008 年版,第 922 页。

间,才能各尽所能。"①

第六,解放儿童的时间。

陶行知说:"一般学校把儿童的时间排得太紧。一个茶杯要有空位方可盛水。现在中学校有月考、学期考、毕业考、会考、升学考,一连考几个学校。有的只好在鬼门关去看榜。连小学的儿童都要受着双重夹攻。日间由先生督课,晚上由家长督课,为的都是准备赶考,拼命赶考,还有多少时间去接受大自然和大社会的宝贵知识呢?赶考和赶路一样。赶路的人把路旁风景赶掉了,把一路应该做的有意义的事赶掉了。除非请医生、救人,路是不宜赶的。考试没有这样的重要,更不宜赶,赶考首先赶走了脸上的血色,赶走了健康,赶走了对父母之关怀,赶走了对民族人类的责任,甚至于连抗战之本身责任都赶走了。最要不得的,还是赶考把时间赶跑了。"②他明确表明了自己对过多考试的态度:"我个人反对过分的考试制度的存在。一般学校把儿童全部时间占据,使儿童失去学习人生的机会,养成无意创造的倾向,到成人时,即使有时间,也不知道怎样下手去发挥他的创造力了。"③为此,他大声疾呼:"创造的儿童教育,首先要为儿童争取时间之解放。"④

上述从六个方面解放儿童创造力的思想,陶行知曾明确概括为"六大解放"。他对"六大解放"有一个总结性的表述:"解放眼睛,敲碎有色眼镜,教大家看事实。解放头脑,撕掉精神的裹头布,使大家想得通。解放双手,剪去指甲,摔掉无形的手套,使大家可以执行头脑的命令,动手向前开辟。解放嘴,使大家可以享受言论自由,摆龙门阵,谈天,谈心,谈出真理来。解放空间,把人民与小孩从文化鸟笼里解放出来,飞进大自然、大社会去寻觅丰富的食粮。解放时间,把人民与小孩从劳碌中解放出来,使大家有点空闲,想想问题,谈谈国事,看看书,干点与老百姓有益的事,还要有空玩玩,

---

① 陶行知:《实施民主教育的提纲》,江苏省陶行知研究会、南京晓庄师范学校:《陶行知文集》,江苏教育出版社 2008 年版,第 904 页。
② 陶行知:《创造的儿童教育》,江苏省陶行知研究会、南京晓庄师范学校:《陶行知文集》,江苏教育出版社 2008 年版,第 922 页。
③ 陶行知:《创造的儿童教育》,江苏省陶行知研究会、南京晓庄师范学校:《陶行知文集》,江苏教育出版社 2008 年版,第 922 页。
④ 陶行知:《创造的儿童教育》,江苏省陶行知研究会、南京晓庄师范学校:《陶行知文集》,江苏教育出版社 2008 年版,第 922 页。

才算是有点做人的味道。有了这六大解放,创造力才可以尽量发挥出来。"①陶行知的这段文字,以简洁而生动的语言,形象地表述了他的儿童创造力要实行"六大解放"的思想。同时,在某种意义上抨击了传统教育的弊病,揭露了国民党政权的专制,表明了他反对独裁、主张民主的政治倾向。

育才的孩子们跳集体舞

培养儿童创造力的"三个需要"

陶行知认为,在儿童的眼睛、头脑、双手、嘴、空间、时间都解放出来后,还必须对解放出来的儿童创造力予以适当的培养。怎样才能做到适当的培养呢?这就要注意做到"三个需要"。

一是"需要充分的营养"。陶行知说:"小孩的体力与心理都需要适当的营养。有了适当营养,才能发生高度的创造力,否则创造力就会被削弱,甚而至于夭折。"②这一点说的是培养儿童创造力所需要的物质基础。"充分的营养"是培养和发挥高度创造力的基本条件。没有这个基本条件,儿

---

① 陶行知:《民主教育》,江苏省陶行知研究会、南京晓庄师范学校:《陶行知文集》,江苏教育出版社 2008 年版,第 945—946 页。

② 陶行知:《创造的儿童教育》,江苏省陶行知研究会、南京晓庄师范学校:《陶行知文集》,江苏教育出版社 2008 年版,第 923 页。

童就不会有强壮的身体,健全的心理,就会使被解放出来的创造力在萌芽之际就被扼杀。

二是"需要建立下层的良好习惯,以解放上层的性能,俾能从事于高级的思虑追求。否则必定要困于日用破碎,而不能够向上飞跃"①。这一点说的是要注意使儿童养成良好的生活、学习习惯,注意训练儿童的思维能力。有了良好的生活、学习习惯,经常地思考问题,儿童的大脑就会越用越活,越用越灵,对于异常复杂的问题也能进行深入的分析,得出正确的结论。

三是"需要因材施教"。陶行知以种植松树和牡丹所施肥料不同为例,生动而形象地说明了对于不同教育对象,要有不同的教育方法。松树和牡丹花所需要的肥料不同,你用施松树的肥料培养牡丹,牡丹会瘦死,反之,你用施牡丹的肥料培养松树,松树也受不了,会被烧死。同样道理,培养儿童的创造力要同园丁一样,首先要认识他们,这样他们才能欣欣向荣;否则不能不死于枯萎②。这一点说的是培养儿童创造力的正确方法。因材施教是中国古代一条著名的教学原则,两千多年前的大教育家孔子在教育实践里,就注意对不同的受教育者提出不同的要求,采取不同的教育方法。宋代的两位著名教育家程颐、朱熹都说过:"孔子教人,各因其材。""因材施教"一词正来源于此。在这里,陶行知将因材施教这条教学原则与培养儿童创造力紧密联系起来,认为因材施教不仅仅要使学生学习更好,获得更多的知识,还要使学生产生一定的创造力。这样,陶行知就给因材施教这一古老的教学原则注入了新鲜血液,赋予以新的、更为深刻的思想内容,从而使之更富有生命的活力。应该指出,这是陶行知在中国教育思想史上的一个贡献。

此外,陶行知还强调指出:"创造力最能发挥的条件是民主。"③他在这里所说的"民主"包含两层意思:一是政治上的民主;二是教育上的民主。

---

① 陶行知:《创造的儿童教育》,江苏省陶行知研究会、南京晓庄师范学校:《陶行知文集》,江苏教育出版社 2008 年版,第 923 页。

② 陶行知:《创造的儿童教育》,江苏省陶行知研究会、南京晓庄师范学校:《陶行知文集》,江苏教育出版社 2008 年版,第 923 页。

③ 陶行知:《创造的儿童教育》,江苏省陶行知研究会、南京晓庄师范学校:《陶行知文集》,江苏教育出版社 2008 年版,第 923 页。

前者是后者的基本前提,后者是前者的最终贯彻。对于充分发挥人们的创造力来说,这两种民主都缺一不可,相辅相成。一方面,要实现政治上的民主,创造民主的环境,使广大人民群众都有受教育的机会,都有从事科学研究实验的自由,都有从事发明创造的权利。另一方面,教育工作与受教育者之间一定要有民主的关系。教师在教学过程中要循循善诱,耐心启发,因材施教,切忌动辄对受教育者施以强制和暴力,那样只能培养出唯唯诺诺、墨守成规的庸人,培养不出有丰富创造力的天才。总而言之,"只有民主才能解放最大多数人的创造力,而且使最大多数人之创造力发挥到最高峰"[①]。值得注意的是,陶行知疾呼"创造力最能发挥的条件是民主"的口号时,正是 1944 年底。其时,以蒋介石为首的国民党政权一方面消极抗日,另一方面又在其统治区域内压制民主运动,厉行专制统治。陶行知向人们强调指出这一点,不仅在教育上要引起教师的注意,更重要的,它还具有明显的政治意义。与其说这是关于教育问题的一种学术见解,毋宁说是对于国民党政权专制独裁的强烈抗议。这正好说明陶行知在他后十年的斗争生涯中,在政治上,"一直跟着毛泽东同志为代表的党的正确路线走",将其所从事的教育事业与政治斗争密切结合起来,为反对专制独裁,争取民主、自由、普及大众教育,提高全民族的文化水平而英勇斗争,不屈不挠,终于由一个激进的民主主义者成为"无保留追随党的党外布尔什维克"、"伟大的人民教育家"。

对陶行知解放儿童创造力教育思想的评价

我们认为,陶行知的创造教育理论,是有一定的科学根据的,也是符合马克思主义教育学原理的。

马克思主义教育学认为,人的遗传素质是有差异的,但遗传素质只提供人们日后发展的物质前提,决定人的发展的更重要的因素,还是后天环境的教育。陶行知的教育思想与马克思主义教育学原理在不同程度上的相吻合,正说明陶行知的教育思想是进步的。正因如此,陶行知解放儿童创造力的教育思想有不少合理因素,值得我们学习和借鉴。尤其需要指出的是,早在 20 世纪早期,陶行知就能以现代科学的眼光,如此清楚地看到

---

① 陶行知:《创造的儿童教育》,江苏省陶行知研究会、南京晓庄师范学校:《陶行知文集》,江苏教育出版社 2008 年版,第 924 页。

培养和开发儿童创造力的重要性,并提出一系列切实可行的具体办法,从事具体的教育实验,这不能不说是难能可贵的。从当前世界各国教育界都把培养和开发学生智力资源作为首要任务的趋势来看,我们更感到陶行知当年提出这些教育理论是富有远见卓识的。

陶行知当年提出的解放儿童创造力的教育思想,在今天仍有着强烈的现实意义。如何培养和开发学生的智力资源,以适应形势的飞跃发展,已成为我国教育界共同面临的一个重大问题。近年来,国内教育界也开始对这个问题重视起来。在这种情况下,研究陶行知先生解放儿童创造力的教育思想,就显得更有必要、更有意义。应该指出,尽管时间已过去了八九十年,中国社会已发生了翻天覆地的根本变化,我国教育事业已取得了辉煌的成就,但教育工作还存在着不少问题。陶行知当年提到的儿童教育六个方面存在的问题,仍然没有彻底解决。许多学生视野不开阔,很少有手脑并用的机会,遇事怕动脑筋,即使不懂也不敢提问题,活动的范围比较狭窄,功课太多,以致没有什么时间去干一点自己高兴干的事情。尤其是一些学校片面追求升学率,各种考试名目繁多,在学校教师督得紧,在家里家长管得严,造成学生学习负担过重。从小学到中学,一关又一关,一切都围绕着考试的指挥棒转,把一个个欢蹦乱跳的天真儿童,弄成了一个个脸无血色、缺乏朝气的"小老头"。这不仅严重摧残了儿童的身心健康,也毁灭了儿童的创造力。为了彻底改变这种状况,今天,我们仍然应该本着马克思主义的立场、观点和方法,从陶行知教育理论中汲取合理因素,大力开展教育改革,努力培养和开发学生的智力资源。只有这样,我们的后代才有前途,我们的社会主义现代化才有希望,我们的民族才能永远屹立于世界伟大民族之林。

教育实验思想

陶行知十分重视教育实验。受杜威实用主义教育思想(特别是其实验方法论)影响甚深的他,1917年回国后,便撰写并发表了《试验主义之教育方法》、《教育研究法》、《试验主义与新教育》、《试验教育的实施》等论文,将教育实验(他习称"教育试验")作为一种科学方法和活动提倡,并且领导开展了一系列教育实验,取得了令人瞩目的成绩。陶行知是近现代中国最早提倡教育实验的教育家之一,他在教育实验方面的经验和理论,值得今人重视。

教育实验是"发明之利器"

陶行知对教育实验的作用极为重视。在他看来,教育实验"设统系,立方法,举凡欲格之物,尽纳之于轨范之中。远者近之,微者大之,繁者简之,杂者纯之,合者析之,分者通之,多方以试之,屡试以验之。更较其异同,审其消长,观其动静,察其变化,然后因果可明,而理可穷也。故试验者,发明之利器也"。他进而断言,"试验虽不必皆有发明,然发明必资乎试验"。①

陶行知在考察了人文社会科学和自然科学的发展历程之后,对实验方法与科学发展之间乃至实验方法与社会进步之间的关系有了更深的理解。他认为:"故欧美之所以进步敏捷者,以有试验方法故;中国之所以瞠乎人后者,以无试验方法故。征之世界进步,试验方法既如此,不可废也,则其应用于教育界者,又何若哉?"就教育来说,它为"群学之一种,介乎形而上学、形而下学之间。故其采用试验方法也,较迟于物理、生物诸学。然近二百年来,教育界之进步,何莫非由试验而来?""是故试验之消长,教育之盛衰系之。"②由此可见,科学发展、社会进步、教育盛衰都与实验方法有密切关系。

教育实验应着眼现实,解决本国实际问题

陶行知认为教育实验不能从纯理论出发,应该将理论的探讨与本国实际问题的解决结合起来,这样才能收到实效。在他看来:

> 中外情形有同者,有不同者。同者借镜,他山之石,固可攻玉。不同者而效焉,则适于外者未必适于中。试一观今日国中之教育,应有而无,应无而有者,在在皆是。此非仅型外国之过欤?若能实行试验,则特别发明,足以自用;公共原理,足以教人。教育之进步,可操左券矣。③

---

① 陶行知:《试验主义之教育方法》,华中师范学院教育科学研究所:《陶行知全集》第1卷,湖南教育出版社1984年版,第59—60页。
② 陶行知:《试验主义之教育方法》,华中师范学院教育科学研究所:《陶行知全集》第1卷,湖南教育出版社1984年版,第60、61页。
③ 陶行知:《试验主义与新教育》,华中师范学院教育科学研究所:《陶行知全集》第1卷,湖南教育出版社1984年版,第94页。

陶行知所开展的教育实验,始终坚持从实际出发,解决本国教育改革中的现实问题。他在从事平民教育运动时,发现中国教育的难点和重点不在城市,而在乡村,因为"中国的乡村教育关系到全世界五分之一的人民",只有普及了乡村教育,才能真正提高中华民族的文化水平。而普及乡村教育又必先培养适应时代需要的新型乡村教师,所以他创办了试验乡村师范学校,试图通过乡村师范教育的实验,解决"中国今日教育最急切的问题"。正是由于十分注重随着现实生活的变化、社会实践的需要,随时间、地方、条件的变化而进行各种类型的教育实验,陶行知才创造出各种新的教育模式,如晓庄师范——乡村师范教育模式,山海工学团——普及教育和职业教育模式,育才学校——人才教育和创造教育模式,社会大学——成人业余教育模式等①。

教育实验须有缜密的计划,不可草率从事

陶行知认为,教育实验是一项严肃的事情,事关教育的成败。事先必有缜密的计划②,应有通盘考虑。对要解决的问题,要"知其要",即要清楚地知道教育实际工作中存在哪些问题,需要如何改进,以及如何逐步实施,达到实验的目的。如果"计划不确,方法无定,朝令暮改,偶尔尝试","无缜密的计划……不是真正的试验了"③。

陶行知从事各项教育实验,对此都十分注重。无论是晓庄师范,还是山海工学团、育才学校和社会大学,他都在事先进行调查研究的基础上制订了缜密的计划,对实验的各个环节作通盘考虑,统筹规划。同时,又能在实验过程中根据情况的变化及时调整实验设计和方案,以求最佳实施效果。

教育实验要得人,要有组织,要建立基地

陶行知认为,教育实验"第一要得人"④,即要有懂实验、会实验、视野开阔、胸襟博大的教育家来主持,那些"凭空构想者"、"武断从事者"、"不了

---

① 侯怀银:《陶行知论教育试验》,《教育科学研究》1994年第1期。
② 陶行知:《试验教育的实施》,华中师范学院教育科学研究所:《陶行知全集》第1卷,湖南教育出版社1984年版,第111页。
③ 陶行知:《试验教育的实施》,华中师范学院教育科学研究所:《陶行知全集》第1卷,湖南教育出版社1984年版,第111页。
④ 陶行知:《试验教育的实施》,华中师范学院教育科学研究所:《陶行知全集》第1卷,湖南教育出版社1984年版,第111页。

了之者"①是搞不好教育实验的。其次,教育实验还要有组织,依靠团体的力量,大家的智能,群策群力,集思广益,才能做得好。此外,还要建立实验基地,作为实验的场所。他认为实验基地就是实验学校。他对当时没有为"试验教育原理而设的"实验学校很不满,批评说:"现在所有的学校,大概都是按着一定的格式办的,目的有规定,方法有规定。变通的余地既然很少,新理安能发现?"②他建议,今后凡是师范学校及研究教育的机关,都应当注重实验的附属学校;地方上也应当按着特别情形,选择几个学校,做实验的中心点。他还特别强调师范学校应和附属小学"格外密接",认为"附属小学不但是实习的地方,简直是试验教育原理的机关。……是'教育学的实验室'"③。

张劲夫与农友在田间

陶行知开展教育实验,首先是找好一批有抱负、有理想、敢于创造、甘于奉献的人来做自己的战友和助手,如晓庄时期的赵叔愚、张宗麟,山海时期的马侣贤、张劲夫,育才时期的孙铭勋,社大时期的李公朴等。这些人是他事业上的同志、生活中的挚友。除了个人,他对团体在实验中的作用也十分看重。早年他从事教育改造运动,便依托中华教育改进社来进行,后来从事平民教育、乡村教育、普及教育、国难教育、民主教育等教育改革实验,便发起组织中华平民教育促进总会、乡村教育先锋团、普及教育助成

---

① 陶行知:《试验主义与新教育》,华中师范学院教育科学研究所:《陶行知全集》第1卷,湖南教育出版社1984年版,第94页。
② 陶行知:《试验教育的实施》,华中师范学院教育科学研究所:《陶行知全集》第1卷,湖南教育出版社1984年版,第110页。
③ 陶行知:《师范教育之新趋势》,华中师范学院教育科学研究所:《陶行知全集》第1卷,湖南教育出版社1984年版,第168—169页。

会、国难教育社和生活教育社等团体,作为他开展教育实验的组织依托。他对教育实验基地的建设也极为关心。他特约许多中小学和幼稚园作为实验学校,从事教育原理的实验工作。他还以晓庄师范、山海工学团、育才学校、社会大学作为其乡村教育、普及教育、人才教育、民主教育实验的实验基地,不断地验证、丰富和发展其生活教育理论。

教育实验应善用科学方法

陶行知认为教育实验是一种探索或验证真理的科学活动,只有善用科学方法,才能收到成效。

什么是科学方法呢?他提出:"科学方法是有步骤的,是有线索的。"① 从他所说的内容来看,科学方法包括观察法、试验法、比较法、统计法、测验法等。在他看来,观察法使人"观察愈力,则物感愈众";比较法能剖析、洞察"古今中外之异同,因果是非之轨迹,同时并观,了如指掌"②;统计法"将千万的事实征集起来,分类起来,表列起来,再把它们的真相关系一齐发现起来,然后乃能下他的判断";测验法"如治病的听肺器一样,可以看出病来。欲知病之所在,非测量不可"。统计法与测验法互相为用,"没有统计,也测不出来;没有测验,也统计不出来"③。各种科学方法都是"建设新教育的利器",各有长短。只有根据不同情况综合使用,才能收到良效。

从事实验者应具备科学精神、创造精神和拼搏精神

教育实验是一个探索真理、创造未来的过程。在这个过程中,充满了未知的事物,也充满了各种困难和阻力。陶行知认为,一个成功的教育实验者必须具备科学精神、创造精神和拼搏精神,才能战胜困难,克服阻力,达到预期目标。在他看来,所谓科学精神,就是指对任何问题都要想个透彻,多发疑问,不可武断盲从。知之为知之,不知为不知。在进行实验时,要有"数目的观念"④,切忌犯"差不多"这个中国人的老毛病。所谓创造精

---

① 陶行知:《教育与科学方法》,华中师范学院教育科学研究所:《陶行知全集》第1卷,湖南教育出版社1984年版,第291页。

② 陶行知:《教育研究法》,华中师范学院教育科学研究所:《陶行知全集》第1卷,湖南教育出版社1984年版,第67页。

③ 陶行知:《教育与科学方法》,华中师范学院教育科学研究所:《陶行知全集》第1卷,湖南教育出版社1984年版,第295页。

④ 陶行知:《教育与科学方法》,华中师范学院教育科学研究所:《陶行知全集》第1卷,湖南教育出版社1984年版,第292页。

神,就是"敢探未发明的新理","将试验精神,向那未发明的新理贯射过去……一心要把那教育的奥妙新理,一个个的发现出来"①。所谓拼搏精神,就是"不怕辛苦,不怕疲倦,不怕障碍,不怕失败"②,"视阻力为当然,失败为难免,具百折不回之气概,再接再厉之精神"③。

陶行知本人便是具有科学精神、创造精神和拼搏精神的杰出教育家。他在教育实验中始终坚持实事求是的科学精神,力避盲从武断,重视运用科学方法来解决问题。他还敢于探索新事物,每次实验都力求推陈出新,从实验中发现"教育之真理","发古人所未发,明今人所未明"④。他所创办的晓庄师范、山海工学团、育才学校、社会大学都是在不同环境、不同条件下进行的新实验和新探索。尤为难得的是,他一生所开展的各种教育实验,都是在极端艰难的条件下进行的,面临着各种难以想象的困难与阻力,但他从未犹豫退缩,始终以坚定的信心、昂扬的斗志去迎接挑战,终于取得了令人瞩目的丰硕成果,为中国的教育宝库贡献了一份厚重的礼物——生活教育学说。

性质与特征

生活教育学说的性质

"生活即教育"的性质

"生活即教育"原理,是生活教育学说的核心,是生活教育理论中具有本体论意义、体现其本质观的主张,也是陶行知教育学说中最易引起人们误解乃至曲解的一个思想。为了弄清其实质,这里有必要对社会上和理论界流行甚广的几种认识作出分析。

---

① 陶行知:《第一流的教育家》,华中师范学院教育科学研究所:《陶行知全集》第1卷,湖南教育出版社1984年版,第113页。

② 陶行知:《第一流的教育家》,华中师范学院教育科学研究所:《陶行知全集》第1卷,湖南教育出版社1984年版,第113页。

③ 陶行知:《试验主义与新教育》,华中师范学院教育科学研究所:《陶行知全集》第1卷,湖南教育出版社1984年版,第95页。

④ 陶行知:《智育大纲》,华中师范学院教育科学研究所:《陶行知全集》第1卷,湖南教育出版社1984年版,第72页。

其一,陶行知是把教育和生活画等号,把教育原始化、低级化吗?

如果从字面上讲,"生活即教育"当然是"生活就是教育"的意思。有人根据这一字面上的意思,认为陶行知的这一主张实际上是抹杀了教育同生活的区别,把两者完全等同起来。其实,这完全是一种误解。陶行知的确说过:"生活与教育是一个东西,不是两个东西。在生活教育的观点看来,它们是一个现象的两个名称。"[①]但这是讲生活与教育具有某种深刻的、内在的同一性或一致性,生活与教育经历着同一过程,教育不能脱离生活,生活也离不开教育,而并非把生活与教育简单地等同起来,完全看成一码事。

我们认为,对于陶行知的"生活即教育"原理(包括他的其他原理和思想),不能仅仅根据其字面上的意思就下断语,而应根据他当时提出、形成、实施这些主张的历史条件、时代特点和他本人的论述做出全面、准确、客观的分析。前面说过,在陶行知提出、形成和实施其教育主张之前,在人类社会教育发展史上,教育与生活的关系经历了一个由融合到分离的过程。进入阶级社会以后,学校教育便被剥削统治阶级所垄断,脑力劳动成了剥削阶级的事情,只有剥削阶级的子弟才能入校学习,学校教育成为人们进行阶级统治的工具,而劳动人民子弟则被排斥在学校大门之外。劳动人民基本上还是通过父传子、师带徒的形式,在生产劳动和社会实践中接受教育。在学校教育的教育内容上,主要传授统治阶级思想和统治者的治人之术,几乎与社会生活实际没有什么直接联系。进入近代社会以后,中国的文化教育虽然在西方文化教育的猛烈冲击下开始发生某些变化,但教育脱离人民、教育脱离生活的状况却没发生根本性的改变。正是针对半殖民地半封建社会中国传统教育和洋化教育这两个根本弊端,同时又考虑到当时人民大众接受教育的实际情况,陶行知才提出"生活即教育"的主张。

此外,从当时的时代特点来看,近代中国社会在帝国主义(尤其是日本帝国主义)的侵略下,正日益走向殖民地化。反帝反封建、争取民族解放和民主自由成为时代的中心课题。但学校教育的教育内容严重脱离社会现实,完全不能适应人民大众反帝反封建革命斗争的需要。只有人民大众自

---

① 陶行知:《教学做合一下之教科书》,华中师范学院教育科学研究所:《陶行知全集》第2卷,湖南教育出版社1985年版,第288页。

身的社会生活实践,才能真正满足这种需要,才是最好的教育内容。

而且,就连陶行知本人也是明确反对以生活等同教育、取消教育的。1936年,他在谈到某些人对"生活即教育"的误解时说:"有人说,生活既是教育,那么,便有生活即有教育。又何必要我们去办教育呢?他这句话,分析是对的,断语是错的。我们承认自古以来便有生活即有教育。但同在一社会,有的人是过着前进的生活,有的人是过着落后的生活。我们要用前进的生活引导落后的生活,要大家一起来过前进的生活,受前进的教育。前进的意识要通过生活才算是教人真正的向前去。"①他又说:"教育是生活反映出来的影子。""是好生活即是好教育;是坏生活即是坏教育;有目的的生活即是有目的的教育;无目的的生活即是无目的的教育;有计划的生活即是有计划的教育;无计划的生活即是无计划的教育;合理的生活即是合理的教育;不合理的生活即是不合理的教育;日常的生活即是日常的教育;进步的生活即是进步的教育。"②这些话的意思是说,生活是一个整体,教育是一个局部,生活包括教育,而不等同于教育,更不能取消教育。生活本身也有内容、性质的不同,有前进的生活,也有落后的生活;有革命的生活,也有反动的生活。但同一社会里,有的人是过着前进的、革命的生活,有的人则过着落后的甚至反动的生活。教育者要用前进的生活来引导落后的生活,用革命的生活来改造反动的生活,使大家一起来过前进的、革命的生活,受前进的、革命的教育。只有这种前进的、革命的生活,才真正含有教育的意义。教育者应该办的教育,就是这种前进的、革命的教育。他所反对的或取消的,是落后的、反动的教育,而不是教育本身。

值得注意的是,陶行知在用英文表示"生活即教育"、"社会即学校"时,一般都是用关系词"as"而非"is"来表示生活与教育、社会与学校的关系。比如,1938年9月,他应印度民族运动领袖甘地之邀,用英文为之撰写《中国大众教育运动》时,文中所写的便是"Life as Education","Society as School"。在1938年的《中国》和1945年的《全民教育》这两篇英文论著中,他也是用"Society as the School"或"Society as School"来表示"社会即

---

① 陶行知:《生活教育之特质》,华中师范学院教育科学研究所:《陶行知全集》第3卷,湖南教育出版社1985年版,第27页。
② 陶行知:《晓庄三岁敬告同志书》,华中师范学院教育科学研究所:《陶行知全集》第2卷,湖南教育出版社1985年版,第209页。

学校"。① "as"与"is"虽一词之差，但含义颇有出入。"as"的意思是"似"，"is"的意思为"是"。"as"是一种类比，表示两件不同事物像是一个东西。陶行知在不同时期、不同情况下都用"as"而不是"is"来表示生活与教育、社会与学校的关系，说明陶行知在使用这些意思接近而又颇有差异的英文词语时，经过了深思熟虑、反复斟酌，绝非偶然的信笔为之、随便搭配。这显然是仿效乃师杜威"教育即生活(Education as Life)"、"学校即社会(School as Society)"的精细用法。从陶行知对英文词语"as"的使用中，我们也可窥知他强调的是生活与教育、社会与学校的同一性或一致性，而并非把生活与教育简单地等同起来，完全看成一码事。

其二，陶行知的"生活即教育"不过是杜威"教育即生活"的"翻版"吗？

陶行知的"生活即教育"是对杜威的"教育即生活"的直接改造。有人据此认定"生活即教育"与"教育即生活"并无根本不同，半个筋斗并没有跳出杜威的窠臼，不过是杜威"教育即生活"的翻版而已。其实，这也是一种误解。

不错，陶行知的"生活即教育"是对杜威"教育即生活"直接改造的结果。但应看到，它更是陶行知长期反传统教育和洋化教育实践的产物，是陶行知针对20世纪上半叶中国社会和教育的具体实际而提出来的。这就决定了陶行知的"生活即教育"与杜威的"教育即生活"不仅是字词的颠倒，而且在内容、性质上有着根本区别。

首先，"教育即生活"宣扬的是教育无目的论，认为教育目的是在教育过程之中，而不是在教育过程之外，主张抓住现实，不要强调"遥远的将来"，抓住一个一个具体的行动，达到一个一个具体目标，以应付眼前的事变就是目的。而"生活即教育"则主张教育是有目的的，旗帜鲜明地提出教育应"促进自觉性之启发，创造力之培养，教育之普及，生活之提高"，指出教育是民族解放、大众解放、人类解放的工具，应为反帝反封建、争取民族解放和民主自由的伟大斗争服务。

其次，"教育即生活"的对象主要是指儿童，指在学校学习的学生，意图在于使学校更多顾及儿童的生活，使学校不用成人生活的标准去要求儿童，使儿童不仅仅为未来的生活做准备。而"生活即教育"的对象，则不仅

---

① 参见华中师范学院教育科学研究所：《陶行知全集》第6卷，湖南教育出版社1985年版，第513、538、567、572页。

指儿童,而且还指一切成人,包括工人、农民、城市贫民、军人、妇女乃至和尚道士等,对象和范围要大得多,旨在将一切人都纳入教育的对象。

育才的孩子们在做体操训练

又次,"教育即生活"只是把社会上的"生活"引入学校,这还不是真正的社会生活。"生活即教育"则是拿进步的生活去改造落后的生活,拿整个的生活去解放褊狭的生活,拿全部生活去做教育的材料;或言之,是以人民大众改造社会、征服自然的全部社会实践去做教育的内容。

再次,"教育即生活"将教育和生活关在学校大门里,使教育与丰富多彩的社会生活相隔绝,教育的场所就是学校。而"生活即教育"则主张到处是生活,即到处是教育;整个社会是生活的场所,亦即教育的场所。这就扩大了教育的范围和场所,从根本上改变了教育的概念。

最后,"教育即生活"认为学校的功能是"把现存的社会风俗纯化和理想化",旨在保存和巩固资本主义社会的秩序,防止产生对资本主义的离心力量,而"生活即教育"则主张教育要为人民大众反帝反封建的革命斗争服务,为建立民主自由的新中国服务,为人民大众谋利益。

由此可见,陶行知的"生活即教育"并不是杜威"教育即生活"的翻版,两者在宗旨、对象、内容、性质上有着根本的不同。当然,指出它们之间的本质差异,并不意味着两者就没有任何共同之处。事实上,两者都是以反对形式主义的传统教育为基本旨趣的,都强调生活与教育的一致性,主张教育要密切联系生活实际并为社会发展服务。陶行知的"生活即教育"相比杜威的"教育即生活"具有崭新的思想内容和性质。

总之,陶行知的"生活即教育"既不是把教育与生活画等号,把教育原始化、低级化,也不是杜威"教育即生活"的翻版、与"教育即生活"没有什么根本不同。它以反对传统教育和洋化教育、建立新型的人民教育为宗旨,强调生活与教育的一致性,认为生活含有教育的意义和作用,教育应以生活为中心,通过生活来进行,教育决定于生活并反作用于生活,主张教育要与社会生活相联系,教育要与生产劳动相结合,教育要为人民大众谋利益,为反帝反封建、建立民主自由的新中国服务,这就是"生活即教育"的实质。

"社会即学校"的性质

作为"生活即教育"的自然延伸,"社会即学校"也是生活教育理论的基本内容之一,是生活教育理论的场域论。与"生活即教育"一样,"社会即学校"也经常引起人们的误解乃至曲解。

其一,陶行知是要取消学校,让教育倒退到学校出现以前的原始落后状态去吗?

如果从字面上讲,"社会即学校"当然是"社会就是学校"的意思。有人据此认定陶行知的这一主张,是忽视了学校与社会的差异,没有看出学校教育的特殊性,把两者完全等同起来。显然,这是一种误解。陶行知这一主张的本意,是强调学校与社会具有某种深刻的、内在的同一性或一致性,社会离不开学校,学校也不能脱离社会,绝无将两者等同起来,进而取消学校的意思。

上文说过,对于陶行知"生活即教育"原理,不能仅仅根据其字面上的意思就下断语,而应根据他当时提出、形成、实施这些主张的历史条件和时代特点及他本人的论述做出全面、准确、客观的分析。这一基本原则对于考察"社会即学校"也是完全适合的。

应该看到,陶行知提出"社会即学校"的时代,正是中国在帝国主义侵略下日益走向殖民地化的时代。其时民族救亡是压倒一切的中心任务。但是,无论是传统的还是洋化的学校教育,都严重脱离社会实际生活,脱离人民大众,这就不能满足人民大众反帝反封建革命斗争的需要,并且还起着相反的阻碍作用。正是针对传统教育和洋化教育的弊端,从推广大众教育的目的出发,同时又充分考虑到人民大众的现实处境,陶行知才提出"社会即学校"的。

事实上,陶行知本人是明确反对以社会等同学校、取消学校的。他在1940年8月10日至潘畏三信中的一段话,颇能说明这个问题。他在说到师范教育时说:"现在师范学校虽有缺点,我们的任务是改造不是取消。说得更正确点的话,我们应该就学校这种特殊机构予过去的师范教育以改造。过去我们办晓庄试验乡村师范便是这个意思。"他并明确指出:"说我们是在企图取消学校教育了(这是带着一种挑拨性的话),而这绝非我们的本意。"[1]纵观陶行知一生,他都在不停地办学校。办了安徽公学办晓庄师范,办了晓庄师范又办山海工学团,办了山海工学团又办育才学校和社会大学。他所办的学校不仅数量多,而且类型广,既有幼儿园、中小学,又有师范学校和特殊教育学校,还有成人大学、开放大学等。在中国教育史上,迄今为止还找不到有哪个教育家办学有他那么多而广。遍览他的所有言论,也找不出他主张取消学校的片言只语。所以,这种说法如果不是恶意曲解,那就是无意误解,应得到澄清。

其二,陶行知的"社会即学校"与杜威"学校即社会"是"一脉相承"吗?

有人根据陶行知的"社会即学校"是对杜威"学校即社会"直接改造而来这一点,断言"社会即学校"与"学校即社会"仍然是一脉相承,相去不远。其实,这也是一种误解。

必须指出,"社会即学校"虽然是陶行知对杜威"学校即社会"直接改造的结果,但它更是陶行知在反传统教育和洋化教育的斗争中,从推广大众教育的目的出发,考虑到人民大众的现实处境而提出的。也就是说,前者只是"流",而后者才是"源"。"源"、"流"不辨,已属欠妥;倒"流"为"源",更不应该。

实际上,这两个命题所包含的思想,也是根本不同的。杜威的"学校即社会",是把学校作为社会的雏形,用陶行知的比喻说,这不过是在一个大鸟笼里搁上些假山石和花草树木罢了,学生依然被困于鸟笼之中而不得解放;而陶行知的"社会即学校",则是把广阔的丰富多彩的社会生活与学校教育打通,把学校办成一座大学校,使"教育的材料,教育的方法,教育的工

---

[1] 陶行知:《我们不是企图取消学校教育——致潘畏三》,华中师范学院教育科学研究所:《陶行知全集》第5卷,湖南教育出版社1985年版,第619页。

具,教育的环境,都可以大大增加,学生、先生也可以更多起来"①。如果说,杜威的"学校即社会"是"不自然的、虚伪的和无力量的"教育,那么,陶行知的"社会即学校"就是真正的"创造的教育"②。

总之,陶行知的"社会即学校"既不是要取消学校,让教育倒退到学校出现以前的原始落后状态中去,也不是与杜威的"学校即社会"毫无区别地一脉相承,它的实质就是运用社会各方面的力量,建立社会和学校的联系,创办人民大众所需要的学校,培养出适合社会各方面需要的人才,更好地为反帝反封建的民族民主革命斗争服务。

"教学做合一"的性质

值得注意的是,陶行知的"教学做合一"主张不仅仅是指一种教育方法的原理和原则,也指根据此原理和原则派生出来的一系列具体教育方法,如"小先生制"、集体主义之自我教育法等。所谓"小先生制",即是以小孩子做教师,利用识字的小孩教授不识字的小孩或成人,以解决普及教育运动中师资奇缺的困难。这种方法不是"把一班小学生交给一个小先生去领导",不是用小孩去代替传统班级的教师,也不是关在学校内由"大同学教小同学","他的职务是教人去教人"。一个小先生教会两个人识字,这两个人又去教其他不识字的人。这样,像滚雪球一样,不断地"教人去教人"③,普及教育的力量就越来越多,越来越大。所谓"集体主义之自我教育法",是指建筑在集体生活基础上的一种自我教育方法。这种方法"打破了教育与传统学校之必然联结",凡是"集体生活所在的地方,就是教育所在的地方","凡是集体的组织都可以成为学校"④。义勇军救护队、救亡剧团、壮丁训练处、伤兵医院、难民收容所等都是学校。在这些学校中,通过集体生活,实行"自觉觉人",在一切为了争取抗战胜利的总目标下,厉行批评与自我批评,开展集体主义和民主精神的训练,以充分培养和增强抗战建国的

---

① 陶行知:《社会即学校——三答操震球之问》,华中师范学院教育科学研究所:《陶行知全集》第 2 卷,湖南教育出版社 1985 年版,第 201 页。

② 陶行知:《创造的教育》,华中师范学院教育科学研究所:《陶行知全集》第 2 卷,湖南教育出版社 1985 年版,第 617 页。

③ 陶行知:《怎样指导小先生》,华中师范学院教育科学研究所:《陶行知全集》第 2 卷,湖南教育出版社 1985 年版,第 657 页。

④ 王洞若:《集体主义的自我教育》,北京市陶行知研究会:《陶行知研究》,湖南教育出版社 1987 年版,第 264 页。

力量。"小先生制"、集体主义之自我教育法等具体方法丰富和充实了"教学做合一"的原理和原则,使之在"五四"以后中国教育的改革与发展中产生了积极影响。

小先生教邻居小孩读书

如前文所述,陶行知对中国教育的诸多方面都作过相当深入的探索,并形成了一套比较完整的观点和看法。他在民主教育、科学教育、创造教育、乡村教育、民族教育、女子教育、幼儿教育、职业教育、师范教育、高等教育、全面教育、终身教育等方面的理论与实践,不仅对"五四"以后中国教育的发展产生了重要影响,而且,许多观点和看法在今天仍有其一定的理论价值,值得研究与借鉴。

生活教育学说的特征

"生活即教育"的特征

"生活即教育"是陶行知教育学说中的核心思想和基本原理,是陶行知在反对传统教育和洋化教育的长期斗争中,在批判地继承杜威的"教育即生活"思想和总结自己教育实践经验的基础上产生的。它的出现给"五四"以后中国新教育的发展带来了深刻影响,更新了人们对教育、生活以及两者关系的认识,反映出教育的一些规律性的东西,不仅在历史上起过积极作用,而且对我们今天的教育仍具有重要的现实意义。

第一,"生活即教育"给"五四"以后中国新教育的发展带来了深刻影响。

在"五四"以前的中国历史上,教育一直被剥削阶级所垄断,只有统治阶级的子弟才能入校学习,劳动人民子弟则被拒之于学校大门之外。学校的教育内容主要是儒家经典,以文字和书本为中心,严重脱离社会生活实际。教育脱离人民、教育脱离生活,是中国传统教育的两个主要弊端。

为了改变这种状况,近代中国的许多有识之士曾经提出过种种主张和设想,作出过种种努力,但终因各种主客观原因而收效甚微。五四运动期间,乘民主思潮高涨之机,陶行知怀着使全中国人民都受教育的宏愿,开始从事其改造中国社会和教育的伟大实践,登上了现代中国的历史舞台,他与同时代的众多有识之士一道,演出一幕幕有声有色、威武雄壮的活剧。

他针对传统教育和洋化教育脱离人民、脱离生活的弊端,举起"生活即教育"的大旗,主张教育要和社会生活相联系,教育要与生产劳动相结合,教育要为人民大众服务,这就给"五四"以后的中国教育界带来了一场思想观念上的伟大革命,极大地影响了现代中国的教育发展。

"生活即教育"主张教育要与社会生活相联系,反对教育脱离社会生活实际,这就击中了传统教育和洋化教育的要害。旧教育的基本特征就是"死",就是和生活脱离。陶行知看清了这一点,针锋相对地提出教育必须和生活结合,生活是教育的灵魂和生命。他把教育的范围由学校扩大到整个社会,以人民大众的全部生活实践为教育的内容,从而把教育从狭小的范围内彻底地解放了出来,改变了以往人们对于教育、生活及其相互关系的陈旧认识,在人们思想观念深处造成了一场"强烈地震"。

"生活即教育"主张教育要为人民大众服务,反对教育只为少数贵族少爷、小姐服务。陶行知说:"我们要求教育机会均等。"[①]"无论什么阶级,都要有受教育的机会。受教育的机会被剥夺最多的是农工及子弟。""民主教育是要力求农工劳苦阶级有机会受教育。"[②]让工农大众及其子弟受教育,这就把教育权从统治阶级手中夺了回来,交还给了人民大众,为"五四"以后中国新教育的发展指明了正确方向。

"生活即教育"的思想与当时反动统治思想是相对抗的,在实质上与马

---

① 陶行知:《民主教育》,华中师范学院教育科学研究所:《陶行知全集》第3卷,湖南教育出版社1985年版,第569页。

② 陶行知:《实施民主教育的提纲》,华中师范学院教育科学研究所:《陶行知全集》第3卷,湖南教育出版社1985年版,第542页。

克思主义的教育观息息相通。它的思想内核,如教育要与社会生活相联系、教育与生产劳动相结合、教育为人民大众服务的思想,已被新中国的教育理论所吸收,并被融合和体现在政府的一系列方针政策之中,成为中国特色社会主义教育理论体系的一个重要的组成部分。

第二,"生活即教育"对我们今天的教育仍具有重要的现实意义。

"生活即教育"原理所反映出教育的一些规律性的东西,不仅在历史上起过积极作用,而且对我们今天的教育仍具有不可忽视的理论价值和实践价值。"生活即教育"强调生活与教育的一致性,认为生活含有教育的意义和作用,提出教育以生活为中心,通过生活来进行,承认教育决定于生活而又反作用于生活,主张教育要与社会生活相联系,教育要与生产劳动相结合,教育要为人民大众服务,这些思想都含有许多值得借鉴的合理成分,有助于我们进一步认识教育的对象、内容和途径,认识教育、生活及其相互关系,进一步加强教育与社会生活的密切联系,使教育更好地为人民大众服务,为社会主义现代化建设服务。

当然,作为一种特定社会历史条件下的产物,由于时代和个人两方面的原因,"生活即教育"在理论上和实践上还存在着一些不足之处。如对生活与教育的联系说得比较多,而对两者之间的区别(或差异)说得比较少。此外,过去有些人、有些地方在实施这一原理时,曾经由于认识不够、经验不足,而发生过一些偏颇。但这些都是需要从当时那种特定的时代背景来加以理解的,不能过于求全责备,更不能不分青红皂白地把什么偏颇都算在陶行知的账上。

"社会即学校"的特征

"社会即学校"是陶行知在反传统教育和洋化教育、提倡新型教育的过程中形成的一种重要思想。其作为"生活即教育"思想在理论上自然延伸,界定了"生活即教育"的范围,构成了"生活教育"的场域论和范围论,丰富和完善了陶行知的生活教育学说。它一产生便极大地震撼了中国的教育界,给旧的学校观和教育观带来了根本性冲击,有力地配合了中国人民大众反帝反封建的伟大斗争。即使在今天,"社会即学校"思想对于当前的教育改革仍具有宝贵的理论参考价值。

第一,"社会即学校"彻底改造了旧的学校观和教育观。

在传统社会里,教育权被统治阶级所垄断,学校始终为少数统治者及其子女服务。学校也一直被视为少数士大夫子弟接受封建伦理道德和文化知识教育的特殊场所,学校与人民、学校与社会之间被垒起了一道不可逾越的高墙。近代以来,若干有新思想的先进人士从西方引进了新兴教育理论,提出教育要面向生活,学校应联系社会实际。这固然在某种程度上冲击了封建教育思想,但并未真正改变旧的学校观和教育观。学校与人民、学校与社会之间,仍然横亘着一道巨大的鸿沟。

有鉴于此,陶行知从推广大众教育的目的出发,在充分考虑到人民大众现实处境的基础上,明确提出了"社会即学校"的思想,他一方面主张把整个社会作为学校,整个生活作为教育;另一方面又强调学校教育不能关门办学,必须与整个社会生活联系起来,这就从根本上改变了以往人们对于学校的认识,丰富了"学校"这个概念的内涵,扩大了它的外延,彻底改造了旧的学校观和教育观,使学校与人民、学校与社会之间真正地联结在一起,适应了近代中国社会发展的需要。

还应指出,"社会即学校"思想不仅与当时反动统治思想相对抗,也在实质上与马克思主义者对教育事业所理应坚持的主要原则有共同之点。陶行知的整个教育思想(特别是他的"社会即学校"思想)不同于前人之处,就在于他虽然特别重视学校教育,却始终从我国整个社会着眼,从广大人民群众的实际需要着眼,而且无论是谈社会还是谈学校的教育,都是以社会实践为依归,尤其是在后期,更是以革命的社会实践为中心,来处理各种教育问题。这种从广义的教育观点来看待教育,紧密结合社会实践,在办教育的过程中充分考虑人民大众的现实处境和迫切需要的思想,与马克思教育思想的基本精神是一脉相通的。

我们知道,马克思主义者在推翻资产阶级统治、建立无产阶级专政的政权以前,除宣传共产主义,批判资本主义,批判旧教育等外,只能要求"用社会教育代替家庭教育"、"对一切儿童实行公共的和免费的教育"和"把教育同物质生产结合起来"[①],积极依靠部分进步文化教育工作者开展社会文化教育,提高人民大众的思想文化水平,培植改变现实社会条件的社会物质基础,根本不可能指望资产阶级教育为无产阶级服务。列宁在俄国革

---

① 马克思、恩格斯:《共产党宣言》,中共中央马克思恩格斯列宁斯大林著作编译局:《马克思恩格斯选集》第1卷,人民出版社1972年版,第273页。

命取得胜利后不久,曾明确指出:"教师不能把自己限制在狭隘的教学活动的圈子里。教师应该和一切战斗着的劳动群众打成一片。新教育学的任务是要把教师的活动同建立社会主义社会的任务联系起来。"①他非常重视社会教育,多次召开社会教育处长会议,反复强调社会教育对于改造整个生活具有重要意义。中国共产党人也一贯重视社会实践教育,毛泽东、邓小平等人都强调要把解放军以至全中国办成大学校,都把实干中的学习看成更重要的学习。凡此种种,都从一个侧面说明陶行知教育思想(特别是其"社会即学校"思想)是与马克思教育思想相吻合的。

第二,"社会即学校"为当代教育改革提供了理论借鉴。

"社会即学校"在旧中国的教育界刮起了一阵"思想飓风",猛烈冲击了旧的学校观和教育观,完全改变了人们以往有关学校和教育的看法,有力地推动了教育文化向下层民众的转移。这是一个了不起的历史贡献。但是,贡献归贡献,这一思想在教育理论上是否站得住脚?或者说,它是否真正符合教育的客观规律呢?回答是肯定的。

"社会即学校"一反传统的学校观和教育观,特别强调社会与学校的一致性,认为社会含有学校的意味,学校也含有社会的意味,既提倡学校教育敞开大门,面向社会生活,为人民大众服务,又主张把整个社会都办成学校,把人民大众的生活场所都当成教育的场所,提出学校与社会互相影响,共同进步。尤其是无论是谈社会还是谈学校的教育,其都始终以现代中国的社会实践为依归,重视教育与社会实践的联系,等等。这都在一定程度上反映出教育的若干规律性的东西。因此,它在理论上是能够成立的,在实践上也是可行的。

新中国成立以来,在中国共产党的正确领导和全国人民(特别是广大教育工作者)的共同努力下,我国的社会主义教育事业取得了举世公认的辉煌成就。但也无可否认,目前学校自学校、社会自社会、学校脱离社会实践的状况仍较普遍。针对这种状况,我们在坚持马克思教育思想基本原则的同时,完全应该借鉴和吸取陶行知"社会即学校"思想中的合理因素,以推动当代中国教育改革的深入开展。

---

① 列宁:《在全俄国际主义教师代表大会上的演说》,中共中央马克思恩格斯列宁斯大林著作编译局:《列宁全集》第27卷,人民出版社1958年版,第418页。

第三,"社会即学校"符合未来教育的发展趋势。

当今时代,世界教育正由传统的小教育走向新型的大教育。而这种大教育的基本特征之一,便是社会化的教育,即教育的社会化和社会的教育化。这种社会化的教育,是对传统的学校教育在空间上的极大扩展。

随着科学技术和经济、社会的发展,学校与社会交往的机会大大增多起来。一方面,教育自觉地走出学校的大门,主动渗透到社会文化细胞中去。教育不再仅仅是教育部门的事,它已成为社会的、公共的事业,广泛地依靠社会各方面的力量来进行,教育日益社会化。另一方面,社会也逐渐教育化,成为一所"大学校"。社会文化的每个细胞都包含着教育的因素,承担着教育的责任。社会通过各种形式的教育来影响社会成员,使之成为学校教育的补充。换句话说,除了学校的正规教育外,所有政府部门、机关团体、工厂、农村、军队、商店、街道等每一个社会基层单位,都在对人们进行各种各样的教育,社会上的每一个人随时随地都在接受各种各样的教育。而学校也将成为社会文化中心,学校的一切设备和图书资料都向社会开放,学校的成员也承担部分社会教育的任务。

小先生到茶馆教识字

社会化的教育,还突出体现在学校教育不再是唯一的教育,学校教育与社会教育、家庭教育逐步形成了三足鼎立的态势,受教育的覆盖面正在逐步扩大。学校几乎是小教育学生的唯一信息来源,而且他们主要是获取知识信息。而大教育学生还可以从电视、录像、广播、收音、录音、电影、戏剧、书籍、报刊乃至网络等多渠道获取各种各样的信息,学生成才依附于学校、社会和家庭这三位一体的教育。

世界教育发展的上述情况,正是陶行知早在九十年前所心向往之并一贯提倡的,历史已经证明并且还将继续证明,陶行知的"社会即学校"思想,是符合未来教育发展的基本趋势的,是极有生命力的一种教育主张。陶行知的这一思想,不仅是对中国教育也是对世界教育的一大贡献,世界各国的教育工作者都将从中汲取有益的思想养分。

毋庸讳言,陶行知的"社会即学校"思想并不是完美尽善的。由于这一思想是针对旧的学校观提出的,这就难免对旧的否定较多而肯定较少,容易在否定旧学校观的糟粕的同时连其某些精华也否定了。同时,陶行知的追随者们当年在推行"社会既学校"思想主张时,由于受到许多条件限制,以致在某些具体的措施办法方面,出现了这样那样的过与不及。这些都值得后人引以为鉴。当然,瑕不掩瑜。就总体而论,"社会即学校"思想是正确的,值得我们很好的学习、研究与运用。

"教学做合一"的特征

值得注意的是,陶行知提出"教学做合一"的主张之后,在当时的教育界引起了人们的广泛关注。有的持完全赞同的态度,认为该主张在教育实际中具有普适性,建议将之从学校教育推广、运用到民众教育中去。陈礼江断言:"只有民众教育才算是以'宇宙为教室,万物为导师,生活为课程'。只有民众教育才能运用'教学做合一'的方法,建造大众的新生命。"[①]

但是也有些教育工作者对"教学做合一"的主张在文字表述上持保留意见。有的干脆就将之改为"做学教合一"。宝山县立师范学校教师孙伯才在1928年春考察了陶行知实验其生活教育思想的基地——晓庄师范之后,认为"教学做合一"的提法不如"做学教合一"明确和醒目。他说:

> 这做学教合一与教学做合一,在原则上本是同出一辙的,不过那教学做合一很会引起人的误解,以为是由教而学,由学而做,一种演绎的说法;做学教合一比较醒目一些,因为做是生活的手段,由做上学,由做上教,不致误会到"做"是教学后之一种附属物。一般的人们对于做学教合一的认识,往往要弄到"做"与"教

---

① 陈礼江:《民众教育的哲学基础》,《山东民众教育月刊》1931年第1期。

学"分家,假使做与教学分了家,那便是把生活与教育分了家,这是做学教合一原则的罪人。

他还认为:

>我们既以自然的社会的生活环境做教育的中心题材,我们便在这自然的社会的生活环境中活动。这活动就是"做"。我们从做上学,我们从做上教。怎样做,我们就怎样学;怎样学,我们就怎样教;做什么,我们就学什么;学什么,我们就教什么。质言之,做是学习之动机,也是教的出发点。这样,做学教合一才是切合实际生活的教育。①

正因如此,宝山师范是以"做学教合一"来标示的,与晓庄师范的"教学做合一"原则上一致而提法上有别,显得格外引人注目。

对于宝山师范的这种"标新立异"之举,陶行知不但毫不介意,相反倒以赞赏的口吻予以某种肯定。陶行知在一次关于"教学做合一"的演讲中,曾专门提及此事,谓"'做'既占如此重要的位置,宝山县立师范学校竟把教学做合一改为做学教合一,这是格外有意思的"②。他还在一次晓庄师范为宝山师范学生参观团举行的欢送会暨同乐会上诚恳地表示:"我很希望我们两校象兄弟一般,携着手共同为中国乡村教育立一基础起来。"③

还应该看到,陶行知的"教学做合一"与杜威的"做中学"是有本质不同的。陶行知的"教学做合一"是以"行是知之始,知是行之成"这种具有唯物主义因素的认识论为依据的,而杜威的"做中学"则是以主观唯心主义的经验论为基础的。在教学的理论和实践上,前者所说的"做",是同"教"与"学"紧密结合,三位一体的;后者所说的"做",却同"教"与"学"无内在的联系。至于在教育目的方面,两者更是大相径庭。杜威的"做中学"旨在培养能够适应资本主义社会发展需要的人才,而陶行知的"教学做合一"则旨在

---

① 孙伯才:《"做学教合一"之理论与实际》,《教育杂志》1928 年第 11 期。
② 陶行知:《教学做合一》,华中师范学院教育科学研究所:《陶行知全集》第 2 卷,湖南教育出版社 1985 年版,第 43 页。
③ 陶行知:《共同为中国乡村教育立一基础起来》,华中师范学院教育科学研究所:《陶行知全集》第 2 卷,湖南教育出版社 1985 年版,第 69 页。

反对"死的书本"的"伪知识",求得"实际生活"的真知;反对老八股、洋八股教育把学生培养成"只会读书不会做事"的"书呆子"、"字纸篓",而要培养"在劳力上劳心",能运用"活的知识",有"行动"能力、有"生活力"、有"创造力"的新人。

历史作用及其现代价值

陶行知在九十多年前创立的生活教育学说,不仅对我国新民主主义的革命教育发挥过积极的历史作用,而且对于今天我国社会主义教育事业的发展仍有重要的现实意义。我们应该珍惜这份宝贵的思想遗产,充分发掘其合理因素,为建立具有中国特色的社会主义教育体系服务。

作为一种与现代社会生活相适应的教育学说,生活教育在许多方面都反映了教育发展的客观规律,蕴含着不少合理因素,它的现代大教育观、主体教育论、生活课程论、实践教学法和终身教育论等,可为我国社会主义教育理论体系提供丰富的思想养分。

第一,"生活即教育"、"社会即学校"——现代大教育观。

生活教育学说的基本主张是"生活即教育"、"社会即学校",认为生活含有教育的意义和作用,教育应以生活为中心,通过生活来进行,生活决定教育,教育改造生活,整个的生活要有整个的教育,而且"到处是生活,即到处是教育;整个的社会是生活的场所,亦即教育之场所"[①]。该观点主张冲破学校与社会之间的"高墙",把学校的一切伸延到大社会乃至大自然中去,促进封闭式的教育逐步向开放式的教育转变,使学校与社会、教育与生活密切结合,培养真正适合社会需要的各种人才,让教育真正成为推动社会进步的力量。这种把教育深深植根于整个人类社会生活的教育观,无疑是对传统的把教育与学校完全等同的"小教育观"的彻底否定。它是一种与现代社会生活相适应并为之服务的新型的现代大教育观。这种教育观,从横向上看,打通了学校教育与家庭教育、社会教育,使社会成为一所新型的"大学校";从纵向上看,将个体受教育的时限从短暂的学校教育阶段延

---

① 陶行知:《生活教育》,华中师范学院教育科学研究所:《陶行知全集》第2卷,湖南教育出版社1985年版,第633—634页。

展到个体的终身,主张个体的生活教育就是个体的终身教育,其核心是社会化的教育和终身化的教育,而这两点正是现代大教育的基本特征。

第二,培养"真善美的活人"——主体教育论。

针对传统教育的弊端,陶行知从反帝反封、争取民族解放国家富强的总目标出发,把社会发展的客观需要与受教育者的特点结合起来,把社会发展与人的发展统一起来,提出了培养"真善美的活人"这一主张。培养"真善美的活人"具有两层含义:一是受教育者在德、智、体、美、劳几方面的和谐发展,用陶行知的话说,要做一个"真善美的活人"必须具有"康健的体魄、农人的身手、科学的头脑、艺术的兴味、改造社会的精神";二是具有主体意识、独立个性、开拓精神和创造才能的"活人"。为了培养这种"真善美的活人",他非常重视受教育者在教育中的主体地位和作用,重视学生的个性全面发展、潜能的充分发挥和主体性的提高,强调"心、脑、手并用。学政治、学经济、学文化相结合。健康、科学、劳动、艺术及民主将构成和谐的生活"①。由此可见,培养"真善美的活人",既是陶行知生活教育学说的教育目的论,又是一种具有现代理论特质的主体教育论,是一种以人为中心的、民主的、全面的教育。它符合弘扬人的主体性、提高人的素质的现代教育的发展趋势,可以为具有中国特色的社会主义教育理论体系提供有益的思想营养。

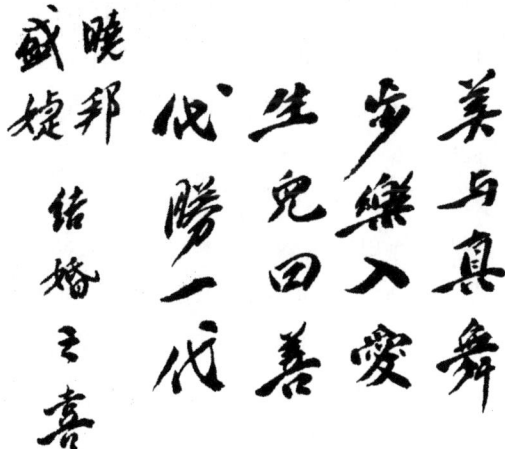

陶行知追求真善美合一。图为他为两位学生结婚所作的贺诗

---

① 陶行知:《全民教育》,华中师范学院教育科学研究所:《陶行知全集》第3卷,湖南教育出版社1985年版,第554页。

第三,"教育以生活为中心"——生活课程论。

传统教育以文字和书本为中心内容,这些文字和书本主要记载寓剥削阶级统治术于其中的社会历史知识、圣人之言和祖先遗教之类的剥削阶级意识形态以及相应的文化知识,绝少有科学的内容和与生产有联系的内容,严重脱离人民大众的社会生活实际,旨在培养统治集团所需要的统治人才和驯服的民众。有鉴于此,陶行知针锋相对地提出了"教育以生活为中心"的主张,认为生活的一切方面都应成为教育的内容。说得更明确一些,人民大众改造社会、征服自然的一切方面都是教育的内容。"过什么生活,便是受什么教育","要想受什么教育,便须过什么生活。"①教育内容必须根据社会生活的需要来安排。他把社会生活划分为健康的、劳动的、科学的、艺术的和改造社会的五方面,并相应提出康健的、劳动的、科学的、艺术的和改造社会的五种教育内容。他并不一概否定文字和书本的作用,但他认为文字和书本只是工具,是人们社会生活实践的工具。工具是给人用的,文字和书本也是给人用的。所以,他主张"用书"而不主张"读书",反对"读死书、死读书、读书死"。

陶行知的这种独特的"生活课程论",固然容易忽视知识的逻辑顺序,产生某些负面效应,但它对于纠正传统教育只重文字和书本不重社会生活实际的严重弊病,加强教育与生活的联系,使教育更好地满足社会需要,是有重要的积极作用的。因受传统教育思想的影响较深,目前我们的课程论还有浓厚的书本中心的倾向,忽视生活的教育作用,忽视在生活中进行教育,忽视教育与生活的内在联系,陶行知的"生活课程论"正可弥补其不足,使之逐步合理而科学。

第四,"教学做合一"——实践教学法。

"教学做合一"是陶行知生活教育的教学论和教学法。陶行知认为,传统教育方法将教、学、做分为三项不同的事情是不对的,教学做不是三件事,而是一件事。他以"做"为中心,把教与学统一起来,主张"教的方法根据学的方法;学的方法根据做的方法。事怎样做便怎样学,怎样学便怎样教。教与学都以做为中心。在做上教的是先生,在做上学的是学生"②。

---

① 陶行知:《生活教育》,华中师范学院教育科学研究所:《陶行知全集》第2卷,湖南教育出版社1985年版,第634页。

② 陶行知:《教学做合一下之教科书》,华中师范学院教育科学研究所:《陶行知全集》第2卷,湖南教育出版社1985年版,第289页。

先生拿做来教,乃是真教;学生拿做来学,乃是真学。教与学不能分离开来。他还指出,这种"做"不同于狭义的做,而是"包涵广泛意味的生活实践的意思"①,是人类生活中一切有意义的活动。具体说来,"做是发明,是创造,是实验,是建设,是生产,是破坏,是奋斗,是探寻出路"②,还包括文艺等精神活动。

这种"做"不是盲行盲动,而是在劳力上劳心。它具有行动、思想、新价值的产生三个特征。在他看来,这种"做"不排斥传统的讲授、谈话、练习、考试等方法,它只要求将这些具体方法统一在实践上,要求教与学都要与实践相结合,从实践中去追求真知识。

"教学做合一"的目的在于培养在劳力上劳心、手脑双挥的人,它克服了传统教育重教而不重学、重知而不重行、重教师主导作用而忽视学生主体作用的不足,有助于加强教与学的结合,学与用的结合,教育与产生劳动的结合,劳力与劳心的结合,知识分子与工农群众的结合,理论与实际的结合,促进人的智力、体力和谐发展。可以断言,这种"实践教学法"将会丰富我们现有的教学论和教学法,将教学论和教学法发展到一个崭新的阶段。

第五,"教育与人生为始终"——终身教育论。

传统教育将人生划分为彼此分离毫不相关的三个阶段,即学龄前、学龄中和学龄后,而且它在学龄中(通常所谓学校教育阶段),又有小、中、大阶段的划分,每一阶段皆有毕业的时期,逐级上升。这实际上将人生抛开了一大半,严重忽略了入学前和离校后的学习和再学习的问题。换句话说,即重视学校教育,忽视学前教育和成人教育。这种教育的主要弊端是严重的形式化和划一化,脱离人民大众的实际社会生活,难以适应现代社会发展的需要。

陶行知批评这种单一的教育制度是"短命的教育"。在他看来,教育不是在学校教育结束后就算完事的。它应贯穿于人生的全过程,包括贯穿于人的一生不同阶段的学前、小学、中学、大学以及继续教育等等,应是一种

---

① 陶行知:《教育生活漫忆》,华中师范学院教育科学研究所:《陶行知全集》第3卷,湖南教育出版社1985年版,第623页。

② 陶行知:《教学做合一下之教科书》,华中师范学院教育科学研究所:《陶行知全集》第2卷,湖南教育出版社1985年版,第290页。

"整个寿命的教育"①。他从"生活教育"的观点出发,认为"生活即教育",生活与教育是同一过程,人生有多久,教育也应有多久,教育"差不多从出世到老,与人生为始终"②。他说:"生活教育与生俱来,与生同去。出世便是破蒙,进棺材才算毕业。"③他又说:"教育最重要的成就在使众人养成一种继续不断的共同求进的决心。我们要对众人养成的态度是:活到老;做到老;学到老"④,只有推行"终生教育。培养求知欲。学习为生活;生活为学习。只要活着就要学习"⑤,"与时代俱进,才能做一个长久的现代人"⑥。

值得注意的是,陶行知"教育与人生为始终"的思想,早在20世纪20年代前后就提出来了,这比现在人们公认的世界上最早一位提出终身教育思想的人——法国教育理论家保尔·郎格朗要早四十多年!我们完全可以说,陶行知是现代终身教育理论的先驱。他的终身教育思想,不仅在中国教育思想史上,而且在世界教育思想史上,都占有突出的地位,是对世界教育理论发展的划时代贡献。

当然,以上所述只是陶行知教育学说的一部分精华,还不能完全反映其全貌。要建立具有中国特色的社会主义教育理论体系,尚需要对陶行知教育学说进行更为深入的发掘和探讨。

---

① 陶行知:《普及教育》,华中师范学院教育科学研究所:《陶行知全集》第2卷,湖南教育出版社1985年版,第762页。

② 陶行知:《新教育》,华中师范学院教育科学研究所:《陶行知全集》第1卷,湖南教育出版社1984年版,第126页。

③ 陶行知:《生活教育》,华中师范学院教育科学研究所:《陶行知全集》第2卷,湖南教育出版社1985年版,第634页。

④ 陶行知:《中国普及教育方案商讨》,华中师范学院教育科学研究所:《陶行知全集》第2卷,湖南教育出版社1985年版,第804页。

⑤ 陶行知:《全民教育》,华中师范学院教育科学研究所:《陶行知全集》第3卷,湖南教育出版社1985年版,第554页。

⑥ 陶行知:《攻破普及教育之难关》,华中师范学院教育科学研究所:《陶行知全集》第2卷,湖南教育出版社1985年版,第782页。

八、文艺新风

大众诗人

陶行知不仅是我国近现代一位著名的人民教育家,而且是一位杰出的大众诗人。他在自己半个世纪的人生生涯中共创作了七八百首诗歌,其中包括大量的政治抒情诗和教育动员诗。他撰写的诗歌大都清新流畅、明白易懂、富有音韵美、朗朗上口。其诗或长或短,体裁多样;亦庄亦谐,风格各异,具有较高的思想性和艺术性,素为人民大众所喜闻乐见。

充满激情的政治诗

陶行知在20世纪二三十年代的白色恐怖时期创作了许多政治抒情诗。这些诗歌,有的是对黑暗社会的无情揭露,充满革命精神;有的是对大众生活的真实反映,满怀同情之心;有的是对人民生产的歌颂,鼓舞民众斗志;有的是对前程的美好憧憬,对未来充满信心。正如萧三所评价的那样,"国事多难,民情艰苦,诗人善感,乃发为诗"[①]。因此,他的诗不仅通俗易懂,贴近生活,而且内涵深刻,寓意丰富。

揭露黑暗统治,同情民众疾苦

在陶行知不同时期的政治诗当中,有揭露国民党政权黑暗统治和帝国主义侵略给人民带来沉痛灾难的诗作,有反映生活在社会最底层的农夫、工人、车夫、报童、老妈子等人疾苦的作品,如《一幕悲剧》:

　　孩子,孩子,
　　你跟着他去吧,
　　在这里要饿死。

---

① 萧三:《中国的大众诗人——陶行知》,《救国时报》(法国版),1936年12月12日。

……………
妈妈,妈妈,
你到哪儿去啊?
我肚子快饿死。①

该诗运用通俗的语句,刻画了国统区人民流离失所、饥寒交迫的生活。又如《人与煤炭》:

机器正开工,
炉火通红。
人共煤炭忐相同:
胖子进来瘦子出,
俱入烟囱。
……………
如此人间即地狱,
翻造天宫。②

这首诗反映了在帝国主义剥削下的工人的痛苦生活,以此来谴责资本主义制度对工人残酷无情的剥削。其1935年创作的《天上一日戏》:

天上一日戏,
地上千万滴。
百姓流汗难,
老爷游戏易。
自己不劳动,
还要吹牛皮。③

---

① 陶行知:《一幕悲剧》,华中师范学院教育科学研究所:《陶行知全集》第4卷,湖南教育出版社1985年版,第303页。
② 陶行知:《行知诗歌集》,生活·读书·新知三联书店1981年版,第56—57页。
③ 陶行知:《天上一日戏》,华中师范大学教育科学研究所:《陶行知全集》第8卷,湖南教育出版社1992年版,第649页。

该诗通过比较"百姓"的流汗劳动与"老爷"的悠闲逍遥,深刻揭露了旧中国社会的不平等。他 1936 年写的《逼工》:

> 农夫愁恨比路长;
> 农妇眼泪斗来量。
> 三餐哪有白饭吃,
> 肚子饿了喝米汤。
> 巡查看见发脾气,
> 连碗带汤挥下江。
> ……………
> 三个农妇受不了,
> 从此告别儿子和老娘。
> 她们到了何处去?
> 树上一起悬了梁。①

该诗生动形象地描述了社会下层民众在经受饥寒交迫生活境遇的同时,还要遭受统治者的残酷欺压,在不得已的情况下,一些痛苦不堪的民众只好以死来解脱自己的苦难。

特别是他 1944 年撰写的《富人一口棺》,更是生动逼真地反映了当时剥削阶级过着大肆挥霍和骄奢淫逸的生活,与劳苦大众的贫困生活形成了鲜明对照。该诗写道:

> 富人一口棺,
> 穷人一堂屋;
> 讨得死人欢,
> 忘却活人哭。②

---

① 陶行知:《造路小影——根据蒲特之粤闽边境开筑公路记》,华中师范大学教育科学研究所:《陶行知全集》第 8 卷,湖南教育出版社 1992 年版,第 655 页。

② 陶行知:《行知诗歌集》,生活·读书·新知三联书店 1981 年版,第 105 页。

通过这一简单而鲜明的对比，他对剥削制度进行了深刻揭露与抨击，以此来唤起广大民众革命意识，为打破这个不公平的社会制度而斗争。

他还创作了许多反映民众疾苦、描述大众生活的诗歌，如《农人破产之过程》《雪中老妇》《农夫歌》《愁云》《牛变为貉》《锄头舞歌》《镰刀歌》等，这些诗歌生动逼真地反映了农工大众的贫苦生活，可以说是一部真实的中国近现代下层民众生活史。

无情抨击内战，动员民众救国

针对国民党政权长期以来发动内战，实行"攘外必先安内"的政策，陶行知作为一位进步诗人，运用自己手中的笔大胆揭露蒋介石的反动本质，向全国民众奋力疾呼应为拯救民族和国家而战斗。他1930年创作的政治组诗《假人》写道：

> 九　假军队
> 假军队，
> 忍看山河碎。
> 他自有本事，
> 会杀亲姊妹。
> 十　假官吏
> 假官吏，
> 嘴上有主义。
> 吃了百姓饭，
> 要剥百姓皮。①

他以辛辣的笔触，揭露国民党军队在国难当头挑起内战，残害同胞的历史罪行，以及国民党政权官员腐败成风、剥削成性，不顾民众死活，导致民不聊生。

"九一八"事变之后，陶行知的诗歌发展为抗战文学，萧三在《中国的大众诗人——陶行知》中评价道："陶诗是中华民族抗日救国联合战线之有力

---

① 陶行知：《假人》，华中师范学院教育科学研究所：《陶行知全集》第4卷，湖南教育出版社1985年版，第95—96页。

的工具。"①此后陶行知所写的诗歌可以说是抗战的号角,如《学习岳母》:

> 尤愿中华女子万万千,
> 化作岳母教儿定中原。
> 驱倭寇,到天边,
> 创造新中华,
> 自由平等幸福万万年!②

该诗旨在激励民众树立救国的伟大志向,尤其是作为母亲的妇女更应当教育子女从小立志报国。还有《"九一八"之夜》:

> ……………
> 要拿出四万万五千万个拳头,
> 把大盗打出中国,打出世界。
> 九一八之夜,用了鲜红的血孕育着这坚决的意志。
> 大炮把我们轰醒了。
> ……………
> 全民族清醒而起来自卫的意志,
> 这斗争占领了九一八之夜,
> 发动了大时代之巨轮,
> 自由,平等,幸福!
> 黄帝的子孙,
> 向前创造啊!③

该诗呼吁中华儿女团结起来,齐心协力,矢志不渝,坚决抗击日本帝国主义的侵略,一定要将日本侵略者赶出中国;唤醒民众,增强民族自强意识,时刻保持自卫意志,为自由而战,为平等而战,为幸福而战!

---

① 萧三:《人物与纪念》,生活·读书·新知三联书店1951年版,第235页。
② 陶行知:《行知诗歌集》,生活·读书·新知三联书店1981年版,第250页。
③ 陶行知:《"九一八"之夜》,华中师范学院教育科学研究所:《陶行知全集》第4卷,湖南教育出版社1985年版,第572—573页。

1931年10月,他作了《小日本》:

一
小日本,
心肠狠!
乘我大水灾,
夺我东三省。
日本国,
良心黑!
大家拿起小斧头!
万众一心来赶贼!①

该诗通过揭露日本帝国主义险恶的侵略本性,来激发中华儿女的爱国热情,从而呼吁全国人民万众一心、齐心协力,共同抗击日本侵略者。

1936年他创作了一首呼唤抗战、反对内战的政治讽刺诗《一出历史戏的开场白》:

救国大家救,
卖国归我卖。
岳飞学厌了,
现在学秦桧。

东北华北送了人,
国土还有一大块。
等到整个民族进棺材,
我盖棺材盖。②

---

① 陶行知:《小日本》,华中师范大学教育科学研究所:《陶行知全集》第8卷,湖南教育出版社1992年版,第642页。
② 陶行知:《一出历史戏的开场白》,华中师范学院教育科学研究所:《陶行知全集》第4卷,湖南教育出版社1985年版,第318—319页。

该诗主要讽刺南京国民政府一贯采用的不抵抗政策,导致国家的大片土地沦陷,以此来激发广大中华儿女奋起抗敌,争取抗日战争的最后胜利。

1938年7月的《保卫大武汉》是陶行知在日本侵略者大肆入侵武汉,华中危急的紧要关头所写。他通过创作诗歌来奋力疾呼,全国人民在这民族危急时刻要团结起来,用血肉铸成一道长城去抵抗日本帝国主义的侵略,并坚信只要全国人民一条心,齐心抗战,一定能够取得抗日战争的最后胜利!

山河虽破碎,
国魂已联成。
…………
保卫大武汉。
把血肉作中流砥柱,
血肉造成中国柱石,
精神活捉日本天皇。①

冲破传统观念,力争自由自立

陶行知意识到中国之所以落后,主要因为国民素质差、民主自由意识不强。要实现中华民族自强,就必须教育广大民众自立。只有国民普遍产生自由自立意识,国家与民族才可能赢得独立自主的主权和地位。为此,他着眼于民族和国家利益,从呼唤民众自由意识入手,于1924年创作了著名的《自立》:

滴自己的汗;
吃自己的饭;
自己的事自己干。
靠人的人,
不算是好汉。②

---

① 陶行知:《保卫大武汉》,华中师范大学教育科学研究所:《陶行知全集》第8卷,湖南教育出版社1992年版,第673页。

② 知行:《自立》,《申报》1924年6月28日第18版。

该诗教育广大劳苦大众要敢于打破几千年来受剥削、受奴役的传统生活方式,要真正实现自己的独立和解放,只有独立自主的人,才是真正的"好汉"。同时,该诗也讽刺那些不劳而获、坐享其成的剥削者,号召广大民众起来,为了争取独立和自由而战斗,为挣脱束缚其自由的绳索而奋斗!

1928年陶行知为勉励青年大胆冲破传统观念的束缚,努力争取和平、自由、平等,创作了《我们要自由》:

我们要自由,
我们不自由,
自由不自由,
打破敌人的头。
打破敌人的头,人们终归要自由。①

从中可以看出,陶行知明确告诉劳苦大众,他们之所以失去自由的原因是旧制度造成的专制,因此,要想真正取得自由,就必须冲破传统观念的束缚,敢于向旧世界挑战,勇于与敌人斗争。

他1932年作《〈申报〉六十周年纪念 献给自由世界之创造者》:

做人只做自由人,
敲钟只敲自由钟。
众生共走自由路,
海阔天空路路通。②

在民族危难之际,所有中华儿女应当通过自己的努力争取自由与民主,决不能失去民族自由,失去人身自由。全国人民要一道为赢得自由而努力战斗,真正成为完全获取自由与民主的国家主人。

---

① 陶行知:《我们要自由》,华中师范大学教育科学研究所:《陶行知全集》第8卷,湖南教育出版社1992年版,第638—639页。
② 陶行知:《斋夫自由谈》,申报馆1932年版,扉页。

正视现实的教育诗

陶行知不仅创作了大量的政治诗,而且还撰写了许多教育诗。这些诗作清新流畅,感情真挚,形式自由,通俗易懂,充分反映了他普及大众教育的主张,是体现其生活教育思想的重要文献。

批判封建传统教育的空疏腐败

批判封建传统教育的腐败,是陶行知教育诗的一大主题。陶行知在20世纪二三十年代民族危机日益加重的情况下走上了办教育的道路,旨在为中国教育寻觅曙光,为中国教育探获生路。历史表明,封建传统教育在中国根深蒂固,盘根错节,直到近现代仍然对民众有很深的影响。作为留学归国、接受过西方现代进步教育的教育家,他更容易发现中国封建传统教育的弊端之所在。因此,他通过作诗的方式来批判中国传统教育的空疏腐败,号召民众从羁绊中解放出来。代表性的诗歌有《学生或学死》、《糊涂的先生》、《士之小影》、《敬赠师范生》等。

> 小孩子,
> 小孩子,
> 那几个是学生?
> 那几个是学死?①

陶行知幼年就读于私塾,对封建传统教育的毒害有亲身体验。后来,他又接受了西方现代教育,对封建传统教育的弊病认识得很清楚。他一针见血地指出,传统教育是"死"的教育。这一观点在《学生或学死》中得以充分体现,诗中的"学生"与"学死",都已不是普通名词,而是具有双重意义的动词。在陶行知看来,"学生"和"学死"实质上代表着中华民族文化教育两种截然不同的前途。旧的传统教育只能使受教育者学"死",唯有新型进步教育才能使受教育者学"生",成为对民族、对社会有益的人才。这首诗在一定程度上揭露了封建传统教育的实质,表达了对进步教育的憧憬和

---

① 陶行知:《学生或学死》,华中师范学院教育科学研究所:《陶行知全集》第4卷,湖南教育出版社1985年版,第133页。

向往。

> 你这糊涂的先生！
> 你的学堂成了害人坑！
> 你的墨水笔下有冤魂！
> 你说瓦特庸，
> 你说牛顿笨，
> 你说象个鸡蛋坏了的爱迪生。
> 若信你的话，
> 那儿来火轮？
> 那儿来电灯？
> 那儿来的微积分？①

这首诗以一种质问的语气，愤怒谴责封建旧式学校的那些"冬烘先生"对受教育者创造力的扼杀，对未来人才的摧残。正是这些"糊涂的先生"用教鞭、用冷眼、用讥笑，不知赶跑了多少有才华的学生，制造了多少"冤魂"。这不正是陶行知对封建传统教育毒害的有力控诉吗？

> 四体既不勤，
> 五谷也不分。
> 达则作官去，
> 穷则教学生。②

封建传统教育如此扼杀学生的创造力，只能培养出毫无才华的奴才和碌碌无为的庸才。用陶行知的话说，旧的教育是"为办教育而办教育，教育与生活分离，只能培养出四体不勤、五谷不分的士大夫"。这些人整天追逐功名利禄，成功的直上青云，飞黄腾达，成为统治阶级一分子；失败的穷困

---

① 陶行知:《糊涂的先生》，华中师范学院教育科学研究所:《陶行知全集》第4卷，湖南教育出版社1985年版，第120页。

② 陶行知:《士之小影》，华中师范学院教育科学研究所:《陶行知全集》第4卷，湖南教育出版社1985年版，第183页。

潦倒,别无长物,聊以教书为生。旧的传统教育,就是这样毒害着一代又一代的人们,上演着一幕又一幕历史悲剧。

> 看那专制国,
> 民愚乃可治。
> 要你塞其聪,
> 个个成奴隶。①

封建传统教育造成了如此恶果,那么,其根源又在何处?陶行知以敏锐的政治触觉,清醒地意识到封建传统教育之所以如此,其根源在于封建专制制度本身。反动统治者欲维持自己的统治,就必须实行愚民政策。政治上的专制必然导致文化教育上的专制,所以只有进行彻底的改革,才能结束这种"死"的传统教育,才能为中国教育找到一条活路。

揭露奴化教育的反动本质

揭露帝国主义奴化教育的反动本质,讥讽失去民族自尊心的洋奴,是陶行知教育诗的另一主题。1840年鸦片战争后,中国逐步陷入半殖民地半封建社会的泥潭。为了维持半殖民地半封建的局面,帝国主义与封建专制统治者勾结起来,不仅在政治上、经济上、军事上结成反动同盟,而且在文化教育上也携手合作,大力推行奴化教育,以培植帝国主义在华代理人。所以,要为中国教育探获生路,不仅要抨击封建传统教育的腐败,而且要揭露帝国主义奴化教育的反动本质。陶行知在这方面的代表性诗作有《拉车的教员》、《香姑的表姊说上海》、《秋柳答》和《山海工学团二周年纪念》等。

> 分明是教员,
> 爱做拉车夫;
> 拉来一车洋八股,
> 谁愿受骗谁呜呼。②

---

① 陶行知:《敬赠师范生》,华中师范学院教育科学研究所:《陶行知全集》第4卷,湖南教育出版社1985年版,第113页。

② 陶行知:《拉车的教员》,华中师范学院教育科学研究所:《陶行知全集》第4卷,湖南教育出版社1985年版,第182页。

在这首诗里，陶行知将那些推行帝国主义奴化教育的人，形象地比喻为"拉车夫"，将他们所拉来的奴化教育的货色，斥为"洋八股"。谁若中了奴化教育的毒，谁就会倒霉。陶行知将奴化教育斥为"洋八股"，说明他对奴化教育持有严厉的批判态度。

爱，闭，细，弟（a，b，c，d），
湾，吐，斯利（one，two，three），
中国人的嘴里放洋屁。①

这是一幅近代中国洋奴色相的绝妙白描！陶行知通过一个乡下女人对"十里洋场"大上海的评论，以简练而辛辣的笔调给上海滩上那些崇洋媚外、以讲外国话为荣的丑类们的嘴脸作了一番勾勒。瞧，寥寥数笔，一个洋奴的丑恶嘴脸便跃然纸上，活灵活现！读罢此诗，我们不能不惊叹陶行知诗作的深刻思想内容和高度的艺术表现力。

这是先生自写照，
诬我献舞亦奇哉！
君不见吾鞭但一指，
任尔东风西风都滚开。②

该诗是针对胡适的《秋柳》一诗而写的。20世纪30年代中期，胡适曾作了一首题为《秋柳》的诗："但见萧萧万叶摧，尚余垂柳拂人来。西风莫笑长条弱，待向西风舞一回。"诗中的"垂柳"是胡适的自况，"西风"是指帝国主义奴化教育。胡适早年留美，对西方资本主义制度及其文化教育抱有幻想，对帝国主义奴化教育的本质认识不清。而陶行知作为坚定的民族主义者，以代秋柳作答为名，提笔写了这首诗，对胡适表现出轻视的态度。陶诗

---

① 陶行知：《香姑的表姊说上海》，华中师范学院教育科学研究所：《陶行知全集》第4卷，湖南教育出版社1985年版，第77页。
② 陶行知：《秋柳答》，华中师范学院教育科学研究所：《陶行知全集》第4卷，湖南教育出版社1985年版，第435—436页。

中的"东风"指的是中国封建传统教育,"西风"指的是帝国主义奴化教育。这两者都必须坚决反对,表明了陶行知反帝反封建的决心。

高举新型进步教育的大旗

陶行知在批判封建传统教育和奴化教育的同时,大力提倡新型进步教育。他将美国教育家杜威的教育理论"翻了半个筋斗",独创了具有中国特色的"生活即教育"理论。在陶诗中有不少是宣传这一新教育理论的。在这方面,其代表性的诗歌有《乡下先生小影》、《诗的学校》、《手脑相长歌》、《小先生歌》、《儿童节歌》、《村魂歌》、《风雨中开学》等。

揭开革命旗,
飘扬劳山侧。
风云啸起处,
书呆失魂魄。①

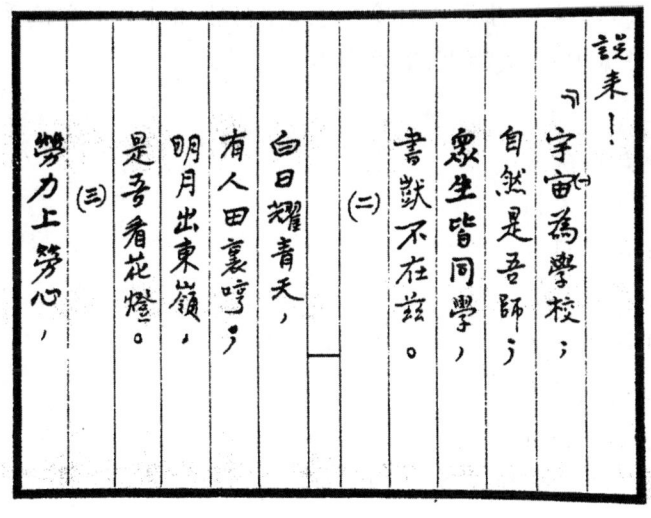

陶行知手书自己所作的诗篇

这首诗名为《乡下先生小影》,创作于20世纪20年代末。该诗以宏大气势向中国封建传统教育和帝国主义奴化教育发出了挑战,明确宣布:教

---

① 陶行知:《乡下先生小影》,华中师范学院教育科学研究所:《陶行知全集》第4卷,湖南教育出版社1985年版,第86页。

育改革的大旗已经揭开,教育改革的风暴即将来临。在这个大变革的激烈动荡的时代风云冲击下,封建传统教育和奴化教育的污泥浊水将被荡涤一尽,那些死抱着封建传统教育和奴化教育不放的人们,都将被吓得失魂落魄,一筹莫展。显然,早在20世纪20年代末,陶行知就已高擎起新型进步教育的大旗了。

> 宇宙为学校,
> 自然是吾师。
> 众生皆同学,
> 书呆不在兹。①

这是来自《诗的学校》的节选,是陶行知"生活即教育"、"社会即学校"、"教学做合一"教育思想的体现。他提倡学生走出校门,到火热的实际生活中去得到真正的锻炼。反对将学生关在教室和学校的传统教育模式,倡导学生走到大自然中去,步入大社会中去,在自然和社会中去接受真正的教育,从而增长见识,扩大视野,培养能力。

> 人生两个宝,
> 双手与大脑。
> 用脑不用手,
> 快要被打倒。
> 用手不用脑,
> 饭也吃不饱。
> 手脑都会用,
> 才算是开天辟地的大好佬。②

这首诗集中表达了陶行知"教学做合一"的思想。他认为,教学做是一件事,其中"做"是中心,既然教学做是一回事,那么,双手和大脑就必须密切

---

① 陶行知:《行知诗歌集》,生活・读书・新知三联书店1981年版,第53页。
② 陶行知:《手脑相长歌》,华中师范学院教育科学研究所:《陶行知全集》第4卷,湖南教育出版社1985年版,第173页。

配合,不能只用脑学习,而不动手去实践。应该看到,这种"教学做合一"主张的"手脑并用"、"手脑相长"的提法,体现了陶行知的"劳力上劳心,教学做合一"的进步教育观,它与流传中国封建社会长达两千年之久的"劳心者治人,劳力者治于人"的剥削阶级教育观是针锋相对的。这种进步的教育观,正是他身上人民性的真实反映,正是他的民主思想的充分表露。陶行知的"教学做合一"的教育思想在中国教育思想史上占有极其重要的地位。

呼唤民主的革命诗

陶行知不仅是伟大的人民教育家,而且是杰出的革命诗人。他有不少诗作是极富战斗性的,通过弘扬高尚的革命精神来激发中华儿女的战斗力,以饱满的热情动员和号召全国民众起来为自由而战,为民主而战,为民族独立而战,为人类解放而战。其前期代表性的诗歌有《黄花歌》、《锄头舞歌》、《岁寒三友》、《妇女大众战歌》等。

　　黄花黄,
　　黄花黄,
　　黄花黄时万花藏。
　　万花藏,
　　黄花黄。

　　黄花黄,
　　黄花黄,
　　黄花黄时清朝亡。
　　清朝亡,
　　黄花黄。

　　黄花黄,
　　黄花黄,
　　黄花黄时民为王。
　　民为王,
　　黄花黄。

>> 人民之子　陶行知

　　黄花黄,
　　黄花黄,
　　黄花黄时种麦忙。
　　种麦忙,
　　黄花黄。①

　　这首诗是陶行知于1927年11月26日所作的一首革命诗。诗中的"黄花"是指辛亥革命前夕黄花岗烈士之"黄花",也指工农革命之花。附带说一句,1929年毛泽东在《采桑子·重阳》一词中有"战地黄花分外香"的句子,也用"黄花"来赞美工农革命战争的胜利。陶行知的诗中多次表达了对革命胜利、人民当家做主的希冀,也有对工农革命胜利后,人民过上安居乐业的美好生活的憧憬之情。

　　手把个锄头锄野草呀!
　　锄去野草好长笛呀!
　　…………
　　五千年古国要出头呀!
　　锄头底下有自由呀!
　　…………
　　天生了孙公做救星呀!
　　唤醒锄头来革命呀!
　　…………
　　革命的成功靠锄头呀!
　　锄头锄头要奋斗呀!②

　　这首诗也是陶行知于1927年11月所作的,主要是为了唤醒中国农民

---

①　陶行知:《黄花歌》,华中师范学院教育科学研究所:《陶行知全集》第4卷,湖南教育出版社1985年版,第60—61页。
②　陶行知:《锄头舞歌》,华中师范学院教育科学研究所:《陶行知全集》第4卷,湖南教育出版社1985年版,第59—60页。

的革命意识,号召广大农民起来为了争取民主和自由,为了推翻反动的剥削制度,进行前仆后继的革命斗争,力争最后建立真正的人民当家做主的新中国。

> 万松岭上松,
> 鼓荡天风,
> 震动昆仑第一峰。
> 千军万马波涛怒,
> 海出山中。
> 竹绿梅花红,
> 转战西东,
> 争取最后五分钟,
> 百草千花休闲笑,
> 且待三冬。①

这是陶行知于1930年1月创作的《岁寒三友》,以松、竹、梅来比喻共产党领导的工农武装政权,历经艰辛,百折不挠,具有旺盛的生命力。该诗主要称赞自南昌起义和秋收起义之后,毛泽东领导的革命武装力量开赴井冈山开辟了革命根据地;同时,彭湃在海陆丰进行武装暴动,也建立了广东海陆丰革命根据地。革命之火,呈燎原之势。陶行知盛赞共产党领导的工农武装革命,新生的政权在白色恐怖中诞生,虽饱经风霜,久经磨难,但茁壮成长。他从中看到了中国革命的前途和希望。

> 走出闺房,
> 跑出厨房,
> 捣毁脚镣,
> 手铐的旧礼教,
> 打倒封建魔障,

---

① 陶行知:《岁寒三友》,华中师范学院教育科学研究所:《陶行知全集》第4卷,湖南教育出版社1985年版,第92页。

> 拿出我们自己的主张!
>
> 走出闺房,
> 跑出厨房,
> 挺起胸膛,
> 紧拿着我们所有的刀枪,
> 冲向民族自救的战场![1]

该诗是陶行知于 1936 年创作的,旨在动员广大妇女冲破封建"三大绳索"的束缚,摆脱封建礼教的禁锢,走出家庭,迈出厨房,解放思想,树立独立人格,接受革命教育,真正发挥"半边天"的作用,像男子一样,紧握刀枪,冲上战场,为民族解放事业而战斗。可以说,这既是唤醒妇女革命意识的战鼓声,又是倡导妇女解放的宣言书。

抗日战争到解放战争时期,他又写了《敬赠西班牙之中国战士》、《儿童节歌》、《献给北碚青年抗敌出征团》、《胜利进行曲》、《民主进行曲》、《古北口来的大刀》、《倒退十年歌》、《胜利带来了一切》、《炸弹》等。

> 东战场,
> 西战场,
> 原来是一体,
> 那怕他万里隔重洋。
> 咱们所拼命的,
> 同是反侵略的抵抗;
> 咱们要贯彻的,
> 同是民主的主张。
> 你们为西班牙伟大民族而受伤,
> 你们流的血是自由神下凡的红光!
> 你们的英勇消息,

---

[1] 陶行知:《妇女大众战歌》,华中师范学院教育科学研究所:《陶行知全集》第 6 卷,湖南教育出版社 1985 年版,第 807 页。

充满了我们的心腔,
好比是冬天的太阳。
你们打胜仗,
便是我们打胜仗;
请你们放心,
祖国的责任有我们担当。①

  这首诗是陶行知于1938年3月1日创作的,通过赞扬在西班牙战场上参加反法西斯战争的中国战士的英勇献身精神,来激励广大中国人民为正义而战、为民主而战、为独立而战的决心和信心。他们的英勇善战精神,犹如"冬天的太阳"永远"照耀到我们的心腔",鞭策着中华儿女为取得抗战的最后胜利而浴血奋战。

一

站起来,抗日的小孩!
长起来,抗日的小孩!
联起来,抗日的小孩!
我们要帮助大人,
把东洋的妖怪赶开!
赶出东四省,
赶出黄海外,
叫他们知道我们的厉害,
我们是抗日的小孩。
…………

三

小孩们!
拿出我们的力量,
省几个小铜板。

---

① 陶行知:《敬赠西班牙之中国战士》,华中师范学院教育科学研究所:《陶行知全集》第4卷,湖南教育出版社1985年版,第447—448页。

> 铜板,铜板,
> 少吃几块糖,
> 为了买子弹。
> 小孩们!
> 拿出我们的力量,
> 捉几个小汉奸。
> 汉奸,汉奸,
> 汉奸肃清了,
> 快活似神仙。①

这首《儿童节歌》是陶行知于1939年3月创作的,全诗的主旨是教育与动员广大少年儿童,从小立志抗日杀敌,打鬼子,捉汉奸,争做抗日小英雄。其还要求中国少年儿童在抗战报国的同时,要养成勤俭节约的良好习惯,以便省下零钱"买子弹",在后方支援抗日战场。这是一首特色鲜明的培养儿童革命意识和战斗精神的优秀诗篇,故而在当时得到广泛传唱。

陶行知于1941年写了一首托物言志的诗歌《炸弹》:

> 你平生只说一句话,
> 从不顾粉身碎骨,
> 在惊天动地的爆炸中,
> 诞生了幸福的新国。②

该诗通过歌颂炸弹的献身精神,一方面,表明作者自己愿为中华民族的解放事业而献身的决心;另一方面,教育广大青年在国难当头之际应当像炸弹一样具有为革命而粉身碎骨的伟大献身精神。

戴伯韬曾评价道:

> 陶氏写诗,别具风格,颇有些近于冯玉祥先生。这位大众诗

---

① 陶行知:《儿童节歌》,华中师范学院教育科学研究所:《陶行知全集》第6卷,湖南教育出版社1985年版,第819—821页。

② 陶行知:《行知诗歌集》,生活·读书·新知三联书店1981年版,第265页。

人,开始写晓庄山歌,农民们在他的办公室里引吭高歌,他就把它记录下来,然后写成自己的山歌,再唱给农民听,并请农民改正,这就是后来有名的锄头歌和镰刀舞歌……

他高兴时,也会做一二首诗和你开个玩笑,虽然滑稽有趣,但含有真理。他有一次对一位摩登女士唱道:

"二刀毛,

二刀毛!

自己的孩子自己抱。

不抱孩子的妈妈没人要。

我从迈皋桥,

唱到夫子庙,

人人都说呱呱叫。"

因为当时女子读了书就做太太享福,自己一点不劳动,连生下来的孩子也要叫奶妈带,陶氏对这种人非常不满,所以他劝在校的女学生个个要劳动,个个要能自立。陶氏一家,母亲、妻子、妹妹都是勤劳自立的好榜样。例如,陶氏提倡知识分子与工农结婚,却不赞成与知识分子结婚的女工学小姐。他为了劝勉一位在结婚还没有决定以前,就在"学小姐"忙着预备出嫁衣服的女工,写下了一首诗道:"女工学小姐,越学越倒霉。既已上高山,何必跳下来。"[①]

由上可见,陶行知的诗,"不仅量多,而且质好"[②];陶行知的诗,"别有风格,非常通俗"[③]。他虽从未以诗人自居,但新诗界没有人不承认他是中国现代"独开风气之先"的大众诗人。他的诗之所以被民众所喜爱,就是由于他大半生扎根工农大众之中,深入体验下层民众的生活,他了解民众最需要什么样的文学作品,知晓哪些作品最能反映民众生活。正像郭沫若评价的那样,陶行知的诗作是"一部'人民经',它会教我们怎样做诗,并怎样

[①] 戴伯韬:《陶行知的生平及其学说》,人民教育出版社1982年版,第32页。

[②] 郭沫若:《〈行知诗歌集〉校后记》,华中师范学院教育科学研究所:《陶行知全集》第4卷,湖南教育出版社1985年版,第820页。

[③] 萧三:《中国的大众诗人——陶行知》,华中师范学院教育科学研究所:《陶行知全集》第4卷,湖南教育出版社1985年版,第821页。

做人"①。陶行知的诗,既是鼓舞人民斗志的响亮号角,又是提高民众水平的良好教材。因此,可以说,在以"五四"为起点的中国新诗发展史上,陶行知是将诗歌与大众结合得最紧密的人。

大众教育小说家

《古庙敲钟录》是以文学艺术的形式来形象生动地展现生活教育模式的一部小说,曾在1932年5月21日到8月15日的《申报》上连载,1933年3月由上海儿童书局出版。这部小说是中国近现代小说史上一部难得的教育小说,整部小说共分84章,没有固定的主人公,只是以在古庙敲钟的钟儿和师范毕业来古庙任教的朱老师为连线式的人物,通过此二人来将上下文连贯起来。小说的主题是宣传教育救国理想,同时也倡导科学救国思想。通篇小说以同情下层民众的贫困生活为基调,以宣传与传统教育完全不同的新教育理念为宗旨,通过描述钟儿和朱老师发起村民办新教育的经过,展示了20世纪30年代中国农村教育观念的转变过程。同时,也反映了在日本侵占东北的紧急关头,作为中国农村接受了新教育的农民,通过实行村民自卫等形式来进行军事训练,并高呼到东北去支援抗战的口号来表达中国人民的爱国热情。综观整篇小说,笔者认为陶行知主要想表达以下一些观点。

第一,对劳动人民深表同情。小说有多处生动描写种田的农夫的贫苦生活,并且表现出极大的同情。由于钟儿一天三次的敲钟声会给村里人报时,从而规定了人们一天的生活节奏:早钟催人起床,午钟叫人吃饭,晚钟提醒休息。有些穷苦的种田人劳动了一上午,却没午饭吃:

> 我如何能不悲哀呢?一同被我敲醒起来种田做工的人,于今白日当天,有的是在兴高彩[采]烈的"吃午饭",有的是在愁眉皱额的"无饭吃"。我想到这里,连手儿都抖了起来,何能再有力量去敲这凄惨之钟?②

---

① 郭沫若:《〈行知诗歌集〉校后记》,华中师范学院教育科学研究所:《陶行知全集》第4卷,湖南教育出版社1985年版,第820页。

② 陶行知:《古庙敲钟录》,华中师范学院教育科学研究所:《陶行知全集》第2卷,湖南教育出版社1985年版,第479页。

其字里行间表露出对下层民众的深切同情,并且表明自己愿做"大众的公仆,不做个人的听差"[①]。特别是描写农村出身的钟儿初次进城不认识汽车和电灯的细节惟妙惟肖,生动形象。"我们进了城门,走不得多少路,便见一个漆黑的大东西比马还快的冲来,把我们前面的一只老牛,骇得乱跳。宋老太说,汽车来了,留心些。"[②]这些说明农村人成天面朝黄土背朝天地干农活,根本没机会到城里去开眼界、长见识,处处可见作者对劳苦大众的深切同情。

第二,展现"生活即教育"、"社会即学校"的教育主张。小说以叙事的方式形象地展现了"生活即教育"、"社会即学校"的教育理念,运用通俗的语言和生活中的事例来向民众阐释生活教育的相关理论。其将村里的铁匠铺、砌墙的地方、菜园、老松树等工作场景和自然场景都看做"顶好的课堂",将铁匠司务、砖瓦司务、种菜农夫、树林老鹰等视为"先生"。陶行知通过小说的描写让人们知道"生活即教育"、"社会即学校"的新教育理念。在描写"课堂"时,以敲钟工人与朱先生对话的口气讲道:

> 你的学堂是以青天为顶,大地为底,二十八宿为门墙,万物都是你的先生,都是你的同学,都是你的学生。我完全懂了,你打破了我的鸟笼式的小学校而给了我一个森林似的大学校。我们在这海阔天空中过生活,那是多么的快乐呀![③]

这就十分形象地说明了"社会即学校"的道理。同时,他还以朱先生的口气讲述了相关的教育理念:"海里的鲸鱼,空中的仙鹤,森林里的狮子是多么的自由,又是多么的幸福啊!人生得到自由也是一样的幸福。教育办到这种境界,学堂是造成天堂,小孩们是变为活神仙了。"[④]陶行知反对传

[①] 陶行知:《古庙敲钟录》,华中师范学院教育科学研究所:《陶行知全集》第2卷,湖南教育出版社1985年版,第483页。

[②] 陶行知:《古庙敲钟录》,华中师范学院教育科学研究所:《陶行知全集》第2卷,湖南教育出版社1985年版,第493页。

[③] 陶行知:《古庙敲钟录》,华中师范学院教育科学研究所:《陶行知全集》第2卷,湖南教育出版社1985年版,第508页。

[④] 陶行知:《古庙敲钟录》,华中师范学院教育科学研究所:《陶行知全集》第2卷,湖南教育出版社1985年版,第509页。

统的课堂教学和学校教育,认为传统的学校和课堂是"鸟笼"、"鱼盆"、"栅栏",严重限制了"仙鹤"、"鲸鱼"、"狮子"的自由。他还将传统学校比作"鲍鱼罐头公司",学生是"罐头",老师是"罐头工人"。只有为学生创造了自由的受教育空间,才能使之得到充分的发展。也只有在这样的教育环境下,学生才能进行实践、学习和创造。此外,古庙新教育运动中坚持有教无类、来者不拒的招生原则,也体现了他的普及教育思想。

第三,"村民自卫,全民皆兵"的思想。在国难当头之际,通过兴办军事教育来宣传全民皆兵思想。他在小说中将军事生活看成是"多么重要的一种教育",因为"它能培养大无畏的精神以打破无理的胆怯。它能培养团体生活的习惯以打破农人一盘散沙的无政府的脾气。民众在自己的武力保护之下才能过合理的生活,办合理的教育"。他提出普及军事教育的最终目的就是实现"全村皆兵,全乡皆兵,全县皆兵,全省皆兵,全国皆兵"[1]。为了实现这一目标,在其倡导实施的"六大训练"中首要的就是"普遍的军事训练,使人人成为保国的健儿"[2]。这种村民自卫、全民皆兵的思想,是"九一八"和"一·二八"事变之后,在国难日亟的形势下,要求全民皆兵,奋起抗战的反映。作者以小说的形式倡导加强军事教育,从而为全民抗战奠定了社会基础。

第四,争做主持公道的"人中人"。陶行知在小说中大力弘扬做"人中人"的思想,他借教人习武的张师傅的口来宣讲接受教育的人应当主持公道,反对做欺压百姓、不劳而获的"人上人"。他让每个学徒向青天起誓:"防身保国伸人道;助弱攻强平不平。我若鱼肉老百姓,天诛地灭有眼睛。"[3]这是一种在社会上伸张正义的主张,也是教育的终极目标。教育的目的就是培养造福民众、主持公道、助弱攻强的"人中人",不能培养高人一等的"人上人",也不能培养低人一等的"人下人",即培养出一种不卑不亢、公道正派的健全人格,造就生活在民众之中、为民众服务的合格社会公民。

---

[1] 陶行知:《古庙敲钟录》,华中师范学院教育科学研究所:《陶行知全集》第2卷,湖南教育出版社1985年版,第532页。

[2] 陶行知:《古庙敲钟录》,华中师范学院教育科学研究所:《陶行知全集》第2卷,湖南教育出版社1985年版,第546页。

[3] 陶行知:《古庙敲钟录》,华中师范学院教育科学研究所:《陶行知全集》第2卷,湖南教育出版社1985年版,第535页。

第五，推广科学知识的必要性。小说描写钟儿为了把握好三次敲钟的准确时间，不断更换测量时间的器具，起初通过在地上立竹竿看影子来把握时间，后来又采用了中国古人常用的漏壶来报时，但这两种方法均不很准。然而一位游客带来"一个圆而扁的怪物。他说这个怪物叫做表，短针每半天转一周为十二小时，长针每小时转一周为六十分，一点也不差"①。这个计时器要比以往的准确多了，但又过了一段时间，又有人带来"更精细的表，一分一秒都能报告出来"。这个钟儿还自己观察和琢磨关于天象的知识和道理，还有钟儿初次进城看到汽车和电灯时的新鲜感觉等。以上描述，一方面说明民众渴求科学知识的迫切心理，另一方面说明科学知识对下层民众生活与工作起着重要的指导作用。这是陶行知于20世纪30年代大力倡导的"科学下嫁"运动在文学作品中的具体体现。

诚然，也有学者指出：《古庙敲钟录》这部"小说的后半部宣扬了作者工学团的主张。由于宣传方式的单一化，人物的对话成了工学团说明书，因而，文艺性大减，并使小说文风前后不统一。不过，工学团的理论、主张，倒是通过这部小说，被宣传得比较透彻了"②。其认为该小说利弊兼有，但利终大于弊。

现代杂文家和散文家

陶行知是伟大的大众文学家，他时刻站在大众的立场上，深刻地讽刺和揭露了反动当局的黑暗统治给人民带来的沉重灾难，极力弘扬正气；同时，在国难当头大声疾呼中华儿女要起来奋力挽救民族命运，倡导救国，号召抗日。他创作杂文的时间跨度比较大。从发表的时间来看，主要可分为两个阶段：第一阶段是20世纪20年代中期，主要以《申报·平民周刊》为阵地，发表了一系列反帝反封建的杂文，宣传民主，弘扬正气；第二阶段是20世纪30年代中期，主要以《申报·自由谈》为阵地，大部分杂文是动员民众，宣传抗日。

---

① 陶行知：《古庙敲钟录》，华中师范学院教育科学研究所：《陶行知全集》第2卷，湖南教育出版社1985年版，第480页。

② 许宗元：《陶行知》，人民出版社1988年版，第97页。

第一阶段的杂文：围绕时政，兴利除弊

这一阶段的杂文大都发表于《申报·平民周刊》，从现存资料来看，陶行知的第一篇杂文是《大水是谁的罪过》，于1924年7月19日发表。该文是在1924年九省区遭受大水灾之后所作，将矛头直指北洋政府和各地军阀。他指出，预防水灾最有效的措施是导河和植树，这两件事都需要花钱。"中国没有钱吗？钱都用在军事上去了，用到人杀人的事上去了。钱既尽用在军事上，就没有钱去治水，这叫做放水杀人"，一针见血地抨击了军阀们为了争夺地盘，不惜巨大军费开支，而不顾自然环境的治理，结果给人民带来深重的灾难。而解决的办法是"化兵为工；化杀人的人为救人的人；化杀人的钱为救人的钱。天下最大的好汉，不是杀人，乃是救人。敬告诸位大英雄，你们要想流芳百世，何不跟着大禹王去治水呢？你们不敢和水打仗，偏要和我们小百姓为难，可谓欺善怕恶，可谓无勇！"[①]他运用通俗平实的语言和浅显易懂的道理，讥讽军阀们热衷于军事的本性，呼吁地方军阀和长官应以民众利益为重，变杀人为救人，应有"为官一任造福一方"的意识，从而减少战争和自然灾害对人民的危害。

这一阶段的主要时段为1924年至1925年，其间他共发表杂文21篇，内容丰富，涉及面广：有论及政治的，如《代理国务总理违背宪法吗》、《国会议员又买卖》、《万众一心拒毒》、《国民与瞎民》、《民国的政府》；经济方面的有《赈灾附加捐》；有谈军事的，如《同水打仗的军队》、《何不提倡裁兵筑路》、《请看日本的裁兵》；外交方面有《外交团将有变化》、《英国果真退还赔款吗》、《加拉罕做第一个大使》；教育方面的杂文有《空前之全国教育大会》、《四十万的平民学生》、《同到乡下去》、《北京大学要求人权》；涉及新闻的有《对于〈申报〉读者的请求》；等等。这些杂文借用《平民周刊》这个园地来对北洋政府的黑暗腐朽统治进行抨击和批判，对帝国主义在华掠夺的本性作了无情的揭露和痛斥，对人民期盼民主的愿望表示支持和鼓励，对提高国民素质的教育表现出迫切的心情。总之，这一阶段的杂文，短小精悍，紧扣主题，语言简练，文笔犀利，而且往往将结论性的最具深刻寓意的部分

---

① 陶行知：《大水是谁的罪过》，华中师范学院教育科学研究所：《陶行知全集》第1卷，湖南教育出版社1984年版，第457页。

放在文章结尾,既让人读后有如获至宝之满足,又让人读后有回味无穷之感觉。与鲁迅的杂文相比,陶文更贴近民众,文章可以赢得更多的读者,而且使所有能够读报的人都能读懂;而鲁迅的杂文却主要面对的是文化知识界的读者,一般的平民很难完全读懂。这一点恰恰说明陶行知是现代中国一位真正的大众文学家。

第二阶段的杂文:主张救国,宣传抗日

这一阶段的杂文大都发表在《申报》副刊《自由谈》。1931年陶行知从日本潜回上海后,受史量才之聘担任《申报》总管理处顾问,并建议《申报》增设了《自由谈》副刊。陶行知以"不除庭草斋夫"为笔名,故而《自由谈》栏目取名《不除庭草斋夫谈荟》。他在该栏目发表的第一篇杂文是1931年9月2日的《不除庭草斋夫》,最后一篇是1932年1月31日的《敬告国民》。这一阶段共计发表杂文104篇。这个阶段的杂文以倡导爱国,主张救国,宣传抗日,拯救中华为主题,这是"九一八"之后,中华民族处于危难之际,作为一个爱国知识分子出于民族责任感而发自内心的一种呼唤。他一连发表了数十篇反对内战、宣传抗日的杂文,号召全国民众团结起来,共同抵御外来侵略。代表性的作品有《傅将军到哪里去了》、《屡败屡战》、《战时的功课》、《读锦西义勇军绝命宣言有感》、《观战》、《青年自动援马抗日团》、《创造中之中华民族》、《敬告国民》等,也有高扬民族气节的《史督师对国民的训话》、《中国的人命》、《车夫老王》等。还有一些是宣传科学的杂文,或者以介绍国外著名科学家的事迹为内容,或者以讲述科学原理为主题,着力向民众宣传科学知识和道理,以期通过振兴科技来达到向工业国过渡的目标,进而实现民族自强,代表作有《爱迪生之死》、《怎样学爱迪生》、《法拉第》、《富兰克林》、《化磁为电》、《工业文明》等。

这些杂文以满腔热忱和爱国情怀,大声高呼民族团结、爱国民主、抗日救亡,大力倡导科学救国,字里行间洋溢着作者的救国激情、对抗战的呐喊和对科学的崇尚。这些杂文以"闪光的思想、独特的艺术,在30年代中国杂文文坛异军突起,发挥了革命文学的战斗作用"[①],进一步奠定了陶行知现代文学家的突出地位,向国人充分展示了一个文学家陶行知的形象。

---

① 许宗元:《陶行知》,人民出版社1988年版,第91页。

陶行知不仅擅长作诗歌、写杂文，而且经常通过写散文来向人们表达自己的心声。他的散文自由多变，不拘于形式，只求表达自己的思想。综观陶行知的散文作品，大致可分为四大类：一是文学类散文，二是演讲类散文，三是书信类散文，四是序跋类散文。从中可以看出，陶行知散文的特点是范围广、形式多、种类全、思想丰。

第一，文学类散文。

这类散文的代表作是《创造宣言》，陶行知于1943年创作这篇散文，旨在激发育才学校师生的创造力。文章引经据典，旁征博引，通过中外历史上若干名人在各个领域的非凡创造成就，来激发广大青年的创造动力和创造信心。通过各个行业的创造引出教育对创造力的迫切需求，凸显了教育所需要的创造更加独特，教育要创造的是"真善美的活人"，因此，教育的创造更重要、更特殊。他提出教育的创造包括两方面：一方面，教师的成功就在于"创造出值得自己崇拜的人"，而且在教育活动中教师与学生可以通过创造性劳动，取得"先生创造学生，学生也创造先生"的良好效果；另一方面，教育者还要创造出值得自己崇拜的理论和技术。他广泛运用国内外成功人士的经验，来证明每个人在任何时候都可以取得创造性成果。他针对"环境太平凡了，不能创造"、"生活太单调了，不能创造"、"年纪太小，不能创造"、"我是太无能了，不能创造"、"山穷水尽，走投无路，陷入绝境，等死而已，不能创造"等一些借口，引用了大量的事例来论证创造随时随地都有，创造人人都能，只是看你是否愿意踏踏实实去行动。最后，其突出一个主题："处处是创造之地，天天是创造之时，人人是创造之人。"该散文文笔流畅，哲理丰富，堪称中国现代散文中的杰作，有的段落非常精彩，比如：

有人说：环境太平凡了，不能创造。平凡无过于一张白纸，八大山人挥毫画他几笔，便成为一幅名贵的杰作。平凡也无过于一块石头，到了飞帝亚斯、米开朗基罗的手里可以成为不朽的塑像。

有人说：生活太单调了，不能创造。单调无过于坐监牢，但是就在监牢中，产生了《易经》之卦辞，产生了《正气歌》，产生了苏联的国歌，产生了尼赫鲁自传……

有人说：我是太无能了，不能创造。但是鲁钝的曾参传了孔子的道统。不识字的慧能，传了黄梅的教义。慧能说："下下人有上上智。"我们岂可以自暴自弃呀！可见无能也是借口。蚕吃桑叶，尚能吐丝，难道我们天天吃白米饭，除造粪之外，便一无贡献吗？

有人说：山穷水尽，走投无路，陷入绝境，等死而已，不能创造。但是遭遇八十一难之玄奘，毕竟取得佛经；粮水断绝，众叛亲离之哥仑布，毕竟发现了美洲；冻饿病三重压迫下之莫扎尔特，毕竟写出了《安魂曲》。绝望是懦夫的幻想……

所以：处处是创造之地，天天是创造之时，人人是创造之人。让我们至少走两步退一步，向着创造之路迈进吧。①

从《创造宣言》中，我们可以体会到陶行知有关创造的一些闪光点。

首先，要净化社会环境，促进社会进步，就必须去创造。每个人都是社会的一员，如果每人都能抱着"捧着一颗心来，不带半根草去"的人生信念，努力去创造、去奉献，整个社会秩序就会稳定，社会环境就会净化，进而就会促进社会的进步。正像他在《创造宣言》中所讲："蚕吃桑叶，尚能吐丝，难道我们天天吃白米饭，除造粪之外，便一无贡献吗？"因此，他倡导全社会的人们都应当有创造的意识，不能贪图安逸，一味索取。人活在世上，不能光要面包、洋车，还要有理想、信念，要培养民众的创造精神，树立为社会创造财富和多作贡献的理想。只有全社会的人一道去劳动、去创造，才能创造出良好的社会风气，才能真正推动整个社会的进步。

其次，要形成良好的教育环境，推动普及教育的发展，就必须去创造。发展教育是需要一个良好环境的，要培养青年一代的健康成长，就必须依靠人们进行创造性的工作。尤其是要培养年轻人的创造意识、创造精神和创造能力，就应当营造一个适合他们去创造的环境与氛围，因此，他说："只要有一滴汗，一滴血，一滴热情，便是创造之神所爱住的行宫，就能开创造之花，结创造之果，繁殖创造之森林。"②要迎接"创造之神"，就首先要为年轻人营造创造的环境，建造创造的"行宫"，这样才有可能开出创造之花，结

---

① 陶行知：《创造宣言》，华中师范学院教育科学研究所：《陶行知全集》第3卷，湖南教育出版社1985年版，第483—484页。

② 陶行知：《创造宣言》，华中师范学院教育科学研究所：《陶行知全集》第3卷，湖南教育出版社1985年版，第486页。

出创造之果。而这个创造的"行宫"就是教育环境,适合普及教育、民众教育、生活教育发展的良好环境。

最后,要提高人的素质,改造人的思想,就必须去创造。经济发展、科技进步、社会文明,均离不开人的素质的提高和思想的改进,而要改进人的思想,就必须运用创造的观念。他说:"生路是要勇气探出来,走出来,造出来。这只是一半真理。当英雄无用武之地,他除了大无畏之斧,还得有智慧之剑,金刚之信念与意志,才能开出一条生路。古语说,穷则变,变则通。要有智慧才知道怎样变得通,要有大无畏之精神及金刚之信念与意志才变得过来。"改造人的思想,提高人的素质,不仅需要人的胆略,更需要人的智慧与创造。而创造又需要一点一滴去积累的,不能轻视缓慢的量的积累。"点滴的创造固不如整体的创造,但不要轻视点滴的创造而不为,呆望着大创造从天而降。"①

此外,这类代表作还有《护校宣言》。该文创作于1930年4月国民党政权强行封闭晓庄师范后,陶行知在愤慨中写下这篇散文式的宣言,印成传单散发于全国各地,并在华北、东北等地的各报刊上刊载。该文指出:"晓庄的门可封,他的嘴不可封,他的笔不可封,他的爱人类和中华民族的心不可封。"②他号召晓庄的师生和关爱晓庄的人们,"大家一致起来爱护晓庄,爱护人权,爱护百折不回的和平奋斗,爱护教人做主人的革命教育,爱护向前向上进之时代革命,爱护自由平等的中华民国之创造,爱护人人有工做,人人有饭吃,人人有水仙花看的理想社会之实现"③。

第二,演讲类散文。

从就读于金陵大学期间参加演讲比赛开始,直到临终前,陶行知几乎演讲了三十多年。在国难当头之际,他不仅在国内经常演讲,而且赴欧美争取外援,深受海外华侨、外国朝野的欢迎。即使在临终前,他仍然坚持演讲。他的演讲稿均是很好的散文,观点鲜明、思想深邃、逻辑严密、声情并

---

① 陶行知:《创造宣言》,华中师范学院教育科学研究所:《陶行知全集》第3卷,湖南教育出版社1985年版,第484页。

② 陶行知:《护校宣言》,华中师范学院教育科学研究所:《陶行知全集》第2卷,湖南教育出版社1985年版,第221页。

③ 陶行知:《护校宣言》,华中师范学院教育科学研究所:《陶行知全集》第2卷,湖南教育出版社1985年版,第222页。

茂,富有极强的感染力、说服力和鼓动性。而且其大部分演讲稿在演讲后便刊载于各种报刊,如《新中国与新教育》就是他于1936年7月16日在新加坡世界新教育会议上所作的演讲,向全世界教育界介绍了中国遭受日本入侵的形势与处境、国内人民的解放运动、中国的出路以及新中国的新教育等。《中国的抗战是不自由就受奴役的斗争》是陶行知于1938年4月在访问加拿大时,为感谢加拿大人民和医疗援华会募捐、征集医疗物资支援中国抗战的义举而进行的演讲的演讲词,强调中国人民需要"平等的和平、足够的食品、自由和正义"①。《国际形势与中国抗战》是陶行知于1938年9月出访26国后归国途中在香港各界欢迎会上的演讲词,在分析了国际形势和国内抗战之后,他呼吁"黄种人联合起来抗战"②。《小朋友是民族未来的巨子》是他于1938年11月在重庆保育院的一次演讲记录,文中他非常形象地将"春"解释为:"将'春'分成三部分来看,便是'三''人'和一个'日'字。也便意味着不分男女老幼,大家联合起来反抗侵略,可以将日本帝国主义打倒!"希望全国的小朋友"在抗战中,在炮火下,成长为中华民国的巨子!"③

第三,书信类散文。

书信一直在散文中占有一席之地,文学史上一些散文名篇有不少是出自文人相互之间交流的书信。陶行知作为现代著名的教育家、思想家、文化名人、社会贤达,他的交际圈非常大,朋友遍及世界各地和各行各业。因此,他一生当中有数量颇丰的书信,被收录到《陶行知全集》第5卷(湖南教育出版社1985年版)中的书信就有810封。他写信的对象,既有国外的名人和学者,如甘地、泰戈尔、杜威、谟罕雷尼、博塞等;又有国内政界、教育界名人,如冯玉祥、邹韬奋、张澜、胡适、孔祥熙、宋美龄、宋子文、白崇禧等;也有家人和学生,如吴树琴、陶晓光、陶城、戴伯韬、王洞若、操震球、方与严等。陶行知的书信中有不少是优秀散文,语言质朴、感情诚挚、内涵丰富、思想深刻,显现出其散文创作的朴素美。其长者犹如盈尺之璧,其短者宛

---

① 陶行知:《中国的抗战是不自由就受奴役的斗争》,华中师范学院教育科学研究所:《陶行知全集》第3卷,湖南教育出版社1985年版,第168页。
② 陶行知:《国际形势与中国抗战》,华中师范学院教育科学研究所:《陶行知全集》第3卷,湖南教育出版社1985年版,第207页。
③ 陶行知:《小朋友是民族未来的巨子》,华中师范学院教育科学研究所:《陶行知全集》第3卷,湖南教育出版社1985年版,第254页。

若径寸之珠,为中国现代文学花坛增添了新的色泽。如 1927 年他在给学生操震球的信中写道:

> 乡间山青水秀,尽您游览。您早上可以看旭日东升,引您兴奋;晚上可以待月西山,助您吟咏。到了收成的时候,您手里割着黄金似的稻子,那田家乐的山歌,不断的洋洋乎盈耳。您还能亲眼看见您所栽培的儿童个个桃李似的一年一年的长大,一直到成家立业。①

该信文笔清新流畅,通俗朴实,描绘出当时晓庄师范所处的山村自然环境的优美与雅致,他以此来表达对中国农村教育的热爱,对探寻中国教育出路执着追求的决心。他在 1923 年创作的书信体散文《杭州大学之天然环境》中讲到大学在选校址时应考虑以下几个因素:"一要雄壮,可以令人兴奋;二要美丽,可以令人欣赏;三要阔大,可以使人胸襟开拓,度量宽宏;四要富于历史,使人常能领略数千百年以来之文物,以启发他们光大国粹的心思;五〔要〕便于交通,使人常接触外界之思潮,以引起他们自新不已的精神。"②在他心目中,杭州大学就是一所自然环境较为理想的学校,他如此描述:

> 后面四五个山峰,并立如掌扇;东边的之江,西边的西湖,都近在咫尺。登高一望,杭、嘉、湖、绍四属数百万的生灵,还有那无边无际的东海,都在眼中,不住的引人向那远处、大处默想。……选择这个校址的人,能从敷文书院大胆的将它一直伸到凤凰山顶,包到凤凰山后,这是何等的魄力,何等的目光!③

这类书信犹如一篇游记散文,语言简练,文风独特,真正体现了面向大

---

① 陶行知:《乡下生活之苦乐——致操震球》,华中师范学院教育科学研究所:《陶行知全集》第 5 卷,湖南教育出版社 1985 年版,第 151—152 页。
② 陶行知:《杭州大学之天然环境——一封公开信》,华中师范学院教育科学研究所:《陶行知全集》第 5 卷,湖南教育出版社 1985 年版,第 21 页。
③ 陶行知:《杭州大学之天然环境——一封公开信》,华中师范学院教育科学研究所:《陶行知全集》第 5 卷,湖南教育出版社 1985 年版,第 20 页。

众的公开信的特点,并没有多少华丽的辞藻,但给人以清新明快的感觉,令读者仿佛置身于西湖之畔、之江之滨的一所风光旖旎的大学校园。

第四,序跋类散文。

陶行知的散文中还有一类就是为自己或别人的著作所写的序跋。他的序跋类散文数量并不多,只有十多篇,但其中不乏深具文学价值之作,或长或短,均文体自由,生动活泼,质朴典雅,文意幽深,趣味横生。《〈在晓庄〉序》格调高昂,充满诗意,堪称散文诗中的佳作。"战鼓响了!血钟鸣了!振作你的精神,准备你的身手,充实你的子弹,奋勇的,忠实的,出发前方去干!"①《〈武训先生画传〉再版跋》概括了武训的"四个有":"合于大众需要的宏愿","合于自己能力的办法","公私分明的廉洁","尽其在我坚持到底的决心"。②还有仅278个字的《〈我们的旅行记〉序》,小巧玲珑,短小精悍,言简意赅,语言质朴,给人留下深刻印象。文尾写道:"这的确是一本奇书。它是一本生活教育学,是一本儿童游记,是一本儿童文学,是一本创造儿童世界的宣言。"③

音乐大众化的健将

陶行知在探索大众音乐理论方面思考深入,见解独特,为建构中国现代大众音乐理论奠定了良好基础,特别是他对大众歌曲从理论方面作了较为深入的思考和较为确切的阐释。

> 大众的歌曲是大众的心灵的呼声。它是用深刻的节奏喊出大众最迫切之内心的要求。少数天才之创作必定是符合了这个条件,才为大众所欢迎而成为大众的音乐和大众的诗歌。大众的歌曲是要唱出大众的心中事,从大众的心里唱出来再唱进大众的

---

① 陶行知:《〈在晓庄〉序》,华中师范学院教育科学研究所:《陶行知全集》第2卷,湖南教育出版社1985年版,第145页。

② 陶行知:《〈武训先生画传〉再版跋》,华中师范学院教育科学研究所:《陶行知全集》第3卷,湖南教育出版社1985年版,第518页。

③ 陶行知:《〈我们的旅行记〉序》,华中师范学院教育科学研究所:《陶行知全集》第2卷,湖南教育出版社1985年版,第742页。

心里去。它来,是从大众的心里来;它去,是到大众的心里去。①

他对大众歌曲的理论阐释是人们进行大众歌曲创作的理论指南,只有将发自大众内心的呼声变成歌唱大众生活的作品,才能真正打动广大民众,被大众所传唱和欢迎。

他还分析了广大民众对听歌曲的渴望程度,论及了大众歌曲的市场需求量。他说:"中国的民众是欢喜听曲,不懂也高兴听,如果懂得里面的意思,那就更加高兴听了。"因此,他要求"小先生"将每首大众歌曲的歌词都写在黑板上或复写、油印出来,然后让人们"分头预先传抄,教大家读,读会了再开唱片。这样一来,听众不但是增加了听曲的兴趣,而且多识一些字,并感觉识字之需要了"②。一方面,陶行知分析了广大民众对歌曲的迫切需求,说明大众歌曲在现代中国拥有巨大的市场;另一方面,他强调了进行大众歌曲教育亦可起到推动民众识字和扫除文盲的作用。

陶行知一生热心于大众音乐创作,他亲手创作歌词的著名歌曲就有数十首,还有一些是他的诗歌被谱写而成为流传于民众当中的歌曲。其中最著名的有《锄头舞歌》、《镰刀舞歌》、《儿童节歌》、《新安旅行团团歌》、《小先生歌》等,还有《村魂歌》、《自立立人歌》、《黄花歌》、《凤阳花鼓》、《农夫歌》、《手脑相长歌》等。这些歌曲一度成为人民大众丰富业余生活的精神食粮,也是批判国民党政权黑暗统治的有力武器和动员民众参加革命的宣言书。

若对其歌曲进行分类,可以分为农村题材、儿童题材、教育题材、革命题材等几类。

农村题材歌曲:真实反映农民生活

陶行知深知要想写出让农民喜欢的歌曲,就必须"了解大众的需要,说大众要说的话语"③。他认为,好的农村歌曲,就是要从农民中来,准确地

---

① 陶行知:《大众歌曲与大众唱歌团》,华中师范学院教育科学研究所:《陶行知全集》第3卷,湖南教育出版社1985年版,第93页。

② 陶行知:《怎样做小先生》,华中师范学院教育科学研究所:《陶行知全集》第2卷,湖南教育出版社1985年版,第899页。

③ 陶行知:《大众歌曲与大众唱歌团》,华中师范学院教育科学研究所:《陶行知全集》第3卷,湖南教育出版社1985年版,第93页。

反映农村生活,使农民在传唱过程中感到是在讲自己想说而不会说的心里话。因此,他说:大众的歌曲"是从大众的心里来",而且能够深入"到大众的心里去"。

陶行知创作的农村题材的歌曲,正是遵循这条原则来谱写的,深受农民喜欢。如《农人破产之过程》是 1927 年 12 月由陶行知作词的歌曲,歌词写道:

(第一年)太阳下山墩墩,
呀嗬嘿过不了年儿嗬嗬。
债主追来了梅绮紫棱,
翻下脸儿索,
难为情啊嗬嗬。

(第二年)太阳下山墩墩,
呀嗬嘿过不了年儿嗬嗬。
债主追来了梅绮紫棱,
牵去牛大哥,
舍不得啊嗬嗬。

(第三年)太阳下山墩墩,
呀嗬嘿过不了年儿嗬嗬。
债主追来了梅绮紫棱,
把我田地夺,
如何得了嗬嗬。

(第四年)太阳下山墩墩,
呀嗬嘿过不了年儿嗬嗬。
债主追来了梅绮紫棱,
强把棉袄剥,
冷得抖啊嗬嗬。

(第五年)太阳下山墩墩,

呀嗬嘿过不了年儿嗬嗬。
债主追来了梅绮紫棱，
逼我卖老婆，
天啊天啊嗬嗬。①

他生动逼真地描述了半殖民地半封建社会农民遭受地主残酷剥削与欺压的生活场景，由此告诉农民他们之所以日趋贫困直至破产的社会原因。

《农夫歌》是陶行知于1931年创作的农村题材歌曲。如果说前一首是主要反映南方农民生活遭遇的话，这首则反映了北方农民的生活状况。

穿的树皮衣，
吃的草根面，
背上背着没卖掉的孩儿，
饿煞喊爹爹。
牵着牛大哥，
去耕别人田，
太阳晒在赤膊，
心里如滚油煎。
九折三分，
驮利纳粮钱，
良民变成匪，
问在何处伸冤？
人面蝗虫飞满天，
飞满天，
无有农夫谁能活天地间！②

这首歌真实地描写了一贫如洗的农民生活，没吃没穿，卖儿鬻女，替人

---

① 陶行知：《农人破产之过程》，华中师范学院教育科学研究所：《陶行知全集》第6卷，湖南教育出版社1985年版，第780页。
② 陶行知：《农夫歌》，华中师范学院教育科学研究所：《陶行知全集》第6卷，湖南教育出版社1985年版，第784页。

耕田,劳累万分,若遇灾年,难以存活。这是国民党政权专制统治下农民痛苦生活的写真。

儿童题材歌曲:满怀真情寄予希望

陶行知的儿童题材歌曲,是从教育家的角度,以确保儿童健康成长为旨归,并抱着对儿童的未来充满希望的态度去创作的。因此,这些歌曲往往不像农村题材歌曲那样格调低沉,而是有着格调高昂、节奏欢快的创作风格。一方面,它们适合儿童的歌唱口味;另一方面,反映了他对儿童寄予很大期望。陶行知旨在通过这些歌曲,激发广大儿童积极进取的热情和对未来充满希望的情趣。代表性的歌曲有《儿童工歌》、《儿童节歌》、《儿童年献歌》等。

我是小盘古,
我不怕吃苦。
我要开辟新天地,
看我手中斧。

我是小牛顿,
让人说我笨。
我要用我的头脑,
向大自然追问。

我是小孙文,
我有革命精神。
我要打倒帝国主义,
象个球儿打滚。

我是小农人,
我靠种田生存。
光棍的锄头没有用,
要与机器联盟。

> 我是小工人,
> 我双手有万能。
> 我要造富的社会,
> 不造富的个人。①

《儿童工歌》是陶行知于1931年在倡导科学教育和中华苏维埃政权成立的背景下创作的,所以,他是带着对儿童的双重期望来作词的。一方面,他希望儿童学习科学,崇尚科学,力争做牛顿式的小科学家;另一方面,他又希望培养儿童的革命精神,学做孙文式的革命家。

《儿童年献歌》写道:

> 儿童年里小主人,
> 东升好比日初现。
> 日初现,人人得见光明天。
> ············

> 儿童年里小工人,
> 手脑双挥征自然。
> 征自然,看他辟地又开天。
> ············

> 儿童年里小学生,
> 抓住书本种田园。
> 种田园,叫人有吃又有穿。
> ············

> 儿童年里小先生,

---

① 陶行知:《儿童工歌》,华中师范学院教育科学研究所:《陶行知全集》第6卷,湖南教育出版社1985年版,第786页。

教人前进不要钱。
不要钱,守知奴化了云烟。
…………

年年愿为儿童年,
天天愿为儿童天。
儿童天,从此同开新纪元。①

　　这首歌曲创作于1935年,陶行知满怀期望地对儿童的未来提出了多元化的前途设计方案,做工人、农民、教师,都是国家的小主人。未来社会,只有职业的区别,没有等级高低的差异。不管干什么工作,都是为社会做贡献,都能为人类创造财富。只要全体儿童都胸怀大志,踏实学习和做事,我们的国家和民族就一定充满希望。

教育题材歌曲:宣传现代教育理念

　　陶行知是中国现代教育大师,他借鉴西方教育理论,结合中国教育实际,创造性地提出了适合中国广大农村教育的新教育主张。为了将自己的新教育主张广泛宣传于民间,他经常采用诗歌和歌曲的形式来教育民众。代表性的歌曲有《手脑相长歌》、《小先生歌》、《教师们联合起来》、《自动学校小影》等。

我是小学生,
变作小先生。
粉碎那知识私有,
要把时代儿划分。
我是小先生,
教书不害耕。
您没有功夫来学,

---

① 陶行知:《儿童年献歌》,华中师范学院教育科学研究所:《陶行知全集》第6卷,湖南教育出版社1985年版,第802页。

我教您在牛背上哼。
我是小学生，
看见鸟笼头昏。
爱把那小鸟放出，
飞向森林投奔。
我是小先生，
这样指导学生：
学会了赶快去教人，
教了又来做学生。①

这首《小先生歌》是陶行知于1934年3月所作，集中反映了他所发明的"小先生制"的内涵与实质，即学生可以当老师，教自己的父母、兄弟姐妹和朋友，以田垄、牛背乃至整个大自然为课堂，不拘形式，现学现教，即知即传，这种制度对普及大众教育起到了重要作用。

大众戏剧家

20世纪二三十年代，作为中国新文化前驱的话剧，成为中国文化艺术的一种重要形式，以迅猛的速度成为中国相当普及的艺术，成为与传统戏曲共生共存的舞台艺术种类。到了大革命时期，新创作的话剧引起了越来越大的社会影响，把话剧艺术的生长推进到一个根深叶茂的阶段；同时，话剧演出逐步由大都市舞台深入民间、农村，加入大革命和抗战的舆论洪流之中，发挥了战斗号角的作用。

在话剧由城市转向农村的过程中，陶行知起了积极的推动作用。1929年1月，陶行知特邀上海南国社社长田汉到晓庄师范演出。田汉领导的南国社在晓庄首次演出时，陶行知为其举行了盛大的欢迎仪式，他在欢迎词中讲道："今天我是以'田汉'的资格欢迎田汉。晓庄是为农民而办的学校，农民是晓庄师生的好朋友。我们的教育是为种田汉而办的教育。我以一

---

① 陶行知：《小先生歌》，华中师范学院教育科学研究所：《陶行知全集》第6卷，湖南教育出版社1985年版，第795—796页。

个'种田汉'代表的资格,在这儿欢迎田汉先生!让革命的教育和革命的艺术携手!"田汉在讲话中说:"陶先生说,他是以'田汉'的资格欢迎田汉,实不敢当!我是一个'假田汉',陶先生是个'真田汉'。我这个'假田汉'能够受到陶先生这个'真田汉'以及在座许多'真田汉'的欢迎,实在感到荣幸!我们一定要向真田汉学习!"①

育才学生在演出《朱大嫂送鸡蛋》

　　陶行知的热情欢迎使田汉和南国社深受感动,他们表示决心通过艺术来服务广大民众,并愿为艺术与教育的携手合作做贡献。南国社在晓庄演出了由田汉创作的《卖花女》、《湖上的悲哀》、《苏州夜话》、《南归》等话剧,精湛的演出受到了晓庄师生和农民的热烈欢迎。

　　正是在田汉及南国社的带动和指导下,陶行知组织成立了晓庄剧社,叶刚、谢纬棨、陆维特等三十余人参加,由陶行知亲自担任社长。他既是编剧、导演,又当演员。陶行知利用早晚工作之余创作了《香姑的烦恼》、《爱的命令》、《生之意志》和《死要赌》等话剧,还亲自登台表演。除了表演自己编导的话剧外,他还在田汉创作的话剧《苏州夜话》中饰老画家。每到剧社要演话剧时,附近的民众兴高采烈,奔走相告,而有些学生却认为演戏是消遣,与教育无关。针对这种情况,陶行知给学生们上了一堂生动的艺术教育课。他讲道,艺术是生活的再现,我们欣赏艺术就是过艺术的生活。如果观赏进步的艺术,就会受到生动的革命教育。演戏的人是在过艺术的生

---

① 许宗元:《陶行知》,人民出版社1988年版,第73页。

活,受革命的教育;看戏的人同样是在过艺术的生活,受革命的教育。经过陶行知深入浅出的讲解,同学们深受启发,从此晓庄师范的学生开始热衷于观看话剧。为了形象生动地说服和打动师生,剧中人物既有帝国主义分子、军阀、资本家、土豪劣绅、贪官污吏,也有工、农、商、学、兵以及革命青年。没有台词的哑剧同样收到了良好的效果。陶行知还亲自演了一出哑剧,扮演一位老汉,激发了全校师生和附近农民演戏和看戏的热情,将这种艺术教育的形式推广开来。后来,晓庄剧社还正式成立了剧务组、导演组、化妆组、布景组等,在陶行知提出的"走出学校,到社会去"的指导下,从1929年11月起,晓庄剧社在农村演出的同时,还到南京城里演出,并先后到镇江、常熟、无锡、苏州、宝山、上海、杭州、萧山等地演出30多场进步话剧。当演到《香姑的烦恼》、《卖花女》时,观众往往被感动得泪流满面,收到了良好的艺术效果。陶行知作为社长,不仅亲自带队外出表演,而且还亲自登台参与演出,在观众中产生了很大影响。当晓庄师范被国民党政权查封后,晓庄剧社的不少学生加入南国社,成为民众喜爱的重要演员,为推动中国现代话剧的发展做出了一定贡献。

总之,陶行知于20世纪二三十年代创立晓庄剧社,亲自编写剧本,并登台演出,极大地推动了中国话剧在教育界和江南农村的传播和普及,与当时由田汉、洪深、郭沫若、丁西林、曹禺等话剧前驱们所兴起的中国话剧创作与推广浪潮,汇集成了一股巨大的时代艺术潮流。特别是晓庄剧社也像南国社、上海戏剧协社、南开新剧团、上海艺术剧社一样,通过东奔西走、走南闯北、不辞辛苦地在城乡演出,极大地推广了新生的中国话剧,使中国话剧得到了广泛的传播。可以说,晓庄剧社在一定程度上于中国话剧的发展大历程中起到了奠基的作用。

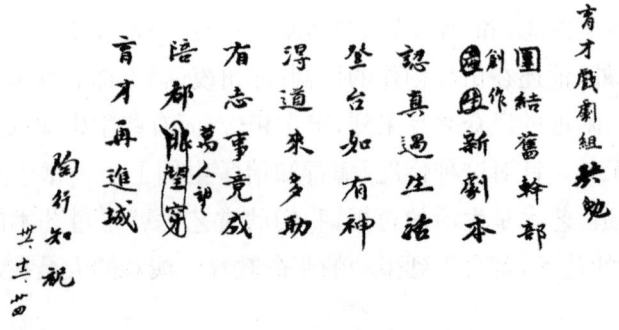

陶行知作诗与育才剧组共勉

抗战时期日益成熟起来的话剧,利用其短平快的艺术特点,在发动民众、激发斗志、动员抗战、鼓舞士气方面发挥了巨大作用,成为支援全民族抗战的精神武器。当时,救亡戏剧在中华大地上迅速兴起,形式多样,各具特色,有独幕剧、活报剧、快板剧、街头剧等演出形式。这些剧目在宣传抗日救国方面起到了重要作用。1937年由阳翰笙、洪深、田汉等在武汉发起成立了中华全国戏剧界抗敌协会,号召全国戏剧人为抗战而奋斗。同时还出现了众多的话剧社团,如中华剧艺社、上海剧艺社、中国艺术剧社等,这些戏剧社团在上海、重庆、桂林等地蓬勃发展。在抗日根据地,也成立了不少戏剧社团,如陕北抗日根据地的列宁剧社、工农剧社、抗大文工团等,晋察冀根据地的抗敌剧社、战斗剧社、冲锋剧社、七月剧社等,在民众中上演了大量的抗日话剧,真正起到了为工农服务、为抗战服务的作用。

正是在这种抗战话剧发展得如火如荼之时,在陶行知的亲自指导下,育才学校成立了戏剧组。该戏剧组由著名艺术家章泯曾担任主任,并组织师生在重庆演出过不少进步戏剧,对宣传抗日救国起了相当大的影响。陶行知要求师生深入大众,和社会打成一片,与人民打成一片。每次下乡演出之前,他都要提出严格要求。演出后,他总要找一些农民和工人来谈观感、提意见。他将收集起来的意见集中起来,并反馈给戏剧组,提出改进意见和方法。在战争年代,他经常告诫戏剧组的师生:"我们的戏剧要为劳苦功高的战士服务!我们要到前线去演出!战场是我们的剧场!"[①]育才戏剧组的演出活动充分体现了抗战话剧的艺术特点,充分发挥了革命文艺在战争年代的宣传与动员作用。

陶行知鼓励育才学校师生进行戏剧创作的同时,还注重国外友人的戏剧作品。譬如,1939年他的学生任光在出行新加坡时仍然坚持创作,创作了反映抗战题材的歌剧《台儿庄》,并及时写信向陶行知作了汇报。陶行知在回信中予以高度评价,并让任光转告帮助他在新加坡搞募捐的安娥,其所创作的歌剧《牛鼻子上前线》已在育才学校上演,并取得了较好的效果。

在重庆古圣寺时期,陶行知发起了演土话剧运动,运用当地方言来编演戏剧,以唤起人民的革命热情。他认为,土话剧也是保卫四川的力量。育才戏剧组的同学们积极响应,纷纷创作方言剧本,主题均为号召人民起

---

① 许宗元:《陶行知》,人民出版社1988年版,第153页。

来参加革命,实现自卫。陶行知还亲自修改剧本,督促排演。育才学校师生利用节假日下乡演出《兄妹开荒》、《朱大嫂送鸡蛋》、《王大娘补缸》、《朱警察查户口》、《古怪歌》、《茶馆小调》等秧歌剧和话剧《嘟咯办》、《小主人》、《抽壮丁》等节目,向全校师生宣传抗日救国主张,受到了广大民众的热烈欢迎,收到了良好的艺术效果,政治影响很大。特别是《小主人》在重庆和北碚的演出,郭沫若和邓初民几乎每场必看,每当剧情进入高潮——一个行乞的十三四岁的小女孩在被曾经同游过的阔家子弟的小轿车撞死的前夕,在后台唱着行乞悲歌的时候,郭沫若和邓初民也和众多观众一样,被感动得热泪盈眶。

1942年12月24日,陶行知为育才学校戏剧组题诗共勉:

团结旧干部,
创作新剧本。
认真过生活,
登台如有神。
得道来多助,
有志事竟成。
陪都万人望,
育才再进城。①

育才师生公演《小主人》进行募捐,克服由于物价飞涨造成的经费困难,坚持办学

陶行知的题诗,既为育才戏剧组提出了指导性意见,为育才戏剧组进一步指明了方向,又对该戏剧社团寄予了厚望,亦可看出其中蕴含着他对育才戏剧组的深厚感情。

陶行知逝世后,育才学校于1947年迁到上海,在宋庆龄的主持下,戏剧组仍然坚持表演。如于1948年冬戏剧组在兰心大戏院演出了大型话剧《小主人》,通过描写贫苦孩子的悲惨遭遇,无情揭露了国统区的黑暗统治,

---

① 陶行知:《育才戏剧组共勉》,华中师范学院教育科学研究所:《陶行知全集》第4卷,湖南教育出版社1985年版,第580—581页。

发出了挽救孩子的呼吁。演戏的孩子本来就是苦孩子,他们对贫苦生活深有感触,所以表演深切动人。这部话剧的演出引起了强烈的社会反响,观众争相购票,文艺界也予以好评。后来,育才学校流传的歌舞《打莲湘》还被搬上了银幕。

可见,育才戏剧组在话剧创作与表演方面,不仅为中国的抗战起了动员与宣传作用,而且为中国话剧从旧中国向新中国的转型与过渡起了一定的促进作用。

大众美术的倡导者

抗战时期,育才学校迁到古圣寺,为了活跃校园文化生活,对学生进行美感教育,在陶行知的极力倡导下,于1939年成立了育才学校绘画组,由老木刻家陈烟桥担任主任,张望和汪刃锋担任教师。陶行知对绘画组寄予很大希望,他还专门作了一首指导和赞美绘画组的诗:

为老百姓而画,
到老百姓队伍里去画。
跟老百姓学画,
教老百姓画画。
画老百姓:
画老百姓的爸爸,
画老百姓的妈妈,
画老百姓的小娃娃,
画出老百姓的好恶悲欢,作息奋斗,
画出老百姓之平凡而伟大。
把画挂在老百姓的每一家,
使乡村美化,
使都市美化,
使中国美化,
使全世界美化。
给老百姓安慰,

> 将老百姓的智慧启发，
> 刺激每一个老百姓的创造力，
> 创造出老百姓所愿意有的新天下。①

他要求绘画组的师生时刻不能忘记深入民众、了解民众、反映民众生活、指导民众绘画，从而实现艺术为人民大众服务的根本宗旨。陶行知提出了绘画要"创造新的绘画风格，表现新生力量"②。他还为绘画组提出了明确的指导思想："艺术为祖国，为人民，为争取人民民主的未来。"绘画组师生正是遵照这一宗旨，刻苦创作，意气风发，打破了教与学的界限，师生互动，教学相长，在民主的气氛中完成艺术的创作。这种民主的教学氛围正是艺术创造所需要的。

绘画组在陶行知的直接指导和帮助下，还成立了图书室，购置了一批画册、艺术家传记，还有画集，如《苏联版画集》、《戈雅版面集》、《米勒素描集》、《罗丹艺术论》等。学生们在条件简陋的情况下，自己动手制作画架、画板，通过自己的努力来创造条件。陶行知经常教育绘画组的学生们："小孩子们，自己动手嘛!"③素描是绘画组开设的一门专业基础课，由于条件所限，没有素描纸，就用嘉乐纸代替；没有炭条，就用桑枝、枫枝剥去皮，塞在铁管里，再放入铁罐中，空隙处填满沙子烧制而成；静物写生所用的各种石膏模型，则通过在罐、盆、瓶、钵等物的外表刷上一层白粉来代替。

绘画组一开始进行学习和创作，就面临着系列的问题，诸如：为什么人而画？画什么人？培养什么样的人才？针对这些问题，陶行知主张：面向自然，深入民众，体验生活，反映生活，采取速写和创作相结合的方法，重点加强素描练习，真正绘画出身边的农民、船夫、车夫等一般平民的形象，反映出普通百姓的生活疾苦。在陶行知的感召下，绘画组学生进行了艰苦的创作，不管在学校，还是在校外，都是速写本不离手。他们手脑并重，积极实践，将自己在现实生活中获得的切身感受反映到创作中来，因而师生对

---

① 陶行知：《为老百姓而画——一个朝会上的讲词》，华中师范学院教育科学研究所：《陶行知全集》第 4 卷，湖南教育出版社 1985 年版，第 609 页。
② 张达扬：《大哉孔子——深切怀念陶行知先生》，四川省纪念陶行知先生诞生九十周年大会筹备组：《陶行知纪念文集》，四川人民出版社 1982 年版，第 86 页。
③ 郭以实：《伍必端学画记》，《行知研究》1984 年第 10 期。

民众、对周围的山水、草木、鸟兽等都产生了真实的感情,从而创作出一批完全不同于国统区艺术院校学生创作风格的新作品。经过师生的共同努力,绘画组的同学们很快创作出第一批作品,陶行知将这些作品收入《幼苗集》第一集并正式出版,这是陶行知亲自关注并指导的绘画组学生的艺术成果。

育才绘画组可以说是中国最早培养版画人才的基地。由于绘画组的指导教师大部分是从事版画创作的专家,因此平时就将版画作为主要课程,学习欧美、苏联的一些艺术作品和艺术理论,注重开展木刻版面教学与创作,取得了突出的成绩。

绘画组在重庆举办作品展览,在社会上引起了很大反响。他们的作品与国民党政权统治下的颓废没落艺术作品相比,具有明显的人民性、生活性和创造性。《新华日报》作了如下报道:"以木刻为例,非常精粹,几十张木刻强有力的刻画着祖国的受难,敌军残暴的进攻,敌机的狂轰滥炸,刻画着祖国的新生,战士的英勇挺进,空军的雄姿……也刻画着祖国走向新生的黑暗方面:民生的痛苦,难童的流离……无论在构图上、技巧上,象多年经验者所刻出来的一样,要是下面不明明写着姓名年岁,谁敢相信那是十三〔四〕岁或十五六岁的小朋友的作品呢?"冯玉祥作诗赞道:

> 小小艺术家,成绩真可夸。
> 各拿刀和笔,绘画抗战画。
> …………
> 艺术作武器,向敌猛冲杀。
> 打倒日本鬼,打倒希特拉。①

绘画组还利用课余活动时间成立了绘画研究会,经常举行"星期画展",出版木刻集《幼苗》。总之,育才绘画组为中国现代版画事业的发展奠定了坚实基础,为中国培养了一批自己的美术人才。

---

① 许宗元:《陶行知》,人民出版社1988年版,第162页。

九、文字改革

提倡新文字改革

陶行知十分重视文字符号的改革,因为文字符号改革直接关系到教育的普及。"文字是生活的符号。它必须与民众的生活打成一片,才能发生效力。我们要想鼓起民众读书的兴趣,必须拿他们生活所需要的文字来教。"①他认为,"生活所需要的文字"就是注音新文字。为此,他大力提倡在大众中推广新文字,尤其是在大众教育中使用新文字。

> 我们要想建设大众文,必须采取那容易认,容易写,容易学的拼音新文字。有了拼音新文字,大众自己就可以根据大众语和前进大众意识来创造大众高兴看,高兴读,高兴听的大众文。新文字拿在手里,大众自己就能产生文化粮食;他们再不至于做文化饿鬼,也不至于做文化乞丐,也不至于苦苦的哀求小众拿吃不了的文化面包来赈济他们了。②

陶行知很早就倡导推行"手头字"。所谓"手头字",就是指日常生活中经常用到的、"手头上大家都这么写,可是书本上并不这么印"的一些文字。为了便于人们读写,省掉读书中记忆繁杂字体的麻烦,陶行知倡导将这些手头经常用到的文字,"铸成铜模浇出铅字来,拿来排印书本"③,以便于大众去学习与书写。在他看来,文字符号是传播文化的重要载体,如果文字

---

① 陶行知:《怎样做小先生》,《陶行知全集》编辑委员会:《陶行知全集》第3卷,四川教育出版社1991年版,第228页。
② 陶行知:《白话文与大众文》,《生活教育》1936年第2卷第22期。
③ 陶行知:《推行手头字缘起》,《陶行知全集》编辑委员会:《陶行知全集》第3卷,四川教育出版社1991年版,第748页。

容易被人接受,就会使文化得以广泛传播。因此,他从教育角度出发对新文字改革十分重视,密切关注中国文字改革的动向,及时捕捉全国范围内有关文字改革的最新信息和动态。

正当陶行知深入思考和努力探寻中国文字改革的出路之际,在海参崴的华侨创造出一种"拉丁新文字",在这些华侨的组织下,中国新文字第一次代表大会于1931年在海参崴召开。1933年后,全国各地相继成立不少团体,研究推广该文字。陶行知认为这种文字具有许多优点,比原有的方块汉字更便于书写、辨认和学习,"实验效果很好",于是他极力倡导推广这种拼音新文字,因为"新文字是普及大众教育的最经济的文字工具"[①]。为了实现有组织、有章程、有步骤地推广新文字的目的,在陶行知的积极参与下,中国新文字研究会于1935年10月成立,他被选为第一届理事,并亲自起草了中国新文字宣言。

由于海参崴华侨创造的新文字是以北平话为基础,而陶行知主张应当制订出适合不同地区大众口味的新文字方案,于是1936年他又起草了《上海话新文字方案》,并发表于1936年3月16日的《生活教育》第3卷第2期上。该方案经过中国新文字研究会的多次讨论,最后在理事会上被通过。主要内容包括:

第一,中国新文字应当按照各地方言分布的情形把中国划分为若干音区,在每个音区中建立一种新文字。陶行知充分论证了制订《上海新文字方案》并推行各地中心音区新文字的必要性和重要性:"光有了北方话新文字方案是不能够满足各地人的要求的。上海是中国经济的中心,是最国际化的一个城市,上海话新文字方案的制定自然是一个非常迫切的工作。"[②]在他看来,上海新文字与北方新文字应当处于同等重要的地位。

第二,新文字运动不主张"摄影式地记录某一地方的土话",而应按音区来"规定一种统一性最大的方案"。譬如:"上海话"并不是指浦东话或江湾大场话,而是指上海土话加入了苏州话、宁波话而形成的一种新的大众话——上海普通话,"根据这一种普通话而制订的新文字是可以通行在整

[①] 陶行知:《中国大众教育问题》,《陶行知全集》编辑委员会:《陶行知全集》第3卷,四川教育出版社1991年版,第476页。

[②] 陶行知:《上海话新文字方案》,《陶行知全集》编辑委员会:《陶行知全集》第3卷,四川教育出版社1991年版,第789页。

个吴语区域中间的"。制订上海普通话和新文字方案,完全是出于为华东地区大众学习与交流的便利而考虑的,也是为了普及教育而考虑的。

第三,新文字运动是以文字与语言的一致为基本原则的。为了便于一个语言区内的不同人接受新文字,因此其在制订新文字方案时有意识地抛弃了"一些偏僻地方的音素,或是'旧式的'正在向淘汰的路走去的若干音素",这样做的目的就是使新文字简易、明快,"而且也是为了促进统一的民族语的成立"。为此,应当制订出文字与语言相统一的上海话新文字。

第四,由于北方话新文字已经流行开来,因此"在建立其他各区方案时,应当竭力顾到这已有的方案"。为了避免不同地区的人们在流动过程中出现语言文字方面的障碍、产生交流的困难,在制订不同音区语言文字时,应当在"字母的读音,写法上尽可能地和它(北方话新文字)保持统一。"①

第五,遵照"印刷打字和书写便利"和"使字母适合于国际化"两个原则,结合北方话文字方案,拟定了《上海话字母表》,分为破裂音、破裂摩擦音、摩擦音、鼻音、边音、头音、高音、中元音、低元音等,还详细地解释了上海话字母与北方话字母的共同与不同之处。

同时,他积极实施自己制订的上海话新文字方案,亲自参加了运用上海话新文字编写的《上海话新文字课本》,一方面是为了以实际行动推广上海话新文字方案,另一方面也是为了促进上海地区民众的教育普及。后来的实验表明"平常人每天费一小时只须半个月功夫,即可写新文字的信,看新文字的报,读新文字的书。聪明些的人两个星期就行;笨一点的人,只须一个月,成绩也不错了。"②

1936 年春,陶行知又与蔡元培等 606 名文化教育界名人联合发表了《我们对于推行新文字的意见》,其基本主张为:其一,"中国大众所需要的新文字是拼音的新文字"③。他认为,方块汉字难认难写难学,使得每个人要学懂它,非得花费上几年工夫和几百块钱不可,所以应被淘汰;"手头字、

---

① 陶行知:《上海话新文字方案》,《陶行知全集》编辑委员会:《陶行知全集》第 3 卷,四川教育出版社 1991 年版,第 790 页。

② 陶行知:《我们对于推行新文字的意见》,《生活教育》1936 年第 3 卷第 5 期。

③ 陶行知:《中国大众教育问题》,《陶行知全集》编辑委员会:《陶行知全集》第 3 卷,四川教育出版社 1991 年版,第 476 页。

简字是方块汉字的化身,不是根本的解决";而国语罗马字母崇奉北平话,又注重声调,使得南方人学起来很吃力。因此,他倡导推广不强调声调的拼音新文字——拉丁化新文字。其二,"新文字是普及大众教育的最经济的文字工具"。他算了一笔账:义务教育培养一个小孩每年平均要花8.9元钱,民众教育培养一个成人要花1.8元钱,小先生教汉字每人也要花0.3元钱,而采用拼音新文字识字每人只要0.03元钱,"连黄包车夫也出得起"[1],因此可以说,新文字是普及教育的最省钱、最有效的工具。其三,方言新文字不会阻碍中国的统一。针对有人提出方言新文字会影响到中国的统一,陶行知列举了四条理由:首先,中国各地的方言是"汉话与各处土话互相同化克服的结果",都有规律可循,只要掌握了其中的规律,是"很容易相通的"。其次,各区的方言新文字传给了各区的大众,就会使区内的大众彼此沟通;该区知识分子精通几区新文字,就可搭起一个交流的桥梁,"使各区的大众彼此相通并与全国的知识分子相通"。只要全国各地的"大众得到了新文字的培养,也必然的会在自己的队伍里产生出知识分子,并且运用各区新文字对照的读物也可以把自己造成沟通各区文化的铁桥"。这样,不仅不会阻碍中国的统一,而且还会促进各民族文化的交流,起到帮助中国统一的作用。再次,中国的统一是"从实际生活酝酿出来的统一",而不是抽象的、幻想的统一。国家的统一不是要强迫"过同一的生活,说同一的话语,写同一的文字",因此,在上海大众的公共场合要用上海话才有效,在广州大众的公共场合要用广州话才有效。最后,中国文化界现阶段最重要的任务就是普及大众的文化教育,动用一切工具来进行民族自救教育。

但是在选择工具的时候,我们是必得指出新文字的特大效力。文字好比是交通媒介。汉字好比是独轮车。国语罗马字好比是火车轮船。新文字好比是飞机。坐上新文字的飞机里传布民族自救的教育的时候,就可以知道新文字是不但不阻碍中国统一,而且确有力量帮助唤起大众挽救我们的垂危的祖国。[2]

---

[1] 陶行知:《我们对于推行新文字的意见》,《生活教育》1936年第3卷第5期。
[2] 陶行知:《中国大众教育问题》,《陶行知全集》编辑委员会:《陶行知全集》第3卷,四川教育出版社1991年版,第478页。

为此,他建议每个方言区编辑最廉价的新文字课本和参考书,各类民众学校、识字学校、补习学校等均要培养新文字师资,用新文字编辑出版报刊、小说、诗歌、新文字字典、新文字连环画等大众读物,发明新文字打字机等,以便新文字得以快速的推广,从而推动普及教育的进一步发展。

此外,1936年5月至7月陶行知亲自到两广地区。在他的指导下,广西、广东先后成立了新文字研究会。广西的新文字研究会成立于1936年5月,该会的成立就是陶行知亲自到广西发动与指导的结果。他在广西新文字研究会上讲道:"我们大家应该努力提倡和推行新文字,以唤起民众共同救国……推行新文字是艰难工作,要打仗的,要攻关的,非安然的从香烟雾中喷出来的。"① 广东新文字研究会成立于当年7月,陶行知在成立大会上作了重要讲话,他讲道:推行新文字的目的就是要大众解放、要民族解放、要文化解放②,而推行新文字的人应当"站在大众上来推行新文字,难免会吃些苦头,但推行新文字者,要不怕吃苦头!……我们提倡新文字,是预备坐监牢的"③。

正是在陶行知的奔走呼号和倡导带动下,全国大部分地区先后成立了新文字研究会,并为新文字的研究与推行进行着不懈努力。

推动大众语文运动

20世纪30年代,国内学术界掀起了"文言文—白话—大众语"论战,不少学者均在《申报》等报刊上发表自己的观点。参加此次论战的学者有:胡愈之、吴研因、吴稚晖、汪懋祖、柳诒徵、夏丏尊、林语堂、陈子展、陈望道、乐嗣炳、王钢、傅红蓼、樊仲云、俞遥、张庚、任白戈等。1934年5月,鲁迅、陈望道、胡愈之、叶圣陶等人,针对"复兴文言"的逆流发动了大众语运动,这是"五四"时期文白论战的继续与发展。其间发表的代表性文章有汪懋

---

① 陶行知:《新文字问题》,《民国日报》1936年5月18日。
② 陶行知:《在广东省新文字研究会成立大会上的讲演词》,《民国日报》1936年7月17日。
③ 陶行知:《在广东省新文字研究会成立大会上的讲演词》,华中师范大学教育科学研究所:《陶行知全集》第8卷,湖南教育出版社1992年版,第444页。

祖的《禁习文言与强令读经》、吴研因的《辟小学参用文言初中毕读孟子及指斥语体文诸说》、柳诒徵的《小学国语教材之疑问》、胡愈之的《关于大众语文》、魏猛克的《普通话与"大众语"》、任白戈的《"大众语"底建设问题》、吴稚晖的《大众语万岁》、张庚的《大众语底记录问题》等，这些文章大都发表于《申报》的《自由谈》栏目和《大晚报》的《火炬》副刊①。陶行知也积极参加了这场论战，并提出了"大众语与大众文必须合一"的主张，是提倡大众语的《太白》半月刊的特约撰稿人之一，也是推行"手头字(简化字)"的发起人之一，在这次论战中发挥了重要的作用。他所撰写的《文言白话又一战》、《大众语文运动之路》、《怎样写大众文》、《再谈怎样写大众文》、《四个先生：教人写大众文不取学费》、《白话文与大众文》等一系列文章，分别发表于1934年6月的《生活教育》第1卷第9期、1934年7月4日的《申报·自由谈》、1935年11月16日和12月1日的《生活教育》第2卷第18期和第19期、1935年12月23日的《大众生活》、1936年1月16日的《生活教育》第2卷第22期。这些文章成为当时语言文字改革的强有力的指导性思想，为现代中国语文建设指出了努力方向，为实现语言文字的大众化奠定了坚实的基础。

综观陶行知关于大众语文运动的思想，主要包括以下几方面。

第一，为大众语文做了科学界定。胡愈之于1934年6月23日在《申报》的《自由谈》栏目上发表了《关于大众语文》一文，文中给大众语下的定义是："'大众语'应该解释作'代表大众意识的语言'。"②陶行知首先肯定了胡愈之的观点，然后又对胡愈之的定义作了更为准确的补充和完善：

> 大众语是代表大众前进意识的话语。大众文是代表前进意识的文字。大众语与大众文必须合一：在程度上合一，在需要上合一，在意识上合一。大众语文适合大众的程度，需要和意识时，在大众本身所起的反应是高兴。所以大众语文是大众高兴说，高兴听，高兴写，高兴看的语言文字。这高兴的境界便是艺术的境界。③

---

① 任重：《文言、白话、大众话论战集·大众话》，民众读物出版社1934年版。
② 胡愈之：《关于大众语文》，《申报》1934年6月23日第19版。
③ 陶知行：《大众语文运动之路》，《申报》1934年7月4日第19版。

陶行知在胡愈之定义的基础上加了"前进"一词,旨在体现大众语文在引导民众向民主化、科学化、现代化道路上所起的积极作用。这反映出陶行知在大众语文建构中所起的先驱与表率作用。

第二,指出了大众语文建设的必要性和紧迫性。陶行知坚信大众迫切需要属于自己的语言文字,因为语言文字是符号,"大众是过着符号贫穷的生活。但是他们需要符号是铁打的事实。老太婆用绳结记帐。农夫刻树皮抒情。野孩子写王八旦骂人。民众学校学生用注音字母代替他所不会写的字"[1]。他还举了一个生动的例子,来说明大众对属于自己的语言文字的渴求:

> 从前有一位妇人寄了一封信给她的丈夫,丈夫打开一看,纸上画的是:"一个单圈,一个双圈,一个圆圈,一个破圈,一连许多圈。"丈夫看不懂。一位聪明人把他夫人所画的圈中秘密指点他说:"欲寄相思无从寄,画几个圈儿替。单圈儿是我。双圈儿是你。圆圈儿是团圆。破圈儿是别离。还有说不尽的心思,把一路的圈儿圈到底。"这些例子指示出大众的生活中是有一个大缺憾。大众没有取得够用的思想的符号,情感的符号,行动的符号:总而言之,没有取得充分的生活的符号。大众的符号是和大饼一样的贫乏。剥削大众的大饼的人是同时独占了大众生活所需要的符号。[2]

由上可见,不管是什么时候的大众,不管是干什么工作的大众,都需要语言文字,怀有用文字来表达自己思想的强烈愿望。过去的语言文字是被统治者所垄断的非大众化的符号,只是专门服务于剥削者的文化。而陶行知所倡导的语言文字是普及的、通俗的、大众化的,是容易被劳苦大众所接受和使用的符号。

第三,指明了大众语言文字运动的出路。陶行知根据民众对语言文字的需要,结合当时语言文字学界的一些观点,提出了大众语文运动的两条

---

[1] 陶知行:《大众语文运动之路》,《申报》1934年7月4日第19版。
[2] 陶知行:《大众语文运动之路》,《申报》1934年7月4日第19版。

出路:一是"智识分子参加大众生活,在大众语演进的基础上努力写作语文合一的大众文"①。要求知识分子深入到大众生活中去,与大众共同生活、共同劳动、同甘共苦,深入体察民众生活,拜大众为师,学习大众语,"等他自己的生活与大众的生活打成一片,然后他才能领略大众生活之酸甜苦辣;然后他写大众便是写自己,写自己便是写大众"。如果知识分子不愿做大众的学生,不愿成为民众队伍中的一员,就永远不会学到真正的大众语言。只有与大众为伍,与大众共同生活,才能真正领悟到大众语言文字的真谛,也才能创作出适合大众口味的大众文。二是"将生活符号普及于大众,使大众自己创造出语文合一的大众文"②。要想让大众自己能够创作出属于自己的大众文,就必须首先在大众中普及大众语言文字,让大众学会使用这些符号。为此,陶行知提出了"三管齐下"的教育方法:一要教汉字;二是教注音字母;三是教用注音字母拼成大众文。因为认识汉字是学习大众文的前提,而学汉字的一条捷径就是教其认注音字母。"大众学会注音字母便可以自动去用字典,认生字,追求新知识。"然后,运用注音字母去记录自己的思想、情感和行动,接着就可教大众运用文字和字母写大众文。在此过程中,可以充当老师的人很多,所有识字的人都可充实到这支教育队伍中来,还可以通过"小先生制"来帮助民众学习大众语文。他还告诫大众语文运动的发动者要善于选择地去教大众的内容,不能不加选择地教授一些过时的、不健康的内容。"我们把文字符号传给大众的时候要做一番'滤清'的工作。我们要把时代落伍的意识滤掉,要把麻醉的毒质滤掉,要把古典滤掉,要把洋文法滤掉,我们献给大众的符号是要和没有微生物的清水一样。大众得了这种清水的符号便能自由的,毫无成见的,写出真正的大众文。"③陶行知为大众语文运动指出了明确的奋斗方向,目标之明确、方案之具体、规划之周密,可谓是中国语言文字运动的先驱和楷模。

第四,划分了白话文与大众文的界限。在20世纪30年代国内语言文字学界掀起的文言文、白话文和大众文论战中,众多学者发表自己的见解与看法,陶行知就是其中力倡大众文的一位杰出代表。1936年1月他针

---

① 陶知行:《大众语文运动之路》,《申报》1934年7月4日第19版。
② 陶知行:《大众语文运动之路》,《申报》1934年7月4日第19版。
③ 陶知行:《大众语文运动之路》,《申报》1934年7月4日第19版。

对胡适撰写的《大众语在哪儿？》一文进行了针锋相对的论辩，于当年1月16日在《生活教育》第2卷第22期上发表了《白话文与大众文》，明确提出"大众语在大众的嘴巴上"，而"白话在小众的嘴巴上"，在使用大众文过程中，要做到"字字句句他们都听得懂；用一个字不要忘了大众；造一句句子不要忘了大众；说一个比喻不要忘了大众：这样训练的结果，自然是大众语了"①。他从三个方面对大众文与白话文进行了区别：一是从语言角度，大众语是以民间通用的口语为基础的，而白话文是以书面语言为主。如白话讲"结婚"，而大众语讲"做亲"。二是从文字角度，"大众语只有拼音的新文字才可以把它忠实的写出来"，而白话文完全以汉字为表词达意的载体。陶行知认为拼音的新文字，民众便于认、方便写和容易学，"有了拼音新文字，大众自己就可以根据大众语和前进大众意识来创造大众高兴看，高兴读，高兴听的大众文"，而"汉字是没有这个本领，汉字难写难认"，成为普及大众文化和教育的最大障碍②。三是在技术方面，他反对胡适提出的使用无线发音机的方法去向大众宣读文稿，因为这样做，大众能否听懂是个未知数。而真正要创作出大众文并能够让大众听懂，就要深入体验大众生活，广泛传播大众文化，做到"钻进大众的队伍里去和大众的生活打成一片"，这样才能写出真正的大众文。

第五，主张教材都使用白话文。陶行知针对汪懋祖、柳诒徵等人反对教材使用白话文的观点，撰写了《文言白话又一战》，主张"一切公立学校，都应该教白话文，不应该教文言文"，因为白话文容易学、容易教，这种教材适合小先生在普及大众教育中起作用，"如果改用文言文，小先生失了效用，中国教育再等一百年也不得普及"③。他认为文言文教材是培养少爷、小姐和蛀书虫的教学内容，而大众的普及教育只能采用白话文教材，因为它是大众真正所需要的并能够真正推动大众教育发展的教育内容，因此，"大众的要求，儿童的要求，新人材的要求，都是逼着白话文进展，而不让文言文复辟"④。

第六，教给民众如何写大众文。陶行知在揭示白话文弊端的同时，提

---

① 陶行知：《白话文与大众文》，《生活教育》1936年第2卷第22期。
② 陶行知：《白话文与大众文》，《生活教育》1936年第2卷第22期。
③ 陶知行：《文言白话又一战》，《生活教育》1934年第1卷第9期。
④ 陶知行：《文言白话又一战》，《生活教育》1934年第1卷第9期。

出了自己写好大众文的科学方法。他认为,白话文的最大弊端就在于大众听不懂,"白话文,教人聋;读起来,听不懂"①。因此,写大众文的关键是:(1)"大众文应该写大众需要知道的事";(2)"大众文应当照大众说话的口气写"。只有这样,大众才能听懂、读懂。为了切实起到指导大众文写作的作用,陶行知还专门用大众语创作了一首通俗易懂的大众诗:

> 根据大众语,
> 来写大众文。
> 文章和说话,
> 不能随便分。
> 一面动笔写,
> 一面用嘴哼。
> 好听不好听,
> 耳朵做先生。②

他建议在写作大众文时,要不断倾听大众的意见,当完成一篇大众文或一首大众诗时,就要到民间去读,广泛地让大众去听,然后让其提意见和建议。他说:"工人,农人,车夫,老妈子,小孩子的耳朵都靠得住。你做好一篇文章,读给他们听听,如果他们听不懂,你要努力的修改,改到他们听懂了,才能写成大众文。小众听得懂,而大众听不懂的文章,决不能冒充大众文。好的大众文还要大众高兴听。如果小众高兴听而大众不高兴听,决不能算为好的大众文。"③只有这样,才能写好或改好大众文。他还赋诗一首来反映这一思想:

> 文章好不好,
> 要问老妈子。
> 老妈高兴听,
> 可以卖稿子。

---

① 陶行知:《怎样写大众文》,《生活教育》1935年第2卷第18期。
② 陶行知:《怎样写大众文》,《生活教育》1935年第2卷第18期。
③ 陶行知:《再谈怎样写大众文》,《生活教育》1935年第2卷第18期。

老妈听不懂,
就算是废纸。
废纸那个要?
送给书呆子。①

他多次强调,要想写好大众文,就必须在初步完成后,先在大众面前用嘴哼,"请大众的耳朵做我们的先生",直到大众能听懂并乐意听为止。为了避免大众听不懂,就尽量少用一些民众不太熟悉的"新名词",否则会影响到大众文化的效果。陶行知自己编写的《老少通千字课》,就是采取这种方法完成的,因此受到了大众的普遍欢迎。

第七,提出了大众文写作的四条原则。陶行知用形象生动的方式来阐明创作大众文应当遵循的四条原则:"大众文怎样写法?我也不敢胡说,但有四个先生可以介绍。只要我们自己虚心向他们请教,他们是愿意免费指导我们的。"这四位"先生"就是"耳朵先生"、"大众先生"、"生活先生"、"新文字先生"。这实际上讲的是四个原则:一要多读多听。写完大众文后,要自己多读多听,直到自己的耳朵听懂了为止,"耳朵听得懂,高兴听,就算及格"②。二要善于向大众请教。要写出好的大众文,就必须多向农民、工人、车夫、老妈子、小孩子请教,让他们听自己创作的文章,以大众喜欢与否为标准。三要深入大众生活。只有了解大众生活,体察大众生活,才能创作出反映大众生活的作品。因为大众文的创作内容是真实反映大众生活,大众文的写作目的是为大众提供精神食粮。四要运用新文字写作。他所讲的新文字是指"一种拼音的新文字",他认为"新文字是我们写大众文的最好的先生",因为这种文字"必定是要容易认,容易写,才容易普及而成为

陶行知所书《老妈子先生歌》

---

① 陶行知:《再谈怎样写大众文》,《生活教育》1935年第2卷第18期。
② 陶行知:《四个先生:教人写大众文——不取学费》,华中师范学院教育科学研究所:《陶行知全集》第2卷,湖南教育出版社1985年版,第921页。

大众的文字"①。只要遵循这四条原则,就可以真正写好大众文,使之成为大众喜欢读的文章。

  过大众的生活才算受大众的教育,才能写大众的文章。我们必须在大众的队伍里做一个队员,与大众打成一片,才能感觉大众的痛苦,发现大众的问题,明了大众的迫切的要求,这时候才有资格来写真正的大众文。②

---

  ① 陶行知:《四个先生:教人写大众文——不取学费》,华中师范学院教育科学研究所:《陶行知全集》第2卷,湖南教育出版社1985年版,第922页。
  ② 陶行知:《四个先生:教人写大众文——不取学费》,华中师范学院教育科学研究所:《陶行知全集》第2卷,湖南教育出版社1985年版,第921页。

十、新闻出版

主编《新教育》、《新教育评论》

早在"五四"时期,陶行知就在文章中提出改革旧教育、发展新教育的思想。其中,最富有创造性的,是既反对沿袭陈法,又反对仪型他国。他既敢于反对教育的保守复古,又主张对外国教育中的"新"事物采取分析批判的态度,选择适合中国国情的东西以作借镜。在教育实践中,他为了多方进行比较和借鉴,在报纸杂志上宣传和介绍西方教育改革,特别是美国杜威的教育思想。他于1919年在《新教育》杂志第1卷第2期上发表了《普鲁士教育之基本改革》一文,对其教育宗旨、教育行政、学校组织、教员、课程的改革作了系统的介绍。他认为,办教育不仅要学习借鉴他国的好经验,更要重视培养人才,特别是重视培养教育人才。同时,他还向中国教育界、思想界介绍马克思和社会主义。

中华教育改进社第一次董事会议推举陶行知任主任干事。右一为陶行知

1921年,他担任《新教育》的编辑、主干(主编)。该杂志曾载文介绍社会主义苏联的政治、经济、军事、教育、宗教等各方面的情况,并刊登过列宁

的照片。1922年，任中华教育改进社主任干事的陶行知，在《新教育》第4卷第3期上发表文章，强调女子教育的重要，指出普及女子教育是全国人民应担负的责任。同年8月，他主编的《新教育》第5卷第1期发表了蔡元培为毛泽东所举办的湖南自修大学写的《湖南自修大学的介绍和说明》一文，此文随后由湖南自修大学出版的《新时代》第1卷第1期转载。

为了正确引导教育评论，深入思考教育发展过程中所存在的问题，进一步介绍新教育主张，引起广大民众对教育问题的关注与兴趣，陶行知联合赵乃传、高仁山、查良钊、孟宪承、汪懋祖、王希曾等人于1925年9月筹划创办《新教育评论》周刊，并在《新教育》上发表了《〈新教育评论〉创刊缘起》一文，文中重点声明了办刊的宗旨和任务：第一，"批评本国现时教育上之政策、主张与实施"，直接指出当时教育所存在的主要问题与不足，为教育决策提供参考依据；第二，"建议今后本国教育上各种革新的计划"，为改进教育工作提出合理的建议，为教育革新出谋划策；第三，"介绍和批评外国最近的教育制度和学说"，开设评介国外教育动态的栏目，及时介绍欧美新教育制度与实践的新进展，为本国教育发展提供借鉴与启示；第四，"报告各地教育调查的结果"，架起全国各地教育交流与信息互通的平台，为促进各地教育平衡发展提供信息保障。陶行知在创刊词中一再强调，该刊并不是任何党派的宣传刊物，尽量避免政党对教育评论的影响与干扰，努力运用客观事实来说话，力争做到"根据着证明的事实和公认的原则，来作我们的批评和主张。人们大胆地说老实话；说错了，希望大家也一样对我们说老实话，加以订正。这样往复讨论，自会有比较的真理发现出来的"①。陶行知提出该刊在刊载评论文章时，应当着眼于介绍西方最新的教育发展趋势和动态，他反对照搬他国的教育制度，但倡导借鉴与学习发达国家的先进教育经验。他希望通过创办这份刊物来推动中国教育的发展，旨在引导中国教育"本着民治的精神、科学的态度"去设计其教育制度，评估其教育内容，探索其教育方法，考核其教育实绩，从而最终实现促进中国朝着新教育发展方向迈进的目的。

经过认真筹备，《新教育评论》于1925年12月4日正式创刊，主编陶

---

① 陶行知：《〈新教育评论〉创刊缘起》，华中师范学院教育科学研究所：《陶行知全集》第1卷，湖南教育出版社1984年版，第567—568页。

行知在创刊号上发表了《本刊之使命》的发刊词,进一步指明了创刊的缘起是当时国内教育界缺乏必要的教育交流媒介,教育界内部也是壁垒森严,"隔阂很深,并无充分联络的机会。往往大学不知中学,中学不知小学,小学不知蒙养园";还有"办学的不知教学的;教此一科的不知彼一科的;甚至同在一地,同教一科的人亦复不相闻问。这种闷起头来各干各的情形确有联络之必要"①。有鉴于此,《新教育评论》创办的主要目的就是"交换经验,沟通思想",将该刊办成全国教育界人士通力合作、广泛交流的园地。同时,他还强调该刊是教育界人士评论与辩理的园地,"因为种种关系,不免发生不同之见解,不得已而出于辩论。理愈辩而愈明,本刊即当作讲理的地方看也可"②。

　　为了正确引导该刊的舆论导向,他还向撰稿的作者提出了一些建议和要求:首先,不能将该刊作为党派之争的阵地,在发表言论时不能"党同伐异,逞意气之争",尤其不能颠倒是非、混淆黑白,把读者往邪路上引导。其次,在辩论教育问题时,不能使用诽谤他人之词。"骂人虽可取快一时,但是设身处地一想,叫对方见了气得脸上发青或胀得满脸通红,又有什么趣味呢?"再次,发表评论文章,应当以事实为依据,做到"毋意,毋必,毋固,毋我",尽量将评论建立在研究的基础之上。办刊的使命"就在为教育界通通血脉,使大家呼吸些清新温润的空气,并给同志们一个努力切磋的机会"③。他在这个刊物上发表了《师范教育下乡运动》、《整个的校长》、《中国师范教育建设论》等多篇教育论文,这些文章在当时教育界产生了强烈反响。尤其是《中国师范教育建设论》一文,强调师范学校的使命,是要运用中心学校之精神及方法培养师资,指明了师范学校的任务,又揭示了办好师范培养师资必须遵循的客观规律。

　　为了扩大《新教育评论》在全国的影响,在创刊后不久,陶行知就想方设法在其他报刊上登载介绍该刊目录,以引起全国教育界人士对该刊的关

---

① 陶行知:《〈新教育评论〉之使命》,华中师范学院教育科学研究所:《陶行知全集》第1卷,湖南教育出版社1984年版,第572页。

② 陶行知:《〈新教育评论〉之使命》,华中师范学院教育科学研究所:《陶行知全集》第1卷,湖南教育出版社1984年版,第573页。

③ 陶行知:《〈新教育评论〉之使命》,华中师范学院教育科学研究所:《陶行知全集》第1卷,湖南教育出版社1984年版,第574页。

注。譬如,他于 1926 年 11 月 23 日和 30 日先后两次给该刊的编辑王希澂写信,要求其尽快将《新教育评论》的要目和重要文章内容打印出来寄往《新闻报》,因为《新闻报》当时发行量高达 7 万余份,"吾辈自宜充分用其所长,以宏推广之效"[①]。11 月 30 日,他在给王希澂的信中还较为具体地讲明了当时正在编排的《新教育评论》待发表文章的篇目编排次序,再次强调要将每期要目及时寄《新闻报》登载,可见他对该刊的高度重视。

1927 年 4 月 20 日,中国共产党主要创始人之一李大钊等 20 人被反动军阀张作霖杀害。《新教育评论》的主要编辑、北京大学教授、北京师范大学教授、北京艺文中学校长高仁山亦同案被捕,同时壮烈牺牲。陶行知在《新教育评论》第 4 卷第 22 期一连刊出两则重要启事,讣告天下,以悼念这位同事和战友——为革命而牺牲的烈士。该刊不久亦被迫停刊。

创办《乡教丛讯》、《乡村教师》

为了推动乡村教育运动,1927 年 1 月陶行知和赵淑愚以中华教育改进社的名义创办了《乡教丛讯》,陶行知任主编,赵淑愚任责任编辑。该刊为半月刊,每年出 24 期,每月 1 日和 16 日出刊。该刊的宗旨是发动中国乡村教师,共同研讨推动乡村教育发展的策略与措施,团结广大乡村教师为发展中国乡村教育而共同努力。主要登载有关乡村教育运动的实施情况、乡村教师研究会等社团的活动情况,特别是对晓庄乡村试验师范学校的筹建及发展情况作了较为详细的报道与介绍。可以说,《乡教丛讯》是晓庄乡村师范学校成立前后的有力宣传工具,对推动我国现代乡村教育运动做出了不可磨灭的历史性贡献。

1927 年 1 月 1 日创刊的《乡教丛讯》第 1 卷第 1 期刊载了《乡村教育同志会成立纪事》,介绍了由中华教育改进社主任干事陶行知和乡村教育研究会主任赵淑愚共同发起成立乡村教育同志会的经过、章程及机构。第 1 卷第 2 期又发表《特约乡校教师研究会第二次开会纪事》,介绍了此次会议上陶行知、赵淑愚、宋鼎、丁超、潘一尘等人的发言内容及下一阶段的活动

---

① 陶行知:《披露每期〈新教育评论〉要目——致王西澂》,华中师范学院教育科学研究所:《陶行知全集》第 5 卷,湖南教育出版社 1985 年版,第 140 页。

安排。还登载了陶行知撰写的《在特约乡校教师研究会第二次会上的提议》,建议选定乡村教育书目、不加重负担、每次开会应宣读《我们的信条》,即"乡村教育标语六条:'一、增进农民生产力;二、发展农民自治力;三、打破奢侈的教育;四、打破闭门的教育;五、打破外化的教育;六、打破死的教育,创造新的教育'"①。他建议将"新"字改为"活"字,并提倡再加一条:打破假的教育,打造真的教育。还介绍了乡村师范筹备会纪要,制订了详细的计划。《乡教丛讯》第1卷第3期又载《特约乡校教师研究会第三次会议纪事》,对参会的陶行知、袁观澜、江问渔、赵淑愚及江苏教育界人士在会上的报告与发言情况进行记录,还介绍了会议日程,同时还刊载了参会的交流论文。大家从不同角度论述了发展乡村教育的建议与观点。尤其是1927年至1928年间,《乡教丛讯》对晓庄师范学校创办的前前后后均作了详细报道,从规划设计、筹办建校、制定校训、招生入学、教学实践等方面对晓庄师范学校作了介绍,为研究晓庄师范学校提供了重要的史料,如《教育改进社乡村师范筹备会纪》、《晓庄师范新加标语》、《晓庄试验乡村师范学校创校旨趣》、《晓庄学校完成初步计划预算书》、《晓庄试验乡村师范的第一年》、《晓庄学校民国十九年的计划大纲》等。

  陶行知在每期上都要发表文章,有的是谈自己对乡村教育运动的看法,有的是谈自己对乡村教育发展的指导性意见和建议。譬如:陶行知在1927年8月1日的《乡教丛讯》上发表了《农夫的身手》一文,指出农夫的身手是晓庄师范学校的首要教育目标。要求晓庄学校的学生在学习之余要像农民那样,戴草帽,顶烈日,下农田,练就一身农夫的手艺和健康的身体;还要学会与农民相处的方法,为以后深入乡村开展教育奠定良好基础。他在1928年12月的《乡教丛讯》上又发表了《勇敢地把你们的夫人带来》,鼓励晓庄师范学生立志从事乡村教育,毕业后到乡村去兴办乡村夫妻学校,"勇敢的把你们的夫人带来,一同向乡村教育瞄准"②。他还号召兴办一百万所乡村小学,真正实现教育改造农村的作用。1929年1月他在《乡教丛讯》上发表了《〈破晓〉序》,同年3月在纪念晓庄师范建校两周年之际

---

  ① 陶行知:《对乡村教育口号的修正补充》,华中师范大学教育科学研究所:《陶行知全集》第8卷,湖南教育出版社1992年版,第204页。
  ② 陶行知:《勇敢地把你们的夫人带来》,华中师范大学教育科学研究所:《陶行知全集》第8卷,湖南教育出版社1992年版,第228页。

撰文《这一年》,总结了晓庄师范学校建校两年的工作及办学思路,阐释了"教学做合一"的教育理念,提出了生活教育"五目标":康健的体魄、农人的身手、科学的头脑、艺术的兴味、改造社会的精神。

《乡村教师》是1930年2月1日由陶行知为主席的中国乡村教育先锋团所创办的教育周刊,办刊的宗旨是促进乡村教师之间的交流与沟通,以实现"小的村庄愿与大的世界沟通"的目的,创办这份刊物就是为乡村教师筑起交流与沟通的平台,为全世界乡村教师创造谈心的机会。从1930年2月1日创刊到1930年4月7日晓庄学校被勒令停办时《乡村教师》被迫停刊,共出刊11期。该刊创办的起因是1929年12月17日由陶行知、操震球、方与严、胡尚志、石俊、董纯才、易铁夫等人发起成立了中国乡村教育先锋团,24日召开成立大会推选陶行知为委员会主席,并决定创办刊物《乡村教师》,由陶行知任编委会主任,方与严为总编辑,程本海为总经理。

陶行知在1930年2月1日出刊的《乡村教师》创刊号上发表《〈乡村教师〉宣言》一文,他指出:以往乡村教师出于交通不便,工作繁忙,很少有见面交流的机会,真可谓:"生长三家村,苦守五家店。知己遍天下,终身不相见。"[1]为此,他指出创办《乡村教师》的目的就是消除乡村教师难以交流的苦衷,打破空间的阻隔,为广大乡村教师架起一个交流的平台,让他们成为不见面的朋友。正如他所说:"世界的沟通,在人的沟通;人的沟通,在心灵的沟通。全世界乡村教师有了谈心的机会,然后小的村庄与大的世界乃有沟通的希望。"他还说:"乡村教育运动只是一出历史剧,全世界的乡村教师都同是这一出戏中的演员。这周刊里有我们的剧本,有我们的导演。……这个周刊便是我们乡村教育运动的一出永远不会闭幕的历史剧的写真。"[2]他期望将《乡村教师》办成乡村教师喜欢的刊物,真正成为乡村教师的精神食粮。该刊主要为乡村教师提供发表园地与交流平台,"我们应当把各人心灵里的力量流到这里来,构成乡村教育的大瀑布"[3]。该刊着实

---

[1] 陶行知:《〈乡村教师〉宣言》,华中师范学院教育科学研究所:《陶行知全集》第2卷,湖南教育出版社1985年版,第196页。

[2] 陶行知:《〈乡村教师〉宣言》,华中师范学院教育科学研究所:《陶行知全集》第2卷,湖南教育出版社1985年版,第196页。

[3] 陶行知:《〈乡村教师〉宣言》,华中师范学院教育科学研究所:《陶行知全集》第2卷,湖南教育出版社1985年版,第197页。

为促进乡村教师相互交流与学习提供了很好的平台与桥梁,从而间接地推动了中国乡村的平民教育运动向纵深方向发展。同时,他还在创刊号上采取对话的方式,如《生活即教育——答操震球问》、《社会即学校——答操震球问》等文章,向广大乡村教师介绍生活教育理论。他1930年3月15日刊载《晓庄三岁敬告同志书》,回顾了晓庄师范学校三年的发展历程,强调了晓庄学校的办学理念与教学方针,突出了生活教育理论在办学过程中的指导作用。1930年4月5日他在《乡村教师》第10期上发表了《实施成年补习教育初步计划》,从师资培训、校舍设备、经费筹措、教材编写、强迫入学等方面全面地介绍了成人补习教育的实施方案。总之,《乡村教师》在促进乡村教师交流,帮助其提高教育理论水平,培养其热爱乡村教育事业的情感等方面均起到了重要的作用。

主办《生活教育》、《大众教育》等

《生活教育》创刊于1934年2月16日,陶行知创办该刊物主要是为了在中国教育界广泛地宣传他的生活教育理论,希望将该理论作为中国教育发展的指导性理论。该刊每期封面都有他的亲笔题诗,正文有《时事言论》、《世界大势》、《科学新知》、《教学做报告》等栏目,内容丰富,图文并茂,是一份颇具特色、深受时人欢迎的刊物。他在创刊号上发表了题为《生活教育》的文章,首先澄清了"生活教育"的概念,即"生活教育是生活所原有,生活所自营,生活所必需的教育",然后较为系统地阐明了他的生活教育理论,他认为,处处有生活,处处是教育。"过什么生活,便是受什么教育";"我们要想受什么教育,便须过什么生活";"生活教育与生俱来,与生同去"[1]。而且他还特别说明生活教育是面向下层民众的真正普及教育,"不是摩登女郎之金刚钻戒指,而是冰天雪地下的穷人的窝窝头和破棉袄"[2]。

陶行知在《生活教育》上发表的这篇文章可以说是该刊物的发刊词,也

---

[1] 陶行知:《生活教育》,华中师范学院教育科学研究所:《陶行知全集》第2卷,湖南教育出版社1985年版,第634页。

[2] 陶行知:《生活教育》,华中师范学院教育科学研究所:《陶行知全集》第2卷,湖南教育出版社1985年版,第635页。

为该刊物规定了基调和方向。同时,他还在同期上发表了《普及什么教育》、《小先生》两篇文章,向读者介绍了工学团的内涵和组织形式,宣传了"小先生制"的具体做法和本旨。他又在1934年3月1日的《生活教育》第二期上发表了四篇文章:《从穷人教育想到穷国教育》、《从救水想到小孩的力量》、《怎样培养普及教育的人才》、《山海工学团创立文件》,力求为中国教育寻觅新的出路,并提出了创办师范教育的必要性以及普及教育的具体措施。1934年3月16日在第三期上他发表了《从守财奴想到守知奴》,建议人们要"自取知识",要"学做教人",而不能做"守知奴"[①]。在第四期上他又发表了《怎样指导小先生》,提出了具体指导小先生的一些方法。从1934年2月16日创刊到1935年底,陶行知共在《生活教育》上发表教育文章80余篇,涉及生活教育、普及教育、女子教育、民众教育、强迫教育、"小先生制"、工学团、大众语文等内容,真正起到了指导生活教育实践的作用。总之,陶行知主办的《生活教育》杂志成功地宣传了生活教育的相关理论,并对20世纪30年代中国教育的普及与发展起到了积极的指导作用。

为了广泛宣传大众教育,让更多的人了解大众教育在民主建设中的重要意义,由陶行知和大夏大学教授郭一岑共同主编的《大众教育》于1936年5月10日正式创刊。在创刊号上,陶行知阐述了新文字在大众教育中的功能与作用,从普及大众教育和实现民族解放的角度,对新文字的推广和大众教育的实施作了专门论述。他强调"依据社会即学校,即知即传两条原则,拿了新文字及其他有效工具,引导大众组织起来争取中华民族大众之解"[②],这才是我国所需要的大众教育。

抗日战争全面爆发后,陶行知为了将教育与抗日结合起来,以展开反侵略救亡运动,在汉口发起成立了抗战教育研究会,并于1937年9月25日创刊《战时教育》半月刊。该刊由生活教育社主办,任务是"充实战斗知能,健全集体精神,提炼战时经验,创造新的文化"。《战时教育》的根本路线是"集体主义的自我教育",刊物的主要职能是"研究战时教育,号召战时教

---

① 陶行知:《从守财奴想到守知奴》,华中师范学院教育科学研究所:《陶行知全集》第2卷,湖南教育出版社1985年版,第654页。
② 陶行知:《大众教育与民族解放运动》,华中师范学院教育科学研究所:《陶行知全集》第3卷,湖南教育出版社1985年版,第63页。

育,规划战时教育,执行战时教育"①。战时教育的总路线是在战时工作的组织中进行教育,将民众组织起来进行教育。战时教育的工作原则为在有组织的行动中执行全国抗战的自我教育,以辅助他人计划学习为主要任务,在各个不同的对象中运用各种形式等,但以抗战为主旨。教育民众之组织应从政治的、经济的、文化的发展到战时工作团体,在每一个进程中引起其自觉。文字符号为大众取得抗战救亡知识的必要工具,因此要着重注意文字教育之普及的工作。全面抗战越发展,都市越缩小,因此应特别注意乡村。陶行

《战时教育》封面

知在创刊号发表了《海外通讯——我在西美的工作》,在第6期上还发表了《美国的铁山》。他还为销售该刊而到处找关系和门路,以期扩大该刊的影响力。1939年他为了推销《战时教育》特意给邹韬奋写信,说明了西安的《老百姓报》的主编李敷仁愿为其推销50份《战时教育》,让邹韬奋具体办理邮寄手续。为了推销《战时教育》,他还于1940年2月20日分别给刘琼瑶和殷金陵写了《关于订阅〈战时教育〉事宜》和《请送〈战时教育〉给妇女干部训练班》的信,具体指导了订阅事宜,就连订阅名单、份数、价格、通信地址都写得一清二楚。

为了进一步提高《战时教育》的办刊质量,使之办出特色,陶行知可谓绞尽脑汁,他于1939年12月专门给他的学生戴伯韬写信指明了办刊的方针和宗旨：

《战时教育》应该采取这样的方针:一般的特殊,特殊的一般。在一般的生活里,找出教育的特殊意义,发挥出教育的特殊力量。同时要在特殊的教育里,找出一般的生活联系,展开对一般生活的普遍而深刻的影响。把教育推广到生活所包括的领域,使生活

---

① 生活教育社《战时教育》编辑部:《战时教育的任务——〈战时教育〉旬刊代发刊词》,北京市陶行知研究会:《陶行知研究》,湖南教育出版社1987年版,第280页。

提高到教育所瞄准的水平。①

这是陶行知对《战时教育》编辑部在办刊方向上的明确指导，同时他还向编辑强调了该刊的基本读者为：一是生活教育社的同志，要运用该刊物来互教互学；二是全国各级教师，既是读者又是指导者，因为他们在阅读时能够提出不少建议和意见；三是广大的知识分子和社会团体。针对这些读者，他建议编辑不能总是登载一些长篇大论的文章，而要"写一些杂感或笔记诗歌"，以丰富读者的阅读生活和精神需要，还可提高其对教育的认识水平。

就任《申报》总管理处顾问

1930年陶行知因晓庄师范被封，又遭通缉，被迫逃亡日本。1931年春，陶行知隐名从日本潜往上海，经黄炎培邀约与《申报》总经理史量才作多次长谈，他们回顾了国内外历史和自身的救国努力，认为从"五四"开始所提倡科学和民主的任务还没有完成。陶行知建议《申报》应在这方面发挥其最大的宣传力量，史量才完全同意陶行知的建议，于是便秘密聘其为《申报》总管理处顾问，推动《申报》转向进步，并赞助"自然学园"的创建。因为当时陶行知仍在国民党政权的通缉之中，所以他任《申报》总管理处顾问完全是秘密的，从未公开，也未列入《申报》职工花名册，外界很少有人知道。陶行知也从未到过《申报》馆，平时他总是派丁柱中或戴伯韬到报馆与经理马荫良联系。陶行知与史量才的联系也是在秘密中进行。据马荫良回忆：

> 陶先生从日本回上海后，经常去史家，几乎每星期都去一、二次，两人有时从下午谈到晚上。我因为每晚要去史家汇报《申报》工作，所以每星期都与陶见面，他们的谈话我也参加。他们谈得最热烈的是反封建、反独裁专制，反对日本帝国主义的侵略，主张

---

① 陶行知：《〈战时教育〉半月刊方针——致戴伯韬》，华中师范学院教育科学研究所：《陶行知全集》第5卷，湖南教育出版社1985年版，第472页。

民主、主张抗日、主张国内统一团结。特别是在反对独裁专制方面,他们的意见完全一致。①

陶行知在1931年至1934年期间担任《申报》总管理处顾问。他出任顾问不久,就向史量才提出了革新《申报》的三项具体建议:第一,《申报》言论必须观点鲜明,态度明朗;第二,增辟《读者通讯》,使《申报》真正成为人民的喉舌;第三,《申报》副刊应和《申报》整体一致、密切配合。这些建议均被史量才采纳。陶行知利用这块舆论阵地,极力呼吁全国人民应当精诚团结,共同抗日。当时,《申报》上发表的重要时事评论,大都是陶行知出谋划策、精心运筹的结果,有些稿件他还要亲自列出写作提纲,自己有精力写就自己写,自己确实没时间写就派人去写,然后再经他修改定稿。因此,当时《申报》的时事评论成为整个报纸众多栏目中的亮点,每篇评论均是内容充实,观点鲜明,语言凝练,目标明确,颇为读者所青睐。《申报》取得这样的好声誉,是与陶行知的努力把关分不开的。因此,当时负责史量才与陶行知秘密联系的马荫良说《申报》的政治立场与陶行知的政治态度是一致的,可见,当时《申报》积极支持进步势力,主张抗日救亡,与陶行知的掌舵是分不开的②。

陶行知认为每天一篇精心撰写的社论是报纸的灵魂,读者来信是人民自己的声音,可以发扬民主。"九一八"事变前后,他撰写了反对国民党政权不抵抗政策的一系列社论,深刻揭露了蒋介石"攘外必先安内"反动政策给中华民族带来的沉重灾难,同时也严厉抨击了日本帝国主义妄图侵占全中国的侵略野心。特别是蒋介石于20世纪30年代初对中央苏区发动了几次"围剿"之后,陶行知利用《申报》这块阵地,力主以鲜明的政治立场发表评论,坚决反对国民党军队对中共中央苏区的"围剿"。经他与史量才的彻夜长谈,最后二人决定指定专人写成时评专论,并由陶行知修改和定稿。于是在1931年6月30日、7月2日和4日发表系列社论:《剿匪与造匪》、《再论剿匪与造匪》、《三论剿匪与造匪》,态度鲜明地反对蒋介石发动内战,主张国共合作,联合抗日,结果引起了蒋介石的大怒,《申报》被查封月余。"一·二八"淞沪抗战期间,他先后撰写并发表《敬告国民》、《国家的军队》

---

① 马荫良口述,张癸记录整理:《陶行知和〈申报〉》,北京市陶行知研究会:《陶行知研究》,湖南教育出版社1987年版,第69—70页。
② 张劲夫:《思陶集》,华夏出版社1994年版,第24页。

等社论,呼吁全国人民支援十九路军,奋力抗击日本侵略者。他所撰写的一系列社论,成为当时以史量才为会长的上海市民地方维持会的行动纲领。淞沪抗战失败后,他撰写主张团结、反对内战、批驳蒋介石投降政策的社论,都击中了国民党政权的要害,受到了全国人民的拥护,而为国民党政权所仇恨。

陶行知还向史量才建议,应当聘请一批著名爱国学者和社会名流来参与《申报》的编辑工作,于是《申报》出现了黄炎培主持设计部、李公朴主持流通图书馆、黎烈文主编副刊并请茅盾和鲁迅等人担任特约评论员的繁荣局面。陶行知自己用"不除庭草斋夫"笔名,在《申报》开辟《斋夫自由谈》专栏,连续发表了百余篇杂文,还连载了著名的教育小说《古庙敲钟录》。其中有些是揭露国民党政权统治下民众生活的疾苦,如《农夫之声》、《中国人的命》、《从饿到死的过程》等;有些是揭露统治者的黑暗腐朽统治的,如《军阀的镜子》、《新政府小影》、《一张空前的广告》、《县长的资格》、《从南京路说到南京城》等;有些是抨击传统教育的弊端,主张实行普及教育和新教育,如《主人教育》、《战时的功课》、《儿子教学做》、《这是教育》、《新时代之学生》;有些是极力倡导普及科学教育,如《爱迪生之死》、《工业文明》、《法拉第》等;有些是积极主张抗战以挽救民族命运,如《观战》、《战神前之对话》、《青年自动援马抗日团》、《读锦西义勇军绝命宣言有感》、《傅将军到哪里去了》等。这些思想丰富、内涵深刻的杂文,为《申报》增添了新的色泽,使其发行量增加4万多份。

因此,我们可以说,陶行知在《申报》工作期间,不仅为提高该报在民众中的声誉积极作为,而且将该报作为宣传抗日、反对内战的强有力武器,在文化舆论界有力地支援了中华民族的抗战事业,为中华民族的独立和解放做出了杰出贡献。《申报》经理马荫良先生对陶行知在《申报》工作期间的评价是:"艰苦朴素,脚踏实地,办事严肃认真,学贯中外古今,而且平易近人。他主张民主的政治,反对独裁专制,主张团结抗日,反对分裂内战。"[1]他以一个民主主义者和爱国主义者的身份,在新闻出版界"做到了一个共产党人应该做而难以做到的事,这是很难得的"[2]。

---

[1] 马荫良口述,张癸记录整理:《陶行知和〈申报〉》,北京市陶行知研究会:《陶行知研究》,湖南教育出版社1987年版,第73页。

[2] 张劲夫:《思陶集》,华夏出版社1994年版,第26页。

创办《平民周刊》

　　《平民周刊》作为《申报》的副刊,主要由陶行知等人筹办。它创刊于1924年6月29日,所刊文章以短小通俗为特点,主要是面向人民大众的,成为普及人民大众的文化知识和向民众宣传民主思想的重要文化阵地。在该刊创刊前,陶行知于1924年5月3日给朱经农写信,提出关于创办《平民周刊》的一些指导性意见,他不倡导将该刊办成教育类期刊,理由是该类期刊已经不少,而且关于平民教育的稿件不会很多,因此,建议取名《平民周刊》,并建议以发表短小的稿件为宜,且必须有平民爱读的诗歌及文艺作品,稿酬要高于其他刊物,以便吸引更多的优秀稿件。正是在陶行知的筹划下,《平民周刊》于6月底正式创刊。

　　为了让广大平民加深对该刊的了解,陶行知于1924年8月2日在《平民周刊》上撰文《对于〈申报〉读者的请求》,向广大民众介绍了该刊的性质、办刊宗旨、读者对象、发行方式以及办刊希望等。陶行知在文章中谈到《平民周刊》的性质是"我们这个《平民周刊》是对平民谈话的一个报纸";其办刊宗旨是"要为粗识字义的人民服务。我们希望这些问题[同胞]可以在空闲的时候得些看报的快乐和做人的道理"[①]。该刊的主要读者对象是"粗识字义的人民",具体可分为四种:一是在平民学校里读过三四个月的学生,有四五十万人;二是在私塾里读过几年书的,约有七千万人;三是在国民小学里读过一两年书的,有一千多万人;四是自己随问随学的人,数目难以估计。这部分"粗识字义的人民","大多数在机关里、店铺里、工厂里或家庭做事。他们不会读《申报》,但是会读《申报》的《平民周刊》"。该刊的发行方式是随《申报》免费附送读者,但也单行发卖。办刊的最终目的是达到"一国之中,家家看报;一家之中,人人看报"[②]。

　　为实现这一目标,陶行知倡议全国民众必须共同提倡和支持。他先后在《平民周刊》上发表了《代理国务总理违背宪法吗》、《何不提倡裁兵筑

---

　　① 陶行知:《对于〈申报〉读者的请求》,华中师范学院教育科学研究所:《陶行知全集》第1卷,湖南教育出版社1984年版,第468页。
　　② 陶行知:《对于〈申报〉读者的请求》,华中师范学院教育科学研究所:《陶行知全集》第1卷,湖南教育出版社1984年版,第468页。

路》、《万众一心拒毒》、《国民与瞎民》、《赈灾附加捐》、《农民联合会》、《北京大学要求人权》、《外交团将有变化》、《英国果真退还赔款吗》等一系列杂文,借用这个发表园地来对北洋政府和帝国主义进行抨击、批判和揭露。1924年8月12日,他又致函朱经农提出改进《平民周刊》的建议:第一,增设《国家大事》栏目,采取记事、议论、解释三者相结合的方式,"借时事发挥平民精神,培植国家观念"①;第二,本着"对平民说话"的宗旨,讲平民的话,说平民的事,使之成为平民真正的朋友;第三,印刷的字体要大些,尽量用纸的双面来印。正是由于陶行知的亲自指导,该刊办出了特色,办得让老百姓喜欢读、乐意看,成为向民众宣传民主、普及教育的重要阵地。

南京平民教育动员大会盛况

此外,为了推动平民教育,使更多的农民朋友能够识字、学文化,1925年3月1日陶行知还专门创办了一份小报《农民》旬刊,该报10天一期,每期售铜圆一枚,这在当时应是世界上最便宜的报纸。其主要是为了辅导那些农村中读完《平民千字课》四册而又无法深造的农民,就像《平民千字课》一样,只收工本费,完全适合广大贫苦农民的需要,这份《农民》旬刊是中国农民报刊的始祖。

1945年陶行知曾写诗《读好报》:"什么是好报?说话公道,新闻可靠。拥护老百姓做主人,不为达官贵人跑龙套。""什么是好报?比一比,就知

---

① 陶行知:《改良〈平民周刊〉之建议——至朱经农》,华中师范学院教育科学研究所:《陶行知全集》第5卷,湖南教育出版社1985年版,第102页。

道。买报看报要自由,鼻子不让别人牵着跑。"①这体现出他主持公道、力倡民主、为民说话、提倡言论自由的办报思路与宗旨。

　　1945年,陶行知当选为中国民主同盟中央常委兼民主教育委员会主任委员,1946年2月,他在重庆创办了中国民主同盟机关报《民主》星期刊。陶行知和郭沫若、邓初民、马寅初等任社论委员会委员,他们发表了大量抨击国民党政权独裁统治的文章。他还主编《民主教育》,接连发表了许多篇论民主、民主教育的文章,还写了许多首呼吁全国人民一齐起来制止内战、争取和平民主的诗歌,发表在重庆的《新华日报》等报刊上。

1945年10月,中国民主同盟举行第一次全国代表大会。第三排右四为陶行知;第二排右三为史良,右五为鲜特生,右六为张澜,右七为沈钧儒;第一排右六为李公朴

编写平民读物与创立大孚出版公司

　　陶行知从1921年就开始了书籍与专著的撰写工作,他曾与凌冰等人一起编辑《孟禄的中国教育讨论》一书,系统介绍美国教育家孟禄对中国教育的看法与思考,从而为中国教育的改革提供借鉴与建议。1922年底,他被聘为《教育大辞书》特约编辑,负责编辑该套教育工具书,这是他在编辑

---

　　① 陶行知:《读好报》,华中师范学院教育科学研究所:《陶行知全集》第4卷,湖南教育出版社1985年版,第687页。

出版界初露头角。1936年3月,陶行知等发起成立中国新文字研究会,他被推为理事,亲自参加《上海话新方案》的起草及《上海话新文字课本》的编辑工作,为当时的新文字改革提供了很好的范例,也有力地推动了中国新文字改革运动的推进。

陶行知不仅自己撰写文章、主办报纸、创办期刊,而且积极参加和支持书籍、报刊的出版发行工作。1923年,他与朱其慧等人组织中华平民教育促进总会,又与朱经农一起依据国情和平民的需要,在陈鹤琴所编的《字汇》的基础上,选择了一千多个常用字,编成《平民千字课》[①](下文简称《千字课》),由商务印书馆出版,供当时的平民读书识字需要。6月,他又编辑了《南京平民教育概况》及《平民教育周刊》,并发行《平民旬报》,根据《千字课》生字编辑辅导材料,供平民巩固与学习使用。他还组织编写并出版了《平民千字课教案》,全国各地竞相购买使用。1924年,他与程其保合编了作为"中华教育改进社丛书"之一的《民国十三年中国教育状况》,成为教育界的畅销书。此外,由陶行知倡议翻译或主编,并被纳入"中华教育改进社丛书"的书籍还有:《中国教育一瞥录》、《中国全国小学概论》、《中国之科学教育》、《中国最近教育状况》、《京师教育概况》、《燕子矶小学》、《中国教育统计概览》等。1929年,陶行知收集了自己从1923年到1928年的书信共97篇,将其编辑成册,将书名定为《知行书信》,当年由上海亚东图书馆出版。

20世纪30年代,陶行知在新闻界名流史量才的资助下,组织并带领丁柱中、高士其、董纯才、陶宏、戴伯韬、方与严等人编辑出版了"儿童科学丛书"、《儿童科学活页指导》。他亲手编写了《儿童科学指导》、《儿童天文》、《儿童卫生》、《儿童数学》等多种书籍,先后由儿童书局出版。

1931年春,他从日本流亡归国,秘密回到上海,为商务印书馆翻译了不少世界名著。遗憾的是后来日本人将上海东方图书馆放火烧掉,内存的陶行知的手译稿全部被烧毁,因此,连一本都没有出版,这是出版界的遗憾,但并不能抹杀陶行知在这方面的成就。20世纪30年代,陶行知还参与筹备编辑出版"《申报》丛书",邀请了文化界与学术界的不少进步人士撰稿。

他还创作了长篇教育小说《古庙敲钟录》,通过通俗的文学语言,描写

---

① 陶行知与朱经农合编的《平民千字课》和晏阳初编的《千字课》不同。晏阳初的《千字课》是1918年他在法国期间为了帮助华工识字而编写的课本,而《平民千字课》是陶行知与朱经农于1923年编写的,当年被中华平民教育促进会确定为推行平民教育的教材。

和塑造了一位敲钟工人钟儿的形象,通过这位普通人思想转变的过程和创办学校的经历,反映了当时民众的迫切意愿:改造中国传统教育为中国现代新教育,发动民众开展广泛的抗日活动,以挽救中华民族危机,进而实现振兴中华的伟大夙愿。这部小说,以其通俗易懂的风格,朴实无华的语言,贴近生活的情节,深深打动了广大读者,受到当时民众的普遍欢迎。

1934年10月,他又收集自己在《生活教育》上所发表的有关教育方面的文章,将其编辑成册并予以出版,将书名定为《普及教育》。1935年至1936年,他接着又出版了《普及教育续编》《普及教育三编》,作为《普及教育》的姊妹篇,以便系统地向全国教育界人士介绍他的生活教育理论和普及教育的主张,旨在唤起广大民众积极参与办学活动,主动接受教育。

经过多年的精心编写,陶行知最终于1935年4月在商务印书馆出版了大众教育的成熟教材——《老少通千字课》全4册。这套书的课文内容大都是取材于人民熟悉的生活和生产,运用平民熟悉的大众语言来编写,使民众容易接受,能够理解。这套书还注重思想性与科学性的统一,全书贯穿了爱国主义思想,对中国广大民众深表同情,有的课文为劳动人民鸣不平,有的内容对读者进行爱国主义教育和反帝反封建教育,既是帮助平民扫除文盲,进行识字、学文化的良师益友,又是帮助民众提高思想认识水平和培育高尚品德的指路明灯。该书由于内容健康,思想丰富,语言通俗,经济实用,因此很快就流传于全国,为群众所欢迎,成为老百姓所喜欢的教材。这套书与20世纪20年代出版的《平民千字课》前后呼应,相得益彰,均成为陶行知亲自主编的优秀大众教育读本,也是陶行知为中国近现代教育事业和中国近现代出版事业所做出的突出贡献。

1935年,陶行知组织编写了《老少通千字课》

1945年初，因革命的需要，中国共产党决定在周恩来的领导下于南方局成立新的出版机构。经过认真挑选，周恩来决定特邀人民教育家陶行知来重庆负责出版社的筹建与创立工作。陶行知应邀来到重庆家院坝16号国防动力酒精厂总管理处，为创办第三线出版社事宜，与周宗琼①、周竹安②等商议。陶行知对周宗琼讲，现在形势险恶，出版社随时都有被查封的可能，为了应付这种严峻的形势，必须成立一个出版机构，以便紧急时出来接替。周宗琼欣然答应，她将酒精厂刚分给她的5000万酬金全部捐献出来，用于出版社的创建。有了经费作保障，下一步要做的工作就是组织人员，筹备出版机构。于是陶行知与周宗琼、周竹安商议后，决定特邀翦伯赞、任宗德、沙千里一起来筹办出版公司。

　　在确定出版公司名称时，郭沫若建议，出版社的任务就在于为人民大声疾呼，因此就叫"大呼"吧！后来，在重庆市社会局办理登记手续时，陶行知考虑到该组织是党的第三线机构，为了进行隐蔽斗争，便取谐音将名称改为"大孚"。大孚出版公司董事会由吴树琴（陶行知夫人）、周宗琼、周竹安、任宗德、周茂僧、程昆林等人组成，陶行知任总编辑，沙千里任总经理，翦伯赞、周竹安任编辑。筹备就绪后，陶行知报请周恩来批准，大孚出版公司正式在家院坝16号国防动力酒精厂总管理处成立。当时翦伯赞已完成了《中国史纲》第一、二卷，起初已交重庆一家出版社出版，但第一卷出版后，第二卷却迟迟不能出版。大孚出版公司成立后，陶行知就亲自出面交涉，将《中国史纲》第二卷书稿从那家出版社要了出来，改由大孚出版公司出版，结果很快就出版问世了。这部史学专著是我国第一部马克思主义历史著作，由于史料丰富，观点新颖，出版后受到了广大读者的青睐，很快就成为畅销书，为此陶行知非常高兴，他还欣然赠诗表示祝贺："抽一支骆驼烟，变一个活神仙。写一部新历史，流传到万万年。"③

　　抗战胜利后，陶行知从重庆来到上海，又将大孚出版公司迁到了上海，

---

① 周宗琼，女，四川人。抗战时她与任宗德共同创办国防动力酒精厂。1939年秋《新华日报》迁至重庆，周宗琼经《新华日报》总经理熊瑾介绍参加了革命。之后她与任宗德在经济上大力支持《新华日报》的工作。

② 周竹安，男，湖南人，1926年加入中国共产党，长期在长沙、重庆、上海等地从事党的地下工作，当时奉周恩来之命主持大孚出版公司的日常工作。新中国成立后他在外交部机要部门工作，曾任中国驻保加利亚大使。

③ 转引自王大象：《陶行知与大孚出版公司》，《出版工作》1989年第2期，第107页。

办公地点设在上海爱棠新村13号，陶行知经常与翦伯赞、沙千里、任宗德等人在此商议出版事宜。他还亲自为出版公司书写了牌匾名称，并且后来所有由大孚出版公司出版的书籍封面上均使用由陶行知题写的"大孚"字样。在上海期间，陶行知还利用业余时间着手整理诗作，经常工作到深夜。不幸的是，1946年7月25日凌晨他在爱棠新村溘然而逝，这是对大孚出版公司的沉重打击。为了悼念陶行知，大孚出版公司于1947年出版了《行知诗歌集》，由周竹安任责任编辑，郭沫若负责统稿，并撰写了《校后记》，对陶行知的诗作予以高度评价。

支持进步报刊

从20世纪30年代初到40年代中期，陶行知的报刊活动进入了一个崭新的阶段。这个时期，他的思想发生了根本的转变，陆续发表政论、诗歌乃至小说等进步作品，表现出对中国前途命运的关心，对和平民主的向往，对共产党领导的民族革命斗争的拥护。

1936年9月21日，陶行知在巴黎出席中国共产党的机关报《救国时报》巴黎发行部举行的招待会，公开表示支持中国共产党的政治主张，并即席朗诵了一首颂扬《救国时报》的诗歌，其中有"大报不像大报，小报不像小报，主张国共合作，乃是救国之道"，"大家要想救国，人人须看好报，什么好报可看，请看救国时报"[①]的诗句。他还为《救国时报》捐款，支援这份中国共产党当时唯一在海外公开发行的报纸。《救国时报》则连续追踪报道陶行知在海外的政治活动，及时刊登和转载他关于建立全民族联合战线的诗文、谈话和演讲。

1938年5月12日，陶行知又为纪念进步刊物《先锋》创刊八周年而作了颂歌，他在诗歌中写道："同胞们，大家瞧！八周《先锋》报，访的是真事，说的是公道。认真来分析，认真思考，描写的正确，描写得妙。别笑我们篇幅小，我们要把大事来探讨，来探讨。"[②]第二天，他又补充了一首纪念诗：

---

① 陶行知：《赞〈救国时报〉》，华中师范学院教育科学研究所：《陶行知全集》第4卷，湖南教育出版社1985年版，第406页。

② 陶行知：《〈先锋〉八周年（一）》，华中师范学院教育科学研究所：《陶行知全集》第4卷，湖南教育出版社1985年版，第457—458页。

"见了看不厌,不见令人念。但愿你三家村,五里店,处处都走遍",高度评价《先锋》通过发表短小精悍的小文章来宣传抗日民主的巨大功效,盛赞该刊深入民间发动群众的重大作用。同年,他还赋诗祝贺《鲁迅全集》的出版:"满地荆棘满天云,前路先生认得清。点起火把六百万,照人创造到天明"①,对伟大的人民文学家鲁迅的作品予以高度评价,并以此来表达自己对民主的追求与向往。

《新华日报》是中国共产党于1938年1月11日创办的机关报,是宣传民主与抗日的重要阵地。陶行知对《新华日报》甚为赞赏,称之为"有功抗战,无任敬佩",并经常冒着生命危险为《新华日报》撰写稿件。1940年1月11日《新华日报》创刊两周年之际,他专门撰写了纪念诗作:"炮里闻呱呱。今天两岁了。生来为真理,岗位在报晓。笔杆如枪杆,挥墨亦挥汗。粉碎敌人谋,一字一炸弹。指点光明路,同向光明去。"②1942年《新华日报》四周年之际,他又赋诗云:"以火点火火愈明,以知与人己愈知。思想贯通生力量,惊破卍字太阳旗"③,盛赞该报在抗日战争中所发挥的重要宣传作用。1943年为庆祝《新华日报》五周年他又作了献词:"报告正确消息,粉碎歪曲理论。写得大众能懂,充当万有课本。自己每天必读,随时还教别人。这是抗建武器,共灭纳粹瘟神"④,高度评价该报讲老百姓心头话,写老百姓能看懂的文章,在动员民众抗日方面起到了很大的动员作用。诗后还附言:"报章最大责任是说老百姓心头想要说的话语,写老百姓眼睛看得懂的文章,便利读者,即知即传,帮助国家动员最大多数人的最大力量,来打倒日本帝国主义,并和世界民主国共同扑灭法西斯强盗。"抗日战争胜利后不久,在美蒋反动派妄图抢夺人民胜利果实、阴谋发动反革命内战的时候,他在《新华日报》上发表《民主进行曲》,喊出人民的心声:"把我们的生命,争取我们新的自由,民主,团结,到了最需要的时候,每个人们迫着发出

---

① 陶行知:《〈鲁迅全集〉出版祝》,华中师范学院教育科学研究所:《陶行知全集》第4卷,湖南教育出版社1985年版,第484页。
② 陶行知:《〈新华日报〉二周纪念》,华中师范学院教育科学研究所:《陶行知全集》第4卷,湖南教育出版社1985年版,第516页。
③ 陶行知:《〈新华日报〉四周纪念》,华中师范学院教育科学研究所:《陶行知全集》第4卷,湖南教育出版社1985年版,第552页。
④ 陶行知:《贺〈新华〉五周年》,华中师范学院教育科学研究所:《陶行知全集》第4卷,湖南教育出版社1985年版,第582页。

最大的吼声……我们万众一心,要作中国的主人!"1946年他在《新华日报》诞生八周年之际,又撰稿祝贺:"你是人民的报,向人民报告,对人民呼号。你喊抵抗日本,日本被打倒。……你喊政治要民主,民主会来到。"①总之,他对宣传民主的进步报刊表现出特别的兴趣,并予以高度关注。

  他还对其他进步的报刊予以热情的支持和关注。1946年《午报》创刊,陶行知亲自赋诗一首表示祝贺:"出版日当午,报道民间苦。天下来为公,主人应作主"②,对该刊宣传民主、团结民众、为民做主的办刊思路予以高度评价。同年他还写了《贺〈消息〉周刊》:"说是人民第一,弄得没有饭吃。指望内战快停,愿您传此消息。我从首都经过,自由尚无一滴。自从到了上海,喜见民主消息。"③西安《老百姓》报为一民众刊物,宣传战时教育,文字通俗,为大众喜闻乐见。陶行知也与该报主持人积极联系。他还十分关心成年累月在街头卖报的小报童,询问他们的冷暖,帮他们解决困难,教他们读书识字,讲做人的道理,甚是难能可贵。

  陶行知办报纸、刊物和做出版工作,不仅政治立场鲜明,处处站在人民大众的立场上,而且注意教育他的学生,要努力做到为人民说话,帮人民办事,替人民呼号。他在社会大学新闻系开学时,讲到如果要办一张老百姓的报纸,每个新闻从业人员就得"跟人民学习","代人民呼号";报纸的内容,就必须做到反映大众心声,创作大众诗文,讲说大众话语,研讨大众学问,关心大众生活。陶行知一生的新闻出版生涯,充分展示了他为民主而呼号的立场。

---

  ① 陶行知:《贺〈新华日报〉八周岁》,华中师范学院教育科学研究所:《陶行知全集》第4卷,湖南教育出版社1985年版,第704页。
  ② 陶行知:《〈午报〉出版祝》,华中师范学院教育科学研究所:《陶行知全集》第4卷,湖南教育出版社1985年版,第722页。
  ③ 陶行知:《贺〈消息〉周刊》,华中师范学院教育科学研究所:《陶行知全集》第4卷,湖南教育出版社1985年版,第726页。

十一、新图书馆运动

倡导成立图书馆教育委员会

当20世纪20年代中国新图书馆运动蓬勃兴起，各地相继创办公共图书馆、通俗图书馆和学校图书馆之际，当时任中华教育改进社总干事的陶行知，为设立图书馆教育委员会起了重要作用。1921年12月，全国最大的教育团体——中华教育改进社成立，为了推动中国图书馆事业的发展，在陶行知、戴志骞、沈祖荣等人的努力下，中华教育改进社下设图书教育组，这一组织为后来图书馆教育委员会的创立奠定了良好的组织基础。

在陶行知的倡导与努力下，在中华教育改进社第一次年会期间成立了图书馆教育委员会。1922年7月3日至8日，中华教育改进社在山东济南召开第一次年会，当时中国图书馆界的四大名流沈祖荣（武汉文华大学图书馆学专科学校主任）、戴志骞（清华学校图书馆馆长）、洪范五（中央大学图书馆馆长）和杜定友（交通大学图书馆馆长）应陶行知的邀请参加会议。会议期间，戴志骞建议成立图书馆管理学会，杜定友提议在教育部设立图书馆教育司，经过讨论，与会人员认为条件还不成熟，因此以上建议均未被采纳。最后在陶行知倡导下，戴志骞临时提出的成立图书馆教育研究委员会的建议马上得到了其他图书教育组成员的认同，戴志骞、沈祖荣、洪范五起草组织大纲。大纲提出：中华教育改进社已将图书馆教育作为实施新教育的重要机构之一，在中华教育改进社内设立图书馆教育委员会，"对于经济上即属节俭，而与教育事业上亦大裨益"[①]。该委员会的宗旨是研究图书馆教育问题，组成人员由中华教育改进社函请国内研究图书馆教育及热心研究教育者来担任。其下设四个组：图书馆行政与管理组、征集中国图

---

① 程焕文：《中国图书馆学教育之父——沈祖荣评传》，台湾学生书局1997年版，第80页。

书组、分类编目研究组、图书审查组,并将研究成果在《新教育》上发表。

会后,陶行知积极敦促图书馆教育研究委员会开展工作。陶行知还特约沈祖荣在《新教育》第5卷第4期上发表了《民国十年之图书馆》一文,对民国以来的中国图书馆事业发展情况作了综述。1923年陶行知又邀请沈祖荣拟定了《提倡改良中国图书馆之管见》,载于《新教育》第6卷第4期上。同时,陶行知与图书馆界的知名人士一道,共同指导全国各地的图书馆建设。

晓庄师范在燕子矶办的民众图书馆

同年8月20日至25日,中华教育改进社在北平清华学校召开第二次年会,陶行知倡导全国各地成立图书馆协会,以促进各地图书馆建设。1924年3月在陶行知的敦促与指导下,戴志骞等人在北平发起成立了北平图书馆协会。之后,全国各地相继成立了图书馆协会,如章仲铭、陈益谦等人在浙江成立了浙江省图书馆协会,何日章、李燕亭等人发起成立开封图书馆协会,王文山发起成立天津图书馆协会,杜定友等人在上海成立了上海图书馆协会,洪范五在南京成立了南京图书馆协会。这些组织的成立为推动全国各地图书馆事业的发展奠定了坚实的基础。

促进中华图书馆协会成立

正是由于中华教育改进社图书馆教育委员会的推动与基础作用,在中华教育改进社第二次年会于北平清华学校召开之后的1923年至1924年间,继北平图书馆协会成立之后,全国各省相继成立了地方图书馆协会,真可谓"各地图书馆协会的成立已蔚然成风"①。这些地方图书馆协会的纷纷成立,为全国性图书馆协会的成立奠定了基础,准备了条件。正如金敏甫所讲,"教育团体所附设之图书馆会议,以教育改进社之图书馆教育组为最有精神"②。中华图书馆协会也称:"我国图书馆协会之组织,首推北京图书馆协会……至于全国之总会,则发轫于民国十一年成立之中华教育改进社图书馆教育委员会。"③这些充分说明陶行知支持成立的图书馆教育委员会是中华图书馆协会的孵化器。

正因为陶行知一贯重视图书馆事业的发展,因此,1925年美国在编制《世界教育年鉴》时,特请陶行知撰写关于中国图书馆运动的相关内容。他在文中说:"远在公元前数世纪的周朝,中国即有了图书馆。但只有极少数知识贵族才能利用之,一般的学生几乎是不可能问津的,更不用说平民百姓了。"因此,他倡导在现代中国应当广泛设立为广大平民服务的图书馆,而要真正实现这一目标,就必须成立能起到组织与带动全国各地图书馆发展的中华图书馆协会。于是在陶行知与全国图书馆界名流戴志骞、沈祖荣、杜定友以及美国韦棣华等人的共同倡导下,经过全国各省图书馆界同仁的努力,中华图书馆协会成立大会于1925年4月25日在上海北四川路横滨桥广肇公学召开,全国各地图书馆协会代表与学者参加了成立大会,大会选举杜定友为会长,推选陶行知、蔡元培、梁启超、胡适、熊希龄、袁希涛、戴志骞、沈祖荣、袁同礼等15人为董事会成员,制定了章程,并定于6月2日在北平举行成立仪式。第二天,美国图书馆协会代表鲍士伟前来祝贺,中华图书馆协会举行欢迎仪式,陶行知与杜定友在会上作了热情洋溢的讲话。

6月2日,中华图书馆协会借北京欧美同学会礼堂举行成立仪式,陶行知、梁启超及全国图书馆界的名流参加了成立仪式,至此中华图书馆协会正式成立。7月6日,陶行知与沈祖荣等共同起草了《中华图书馆协会董事会呈文》:"近今教育趋势,多利赖于图书馆,而民族文化,亦即于是觇

---

① 程焕文:《中国图书馆学教育之父——沈祖荣评传》,台湾学生书局1997年版,第84页。
② 金敏甫:《中国现代图书馆概况》,广州图书馆协会1929年,第15页。
③ 中华图书馆协会执行委员会:《中华图书馆协会概况》,中华图书馆协会事务所1933年,第1页。

之。……非力谋图书馆教育之发展,不可与列邦争数千年文化之威权,所关深巨,孰则逾是。用萃集全国公私立二百余图书馆及国中研究斯学之人,组织中华图书馆协会,业于本年9月成立。拟先从分类、偏[编]目、索引及教育四端着手。"①呈文规定了该协会的宗旨与主要任务:中华图书馆协会以"研究图书馆学术,发展图书馆事业,并谋图书馆之协助"为宗旨。这表明中国图书馆事业开始由自为发展阶段进入自觉发展阶段,实质性地推动了中国新图书馆运动的蓬勃发展,从此中国图书馆事业从借鉴、模仿西方进入探索中国式发展道路的新阶段。

1929年1月28日至2月1日,作为年会筹备委员会重要成员之一的陶行知参加了在南京金陵大学召开的中华图书馆协会第一次年会。在开幕式上,陶行知作了题为《图书馆之真意义》的演讲,他说:

> 图书馆事业之进步可分为三时期:一为藏书时期,即收罗与度藏;二为看书时期;三为用书时期,即书为人所用,而非人为书所役,此时期实为图书馆之新纪元。治外交者,不可不用外交书籍;从事政治者,不可不用政治书籍;作工者,不可不用做工之书籍;做农者,不可不用做农之书籍。世上有两种人生活极无意义:一为读书而不做事,一为做事而不读书。此两种人之生活各有所偏,均属毫无意义。②

陶行知的演讲旨在为中国图书馆事业发展提供指导思想和办馆宗旨,即图书馆是为活学活用者而设立的专门服务机构,而不是为书呆子设立的专用场。他特别强调"书为人所用,而非为书所役",看书是为了实用,为了解决现实问题,而不是用来作精神享受。总之,中华图书馆协会从筹备到成立乃至历次年会,陶行知始终起着关键性的作用,堪称该协会的创立者与组织者之一。

---

① 陶行知、沈祖荣:《中华图书馆协会董事会呈文》,《陶行知全集》编辑委员会:《陶行知全集》第2卷,四川教育出版社1991年版,第682页。
② 陶行知:《图书馆之真意义》,《陶行知全集》编辑委员会:《陶行知全集》第2卷,四川教育出版社1991年版,第433页。

筹设教育图书馆

　　陶行知不仅倡导成立图书馆教育委员会，促进中华图书馆协会的成立，进而推动中国新图书馆运动的发展，而且特别亲自筹建教育图书馆，以期通过教育图书馆来促进普及教育事业的发展。他在兴办学校教育的过程中，始终把图书馆建设作为一项重要任务来完成。他非常重视图书馆在普及教育中的重要作用，甚至将图书馆称作大众的"文化饭馆"，以此来凸显图书馆在普及教育和提高民族文化素质方面的重要作用。

　　他早在20世纪20年代担任中华教育改进社主任干事期间，就积极参与图书馆的建设与经费募集活动，成为中国图书馆早期发展的奠基人之一。1924年1月，他亲自组织与发起创建安徽东原图书馆活动。该图书馆是建立在清代大学者戴东原（戴震）纪念馆基础上，故名东原图书馆，并且将戴东原先生的私藏图书与个人著作、师范学校应用的图书和报刊作为主要馆藏图书。具体馆址设在安徽省立第四女子师范学校，但该馆独立设立。陶行知亲自起草了《东原图书馆募捐办法》，该馆建设约需资金6万元，凡捐款、捐书者均登报鸣谢，捐款在百元以上者镌名永留纪念，捐款千元者悬挂本人照片以作纪念，捐款万元以上者阅览室以其名[①]命名。

　　1927年，陶行知创办晓庄乡村师范学校，发起了乡村教育运动，仍十分重视教育图书馆的建设，在学校初建时就规划有教育图书馆。他强调："本校一切建筑都是茅草屋。除宿舍外，我们要有图书馆、科学馆、教室。"[②]他始终将学校图书馆的建设放在重要位置，经过师生共同动手建造一年后，岭南富商霍守华先生为其捐建了一所乡村图书馆。他认为，教育图书馆是为造就智德双全、手脑并用的人才而提供文化养料的场所，而不是为培养四体不勤、五谷不分的书呆子而设立的。他还专门将该图书馆取名为"书呆子莫来馆"，他在《说书》中解释道："中国有三种呆子：书呆子，工呆子，钱呆子。书呆子是读死书，死读书，读书死。工呆子是做死工，死做

　　[①] 陶行知：《东原图书馆募捐办法》，《陶行知全集》编辑委员会：《陶行知全集》第1卷，四川教育出版社1991年版，第723—724页。

　　[②] 陶行知：《试验乡村师范学校答客问》，华中师范学院教育科学研究所：《陶行知全集》第1卷，湖南教育出版社1984年版，第669页。

工,做工死。钱呆子是赚死钱,死赚钱,赚钱死。""书是一种工具,只可看,只可用。看也是为着用,为解决问题。断不可以呆读。认清这一点,书是最好的东西,有好书,我们就受用无穷了。"陶行知的办馆原则是不求数量多,只求流通快,力求让每一本书充分发挥作用。由于陶行知办馆宗旨明确,管理到位,因而该教育图书馆发挥了应有的作用。到1930年,陶行知就拟"扩充图书至二万卷并将教育图书另开成教育图书馆"[①],同时"购置世界幼年教育书籍及工具并陈列之"[②]。尽管这只是一所学校图书馆,规模并不大,但其影响并不小,在全国拥有很高的知名度,全国文化教育界和图书馆界非常关注这所图书馆的实验。该馆得到了社会各界的支持与援助,中华教育改进社曾多次向该馆赠送书籍与报刊,该馆成为当时南京藏书最多、影响最大的教育图书馆之一。

1939年,陶行知创办育才学校时,同样将建立教育图书馆作为一件重要工作来做。由于处于战争时期,社会动荡,政府不负责拨款,办学经费只能靠自己去筹集和募捐,而且所招收的学生大都是难童,尚需学校负责其衣食住行、医药、教育全部费用,再加上当时物价上涨,经济非常困难。在这样的情况下,陶行知还规定购置图书的钱不能少于买米的20%。陶行知一直主张,学校要"扩充图书馆,以丰富精神粮食"[③],将图书馆作为办学和师生创造活动的条件之一。为了开展创造年活动,陶行知努力为扩充图书而奔波,以真正增加师生的"精神食粮"。他通过向附近各地之公私图书馆借图书、自行购书、代管私人图书、捐书等办法,来扩充育才教育图书馆的藏书量。经过努力,育才学校图书馆先后借到包括《二十五史》、《辞海》、《辞源》、"图书集成"、"万有文库"等大型图书、丛书在内的数千册图书,到1944年该图书馆已拥有两万多册图书。

同时,陶行知要求学生在读书过程中学会进行图书管理,以便养成读书、爱书的好习惯。陶行知在晓庄师范为学生开设了一门"院务教学做"的

---

① 陶行知:《晓庄学校民国十九年的计划大纲》,华中师范学院教育科学研究所:《陶行知全集》第2卷,湖南教育出版社1985年版,第193页。

② 陶行知:《一九三〇年晓庄学校幼稚教育进行计划》,华中师范学院教育科学研究所:《陶行知全集》第2卷,湖南教育出版社1985年版,第179页。

③ 陶行知:《育才学校创造年计划大纲》,华中师范学院教育科学研究所:《陶行知全集》第3卷,湖南教育出版社1985年版,第501页。

实践课,即让学生学会管理教务、会计、庶务、图书等,学校一切校务均由学生自己来处理,其中学生进行图书管理就是一项重要内容。在创办育才学校时,陶行知又将教学生"会管图书"作为培养学生的"二十三常能"之一,具体包括编目、晒书、修补、陈列、借还等项目。育才学校图书馆的图书分类、书籍编号、上架整理等工作都是由学生自己来完成①。他还教育学生学会拟定借阅规则。譬如1944年制定的《育才学校之礼节与公约》中的"图书史地馆"借阅规则讲道:"(一)肃静;(二)整洁;(三)阅书报及摘录笔记自修以外,不做别事;(四)参考书报,阅后还原;(五)遇校宾到时,应起立;(六)阅览公众书报,不折角、不画线、不加批、不唾粘,依照规定手续借还;(七)退出时,必将坐凳整理还原,放置桌下;(八)不得损坏、丢失书报。"②这类规则内容具体详细,旨在让学生养成良好的借阅习惯,从而保证教育图书馆有序地为学生服务。

提倡流通图书馆

针对以往图书馆大都围绕固定场所进行服务的弊端,陶行知于20世纪30年代提倡设立流通图书馆,以增强图书馆的灵活性和服务性。他在上海创办工学团期间,就在上海萧场设立儿童流通图书馆,以配合大众教育的普及和"科学下嫁"运动的实施。其具体实践方式是:一方面,让在校就读的学生放学后将学校图书馆的图书带回家,根据其在校所学的程度,辅导家乡周围的儿童读书,书读完后等上学时再归还图书馆;另一方面,由图书馆主任、图书管理员、小先生们挑着书担或推着书车,巡回到各村庄,选择一个人群聚集的地方为民众提供借阅机会,每周至少去各村一次。他还在借书简则中规定:"凡借书最多,同时又能尽量教人者,本馆得酌赠文具和铅笔、练习簿等作为奖励。"

为了能征集到更多的图书,陶行知广泛发动社会各界人士捐赠书籍,经过努力,不久就征集到了一万多册图书,这样就增加了流通图书馆的服

---

① 陶行知:《育才二十三常能》,华中师范学院教育科学研究所:《陶行知全集》第3卷,湖南教育出版社1985年版,第505页。

② 陶行知:《育才学校之礼节与公约》,华中师范学院教育科学研究所:《陶行知全集》第3卷,湖南教育出版社1985年版,第499—500页。

务点。他还专门准备了流通图书车,由工读生送书到附近各村,提高了流通图书馆的服务效率。他说:"现在穷人借书最大的困难有两点:一是没有钱,二是空闲少。"①他正是出于这样的考虑,为了方便民众才提出设立流通图书馆,送书下乡,免费服务。他认为,从拯救文化饥荒的角度来看,流通图书馆就好像是"文化小饭馆",他建议各村镇均应设立这样的流通图书馆,可以每镇、每村、每街、每弄堂都设立这样的流通图书馆,花钱不多,但效果明显。

美国援华联合会赠送大批儿童读物给育才学校,陶行知与美国友人一起把图书分发给孩子们

为了指导全国流通图书馆的发展,他在亲自设立流通图书馆的同时,还撰写了《流通图书馆与普及教育》一文,他说:"流通图书馆的意义,只要看一看它的名字就能明白一个大概。从藏书到看书,从看书到借书出去看,这过程是代表了图书馆发展之三阶段,也就代表了普及教育发展之三步骤。让人借书出去看是流通图书馆的特性。但是借给谁看,怎样借法是成了问题。这些问题如果不弄明白,则流通图书馆不免要做成知识分子及

---

① 陶行知:《流通图书馆与普及教育》,华中师范学院教育科学研究所:《陶行知全集》第 2 卷,湖南教育出版社 1985 年版,第 914 页。

有暇阶级的高等听差,负不起普及教育之使命……流通图书馆的对象是大众,它必须为劳苦大众充分的服务,才算是一个真正的流通图书馆。"①他还指出:"现在各省市提倡识字运动,成千成万的大众继续不断的加入到读书的队伍里来。'那里找书看'成了一个迫切的问题。若不赶紧提倡流通图书馆,这些人将因没有继续读书的机会而把从前读过的书都荒疏了。"为此他倡导将"这种文化小饭馆普遍的设起来:一镇一个,一村一个,一街一个,一弄堂一个!"②这样就可以充分发挥流通图书馆在推动大众教育和实施普及教育中的重要作用。此外,陶行知曾经在香港主持创办的香港中华业余学校里,开办了一家前所未有的新型图书馆,他称之为"三位一体的图书馆"。

总之,陶行知始终关注图书馆事业的发展,不仅积极推动中国各种图书馆社团组织的建立,而且亲自创办了不少图书馆,同时还提出了自己颇有见地的图书馆建设理论。他将图书馆建设与普及教育巧妙结合,取得了良好的效果。因此可以说,他是中国新图书馆运动的发动者之一,也是具有中国特色图书馆事业的奠基者和开创者。

---

① 陶行知:《流通图书馆与普及教育》,华中师范学院教育科学研究所:《陶行知全集》第2卷,湖南教育出版社1985年版,第914页。

② 陶行知:《流通图书馆与普及教育》,华中师范学院教育科学研究所:《陶行知全集》第2卷,湖南教育出版社1985年版,第915页。

十二、科学普及

倡导科学教育

现代科学教育的起步

20世纪二三十年代,中国兴起了科学教育思潮,这是近代中国社会发展和科学进步的必然结果。从1914年6月开始,留学美国的一批中国青年发起组织了中国科学社。该组织提倡以"传播科学知识,促进实业发展"①为宗旨,任鸿隽任社长。1915年中国留学生胡明复、赵元任、任鸿隽等为了向国内介绍科学,在上海创办了《科学》杂志,成为国内宣传科学知识的主要刊物。

他们倡导科学应与教育结合,向国人传授科学知识、科学方法。到"五四"新文化运动时期,由于民主与科学成为高举的两面旗帜,陈独秀明确提出:"近代欧洲之所以优越他族者",就在于"科学之兴"②。当时正在美国留学的陶行知和胡适均发表了倡导科学教育的主张。陶行知讲:"现在的世界是一个科学的世界。整个中国必须受科学的洗礼,方能适于生存。"③可以说,"五四"时期已将科学教育思潮推向一个新的高度。1923年丁文江在"科玄"论战中反驳张君劢时指出:"科学的方法是辨别事实的真伪,把真事实取出来详细的分类,然后求他们的秩序关系,想一种最简单明了的话来概括他。所以科学的万能……不在他的材料,在他的方法。"④正是因

---

① 董宝良、周洪宇:《中国近现代教育思潮与流派》,人民教育出版社1997年版,第402页。
② 陈独秀:《敬告青年》,《独秀文存》,安徽人民出版社1987年版,第9页。
③ 陶行知:《从五周年看五十周年》,华中师范学院教育科学研究所:《陶行知全集》第3卷,湖南教育出版社1985年版,第513页。
④ 丁文江:《玄学与科学——评张君劢的"人生观"》,《科学与人生观》上,亚东图书馆1923年版,第20页。

为这些中国一流的思想家都成了科学主义思潮的倡导者与推动者,"20年代的这种潮流,导致30—40年代更坚定地支持科学的力量"①。

1923年8月,中国科学社在杭州召开会议,会议提出的主要任务是发行杂志、编译书籍、设立科学图书馆、成立科学研究所、举办科学讲演等。可以说,从此科学教育思潮由宣传阶段进入具体落实和行动阶段。主要的推动者有任鸿隽、丁文江、朱经农等人。其具体主张有:倡行科学教育,批判传统教育;注重科学内容的传授,尤其重视科学方法、态度和精神的提倡;尊重理性,反对盲从;培养研究科学的人才,用科学方法解决教育问题等。陶行知不仅是早期科学教育思潮的倡导者,也是早期科学教育运动实践的参与者和组织者。

1924年7月10日到8月8日,中华教育改进社与清华学校共同组织科学教员暑期研究会,陶行知任副会长。陶行知在其草拟的科学教员暑期研究会说明书中讲道:成立这个研究会的原因是"科学知识为吾国进步所必需。欲使吾人民在现代民族中,占重要位置,以无负其人口之众,智力之强,与夫天然财产之丰富,必须有更进一步之科学知识"②。而要想让广大民众了解科学知识,就必须让其接受科学教育。陶行知深知,欧美和日本之所以发达,能够领先于全球,就是因为这些国家都非常重视对其国民进行科学教育。因此,陶行知提出:"科学教育必须实施于中等及专门大学,但欲增进科学知识,与使其善用科学方法,以解决实际问题,暨发现新原理,新定律等,则最有效而惟一之方法,即为中等或专门大学之科学教育。"③因为中学和专门学校毕业的学生,可以充当科学教员,在科学教育中起到传播科学技术知识的作用。而要加强中学和专门学校的科学教育,首要的问题就是师资问题。

陶行知充分认识到了这一点,他说:"教师为第一要素。就科学教育论,其第一要素为教师。"而对于教师问题又可具体化为许多小问题:教师的数

---

① 郭颖颐:《中国现代思想中的唯科学主义(1900—1950)》,雷颐译,江苏人民出版社1989年版,第13页。

② 陶行知:《科学教员暑期研究会说明书》,《陶行知全集》编辑委员会:《陶行知全集》第1卷,四川教育出版社1991年版,第721页。

③ 陶行知:《科学教员暑期研究会说明书》,《陶行知全集》编辑委员会:《陶行知全集》第1卷,四川教育出版社1991年版,第722页。

量、教师的科学知识水平、教师的教学方法以及教学中所使用的教材等一系列问题。陶行知对科学教育的教师问题提出了要求:"设有相当之教师;即不但具有确实之科学知识,而且长于教学之方法,则其他事项,如教科书,实验指南,仪器及他种设备等,均不难随时设法,适应相当之需要。"

要想让科学教师的知识及时得到更新,教学方法不断创新,就有必要让其加以研修和学习,以便更好地胜任教学工作。陶行知经过调查,发现当时全国各地师范学校及专门学校的科学教育,尽管比以前大有改观,但是仍有许多教师缺少经验,对最新的科学成果和新知识缺乏了解,在教学方法上也不懂创新,因此,他建议对全国中等以上学校的科学教师进行再教育。即使有不少科学教师已经很有教学经验,教学效果也不错,但对科学教育中的实验课往往不太熟悉,对实地考察也不够重视。鉴于以上原因,开展科学教师暑期研究会十分必要,通过这项活动"以行各个的实验室工作;研究及讨论实验室教学与讲授之最新方法;讨论教材[授]某部教授[材]时之困难及其免除法;及听受某科之高深讲演"①。这种研究讨论的方式是提高科学教育师资水平、提高科学教育教学质量的重要途径。

总之,科学教育思潮直接成为20世纪30年代由陶行知发起并领导的"科学下嫁"运动和科学普及教育运动的先导。20世纪三四十年代在中国力倡科学教育运动的杰出代表就是陶行知。1931年陶行知从日本潜回上海后,就极力倡导科学教育,并提出了"科学下嫁"的口号,把科学教育由思潮推向了运动。

创办晓庄科学社

陶行知不仅极力呼吁开展科学传播和科学教育,而且还进行了科学传播的积极实践。为了广泛向民众宣传科学,普及科学知识,他于1928年创办了晓庄科学社,该社成立的宗旨是"(一)培养科学的人生观;(二)构造科学的环境;(三)制造简单的科学工具;(四)研究科学的教学做",以期"促进乡村科学化"。其主要活动有:聘请科学专家讲演,介绍科学的书报和科学发明,编辑科学研究报告,开展科学调查和实践,举行科学集会等。内部机

---

① 陶行知:《科学教员暑期研究会说明书》,《陶行知全集》编辑委员会:《陶行知全集》第1卷,四川教育出版社1991年版,第722页。

构分设生物、物理、化学、数学四组,还明确提出"首重科学之发展,而科学中尤特别注意生物学"①的具体目标,理由有四:

乡村环境中,生物最为丰富,用之无尽,取之无穷,此其一;生物设备较理化各科省费,轻而易举,此其二;儿童本身实一生物,教师必须明了生物原则,方能尽其天职,此其三;儿童最喜接近生物,以生物为中心教材,必能引起学生兴趣,使其有求知之乐,而耐求知之苦,此其四。②

陶行知深信"科学化运动,比如大江之流",来势汹涌,不可阻挡。晓庄科学社由秉志、姚文采等兼任指导员,由学生自行研究。起初生物教师姚文采不理解,上课仍然照本宣科,后来陶行知请来两位捕蛇人,并将师生带到山上,实地操作,现场教学,让学生去动手捕蛇,经过多次试验和对蛇的解剖,学生认识到了蛇的生理特征、生活习性和捕蛇的要领。陶行知对师生讲:"生物课照着书本讲,岂不成了死物课!"③

陶行知(左)与姚文采(右)合影

晓庄科学社在宣言中写道:"什么是晓庄精神呢,一字蔽之,'干'!'干'!'干',认清责任,担负责任,实践责任,是我们的特长;言而不行,挂名避实,是我们所深恶痛绝的。亲爱的同志,我们既高呼着晓庄科学化的口号,就应努力于晓庄科学化的实际工作,奋勇向前,艰难无间……我们对于科学的努力,决不肯松懈的。"④因此,在陶行知的指导下,师生开始脚踏

---

① 陶行知:《重视生物学——致中国科学社》,华中师范学院教育科学研究所:《陶行知全集》第5卷,湖南教育出版社1985年版,第217页。

② 陶行知:《重视生物学——致中国科学社》,华中师范学院教育科学研究所:《陶行知全集》第5卷,湖南教育出版社1985年版,第217页。

③ 转引自司少周:《中国科学教育的先驱》,《行知研究》1994年第3期。

④ 陶行知:《晓庄科学社宣言》,《陶行知全集》编辑委员会:《陶行知全集》第2卷,四川教育出版社1991年版,第730页。

实地地将科学原理落实到实际行动中去,进行实实在在的科学实践。姚文采带领学生到野外采集标本,请药农教学生制草药,请花农来教种花,请农学专家来教种山芋。陶行知还特聘了金陵大学教授邵仲香到晓庄为学生做农业指导员。邵教授带领学生进行科学耕作、科学施肥、按时浇水,结果产出的山芋比当地农民种的大得多,产量倍增。陶行知将这种大山芋命名为"山芋总统"①,引起了当地农民的极大兴趣,纷纷来晓庄参观学习,起到了农业科技知识普及到民间的效果。他还请中国科学社和金陵大学的专家、教授来做专题讲演,晓庄科学社的生物研究室也与秉志领导的生物研究所合作,采集了长江和沿海动物制成标本,并建起了生物标本陈列室,供学生和农民参观,起到了在当地广泛传播科学知识的作用。

晓庄科学社是陶行知在科学传播方面所做的有益尝试,也是他大力开展"科学下嫁"运动的早期试验,为他在20世纪30年代进行大规模的科学传播运动积累了丰富的经验,奠定了坚实的基础。

兴办科学教育

第一,兴办科学教育,要强化教师的科学意识。

陶行知清楚地认识到兴办科学教育的关键在于教师,如果教师缺乏科学理念和科学知识,就不会培养出科学的儿童。为此,他于1932年5月在杭州师范学校讲演时指出:

> 在二十世纪科学昌明的时代,应当有一个科学的中国。然而科学的中国,谁来负起造就的责任?就是一班小学教师。造成科学的中国,责任大得很啦。小学教师们一定要说:"我们负不起这种重大的责任。"别怕。我想,造成科学的中国,也只有小学教师可以负责。因为要建设科学的中国,第一步是要使得中国人个个都知道科学,要使个个人对于科学上发生兴趣。年龄稍大的成人们,对于科学引不起他们的兴趣来。只有在小孩子身上,施以一种科学教育,培养他们科学的兴趣,发展他们科学上的天才。只要在孩子们中培养出象爱迪生那样的几个科学杰出人才,便不难

---

① 转引自司少周:《中国科学教育的先驱》,《行知研究》1994年第3期。

使中国立刻科学化。①

陶行知将培养小学教师的科学意识作为科学教育、振兴中华的第一要务。他的逻辑思维是中国要强大,就必须昌明科学,走科学化的道路,而中国要科学化,首先应当用科学来武装儿童,让儿童从小热爱科学、崇尚科学、学习科学、研究科学。而这些均需要小学教师来正确引导。因此,要举办科学教育,首先应当培养小学教师的科学意识。

第二,兴办科学教育,要培养儿童崇尚科学的精神。

陶行知将儿童掌握科学知识,养成科学意识,培养科学精神,作为实现中国科学化的首要途径。儿童的科学教育在他心目中占据着重要的地位,"我们必先造就了科学的小孩子,方才有科学的中国"②。1931 年秋他在一封信中也写道:"现在是一个科学的世界。科学的世界里应该有一个科学的中国,科学的中国要谁去创造呢?要小孩子去创造!等到中国的孩子都成了科学的孩子,那时候,我们的中国便自然而然变为科学的中国了。"③他以此来鼓励中国所有的少年儿童都要从小树立学习科学、研究科学、崇尚科学的志向,立志通过从事科学事业来报效祖国。他在给庄泽宣的信中讲道:"我们觉得要救中华民族,必须民族具备科学的本领,成为科学的民族,才能适应现代生活,而生存于现代世界。科学要从小教起。我们要造成一个科学的民族,必要在民族的嫩芽——儿童——上去加工夫培植。有了科学的儿童,自然会产生科学的中国和科学的中华民族。"④欲使儿童科学化,培养儿童的科学意识和科学精神,就必须经常让儿童从事科学实验,"科学的小孩子是从玩科学的把戏中产生出来的",因此,教师要善于融入儿童的科学游戏和科学实验中去。

第三,兴办科学教育,要开展多种传播科学的活动。

---

① 陶行知:《儿童科学教育》,华中师范学院教育科学研究所:《陶行知全集》第 2 卷,湖南教育出版社 1985 年版,第 577 页。

② 陶行知:《儿童科学教育》,华中师范学院教育科学研究所:《陶行知全集》第 2 卷,湖南教育出版社 1985 年版,第 577 页。

③ 陶行知:《科学的孩子——致问真、探真》,华中师范学院教育科学研究所:《陶行知全集》第 5 卷,湖南教育出版社 1985 年版,第 240 页。

④ 陶行知:《关于科学教育——致庄泽宣》,华中师范学院教育科学研究所:《陶行知全集》第 5 卷,湖南教育出版社 1985 年版,第 247 页。

科学教育是一项系统工程，不是单凭某项活动就能够奏效的。陶行知倡导开展形式多样的科学传播和教育活动，让儿童在各种场合和各种活动中接受科学教育。因此，他于20世纪30年代初创办了自然学园和儿童科学通讯学校，编写"儿童科学丛书"，把科学知识送给儿童和工农群众，以后又改为空中学校，每周播送科学知识，并与高士其、董纯才、吕镜楼等人一起推广科学普及事业，从事"科学下嫁"运动。1939年，陶行知在育才学校设立了七个专业组，其中自然科学组所开设的课程有生物、物理、化学、天文、气象、地质等。自然科学组师生自力更生建立起了自然科学馆，内设物理、化学、生物实验室。他们自制生物标本，利用外界的自然条件进行农作物种植实验；进行学校周围的土壤分析，确定适合种植的作物和蔬菜；在校内建立了植物园、昆虫馆、水族馆、鸟类馆等，其中的动植物标本都是学生亲手采集和制作的；进行动物饲养和繁殖实验，取得了很好的效果；组织谈天会，学习天文知识，开展气象预报。陶行知还亲自指导学生用菜油灯作光源来放幻灯，使用白果汁杀臭虫。

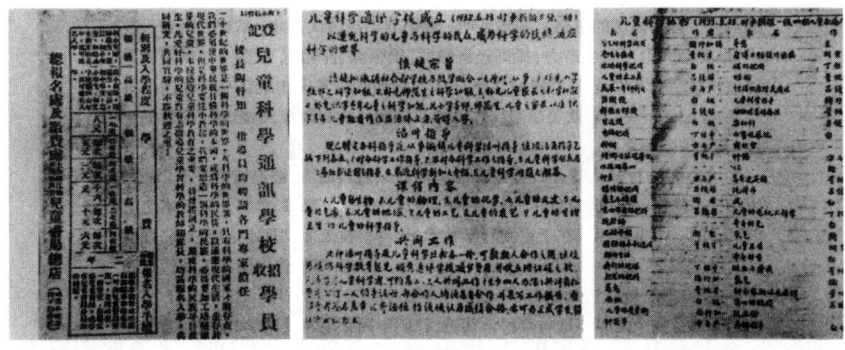

儿童科学通讯学校的招生广告、办学宗旨及所编写的儿童科学丛书目录

推动"科学下嫁"运动

"科学下嫁"运动是20世纪30年代由陶行知发起的一场科学普及运动。该运动既是继五四运动之后在中国开展最早、规模最大的一次科学传播实践活动，又是近现代教育史上首次大范围、多层次的科学教育运动。陶行知以满腔爱国之情和对民族的高度责任感，在全面审视中西方经济文化悬殊与差距的前提下，抱着振兴中华民族的伟大志愿，从科学救国的视

角着眼,创造性地提出了"科学下嫁"、普及到民的崭新构思,并积极实践,奔走呼号,在近现代中国产生了重大影响,为科学意识深入民心打下了基础。

所谓"科学下嫁"运动,就是指将以往远离民众、高高在上的科学,"下嫁"给大众,"下嫁"给儿童,使广大民众有机会接触到科学,有条件受到科学教育,通过儿童科学化、民众科学化,来实现中国的科学化。陶行知站在振兴国家和民族的高度,来思考和探索科学普及的途径和办法。

随着两次科技革命的推进,世界发达资本主义国家凭借先进的科学技术,相继走上了富民强国的道路。实践证明,谁培养出高层次人才,掌握了高精尖技术,谁就会大力发展生产力,提高经济效益,增强综合国力。欧美一些国家就是通过科技革命逐步走上了强国之路。日本看到欧美各国相继跻身于强国之林后,就开始痛下决心向欧美学习,改良体制,重视科技和教育,也摆脱了落后的境地,走上了强国之路。

1930年陶行知被蒋介石查封晓庄师范后又遭其通缉,被迫流亡日本。他利用在日本的空闲时间,对日本的经济和科技进行了认真考察,意识到日本发达的一个重要原因在于重视科学技术,培养科技人才。"日本之所以强,强在他的科学发达"。而相比之下,中国相差甚远。因此,要想使中国走上现代化和工业化的道路,就应当效法日本,重视科学技术的推广与应用。他在给友人的信中也谈道:"整个世界都是向着科学猛进。我们中国必须领受科学的洗礼,才能在科学的世界上适于生存。但是要想创造科学的中国,必须培养科学人才的幼苗,才能达到目的。"于是,他于1931年春回到上海后,就决心开展"科学下嫁"运动,普及科学知识,培养科技人才,旨在将中国由一个农业国变为一个工业国。而当时中国的实际情况是科学技术本来就不发达,并且都为资本家及其子女所独占,人民大众及其子女却不能接受科学教育。他要把近代科学技术知识,变得同阳光和空气一样,能够普照到民间,让全社会都能够接受到科学技术知识,连流浪的穷孩子、烧饭的老太婆都能享受到。于是他开展了一系列普及科学知识的活动,如创办自然学园,研究自然科学;成立儿童科学通讯学校,培育儿童的科学意识,使其掌握科学知识;发表科普文章,宣传科学道理;出版科学书籍,传播科学知识等。这些都取得了较好的效果,掀起了中国近现代科学教育的高潮。

创办自然学园,普及科学知识

陶行知开展"科学下嫁"运动,得到了上海报业巨子史量才的大力支持。史捐献出 10 万元作为活动基金。同年夏,陶行知在上海创办了自然学园,目的是将科学技术知识"下嫁"给广大的劳苦大众。他说,"自然科学是开向理想世界的特别快车","从农业文明过渡到工业文明,自然科学是唯一的桥梁"。自然学园的主要成员有丁柱中、高士其、董纯才、陶宏、戴伯韬、方与严等,他们主要从事自然科学的实验,研究科学普及创作。据高士其回忆说:

> 自然学园是一所三层楼的洋房,我和戴白[伯]韬、董纯才三人住在二层楼上,丁柱中、方与严、陶宏三人住在楼下,陶先生白天来晚上回去。
>
> 三层楼上住的是一对巴基斯坦夫妇和他们的儿女。
>
> 楼上有晒台,我们三人每天起床后,就坐在晒台上晒太阳。上午,我们看报、看书、看资料。
>
> 午饭后,开始写作。我写儿童卫生讲稿,丁柱中写"巴斯德传",陶宏是搞化学的,他有一套玻璃仪器;方与严是陶先生的助理和秘书,一切杂务工作,是我们大家分管的。
>
> 自然学园里,有一架很精密的显微镜,我来后主要是供我使用,我用牛肉汤作细菌的培养基,这里还有其他实验用的设备和仪器。
>
> 到了晚上,全体自然学园的同人们,由陶先生率领,到前面一处空地上观看满天星斗,陶先生给我们指出:那是北斗星,那儿是牛郎织女,那儿是天河。他又亲自编写了《儿童天文学活页指导》。
>
> …………
>
> 自然学园,也是自由学园,在那儿我们无拘束,过着写作生活。①

---

① 高士其:《陶行知先生对我的鼓励和帮助》,四川省纪念陶行知先生诞生九十周年大会筹备组:《陶行知纪念文集》,四川人民出版社 1982 年版,第 47—48 页。

正是在这些科学爱好者的携手努力下,自然学园编辑出版了一套"儿童科学丛书"和"大众科学丛书"。其中"儿童科学丛书"影响很大,包括生物、化学、物理、天文、地质、生理卫生等学科,共108册。陶行知亲自编写了3册科普读物:《儿童度量衡》《空气的科学把戏》和《肥皂的把戏》。他还建立了一个小型实验室,经常组织园内人员到小学做玩科学把戏的示范。正是在陶行知的亲自指导下,自然学园编写出了一批优秀的儿童读物。正像高士其所评价的那样,陶行知"热衷于科学教育事业,奔走呼吁筹募基金,领导一批科学人才,写作儿童科学读物"[①]。

成立儿童科学通讯学校,真正推动儿童科学教育

为了进一步推动"科学下嫁"运动,陶行知还于1932年5月在上海爱文义路小沙渡路永裕村创办了儿童科学通讯学校。该校经上海市教育局审查批准成立,以生活教育思想为指导,以增长小学教师、师范学生、识字青年、家长和儿童的科学智能为目的。陶行知亲自担任校长,聘请专家担任指导员。该校创办宗旨是"造就科学的儿童与科学的民众,使中华民族成为科学的民族,以适应科学的世界"[②]。陶在招生启事中指出:"二十世纪的世界是一个科学的世界。在科学的世界里,只有科学的国家才能存在。我们必须使中华民族具备科学的本领,成为科学的民族,以适应现代生活,生存于现代世界。但是科学要从小教起,我们要想造一个科学的民族,必得要加工培植嫩芽的儿童。本校感觉儿童科学教育之重要,特发起创立,期使科学的民族早日产生。凡爱好科学的儿童与有志指导儿童学习科学的教师和家长,均请报名入学,共同研究,共同实验。"[③]

学校分设初级班和高级班:初级班的招生对象是初小教师、师范生、家长、初小学生和略识大众文的青年;高级班的招生对象为高小教师、师范生、家长、初中学生、高小学生和"文字通顺"的青年。修业年限为两年,学

[①] 高士其:《陶行知先生对我的鼓励和帮助》,四川省纪念陶行知先生诞生九十周年大会筹备组:《陶行知纪念文集》,四川人民出版社1982年版,第48页。

[②] 高士其:《陶行知先生对我的鼓励和帮助》,四川省纪念陶行知先生诞生九十周年大会筹备组:《陶行知纪念文集》,四川人民出版社1982年版,第48页。

[③] 陶行知:《关于儿童科学通讯学校的两个文件》,《陶行知全集》编辑委员会:《陶行知全集》第3卷,四川教育出版社1991年版,第741—742页。

费标准为:初级班,若一次交只收 8 元,若两次交就每次收 5 元,若四次交就每次收 3 元;高级班,若一次交只收 16 元,若两次交就每次收 10 元,若四次交就每次收 6 元。① 开设的课程有:生物、物理、化学、天文、地球、气象、工艺、农艺、生理卫生等。初级班的教材主要有陶行知编写的《儿童科学活页指导》、《算术的把戏》等,高级班的教材主要是《儿童天文学活页指导》等。当时报名人数达百余人,各科讲义均按时免费发给学生,由指导员义务任教,学生自己根据讲义内容动手做实验,遇到疑难问题,随时可以到校中去请教老师。陶行知还经常带学生观看星斗,识别天河、北斗、牛郎、织女等星座。1932 年 5 月,该校派出 6 名指导员到杭州师范学校、湘湖师范学校等处宣传对儿童实施科学教育的重要性,取得了良好效果。

由于经费原因,该校办到 1935 年被迫停办。后来,陶行知又设法与广播电台取得联系,举办空中学校,主要利用广播电台向大众传播科学知识。陶行知和同仁们撰写广播稿,每篇以刚好播放 20 分钟为度,一篇一题,由其次子陶晓光讲授普及教育课本《老少千字课》,同时宣传科学技术知识。

"科学下嫁"运动的特点

"科学下嫁"运动是 20 世纪 30 年代由陶行知为振兴中华而发起的一场全新的科教救国运动,其根本宗旨是要实现在民众中传播科学、普及科学的目的。综观这一运动所开展的所有活动,不难看出主要有以下几个方面的特点。

第一,爱国性:着眼于民族振兴。

留美归国的陶行知,深知中国与欧美存在差距的原因是多方面的,但中国人缺乏科学知识、科学意识、科学精神是其中一个重要因素。西方高度发达的工业经济,就是重视科学的结果。特别是流亡日本的经历,使他更加深切地感受到科学传播对发展民族经济、振兴国力的重大意义。因此,他满怀爱国之情,从提高中华民族国际地位的角度,去深入思考在中国传播科学的必要性和重要性。他着眼于国家的发展和民族的振兴,从全球的战略角度去认真审视中国开展"科学下嫁"运动的必然性和可能性,并脚

---

① 陶行知:《关于儿童科学通讯学校的两个文件》,《陶行知全集》编辑委员会:《陶行知全集》第 3 卷,四川教育出版社 1991 年版,第 742 页。

踏实地地付诸行动,身先士卒,以身作则,在中国兴起了科学普及运动。他希望通过开展各种活动将科学真正普及到普通民众当中,力求通过科学来战胜迷信,运用科学来振兴民族经济,增强综合国力,使近代落后的中国能够立足于强国之林。这是陶行知梦寐以求的夙愿。这一切均是由其强烈的爱国之心所引发的。他认为,真正的科学家是追求科学的真理,拿着科学的火把救人,至于运用科学为个人或帝国主义争权夺利,甚至于杀人身体灭人国也毫无顾忌的,这叫作科学强盗、科学走狗、科学刽子手,我们是要重新为他们估估价。因此,他倡导在中国普及科学的目的就是培养起儿童运用科学来造福大众的意识和能力,最终的目的是使中华民族具备科学的本领,成为科学的民族,以适应现代生活,生存于现代世界。总之,陶行知竭力倡导开展"科学下嫁"运动的动因是爱国,目的是振兴中华民族。

第二,民众性:广泛地发动群众。

"科学下嫁"运动的民众性集中体现在科学传播的基本对象是广大的中国民众,根本目的是让民众认识到科学的重要性,使民众普遍接受科学教育,运用科学知识来武装民众的头脑,从而使广大的中国民众从愚昧落后的迷雾中走出来,成为科学进步的民众。"科学下嫁"运动的民众性主要体现在两方面:一是科学普及的对象是民众。陶行知提出凡是有民众的地方,无论是茶馆、酒楼、戏院,乃至茅棚、灶屋、厕所等,都是开展科学普及活动的场所。为了在民众中普及科学,他针对民众文化素质低的实际情况,建议先通过画报、话剧等群众喜闻乐见的形式来进行宣传,以逐步培养民众热爱科学、崇尚科学的意识,然后再辅之以科学教育读本和科学实验活动,以此来向民众传播科学知识。二是科学普及主要依靠民众。陶行知在实施"科学下嫁"运动过程中,主要依靠民众来开展工作。他一直倡导"教人民进步者,拜人民为师"[①]。在进行科学普及过程中他仍然奉行这一基本原则,一方面在策划科学普及运动时就坚持放手发动群众、大胆使用群众的原则,在知识分子中广泛寻找得力助手,形成了以高士其、董纯才、方与严、王洞若、戴伯韬、丁柱中、陶宏等一批骨干为核心的科学普及队伍;另一方面,他还注重从民众中发展科学普及的积极分子,广泛发动群众参与,采取了与民众互教互学互动的科学教育形式。同时,他在普及科学中十分

---

① 陶行知:《行知诗歌集》,生活·读书·新知三联书店1981年版,第331页。

注重尊重民众的兴趣和爱好,在编写科学教育读本时,主要采用大众语文,并请大众的耳朵来当先生。为了调动民众的学习兴趣,陶行知还通过电影、广播等形式来宣传科普知识,并倡导乡村成立科学普及协会,将科学知识与农业生产结合起来,真正实现科学与民众相结合的目的。

上海宝山县举行棉花教育讨论会,推广科学植棉

第三,实践性:注重付诸行动。

"科学下嫁"运动的先导是理论宣传,重点在于实践活动。陶行知是中国近现代著名的教育理论家,同时是勇于探索的教育实践家。他将毕生的精力放在了推动中国教育变革的伟大实践中,促进科学教育就是其伟大的成就之一。在推行科学普及运动中,他注重从生活入手,从自我做起,反对只顾空谈不重行动,而倡导"实践力行,从行动上去求真理知识,并使大众组织起来,自动去做他们的事"。他总是强调"科学是从把戏中玩出来的",因此,他以身作则、身先士卒,带领他的同人们一道从事科学实验,开展科普创作。他编写"儿童科学丛书"和"儿童科学指导丛书"的目的就是引导儿童动手去做,用脑去想,可以说这些书是孩子科学实验、观察、思考的指导。他在书中给各个年龄段的少年儿童安排了600多个科学实验指导案例。他在进行科学普及和科学教育中,始终奉行"教学做合一"的基本原则,在向民众广泛宣教科学知识,要求民众自觉学习科学知识的同时,倡导民众进行科学实验,培养人们亲自动手、体验科学原理的能力,从而培养人

们对科学的兴趣。他告诫民众:"种田这件事是要在田里做的,便须在田里学,在田里教。"①学习科学知识,一方面需要从书本中学,另一方面更需要在实践中学,农民学习科学就应当在农业生产中去亲身实验,运用科学知识来指导农业生产,从而达到科学与生产相结合的效果。

第四,创造性:以养成创新之风。

陶行知一贯倡导创造,注重创造,坚持创造,在教育理论与实践中始终以创造为本旨,他的一生可以说就是创造的一生。他在《创造宣言》中讲道:"只要有一滴汗,一滴血,一滴热情,便是创造之神所爱住的行宫,就能开创造之花,结创造之果,繁殖创造之森林。"②在实施"科学下嫁"运动的过程中,陶行知更是强调创造意识。他要求广大儿童和成人学习科学时要有创造精神,开展创造性的实验,进行创造性的思维,做出创造性的成就。他要求学生们在学习爱迪生时,不能光学表面,光了解其生平传记和发明成果,而更应当学习他在科学实验中亲自动手去做和用脑去想的良好习惯,学习他在科学的道路上脚踏实地去创造的精神。为了培养起儿童的创造力,他建议对儿童实行"六大解放":解放头脑,是为了让其能想;解放双手,是为了让其能干;解放眼睛,是为了让其能看;解放嘴巴,是为了让其能谈;解放空间,是为了让其在大自然、大社会中去获取更丰富的知识;解放时间,是为了让其得到更多可支配的时间,从而学自己渴望学的知识和干自己感兴趣的事情。他还教育人们:"处处是创造之地,天天是创造之时,人人是创造之人。"③他以此来为中国造就一批懂科学、会创造的新型科技人才,从而为振兴中华民族而多做贡献。

第五,普及性:普及与提高并重。

在开展"科学下嫁"运动的过程中,陶行知首先强调的是科学的普及性,旨在通过进行科学传播和科学教育,将科学降落到民众中间,使更多的民众能够了解科普知识,并学会将科学常识运用到生产和生活中去,真正

---

① 陶行知:《教学做合一》,华中师范学院教育科学研究所:《陶行知全集》第2卷,湖南教育出版社1985年版,第43页。

② 陶行知:《创造宣言》,华中师范学院教育科学研究所:《陶行知全集》第3卷,湖南教育出版社1985年版,第486页。

③ 陶行知:《创造宣言》,华中师范学院教育科学研究所:《陶行知全集》第3卷,湖南教育出版社1985年版,第484页。

体现出科学的实践价值。普及性是"科学下嫁"运动的一个十分重要的特性,科学只有普及到广大民众当中,才能发挥其现实作用。因此,陶行知一开始就将科学的普及作为首要任务,将"科学下嫁"运动的工作重心放在了民众之中,就是要为民众普降科学之甘霖,从而达到用科学润泽广大民众的目的。但在强调普及的同时,陶行知也强调提高:"普及与提高并重,使老百姓都能受教育,并且有特殊才干的也能发挥。"[1]在科学普及过程中,仅通过"蜻蜓点水"、"一曝十寒"的办法,是行不通的。应当重心下移,广泛施教,使科学之阳光能够普照到所有民众身上。同时,他也强调不能埋没一些有特长的人才,应当尽量发挥这些人在科学创造方面的专长,使之有用武之地。他认为只有坚持普及与提高并重的原则,才能真正使"科学下嫁"运动做到有点有面、点面结合,从而实现最终目的。

出版科普书籍

为了向民众广泛宣传科学知识,培养大众的科学意识,陶行知于1931年春组织编写了"儿童科学丛书"。其包括生物、物理、化学、数学、天文、矿物、农业、生理卫生等方面内容。他被国民党政权通缉,不便出面,所以由丁柱中、陈鹤琴任名义主编,高士其、董纯才、戴伯韬、陶宏等人分任编辑。这套丛书的特点是依照陶行知"教学做合一"的教育理论来编写,着重在指导儿童动手去做实验。陶行知在谈到丛书的编写目的时说:"我们编辑这部书的目的,在引导小朋友把自己造成科学的孩子。科学的孩子必得动手去做,用脑去想,所以这部书是科学的孩子实验、观察思想的指南,而不是静坐在那儿'诗云子曰'一样的读书。如果买了回去,读而不做,做而不求做之所以然,那便是违背我们编书的宗旨了。"[2]陶行知组织编写这套丛书的终极目标是希望在使用这套丛书的小朋友中能够出现中国未来的伽利略、巴士德和法拉第。这套丛书的对象主要是在校中小学生和校外儿童,包括那些从小失学没条件学习科学知识的成人,还有教师、家长等有知识

---

[1] 陶行知:《实施民主教育的提纲》,江苏省陶行知研究会、南京晓庄师范学校:《陶行知文集》,江苏人民出版社2008年版,第905页。

[2] 陶行知:《〈儿童科学丛书〉的用法——致教师、家长和小朋友》,华中师范学院教育科学研究所:《陶行知全集》第5卷,湖南教育出版社1985年版,第251页。

和文化的人,因为这些人阅读后可以指导其子女学习科学。该套丛书有不少指导人们进行科学实验的理论和方法,以便培养广大民众热爱科学、学习科学、运用科学的习惯。当时的中国小朋友没有条件购买实验仪器,所以丛书指导小朋友找些破布、旧棉花、竹头、木屑、芦秆、墨水瓶、罐头盒等废弃物品作为原材料来自己制作实验仪器,这样也有利于培养孩子们的创造发明意识。陶行知根据自然学园成员的不同专业特长,分配了不同的编写任务。高士其是研究细菌学的国外留学生,陶行知就让他编写《微生物大观》。为了解决他手头缺乏资料和参考书的困难,陶行知还专门给了他钱,买了一套英国伦敦出版的《细菌学》。高士其非常感动,把自己的全部精力都集中到该书的写作上,仅一个月时间,就把书稿交给了陶行知。陶行知还亲自校阅丁柱中译的《巴士德传》,让董纯才翻译了《十万个为什么》、《黑白》、《五年计划的故事》等。

在这套丛书中,陶行知亲自编写了《儿童的度量衡》,从数字与数位、量长短、造尺、量面积、量角度、量大小、衡、秤、杠杆、天平秤、活的秤、小磅秤、弹力秤等方面详细地说明了度量衡的原理和使用;编写了《空气的科学把戏》,列举了捉空气、把空气移进肺里监禁、纸不湿、水底点火、嘴唇生瓶、竹笔套吸水、水枪、杯水倒拿、水姑娘跳高、风车、潜水钟等小实验的做法,以此来说明空气的特性和用途;《肥皂的把戏》以对话的方式,对肥皂膜、肥皂泡、吹肥皂泡、玉连环、氢气球等作了解释。他后来又编写了《儿童天文学活页指导》,目的是帮助儿童看天体、找北斗、找北极星、识光年、量天、找天龙、找织女、找牵牛、看土星等。这些书对普及儿童科学知识,具有直接的现实指导作用。

戴伯韬在《陶行知的生平及其学说》中记载了陶行知关心和培养留美学生高士其成长为杰出科普人才的故事:

> 在这个大众化运动中,我们应该提一下不幸的同伴,高士其同志。他是在美国专门研究细菌学的,在留学生中专门研究这一门科学的人太少了,几乎找不出。由于培养细菌时,手上染了菌,一个不小心,细菌乘隙钻进脑袋去了。开始占据了他的神经中枢的运动中枢,初病时还不怎么样,但已不能继续学习,他不得不放下毕业论文,离别了美国爱人,到欧洲去旅行,希望意大利或瑞士的温泉浴能够治愈他的病痛,但,一切计划都成泡影,贫病逼迫他

不得不回到祖国来。

他从上海踏上了祖国的土地,但四顾茫茫,去找谁呀?在国民党外交部做官的父亲讨了姨太太已不认他是儿子,母亲失望之余也不睬他,想起在美国读书时的朋友如今已有人飞黄腾达,如胡安定等,想去找找他们,那知给他的却是闭门羹。

在求救无援的危难中,他遇到了陶氏。有一天的上午陶氏把他领到编辑部来,以后他就和我住在一间屋里开始自然科学通俗化运动。那时,他的手脚和眼已失去控制的力量,不但行动迟缓,有时走上楼梯的半中间,突然眼珠翻上去了,就叫唤旁人去把它抹下来,才重又恢复光明。

就是这样,这个人仍抱着极大的勇气和毅力,一边同细菌斗争,一边学习写作。陶氏要他写生理卫生,这些东西他是很熟悉的,但他却很虚心地去研究这件工作。写了两三天,只写下一二千字,他拿给我看,并说:"我的中文不行,怕不能用,这是我练习的初稿。"就这初稿已经文笔清丽。可是,他仍不自满,一心一意的和大家研究大众化问题,要求人替他修改,要别人把他的文章读给老妈子听,又用心研究别人写的文章,总是那么虚心的学习着。如斯,他就开始向科学小品文方面发展,在他眼前一片黑暗无底的苦海中,突然又显出景物明媚的大陆来了。他的精神好转,病魔也击退下去了,由于手指不灵,行动迟缓,每天只能写四五百字,但在孜孜不倦的辛勤笔耕之下,他写下了大众化科学史上最光辉的一页。故事的现实,科学根据的谨严和文笔的生动有趣,他是较之法国的法布尔,英国的琼氏,和苏联的伊林而无愧的。不但在通俗化这一点上,他受陶氏的影响很大,就是在整个思想情调方面,他也有了显著的转变:开始热爱起人民,向人民学习。他所写的东西都是以帮助劳苦大众如何从黑暗无知的深渊里走出来去和毒害他们的病菌斗争为目的的,这也是高士其的所以被旧家庭旧社会所遗弃,而被人民和人民所主持的新社会所爱护欢迎的一个重要因素。[1]

---

[1] 戴伯韬:《陶行知的生平及其学说》,人民教育出版社1982年版,第59—60页。

1931年陶行知以斋夫署名,在《生活》上发表了《科学的生活》一文,强调:"科学是从把戏中玩出来的。……科学从无知之行始,以能行之知终。自然小姐是远在天边,近在眼前,只要您把一双手儿从袖筒里伸出来捞一捞,便可以把她捞着了。"①他还介绍了世界著名科学家如瓦特、巴斯德、法拉第、牛顿等的科学成就。同年10月,他又在《申报》上发表了《爱迪生之死》,介绍了爱迪生在电灯、电车、留声机、电影放映机等方面的发明,明确提出了"科学该做养人、保人的工具,不该做害人、杀人的凶器"②思想,教育中国科学研究者应当本着为人类造福祉的宗旨去从事科学工作。还写了题为《法拉第》的小文章,载于《申报·自由谈》,他对"电化世纪之开山祖师"③法拉第生平事迹作了介绍,指出善于钻研的个性使法拉第成为大科学家,发明了发电机,牵引着人类进入了电气化的新时代,为后来爱迪生在电器领域的诸多发明创造了前提条件,奠定了坚实的基础。他接着又介绍了法拉第发明发电机的基本原理——"化磁为电",强调了"发电机便是现代电化文明之泉源"④。他还发表了《佛兰克林》,较为系统地介绍了佛兰克林(富兰克林)在科学方面的诸多发明:"他从事科学之研究始终只有九年,而贡献于世界的有火炉、避雷针、以太光波学说、印磁铜板、印刷机、双视眼镜、自鸣钟与他的电的理论。"⑤从1931年9月起,陶行知以"不除庭草斋夫"为笔名在《申报·自由谈》发表《比牛顿大一倍》、《阳历闹乱子》、《伽利略与木星的月亮》、《血染的诺贝尔奖金》等关于科学知识和科学家故事方面的文章15篇,目的是在广大民众中推广科学知识,以达到传播科学知识的目的。

---

① 陶行知:《科学的生活》,华中师范学院教育科学研究所:《陶行知全集》第2卷,湖南教育出版社1985年版,第360—361页。

② 陶行知:《爱迪生之死》,华中师范学院教育科学研究所:《陶行知全集》第2卷,湖南教育出版社1985年版,第382页。

③ 陶行知:《法拉第》,华中师范学院教育科学研究所:《陶行知全集》第2卷,湖南教育出版社1985年版,第389页。

④ 陶行知:《化磁为电》,华中师范学院教育科学研究所:《陶行知全集》第2卷,湖南教育出版社1985年版,第392页。

⑤ 陶行知:《佛兰克林》,华中师范学院教育科学研究所:《陶行知全集》第2卷,湖南教育出版社1985年版,第412页。

1932年晓庄学校复校后,陶行知认为"科学的儿童早日造成,科学的中国和科学的中华民族早日实现"①。为了培养科学的儿童,他为晓庄小学设计的课程有生物、物理、化学、天文、地球、几何、农艺、工艺、生理卫生、科学指导十门,旨在让儿童从小接受更多的科学知识教育,进而使儿童养成学习科学、运用科学的习惯。

1934年2月16日,陶行知主编《生活教育》杂志,开辟了《科学新知》专栏,后改为《科学前线》和《科学生活》。他利用这些科学专栏广泛传播科学知识,讲述科学道理,宣传科学教育,为在民众中间普及科学知识提供了一个园地。

---

① 陶行知:《关于科学教育——致庄泽宣》,华中师范学院教育科学研究所:《陶行知全集》第5卷,湖南教育出版社1985年版,第247页。

十三、民主之魂

政治理念的转变

陶行知不仅是伟大的教育家,也是伟大的政治家。他的政治思想是其精神世界的重要构成部分。因为政治与教育有着密切的关系,只有在良好的政治环境中,才能办出好的教育。因此,陶行知作为教育家必然要关心政治,并且在社会活动与政治实践中形成了自己的政治理念。

政治理念的渊源

陶行知的政治思想,是他在从事改造中国社会和文化教育的伟大实践过程中,充分吸收古今中外各种有益的民主思想而形成的产物。早年,为了寻求救国救民之道,他通过广泛涉猎近代西方各种哲学、社会政治学说和中国古代典籍,接受了近代西方资产阶级的民约论和天赋人权说,林肯"民治、民有、民享"的共和民主观念,孙中山的三民主义理论,并从中国传统文化中继承了儒家的"民贵君轻"、"民为邦本"思想,墨家的"兼爱"思想,初步形成了以近代西方民主共和思想为主体成分和核心内容的政治思想。"五四"以后,特别是20世纪30年代以后,通过社会实践的磨炼,并在中国共产党人的帮助、影响下,他对中国民族民主革命的对象问题,以及无产阶级及其政党在中国革命中的地位与作用,都有了明确认识,赞同和支持中国共产党的政治主张,并大力发扬中国传统文化中的重民精神,主张"民为贵",人民第一,一切为人民,天下为公,文化为公,形成了以新民主主义和社会主义民主观为基本内容的新型政治思想,成为一个"无保留追随党的党外布尔什维克"(周恩来语)。

第一,中国传统文化的影响。陶行知从中国传统文化中继承了儒家的"民贵君轻"、"民为邦本"思想,墨家的"兼爱"思想,初步形成了以近代西方民主共和思想为主体成分和核心内容的政治思想,从而形成了亲民、爱民、为民、救民等民本思想。这些政治思想成为贯穿他一生道路与事业的主线,推动着他奋力开拓"中国性、平民性"、以人民为本位的文化教育思想路线。

第二,西方进化论的影响。陶行知在金陵大学求学的 5 年,正是民族民主革命浪潮汹涌澎湃之时。他倡设金大学报《金陵光》中文报,任中文主笔,撰文宣传民主共和思想。在此期间,陶行知广泛涉猎了近代西方各种哲学、社会政治学说,西方的达尔文、赫胥黎、斯宾塞、林肯等人的著作和学说,均在其博览之列,而近人严复、梁启超、孙中山等人的思想尤为他所熟悉。其中,他对严复介绍的进化论、西方资产阶级民约论和孙中山所宣传的资产阶级民主共和思想的研究所下的苦功更非常人所及。

第三,孙中山自由平等思想的影响。陶行知的自由平等的政治理念是受到孙中山自由平等思想深刻影响的。他在 1927 年写的《平等与自由》一文中多次提到孙中山的平等与自由思想的精华所在,强调:"中山先生解释平等意义,有很大的贡献。他说,世界上有真平等、假平等、不平等。"①孙中山以人们的立足点来划分这三个概念,提出"大家的立脚点平等,这才是真平等"。他还吸收了孙中山着眼于国家利益的自由观,他说:"按中山先生的意思,说到自由,是要求国家之自由。"他在吸收孙中山思想的基础上,

陶行知在林肯总统墓前留影

提出"现在我们要救中国,亟当抑制个人之自由,切不能火上加油的提倡一盘散沙的自由了"②。

第四,林肯共和民主观念的影响。陶行知赞同美国总统林肯著名的"三民"原则:"政府者,人民之政府,人民自治以谋人民之福利",称之为"实

---

① 陶行知:《平等与自由》,华中师范学院教育科学研究所:《陶行知全集》第 2 卷,湖南教育出版社 1985 年版,第 22 页。

② 陶行知:《平等与自由》,华中师范学院教育科学研究所:《陶行知全集》第 2 卷,湖南教育出版社 1985 年版,第 23 页。

共和政治之圭臬焉",并进一步将其具体化为三点内容:其一,"共和政治图谋国民全体之福利",给予人民以言论、著述、集会的自由,对于人民的各种建议,"择良而要者施行之";其二,"共和政治重视共和目的、共同责任",所以,"共和政治不特有透达既往目的之能力,且有发生将来目的为进步之母";其三,"共和政治能得最良之领袖",共和主义承认人民为主权,不是主张无首领,而是主张好首领,"共和首领由民举,必其人能亲民,新民,恤民,然后乃推戴之。即有大奸巨猾,以媚民手段,占窃神器,然朝违民意,夕可弹劾也"。

第五,马克思主义的影响。"五四"期间,随着爱国运动的爆发,新文化运动的深入发展,马克思主义开始在中国得到了广泛的传播。在这个巨大的时代潮流的推动下,陶行知开始接触和介绍社会主义。1919年3月,他在《新教育》杂志第1卷第2期上发表《普鲁士教育之基本改革》一文,向中国教育界、思想界介绍马克思和社会主义。1921年,在他担任《新教育》杂志编辑和主干(主编)时,该杂志还载文介绍了十月革命胜利后俄国政治、军事、教育、宗教等各方面的情况,并刊登过列宁的照片。1922年,他与中国共产党领袖李大钊也有过一些来往。诚然,他的以上言行虽然没有超出民主主义的思想范畴,但却说明了他对社会主义的向往。他很希望从社会主义中汲取一些有利于改造中国社会和文化教育的思想营养。20世纪30年代初,尖锐复杂的阶级斗争和严重的民族危机,促使在改造中国社会和文化教育的实践过程中一次次碰壁的陶行知去寻求更有力的理论武器。现实生活告诉他,实用主义并不是科学的世界观和方法论,并不能从根本上解决中国的问题,唯有马克思主义才是引导中国人民从黑暗走向光明的伟大火炬。从此,他逐步走出了实用主义思想体系,开始了对马克思主义的系统学习和研究。1933年春节,陶行知借同乡友人程霖生的寓所(当时陶行知的住处),请共产党方面的朋友讲解马克思主义。他与严竟成、戴伯韬、王洞若等人一起听讲与讨论,系统学习了马克思、列宁的著作。3月4日,陶行知不顾国民党政权的法西斯统治,与蔡元培、叶恭绰、李公朴、陈望道等人共同发起马克思逝世五十周年纪念会,充分表现了追求真理的大无畏气概。为了能直接阅读马列主义原著,陶行知在50岁后又开始学习俄文。当时的苏联是世界上第一个社会主义国家,出版了大量马列著作,对马克思主义作了系统而广泛的宣传。由于其本人的刻苦学习和他人的帮助影响,陶行知逐步弄清了马克思主义的基本原理,掌握了马克思主义的基本思想方法。1934年7月,陶行知在《生活教育》杂志上发表《行知行》一文,正式宣布放弃他使用了23年之久的名字陶知行,改为陶行知,表示他坚信辩证唯物主义思想。从知行到行知,反映了陶行知哲学思想的飞跃,标志着他的世界观的根本转变。1943年,他在《创造年献诗》中写道:"行以求知知更行,不知直认为不知。遍览已知求未知,以知与人已愈知。以为武断靠不住,存在从来决意识。解剖内体寻条理,追踪外缘找联系。贯通证据悬断语,屡试屡验验还试。矛盾相生复相克,数量满盈能变质。相推而进正反合,顺沿发展觅定律。"①这说明他此时已完全接受并娴熟掌握了辩证唯物主义和历史唯物主义的原理。这为陶行知迅速成长为一个共产主义者奠定了思想基础。

陶行知在马克思墓前留影并赋诗一首

1936年10月30日,陶行知与陆璀等人在出席世界青年和平大会和世界和平大会期间,一同拜谒了位于伦敦郊外的马克思墓。陶行知在墓旁留影,向马克思的墓鞠躬致敬,并写下了下面这一首诗,表达对马克思和马克思主义的敬仰之情:

    光明照万世,宏论醒天下。
    二四七四八,小坟葬伟大。

---

 ① 陶行知:《创造年献诗》,华中师范学院教育科学研究所:《陶行知全集》第4卷,湖南教育出版社1985年版,第586页。

政治理念的演变

陶行知是热爱祖国、热爱人民、力倡民主的中国近现代知识分子的杰出代表,是一位不断进步成为中共党外布尔什维克的政治家。他毕生致力于平民教育事业,为人民教育事业做出了伟大的贡献。"九一八"后,他的政治立场日渐鲜明,政治理念日趋成熟。

爱国主义思想的逐步生成与强化

早在读书时期陶行知即具有鲜明的爱国思想。在美留学期间,他先学政治学专业,但感到学政治都是为了做官,便毅然改学教育,希望通过教育唤醒民众救中国,回国后立即着手改造旧教育。五四运动之后,进步的知识分子纷纷到民间去,走与工农相结合的道路,陶行知也积极地投入了群众爱国斗争的行列。"九一八"事变后,民族危机加深,陶行知坚决拥护党的抗日民族统一战线政策,自觉地把教育与爱国的民族解放斗争结合起来。1936年,他和沈钧儒、邹韬奋、马相伯发起组织救国会,积极投身于抗日救亡运动。他由于抗日救国无私无畏,成为救国会的群众领袖之一,并受全救会(全国各界救国联合会)的委托,以国民外交使节的身份,到世界各国宣传抗日,动员海外侨胞支援祖国的抗日救亡运动,并争取国际友人的同情和赞助,把抗日救国联合战线的种子撒遍世界各地。陶行知在海外奔走了25万余公里,历时两年零一个月,足迹遍及20多个国家和地区。

陶行知在欧洲利用一切可能的机会大力宣传抗日救国,他和钱俊瑞、陆璀三人代表中国人民参加了在比利时召开的世界和平大会和世界青年大会。他以中国代表团主席的身份向四千九百余代表报告了日本破坏和平和我国民众反抗侵略的救国运动,博得了代表的赞助和同情。大会结束时,他被推选为中国执行委员。他在巴黎中国留学生和华侨举行的中国学生会和华侨抗日救国会的欢迎会上,痛陈日本侵华罪行,提出只有坚决抗日才能救中国,只有抗日才能不做亡国奴,驳斥"还要等五十年再抵抗"的妥协投降论调。他竭力宣传建立全欧华侨抗日救国总机关,各国华侨纷纷响应。他又和王海镜、胡秋原等发表告海外侨胞书,号召全欧华侨不分党派,不问信仰,在抗日救国目标之下,团结一致抵抗日本侵略。英、法、德、瑞士、荷兰等国侨胞代表及各地来宾四百余人聚集巴黎举行了全欧华侨抗日救国大会，旅居比、苏、意、土各国侨胞也都纷纷函电，表示对大会的拥护和祝贺。他的活动把海外侨胞救国运动推向高潮。

陶行知出席世界和平大会期间与巴黎学生自治会代表合影

到了美国后，在他的推动下，许多城市成立了抗日救国会，宣传游行，开展义卖捐献活动，推销救国公债。美国三大埠的华侨捐献和购买的救国公债都有几百万之多，并于1937年秋成立了旅美华侨统一捐献救国总会。有些华侨领袖过去相互不团结，但在救国活动中变成了兄弟和朋友，纽约华侨也在万人游行中联合了起来。陶行知一方面自己做联络争取国际友人的工作，同时动员华侨交外国朋友，用美国人去影响美国人。几百个爱国华侨和陶行知一起演讲，和美国人交朋友，向各界各阶层做工作，抵制日货运动形成了巨流。他还亲自和华侨一道去做码头工人的工作，说服他们不要搬运销往日本的军事物资。于是在美国，一方面是大批日货卖不掉，另一方面码头上一堆一堆销往日本的军事物资运不出去。

陶行知四次去加拿大。1938年4月在华侨集中的温哥华市举行的加拿大医疗界援华大会上，陶行知发表了激动人心的演说。他在感激加拿大人民对中国人民的支援后，特别提到国内在敌后开展的游击战，民兵、老百姓和正规军一样英勇善战，宣传中国人民的抗日决心。

陶行知出国期间卓有成效的外交活动，在广大华侨和国际友人中，争取了众多的支援，为祖国赢得了荣誉。正如曾和他共同战斗过的同志钱俊瑞在悼念他的文章中说："他是国家之宝，我们祖国有了他，是我们极大的光荣。在世界范围内,他为我们祖国添上万丈光芒。"陶行知在出国期间,不仅宣传抗日救国,争取国际援助,同时也热情支持被压迫民族抗击侵略者的斗争。他到红海口,了解到埃塞俄比亚人三路进攻意大利侵略军,立即写诗致敬,并祝愿不愿做奴隶的人们和被压迫民族联合起来,努力打倒帝国主义。他在西亚和非洲目睹犹太和阿拉伯两个民族互相残杀,立刻劝告他们:被压迫民族应联合起来,抵抗共同的敌人。

亲民、爱民、为民、救民思想的形成

陶行知出身于安徽贫苦家庭,自幼饱受艰辛。他从切身的感受中,对灾难深重的旧中国广大劳苦人民有深刻了解和同情,这是他热爱人民的阶级根源和社会根源。他怀着满腔热情写了不少反映工农大众疾苦并为他们鸣不平的诗篇。在《一幕悲剧》里,他把一个饥寒交迫的妇女忍痛将亲生儿子送给路人的生离死别的情景描绘了出来,读来令人深感悲痛。他在海轮上看到在机舱里工作的工人,被煤火烤得如同煤炭一样,内心感慨万分,写下了《人与煤炭》一诗,表露他对压迫中国工人的"三座大山"的无比愤恨。1923年他在一封家信中说:"我本来是一个中国的平民。无奈十几年的学校生活,渐渐的把我向外国的贵族的方向转移。学校生活对于我的修养固有不可磨灭的益处,但是这种外国的贵族的风尚,却是很大的缺点。好在我的中国性、平民性是很丰富的,我的同事都说我是一个'最中国的'留学生。经过一番觉悟,我就象黄河决了堤,向那中国的平民的路上奔流回来了。"他回国以后,目睹灾难深重的祖国人民处于水深火热之中,工农大众被摒弃于校门之外,于是决心放弃大学教授的优越生活条件,到平民中去,到乡间去倡导并推动平民教育的运动。1927年初,他毅然脱掉西装革履,穿上布衣草鞋,睡地铺,住牛栏,在南京郊外荒野里办起了晓庄师范,决心打破旧的传统教育,把教育送给农民。他以为农民服务为乐事,是中国教育界第一个真正深刻认识和高度重视农民问题的人。抗日战争胜利后,陶行知在中国共产党的领导下,奋不顾身地投入到反独裁、争民主、反内战、争和平的革命斗争中。他比以往更公开地强调反对由"少数资产阶级做主,为少数人服务"的旧民主,大声疾呼要提倡"人民大众做主,为人民大众服务"的新民主。

陶行知一生热爱人民,全心全意为人民服务的目的是什么?就是要人民做国家的主人,为人民谋幸福。他说:民主教育是"教人民做主人,做自己的主人,做国家的主人,做世界的主人"。为了全心全意谋求人民大众的解放,他不仅创立和推行了"生活教育"学说,还为人民大众创作了大量的诗歌,被称为大众诗人。他的诗歌是当时白话诗中最能表达人民大众正义呼声的诗歌,郭沫若同志曾把《行知诗歌集》称为"人民经"。陶行知积极提倡"为老百姓绘画"。他提出:"到老百姓队伍里去画,跟老百姓学画,教老百姓画画。"他要求"画出老百姓的好恶悲欢,作息奋斗,平凡伟大",使"乡村美化,都市美化,中国美化,世界美化"。其根本的目的是什么?陶行知自己说:"将老百姓的智慧和创造力启发,创造老百姓愿有的新天下。"

从上可见陶行知从同情平民、同情农民、同情工人和广大劳苦大众,逐渐进步到热爱人民并努力做到全心全意为人民服务,其重要的因素就是他在实际生活和斗争中树立了"人民大众做主"的新民主的思想。陶行知热爱人民、全心全意为人民服务的光辉业绩,正是一个杰出的政治家的高贵品质的具体表现。

从民主主义者到党外布尔什维克

热爱祖国、热爱人民,是陶行知日后逐步成为党外布尔什维克的两大基石,也是一个党外布尔什维克政治家的思想与行动的反映。然而陶行知也并非一开始就是共产主义者,他和当年的许多共产主义者一样,世界观也有一个不断进步和不断发展的过程。

辛亥革命兴起时,他接受民主革命思想并积极宣传。在金陵大学读书期间,他组织爱国演说会,举办爱国捐,宣传爱国思想。在出国留学期间,他时刻不忘祖国。他精通英语、德语、法语,但他从不用英语和本国人交流。因此,他留学美国时,被人称为百分之百的中国人。回国后,他任南京高等师范学校教务主任,被推为南京学术界联合会会长。"五四"爱国运动兴起,他动员南京高师及全市学生开展反帝爱国运动。刚从国外回来时,他信奉美国总统林肯的"民有、民治、民享"的旧民主主义思想,认为中国落后就在于文化教育落后,平民不识字,于是满腔热情地投入平民教育活动。在教育实践中,他感到占中国人口百分之八十的农民受不到教育,是国家贫穷落后的重要原因,于是下决心办乡村教育。这时,他在政治上非常崇拜孙中山,主张唤起农民革命。这种思想充分反映在《锄头舞歌》词中,他说:"天生了孙公做救星呀!唤醒锄头来革命呀!"后来,他亲眼看见晓庄师生支持南京和记洋行工人罢工的正义斗争受到蒋介石的血腥镇压,学校被关闭,自己被通缉,铁的事实给了他深刻的教育。1931年"九一八"事变后,日本帝国主义步步入侵,国民党政权推行"攘外必先安内"的反动政策,中国共产党却领导全国人民掀起了抗日救亡运动,陶行知便积极投入救亡运动。

在陶行知的思想发展变化过程中,有两个明显特点:一是从为农民服务发展到为劳苦大众服务。他在上海创办工学团,得到中国共产党的支持和帮助,并和左翼人士亲密合作,拒绝对日妥协投降和积极反共的国民党人进入工学团。这时,他在工厂区办工人夜校,宣传抗日救亡,逐步认识到工人阶级的力量,写下了"光棍的锄头不中用","联合机器来革命"的歌词。二是政治上跟着中国共产党走,把生活教育与民族解放斗争结合起来。陶行知有救国救民的抱负,但如何才能救国救民?他想用创办乡村师范的方式来救国救民,可是,蒋介石封闭了他办的晓庄师范学校。由此他认识到,中国人民要自由解放,不从根本上推翻反动派的统治,单靠教育是不可能实现的。同时他认识到,中国共产党集中了中华民族的优秀儿女,为祖国人民的幸福前仆后继,确实是中国人民的希望。在共产党员同事和学生的影响和帮助下,他开始学习马列主义,看田汉给他的英文本《资本论》,思想上受到不少启发。"一二·九"运动后,抗日高潮兴起,在张劲夫、王洞若等同志的帮助下,他认识到当时中华民族的任务就是救亡图存。从此他就在政治上跟着中国共产党走,成为党的亲密战友,旗帜鲜明地提出要为工农劳苦大众求解放办教育,并自觉地把生活教育与民族民主革命斗争结合起来,成为当时上海救国会和国难教育社的领袖,山海工学团也成为上海党组织领导下的一个新民主主义教育据点。

由于思想不断进步,陶行知逐渐认识到中国要独立富强,就必须打倒帝国主义,打倒国民党反动派。他和鲁迅一样,一般不在文章中引用马、恩、列、斯著作中的语句,但文章的精神实质和当时党的方针路线是一致的。在白区党组织遭到破坏的日子里,陶行知和宋庆龄、何香凝、鲁迅、沈钧儒、邹韬奋等党外共产主义者,在上海积极宣传共产党的主张,宣传共产主义世界观,为革命立了大功。

1939年7月,陶行知在重庆创办育才学校。这所学校得到以周恩来为代表的中共中央南方局的关怀和支持。学校里有中共的地下支部,学校负责人和教师很多是共产党员,成为国民党统治区里一所延安式的革命学校。育才学校后来培养了一批又一批人才并将他们送到革命根据地或游击区去工作。陶行知在重庆与李公朴、史良等创办的社会大学,也是在中共地下组织和民主人士的支持下办起来的。周恩来、董必武、邓颖超、吴玉章和中共中央南方局对陶行知也十分关怀。陶行知不顾特务的监视,和南方局的负责人经常来往,还常找周恩来、董必武谈心。他读了《新民主主义论》后,曾高兴地说:"中国有救了!"他强调:"近人毛泽东先生的新民主主义"是"实现真正民主的路线",呼吁"创造一个自由独立进步的新中国"。这时的陶行知已摆脱了"民有、民治、民享"的旧民主主义思想,拥护以共产主义为指导思想的新民主主义。当他读到毛泽东《在延安文艺座谈会上的讲话》时,兴奋地对人说:"为谁服务这个根本问题,把我以前说的话讲得更明确了。"他为几位奔赴解放区的同事送行时说:"你们到了光明区,加紧努力,我只要还有一丝留在重庆的可能,我都要在这里奋斗!"

　　陶行知热爱祖国,热爱人民,在救国救民的道路上不断前进。到20世纪30年代中期,他终于无保留地跟着中国共产党走,反帝、反封建、反官僚资本主义,以生命为代价,对中国人民教育事业和新民主主义革命事业做出了巨大的贡献。他确是一个名副其实的党外布尔什维克政治家。

　　然而,新中国成立后,在"左"的思想影响下,对这位党外布尔什维克曾有过一些不适当的批评。如1951年批判《武训传》时,竟把集资办学的陶行知和武训等同批判(武训兴学已作了重新评价);批判梁漱溟的改良主义和批判杜威的实用主义时,也牵连到陶行知,给他扣上了"改良主义"的帽子。因此很长时间里再没有人敢提到陶行知,更无人去研究他的教育学说。至今还有些不明真相的人,脑子里还残留着他那被歪曲的形象。实践是检验真理的标准,从他的历史实践中我们可以清楚地看到,陶行知办教育不是想维护反动统治,恰恰相反,他自始至终反对传统教育,更反对蒋介石的反动统治,他既不接受国民党反动派高官厚禄的引诱,又不怕蒋介石的屠刀威胁。办育才学校那么困难,他也不去乞求国民党反动派的经费补贴;蒋介石反共反人民屠杀爱国民主人士,陶行知却无保留地追随共产党的路线,站在民主斗争的前列。至于陶行知一开始想以教育救国,后来从旧民主主义到新民主主义,再到党外布尔什维克,这是不少革命者所走过的道路,也是人们追求进步的正常发展规律,给陶行知戴上"改良主义"帽子是无根据的。我们研究陶行知,首先要清除"左"的影响,还其本来面目,在政治上实事求是地给以正确的评价。

政治理念的内涵

陶行知政治理念的核心是民主,可以说他的政治理念正是围绕民主这一主线而展开的。他认为,民主是"中国之起命仙丹"、"政治的盘尼西林"、"精神的维他命","民主能叫四万万五千万老百姓团结成一个巨人",民主能"给我们新的力量,来创造一个自由独立进步的新中国和一个富足平等幸福的新世界"①。具体内容主要包括以下几个方面。

共和思想

在金陵大学就读期间,陶行知的政治理念集中表现为对共和理想的追求。反映这一理念的代表作是他的大学毕业论文《共和精义》,在该文中陶行知对共和思想做了具体的论述。

第一,论述了共和的信条。他认为,共和之信条主要有三:"自由、平等、民胞。"所谓"自由",就是按照社会需要去自己支配自己的行为,从而朝着有利于社会发展和维护他人利益的方向发展。"法律之内有自由,道德之内有自由",也就是说,自由应受法律的约束和道德的规范。他认为违反法律和侵犯道德的自由是负面的自由。"盖天下之至不可超脱者,有自奴焉!故真自由贵自克。天下之至不可侵越者,有他人焉!故真自由贵自制。天下之至不可忽略者,有公福焉!故真自由贵个人鞠躬尽瘁,以谋社会进化。"关于"平等",他指出:"天之生人,智愚、贤不肖不齐,实为无可韪之事实。平等主义亦不截长补短,以强其齐。在政治上、生计上、教育上,立平等之机会,俾各人得以自然发展其能力而为群用。"②他所主张的,不是天赋的平等,而是机会的平等。所谓"民胞",在陶行知看来即是博爱。他认为只有"博爱心生,国人以兄弟相视",自由平等才能真正得以实现,国民才有共同的目的、责任和义务,"苟无民胞主义以植共和之基,则希望共和,犹之水中捞月耳"③。因此,他视"民胞"为"共和之大本",所谓"共和之

---

① 陶行知:《民主》,华中师范学院教育科学研究所:《陶行知全集》第3卷,湖南教育出版社1985年版,第567—568页。

② 陶行知:《共和精义》,华中师范学院教育科学研究所:《陶行知全集》第1卷,湖南教育出版社1984年版,第45页。

③ 陶行知:《共和精义》,华中师范学院教育科学研究所:《陶行知全集》第1卷,湖南教育出版社1984年版,第45页。

大本则在民胞焉"①。陶行知早期追求的共和理想是受到西方资产阶级民主与自由思想影响的结果。

第二，涵盖了共和的内容。陶行知认为，共和的内容主要包括以下三个方面：首先，共和主义强调国民在社会发展中的重要作用。他论述了三个要点：一是"共和主义重视个人之价值"，尽管个人有"智愚强弱之不同"、"成败利钝之不同"，但在服务社会的价值方面是没有差异的。二是"和主义唤醒个人之责任"，突出了每个国民要有"天下兴亡、匹夫有责"的责任感，"群策群力，群运群智，群负群责，以求群之进化福利"②。三是"共和主义予个人以平等机会"，强调消除阶级差别，消除贵贱贫富之分，给予每个人自由发挥自己才能的机会，使"各尽其能。为全群谋福利进化"。其次，共和主义强调个人价值与社会价值的统一。陶行知认为，共和主义要求"个人为社会而生，社会为个人而立"。共和主义将人民视为社会主体，因为社会要想兴旺发达，"必负改良个人之责"。即社会发展的前提是首先要有健全的国民，"民苟愚劣"，社会兴盛将会成为空谈。因此，陶行知重视社会赋予个人的责任，强调"济弱扶贫"，认为只有如此，社会才会"日趋于进化"③。再次，共和主义强调建立民主政府。陶行知认为："政府者，人民之政府。"民主政府是民主政治的重要保障，只有建立民主的政府，才能保证人民自治，进而为人民谋福利。在这里，他吸收了林肯提出的"民有、民治、民享"思想。陶行知称道共和政治的三大优点：一是"共和政治图谋国民全体之福利"。共和政治能够给予人民以言论、著述、集会之自由，可以集各界人士的意志以上达；同时，政府又能"择良要者施行之"。这样上下渠道畅通，就可达到上下通达、令行禁止的目的。二是"共和政治重视共和目的、共同责任"。陶行知指出，专制政体导致"有理想无实习理想之机会，则理想不得达"，在这样的社会中，贤达对于社会改良虽有理论创见，但难以付诸实施。而在共和政体下，"苟有良策，人民共持其目的，共负其责任"，

---

① 陶行知：《共和精义》，华中师范学院教育科学研究所：《陶行知全集》第1卷，湖南教育出版社1984年版，第45页。
② 陶行知：《共和精义》，华中师范学院教育科学研究所：《陶行知全集》第1卷，湖南教育出版社1984年版，第46页。
③ 陶行知：《共和精义》，华中师范学院教育科学研究所：《陶行知全集》第1卷，湖南教育出版社1984年版，第47页。

这样就可提高行政效率,推动社会进化。三是"共和政治能得最良之领袖"。在陶行知看来,领袖在治理国家中起着至关重要的作用。"正当领袖"当由国民选举产生,这样可以保证其做到"亲民,新民,恤民"①,同时,也可得到人民的拥戴。

自由意识

陶行知的自由意识是其政治理念的核心内容之一,不过他的自由观是在不断演变的,他对自由的认识是一个动态的过程。他在金陵大学就读期间就开始关注自由意识,当时他将自由纳入其共和信条当中,认为自由应当是在法律与道德许可范围内的自由,"逾越法律,侵犯道德,此自由之贼"。他还强调"自由有正负","非依法律,不得侵及人民之生命财产,此负面之自由也"。他当时更多强调的是"克己自制"式的自由,"真自由贵个人鞠躬尽瘁,以谋社会之进化"②。到 1927 年他在谈到自由时,对孙中山提出的自由观念进行了评述。他认为,孙中山强调的自由的重心在国家的自由,并对孙中山过分强调国家与团体自由的观点不太赞赏,尤其是对孙中山提出的"革命成功以后个人可以不要自由"的观点持怀疑态度。他以树木生长为例,来说明革命成功后应当重视个人的自由。他说:

> 革命成功以后个人可以不要自由这句话,我很怀疑。因此我常想着什么地方要自由,什么地方不要自由。我又想到种山芋时所得的感想。我问邵德馨先生山芋如何栽法?他告诉我说:"底下可以安根,上面可以出头,山芋乃可活。"因此,我忽然悟到人生"出头处要自由"。如树木有长五尺长的,一丈长的,十丈长的;树的出头处是要自由的。如果我们现在只许树可以长五尺,不许他长一丈与十丈,那世界上不是无成材了吗?因此我们要使他尽他的力量自由长上去。……如果你把一丈的压到五尺,因为他受了过分的压制,也是要死的。③

---

① 陶行知:《共和精义》,华中师范学院教育科学研究所:《陶行知全集》第 1 卷,湖南教育出版社 1984 年版,第 48 页。

② 陶行知:《共和精义》,华中师范学院教育科学研究所:《陶行知全集》第 1 卷,湖南教育出版社 1984 年版,第 45 页。

③ 陶行知:《平等与自由》,华中师范学院教育科学研究所:《陶行知全集》第 2 卷,湖南教育出版社 1985 年版,第 23 页。

他认为自由既包括国家的自由,又包括个人的自由。即使革命成功后,仍应重视个人的自由。不能人为地压制个人的自由,从而表明了他自己对自由的理解。

民主观念

20世纪30年代以前,陶行知的民主观念深受西方资产阶级共和观念的影响;30年代以后,陶行知逐渐放弃对欧美式民主的追求,而倾向共产党所提倡的民主观。"九一八"事变之后,中华民族陷入深重的危机之中,陶行知指出:"现在中国第一件大事是保障中华民国领土主权之完整,与争取中华民族劳苦大众之自由平等。"他将挽救民族危亡、实现国家独立作为当时的头等大事,同时强调抗战是中国"唯一的出路",只有抵抗才能最终"浮出来一个伟大的自由平等的中华民国"[1]。然而,国民党政府奉行"攘外必先安内"的不抵抗政策。陶行知针对国民党政权的"攘外必先安内"、"救国必先救党",提出了"安内必先御外"、"救党必先救国"的主张。全面抗战爆发后,陶行知指出,人民的力量对于抗战具有重要意义,"从民主中表现出来的力量,不是封建专制的日本所能克服的"[2]。他还强调,抗战"若能注重民主",则"至少能够动员三万万五千万人",抗战就一定能够取得最后胜利。陶行知的认识与共产党人的观念大致趋于一致,他认为人民民主是"人民大众做主,为人民大众服务"的民主。当国民党当局实行专制统治,不断制造反革命事件时,陶行知坚定地站在人民的一边。特别是抗战胜利后,陶行知对民主又有了新的认识,他说:"民主的意义还是在发展,因为它的内容还是在发展。"[3]他将民主从政治民主扩展到经济民主、文化民主、社会民主、国际民主。他认为,"毛泽东先生写的《新民主主义》,和中国民主同盟临时全国代表大会所通过的纲领,都系实现真正民主的路线"。为此,他对民主作了如下精辟的论述:

---

[1] 陶行知:《告生活教育社同志书——为生活教育运动十二周年纪念而作》,华中师范学院教育科学研究所:《陶行知全集》第3卷,湖南教育出版社1985年版,第334页。

[2] 陶行知:《全面抗战与全面教育——在香港中华业余学校的演讲》,华中师范学院教育科学研究所:《陶行知全集》第3卷,湖南教育出版社1985年版,第321页。

[3] 陶行知:《民主》,华中师范学院教育科学研究所:《陶行知全集》第3卷,湖南教育出版社1985年版,第567页。

> 民主是中国之起命仙丹。民主能叫四万万五千万老百姓团结成一个巨人。民主能给我们和平,永远消除内战之危机。民主好比是政治的盘尼西林,肃清一切中国病。民主又好比是精神的维他命,给我们新的力量,来创造一个自由独立进步的新中国和一个富足平等幸福的新世界。民主第一,人民万岁!①

为了实现他所论及的真正民主,1945年11月他先后参加了重庆各界人士举行的反内战大会,并发表了讲话。他在讲话中呼吁民众起来制止内战,争取和平民主。同年12月,他又参加了重庆各界追悼昆明"一二·一"死难烈士大会,并撰写祭文高度评价学生们为争取民主而勇于牺牲的革命精神。1946年6月"下关惨案"事发后,陶行知作为上海和平运动领导者,就下关事件向外国记者澄清是非,并斥责"反动的力量是逐渐将三民主义变为法西斯的组织"②。同年7月中旬,李公朴、闻一多在昆明被国民党特务暗杀后,陶行知怒斥道:国民党政权专横霸道已经二十多年了,他们拥有全国的军队和警察,然而他们还要像蛇蝎一样的向上爬,去杀害那些进步的手无寸铁的评论者。他致函育才学校全体师生时讲道:"死了一位民主战士,即以感召培养一万位民众新战士来顶补;死了一百位民主战士,即以感召培养一百万位民主新战士来顶补。"他认为"只要我们肯得为民主死,真民主就会来到,而中华民族也一定可以活到万万年"③。

可见,陶行知的民主观念经历了一个从自由民主主义者向激进民主主义者转变,再由激进民主主义者向自觉的马克思主义者转变的过程④。陶行知民主观念的转变,可以说是他在亲自参与的政治实践中不断提高政治思想觉悟的前提下实现的。亲身的经历使陶行知逐步认识到,国民党政权的专制统治将会断送中国的民主前程,而只有共产党领导的革命运动才能

---

① 陶行知:《民主》,华中师范学院教育科学研究所:《陶行知全集》第3卷,湖南教育出版社1985年版,第567—568页。

② 陶行知:《就"下关事件"等问题和外国记者的谈话》,华中师范学院教育科学研究所:《陶行知全集》第3卷,湖南教育出版社1985年版,第616页。

③ 陶行知:《为民主斗争前仆后继——致育才同学会上海分会全体同学》,华中师范学院教育科学研究所:《陶行知全集》第5卷,湖南教育出版社1985年版,第963—964页。

④ 胡晓风:《试论陶行知思想发展的三个阶段》,《安徽教育学院学报(社会科学版)》1987年第3期。

真正引导中国走上民主之路,因而他坚定地追随中国共产党,成为一名"党外的布尔什维克"。

国民党反动派暗杀李公朴等民主战士后,陶行如愤慨万分,他在给育才学校同学会的信中提出"仁者不忧,智者不惑,勇者不惧,达者不恋","富贵不能淫,贫贱不能移,威武不能屈,美人不能动",与同学相勉励。这封信写于1946年7月16日,是陶行知生前的最后一封信

民主活动的展开

正如沈钧儒所说,"陶先生是一个澈底的爱国者和一个澈底实行的救国者"①。

为了挽救中华民族的命运,陶行知始终以极高的政治热情,立足于中国革命的实际,积极参与中国近现代史上历次拯救中国命运的革命实践活动。特别是他"作为一个无保留追随党的党外布尔什维克",紧跟中共的革命步伐,不断地为祖国的前途和人民的解放而奔走呼号,不遗余力,为推动中华民族的解放事业做出了卓越贡献。

参加辛亥革命地方起义

1911年秋,陶行知升入金陵大学文学系学习。1911年10月10日,武

---

① 沈钧儒:《一切着眼于救国》,江苏省教育学会:《纪念陶行知先生文选》,江苏省教育学会1981年编印,第33页。

昌起义爆发，全国各地纷纷响应，江苏全省掀起革命的浪潮。在武昌起义后的二十多天时间，苏州、镇江、无锡等地宣告光复，南京成为孤城一座，岌岌可危。夺取南京对于革命军来说意义非凡，可以有效遏制清兵对武昌的反扑，进而可以形成长江沿线与武汉遥相呼应的两个革命重镇。当时，驻守南京的清兵分为新军九镇和旧军江防营两部分，前者是倾向革命的部队，他们受到武昌新军起义的感召，革命热情高涨，于是在11月7日举起了义旗，向南京发动进攻，结果因弹药缺乏而失利。同盟会上海支部立即通电全国，要求调集各省兵力来增援，顿时，光复各省均派兵力火速增援南京，大战在即。

此时，金陵大学为了避免战争影响到师生的正常教学，决定停课放假，让学生各自回家。陶行知与安徽籍的同学一同回到家乡，投身到这场革命的洪流之中。据陶行知的同乡朋友程管侯后来回忆说："1911年……辛亥，参加余德民、陶行知、汪章瑞、程则裴等在屯溪阳湖余家庄起义，清县知事先期出走，休宁富户地主代表汪觉生等拥夏慎大取得县政权。"①陶行知自己也曾于1916年在为申请利文斯顿奖学金致哥伦比亚大学师范学院罗素院长的信中写道："我考入了金陵大学。令人高兴的是，在金大对于基督徒学生和非基督徒学生均一视同仁。三年后，第一次革命爆发了，我回到徽州，任县议会的秘书。干了半年，又返校继续完成学业。"②正是在民主革命思想的影响下，陶行知的思想进步很快，他开始关心政治和国内形势，参与组织学生团体，积极投身社会实践，通过演讲和募捐等活动来支持民主革命。

1912年5月，为了给革命党人黄兴领导的南京留守机构解决财政困难，陶行知亲赴苏州的东吴大学，发动该校学生到南京联合召开运动会，售出的门票收入充当"国民捐"③，说明当时陶行知已经具有较高的政治素养和追求民主的炽热情怀。为了给新型民主共和国家的建立提供理论依据，

---

① 叶椿遐等：《陶行知参加辛亥革命地方起义初证》，《徽州实验区》1988年第1期，第44页。

② 陶行知：《我的简历及志向——致罗素》，华中师范大学教育科学研究所：《陶行知全集》第8卷，湖南教育出版社1992年版，第727页。

③ 华中师范学院教育科学研究所：《陶行知年表(1891—1926)》，《陶行知全集》第1卷，湖南教育出版社1984年版，第673页。

他在金陵大学期间就钻研民主共和理论,他撰写的大学毕业论文是《共和精义》。在欧美民主共和理论和孙中山三民主义学说的指导下,他认为"自由、平等、民胞,共和之三大信条也。共和之精神在是,共和之根本在是"。在他看来,共和对个人与社会均具有重要意义:"重视个人之价值","唤醒个人之责任","予个人以平等机会";"共和政治图谋国民全体之福利","重视共和目的、共同责任","能得最良之领袖"。此外,他还论述了共和与教育、共和与文化、共和与交通、共和与秩序等关系。①

领导南京"五四"爱国运动

1919年5月4日,北京爆发"五四"爱国学生运动,这一消息传到南京后,南京高师的学生立即通过游行和散发传单等方式来响应。5月9日,南京各界六千多人聚集在小营演武厅召开国耻纪念大会。陶行知、刘伯明、钟叔进等人发表演说,阐明国耻历史,表达誓雪国耻的决心,痛斥卖国贼和日本帝国主义,呼吁拒绝在巴黎和约上签字,主张取消"二十一条"。陶行知在演讲中讲道:

> 今日为国耻纪念,吾人视之应哭。然哭亦徒然无益于事,惟愿国人对于此种国耻纪念应有如何之决心,以希达到削除此种国耻之日,庶乎可尽人民为国之目的。否则,徒然有此国耻纪念,以表示其意思而无削除之望,又何必有此纪念?!然希冀削除此耻,其应当进行事件有六,吾人当勉为之:
>
> (一)必求达到归还青岛之目的;
>
> (二)不承认卖国贼所订各种密约;
>
> (三)保全我最高级之北京大学;
>
> (四)释放我代表真正民意之学生;
>
> (五)扩张教育,增进人民智识;
>
> (六)振兴实业,重持全国金融。
>
> 希望国人勿贪财色名利而自堕其人格,要有真正之决心继续

---

① 陶行知:《共和精义》,华中师范学院教育科学研究所:《陶行知全集》第1卷,湖南教育出版社1984年版,第43—53页。

进行,终必达到削除此九日国耻之目的。①

听了演说后,有的学生当场咬破手指,沥血疾书"还我山东"四个大字。会后,举行了游行示威活动,并散发大量传单。第二天,陶行知等人前去英美领事馆,表明了中国人民反对巴黎和约,要求归还青岛的立场。5月13日,南京20多所中等以上学校各选4人参加南京学界联合会成立大会。大会以"提倡服务社会,发挥爱国主义精神"为宗旨,通过了大会章程,选举陶行知为会长。南京学界联合会成立后,便开始组织学生散发传单,开展露天演讲,社会影响很大,致使下关扛驳转运公司拒绝装卸日货,南京总商会坚决抵制日货②。5月20日,政府当局和校方阻止学生继续进行反帝爱国运动,身为南京高师教务主任的陶行知不畏惧政府的压力,不听校方的劝阻,仍以学界联合会会长的名义,继续组织学生开展爱国学生运动。由于当时南京高师校长郭秉文在美国考察,学校事务由陶行知与学监主任陈容共同主持,陶行知坚决支持学生运动,而陈容阻挠学生参加游行和罢课,与陶行知争执,陈羞愤辞职。南京各校学生因陈容的顽固立场,而脱离学界联合会,独立组成学生联合会。6月2日,南京学生联合会成立,陶行知被聘为顾问。11月7日,在全国各界联合会筹备会的推动下,由南京学生联合会发起的南京各界联合会筹备会成立,陶行知以欧美同学会代表的身份被选为会长。12月8日,南京社会各界上万人集会抗议"福州惨案",陶行知又被推为大会副主席,复被公推为教育界代表,与另一商界代表向苏省军民两长请愿,抗议日军枪杀福州学生的暴行。1921年6月2日,安徽学界又发起了一场反对军阀独裁、争取教育经费独立的运动。运动遭到军阀镇压,伤50余人,有2名中学生死亡,造成震惊全国的"六二惨案"。当时陶行知正在安庆讲学,他不顾军阀的枪林弹雨,挺身而出,撰写文章肯定学生的正义行为,并帮助学生转学。在他的帮助下,不少学生转到了南京上学。

支持晓庄师生反帝爱国运动

1927年3月15日,新型的晓庄师范诞生于北伐战争的炮火声中。学

---

① 陶行知:《南京国耻纪念会演说大旨》,华中师范大学教育科学研究所:《陶行知全集》第8卷,湖南教育出版社1992年版,第65页。

② 朱泽甫:《陶行知年谱》,安徽教育出版社1985年版,第20页。

校成立伊始，师生就组建了红十字救护队，并在多处设立妇孺收容所，特别是燕子矶小学设立的妇孺收容所收容了 200 多名难民。他们遵照陶行知"严格训练"、"认真救人"[①]的要求，起到了救护在战争中受伤的士兵和民众的作用。3 月 24 日，北伐军进入南京城，晓庄师范的师生与市民一道上街欢迎北伐军。正当全市人民沉浸在北伐军取得胜利的喜悦之际，聚集于长江口的英、美、日、法、意等帝国主义国家的舰队借口"保护侨民"，疯狂炮轰南京，打死打伤中国士兵和居民两千多人，制造了震惊中外的"南京惨案"。中国人民没有被帝国主义的血腥屠杀所吓倒。陶行知领导下的晓庄师范学生参加了江苏省学生联合会和全国学生联合会，他们纷纷上街宣传革命道理，在街头巷尾人员聚集的地方进行讲演，散发传单，控诉帝国主义的反动罪行，揭露军阀的卖国行径。他们还协助附近的农民成立农民协会，开展反对土豪劣绅的斗争。晓庄师范的学生还配合北伐军调查土豪缪子欣收购粮食接济军阀的通敌行为，扣留了停泊在燕子矶江边资敌的两只粮草船只，并将这些通敌的土豪抓起来，在群众大会上公审。学生们给他们戴上高帽，游街示众，沿途高呼"打倒土豪劣绅"、"打倒列强"、"打倒军阀"等革命口号[②]。在晓庄师生的带动下，南京北郊的农民运动也轰轰烈烈地开展了起来，有力地打击了封建主义与帝国主义的嚣张气焰，弘扬了革命人民的正气。

但 1930 年 4 月 7 日上午，蒋介石却在纪念周上不指名地痛骂陶行知："……前天和记洋行发生工潮，接着学生不顾劝阻上街游行。现在共产党造谣，如果学生轻信谣言，为共产党做工作，有越轨行为，政府要当他反革命处置。……如果哪一个学校，哪一个团体，无故煽动风潮，不管学校的校长是谁，有什么名望，政府必定严加制裁。"

蒋介石认为晓庄师范是这次学潮工潮的主要发动者，便派孙科、谷正伦来见陶行知。

"陶先生，你的学校有许多共产党员，请你把名单交出来，否则，政府将采取断然措施，对学校严加制裁。"谷正伦气势汹汹地说。

陶行知仰天大笑："笑话！谁是共产党，额角上面没有刻字，我怎么知

[①] 陶行知：《十三位门徒——致母亲、汪纯宜等》，华中师范学院教育科学研究所：《陶行知全集》第 5 卷，湖南教育出版社 1985 年版，第 173 页。

[②] 戴伯韬：《陶行知的生平及其学说》，（香港）新中国书局 1949 年版，第 11 页。

道?我只知道学生爱国,反对帝国主义侵略。中国人爱自己的国家,没有错!要说错,错在政府。日本军舰驶入长江上游,如入无主之国。中山先生若在天有灵,该是如何痛心!"

谷正伦恼羞成怒:"国家的事,有政府管。学生不好好读书,多管闲事,便是捣乱,便是反革命!"说完拂袖而去。

五天以后,晓庄师范果然被国民党查封。陶行知遭到通缉,连夜出走去上海。他写信指示晓庄师生作合理斗争,派代表去教育部责问:"爱国何罪?""为什么封闭学校?"

教育部部长蒋梦麟避而不见,派次长也是留美同学的朱经农接待。师生们严词责问,要他回答凭什么封闭学校,通缉校长?朱经农无言可答,强词夺理地说:"我一向与陶先生相熟,以为他是很纯洁的。现在才知道原来他和共产党是'一丘之貉'!"

学生将朱经农的话写信告诉陶行知,陶行知沉思良久,赋诗回敬这位当年曾一起推行平民教育,并合编《平民千字课》,如今身居高位、倒行逆施的"老友":

一、劳山有牛,好用其角。朱先生说"是一丘之貉。"
二、牛变为貉,这事可确?纪常听之,磨刀霍霍。
三、天下的老牛,生来都有角。只因受训育,有角如无角。
四、无角令人爱,有角令人愕。平常当非常,老牛竟成貉。
五、用力耕田,应敌用角。天下的老牛联合起来啊!谁敢剥削?

他将诗寄给朱经农,朱经农收到此信,满脸涨得通红,嗫嚅着半天说不出一句话来。①

这些充分说明陶行知是始终站在人民立场上的。他不仅毕生追求人民的教育事业,而且一直支持进步的民族解放事业。因此,他创办和领导的晓庄师范,不仅是乡村师范教育的典范,也是爱国民主教育的楷模。

---

① 叶良骏:《陶行知的故事》,人民教育出版社1991年版,第12—13页。

响应《八一宣言》,发表《共同声明》

当日本帝国主义占领东北,进一步加紧侵华步伐,华北告急之时,中国共产党参加了于 1935 年 7 月在莫斯科召开的共产国际第七次代表大会。大会号召建立国际反法西斯同盟,要求国共合作,共同抗日,建立抗日民族统一战线。1935 年 8 月 1 日,中国共产党驻共产国际代表团以中国共产党中央委员会的名义,发表了《为抗日救国告全体同胞书》,又称《八一宣言》。宣言呼吁和号召各党派、各界同胞、各军队停止内战,以便集中一切国力去为抗日救国的神圣事业而奋斗;组织全中国统一的国防政府和全中国统一的抗日联军;实行全体同胞总动员,以战胜日本帝国主义[①]。这一宣言,在国内产生很大影响,受到广大人民的普遍拥护。11 月 28 日,中华苏维埃中央政府和中国工农红军革命委员会发表了《抗日救国宣言》,提出了具体的抗日救国十大纲领。在中国共产党的领导下,12 月 9 日,北平五六千大中学生举行了反日救国示威游行,高呼"打倒日本帝国主义"、"停止内战,一致抗日"等口号,却遭到反动军警的镇压,这就是"一二·九"爱国学生运动。毛泽东又于 12 月 27 日在陕北召开的党的活动分子会议上作了题为《论反对日本帝国主义的策略》的重要讲话,号召放手大胆地团结一切可以团结的力量,尤其是那些有影响的社会知名人士,建立最广泛的抗日民族统一战线。

正是在中国共产党倡导建立抗日救国统一战线的正确路线的指引下,陶行知等一批进步知识分子进一步密切了与共产党的关系,积极走上了抗日救国的道路,并呼吁全国人民团结起来一致对外。为此,1935 年 12 月 12 日,陶行知与沈钧儒、马相伯、邹韬奋、章乃器、李公朴、周建人、郑振铎等 280 多名文化教育界著名人士,联合发表了《上海文化界救国会宣言》(又称《共同声明》)。陶行知是这一宣言的主要发起者和组织者,沈钧儒回忆说:"陶先生是当时奔走呼号极其努力的一人。"[②]宣言积极响应中国共

[①] 北京师范大学历史系中国现代史教研室:《中国现代史》上册,北京师范大学出版社 1983 年版,第 405 页。

[②] 沈钧儒口述,方与严整理:《一切着眼于救国》,江苏省陶行知教育思想研究会:《纪念陶行知》,湖南教育出版社 1984 年版,第 149 页。

十三、民主之魂

救国会成立后,派出赴京请愿团,强烈要求当局"停止内战,一致抗日"

产党的号召,提出停止内战,一致抗日,维护领土主权完整等抗日救国主张①。宣言高度评价"一二·九"学生运动,倡议全国人民早日奋起,争取民族解放,保卫中华民族的主权与领土完整;要求立即出兵讨伐冀东及东北叛变组织,严惩一切卖国贼,集中全国人力、物力、兵力抵抗日本帝国主义的侵略;还倡导保障人民结社、集会、言论、出版等自由。该宣言的发表,引起了全社会的关注,具有很大反响。12月27日,上海文化界人士成立了上海文化界救国会,陶行知当选为执行委员兼教育委员会主任,具体负责主持与发动教育界的救亡运动。会后,又发表了《上海文化界救国会第二次宣言》,再次呼吁建立全国文化界救亡统一战线,反对文化统治,停止内战,坚决抗日。此后不久,陶行知又于1936年2月初写了《战斗》一文,痛斥当时国民党政权的不抵抗政策,批判那些政府官员"明哲保身!听天由命!等待五十年!三天亡中国!不抵抗主义"②,指出"中华民族已到存亡关头,凡是受麻醉而不战斗,或迷恋在私斗里的人,都要被历史的巨浪所淘汰,留下真正的斗士用他们的热汗和鲜血把新的历史一页一页地写成"。他大声疾呼:只有"大众组织起来担负救国的责任,才是真正的救国。……

---

① 马相伯等:《上海文化界救国运动宣言》,《大众生活》1935年第1卷第6期。
② 陶行知:《战斗》,华中师范学院教育科学研究所:《陶行知全集》第3卷,湖南教育出版社1985年版,第12页。

用我们的汗和血继续写这部伟大而光荣的新历史"①。

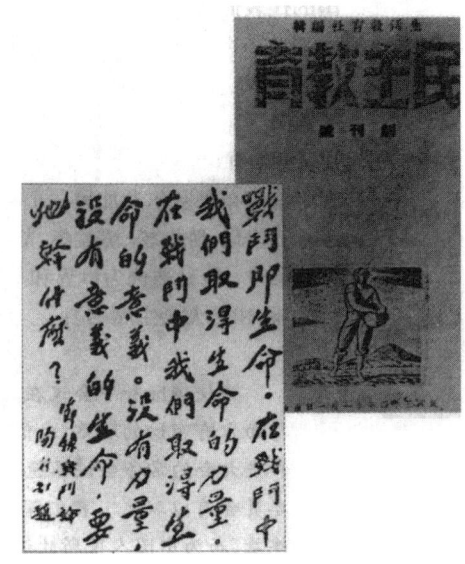

陶行知积极投身民主运动。图为在重庆时的陶行知和他节录的自己所作的《战斗》

从事国民外交,争取抗战外援

1936年7月,陶行知应邀参加在英国伦敦召开的国际新教育第七次代表大会。会议的中心议题是"一个新教育者如何用教育的工具去改变现实,创造新世界向前发展的条件",应邀参会的代表来自50多个国家。会后,陶行知以各界救国会国民外交使节的身份,出访了英国、瑞士、比利时、法国、德国、意大利、土耳其、美国,考察这些国家的文化教育状况,大力宣传中国的抗日救国主张,争取各国对中国人民抗战的支持和援助。7月10日,他从香港启程,14日到达新加坡,应邀作了题为"新中国与新教育"的报告。离开新加坡后,他途经马来西亚和印度,了解了当地人民的生活疾苦。他在印度时赋诗《印度的高利贷》:"没得吃,要借债;没得穿,要借债;嫁女儿,要借债;印度农人一身都是债"②,表现出对国外贫苦大众的同情

---

① 陶行知:《战斗》,华中师范学院教育科学研究所:《陶行知全集》第3卷,湖南教育出版社1985年版,第14页。

② 陶行知:《印度高利贷》,华中师范学院教育科学研究所:《陶行知全集》第4卷,湖南教育出版社1985年版,第393页。

心。8月7日,陶行知到达伦敦,和留美同学张彭春参加第七届新教育会议。陶行知在会上作了《中国救亡运动与小先生普及大众教育运动实践情况的报告》,受到与会代表的关注,各国代表对陶行知所介绍的"小先生制"、"教学做合一"、"工学团"等理论与实践尤为重视,特别是印度、加拿大、墨西哥等国的代表们尤为感兴趣,打算回去也照样试试①。

1936年8月31日,陶行知应邀与全国学联代表出席了在瑞士日内瓦召开的有35个国家参加的世界青年和平大会。在会议期间他通过各种努力,赢得了美国、英国、苏联、西班牙等国青年领袖在中国青年抗日意见书上签名的支持,让世界各国青年了解中国的抗战,支持中国的正义战争。9月2日,他又赶赴比利时首都布鲁塞尔参加另一个国际性会议——世界和平大会。出席此次会议的还有钱俊瑞、陈友松、陈铭枢、胡秋原等人,陶行知被大会选举为主席团成员。大会结束时,他又被选为世界和平大会中国执行委员,并代表中国代表团起草了《致国际和平大会主席书》:

> 为使国际和平会议在远东更有效的发展,以及使这个运动在远东与西方有密切的联系,我们参与比京会议的中国代表诚恳的请求国际和平大会的常务会议尽速派遣代表到中国去,以资常务委员会与中国委员会有以联系。
>
> 我们深信大会此举对世界和平与正义的运动大有裨益,而为中国人民所欢迎。②

大会接受了陶行知等人递交的建议书。年底,在宋庆龄的主持下,上海召开了远东反侵略大会,旨在赢得国际友人对中国抗日战争的支持。

1936年9月20日,陶行知又出席了在法国巴黎召开的全欧华侨抗日救国大会,参会的有来自英、法、德、瑞士、荷兰等国的代表共400多人,其他国家的侨胞纷纷来函祝贺。陶行知在会上发表了题为《〈团结御侮的几个基本条件与最低要求〉之再度说明》的演讲。他演讲所突出的主题是团结御侮是中华民族当前神圣的任务,还即席吟诗《中华民族大团结》,倡导

---

① 戴伯韬:《陶行知的生平及其学说》,(香港)新中国书局1949年版,第98页。
② 陶行知:《出访二十六国日志》,华中师范学院教育科学研究所:《陶行知全集》第3卷,湖南教育出版社1985年版,第170—171页。

"停止内战"、"打倒包办救国"、"大众一起联起来,方能创造新中国"、"救国第一是抵抗,抵抗须大家干"、"作战和团结的中心是打倒日本帝国主义"①。10月30日,他与陆璀在离英赴美之前,去伦敦市郊瞻仰马克思墓,敬献花圈,摄影留念,还赋诗《瞻仰马克思墓》,这是他三次瞻仰马克思墓中的首次②,充分体现出他对马克思的敬仰与推崇。

1936年11月9日,他从英国抵达美国纽约,从此开始了在美国的国民外交和抗战宣传。他首先来到他的母校——哥伦比亚大学,先后拜访了克伯屈、杜威、孟禄、中国人民美国之友协会、女青年会国际研究所、世界电讯社、红十字男职员俱乐部、国际扶轮社、美国作家协会、波特兰图书馆协会及外国教士会。通过广泛接触一些友人和团体,他一方面想了解美国各界对中国抗战的态度,另一方面有针对性地开展抗日救国宣传,以便争得国际援助。经过陶行知的努力,美国人对中国抗战的态度由漠视到关注再到帮助。1937年8月27日至9月25日,陶行知在墨西哥进行抗日救国宣传,受到墨西哥总统的接见。他希望各国停止向法西斯国家出售军火,不许法西斯国家使用各国的港口,"请以与共同的敌人作战为我们友谊的开始"③。结束对墨西哥的访问后,陶行知于9月底又回到美国,在港口码头工人中进行抗日宣传活动,倡导禁止为日本人搬运军需物资。11月17日,他与留美学生共同成立了中华经济研究社,专门研究美日经济关系,并向美国人民宣传抗日救国主张。11月19日,他在加拿大国会及维多利亚剧院集会上作了题为《和平与民主》的演讲,呼吁民主国家团结起来,共同反对侵略者。1938年春他再度赴欧洲各国,先后到英国、爱尔兰、荷兰、法国、比利时等国,在侨胞中进行了抗日爱国宣传讲演。之后,他再次去美国和加拿大,进行宣传和募捐活动。1938年8月30日,陶行知结束了两年零一个月的海外抗日宣传活动,回到香港。在这两年当中,陶行知先后访问了26个国家。

正因为陶行知每到一个国家都要利用各种场合,通过广泛外交,不辞

---

① 陶行知:《〈团结御侮的几个基本条件与最低要求〉之再度说明》,《救国日报》1936年10月5日。

② 1938年2月,陶行知第二次与吴玉章来瞻仰;1938年6月,他又与留美学生李信慧第三次瞻仰马克思墓。

③ 陶行知:《出访二十六国日志》,华中师范学院教育科学研究所:《陶行知全集》第3卷,湖南教育出版社1985年版,第179页。

艰辛,尽可能与社会各个阶层的人士接触,并巧妙利用各种集会去进行演说,大力宣传中国抗日救国的形势和需求,因此欧美各国人民对中国的抗战情况有了深入了解和理解,同时陶行知争取到这些国家人民和团体的可贵支持与帮助。可以说,陶行知的国民外交,有力地支援了国内的抗日救国运动,为促进中国的民族解放事业做出了不可磨灭的贡献。

反内战、反独裁,争取和平民主

郑振铎曾讲过,陶行知"是一位不屈不挠的民主斗士,许多年来便为民主运动而争斗着,从来没有放松过一下,休息过一刻"[①]。的确,陶行知为了中国的民主进步事业作了不懈的努力,尤其是抗战胜利后,面对国民党政权发动内战,实行一党专政、独裁统治,他挺身而出,努力争取和平民主。1945年,蒋介石撕毁《双十协定》,激起了全国各界人士的极大愤慨。当年11月,陶行知与沈钧儒等民主人士共同发起成立反内战联合会,他在成立大会上还朗诵了自己的诗歌《立刻停止内战》:"哥哥放了一枪,弟弟回敬一弹……立刻停止放枪,双方各回原防;听候主人查明,万事和平商量。谁再放第一枪,便是内战罪犯。还要实行民主,团结才有保障。"[②]这反映了他和大众期望和平与民主的心声。

1945年12月1日,昆明大中学校师生进行反内战运动,国民党政权派军队镇压,西南联大等校的4名师生惨遭杀害,这就是轰动全国的"一二·一"惨案。12月7日,陶行知为死难者作了悼诗《昆明因反内战被杀于再先生及潘琰荀极中李鲁连同学千古》:

> 是谁杀中国人?
> 是中国自己的"好汉"。
> 是那儿来的枪?
> 是从友邦来的枪。
> 是那儿来的子弹?

---

① 郑振铎:《敢说敢做的大教育家》,江苏省教育学会:《纪念陶行知先生文选》,江苏省教育学会1981年编印,第57页。

② 陶行知:《立刻停止内战》,华中师范学院教育科学研究所:《陶行知全集》第4卷,湖南教育出版社1985年版,第665—666页。

是从同盟国来的子弹。
让我们的同胞知道，
一齐起来制止这悲惨的内战。①

陶行知以此谴责国民党政权意欲发动内战、践踏民主的反动行为。12月9日，重庆各界进步人士举行"陪都公祭'一二·一'死难烈士大会"。在育才办事处的晨会上，他慷慨激昂地向师生讲话，控诉国民党反动派的罪行，他讲道："今天是陪都公祭'一二·一'昆明死难烈士的日子！我要去参加祭礼。我已于昨日晚把我的破布烂棉花的诗稿整理好，……我是可以交代了，无顾虑地去参加祭礼了。参加是危险的，但有正义感、爱国热忱的人都应该去参加。我是校长，不能强迫大家去，希望大家慎重考虑后决定。"②会后，他马上写好了祭文、挽诗，临危不惧、视死如归地走向了公祭会场。在他的带动下，育才办事处的师生都紧跟他去参加公祭大会。同时，他还给妻子吴树琴写好了遗书：

我现在拿着昨晚编好的诗歌全集，去交给冯亦代先生出版，然后再到长安寺去祭昆明反内战被害烈士，也许我们不能再见面。这样的去，是不会有痛苦，望你不要悲伤。你有决心，有虚心，有热心，望你参加普及教育运动，完成四万万五千万人之启蒙大事，以奠定天下为公之基础，再给我一个报告。再见。③

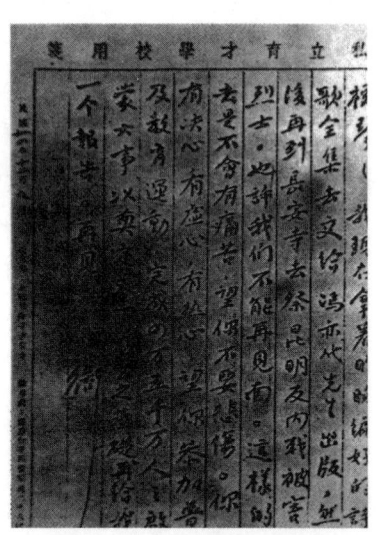

陶行知留给妻子的遗书

政协开会期间，陶行知和李公朴在沧

---

① 陶行知：《昆明因反内战被杀于再先生及潘琰荀极中李鲁连同学千古》，华中师范学院教育科学研究所：《陶行知全集》第4卷，湖南教育出版社1985年版，第675—676页。

② 转引自吴树琴：《尽瘁民主事业直到最后一息》，安徽省陶行知教育思想研究会：《陶行知一生》，湖南教育出版社1984年版，第18页。

③ 陶行知：《视死如归——致吴树琴》，华中师范学院教育科学研究所：《陶行知全集》第5卷，湖南教育出版社1985年版，第936页。

白堂举行讲座,宣传民主与和平主张。2月1日,国民党特务公然向讲台扔石头,打伤讲演者和听众多人,陶行知组织育才学校和社会大学的师生保护中共代表王若飞和其他民主人士。2月10日,陪都重庆社会各界人士数万人,在较场口召开庆祝政协会议成功大会,反动军警、特务殴打李公朴、郭沫若、马寅初及群众60多人,制造了震动中外的"较场口血案"。当时,陶行知是大会主席团成员,他率育才学校和社会大学学生参加会议,特务反诬陶行知带领学生捣乱会场秩序。法院传讯陶行知,他不屈不挠,聘请史良为育才学校法律顾问,向法院提起"追诉",进行了有力的反驳。之后,尽管反动派更加嚣张,但陶行知毫不顾及恐吓和危险,一如既往地领导育才学校和社会大学师生继续为和平和民主作不懈的努力。

正是因为坚定地反内战、反独裁,倡导和平与民主,所以他被列入国民党政权重点打击的黑名单,成为他自誉的"黑榜探花"。但陶行知无所畏惧,一直坚持战斗在第一线,每天四处发表演讲,抨击国民党政权的专制和腐败。没有想到的是,由于劳累过度、健康过亏、刺激过深,1946年7月25日,陶行知突发脑溢血,经抢救无效,于12时30分逝世于上海,终年55岁。一代文化巨人和教育宗师,就这样离开了人世。

1945年10月11日,毛泽东到重庆谈判后返回延安时,陶行知等到机场欢送。右一为陶行知,右二为陈诚,左一为张治中

正如郭沫若在纪念陶行知时所讲：

> 我和他最后一次的见面是二十三日的晚上,他和好些朋友在我寓里谈了很久的话。八点过,我们又同赴一位朋友的邀宴,在十点钟左右我们便分手了。他那时丝毫也没有呈现出什么异状,在分手时我还半开玩笑地请求他保重身体："你是黑榜状元,应该留意呢",我这样对他说。"不是状元是探花,是黑榜探花。你也准定榜上有名的",他也半开玩笑地这样回答了我。现在想起来,这"黑榜探花"倒成了事实了,他恰巧是李公朴、闻一多遇刺以来为民主而死的第三名。迟李公朴十五天,迟闻一多十一天,而都在这七月里面。真真是多事的七月,可诅咒的七月!①

从郭沫若的回忆中,可以看出陶行知的病逝,也与他为争取和平与民主而遭到反动势力的打击、恐吓而长期处于精神高度紧张状态,再加上为了民主运动而不辞辛苦、奔走操劳而积劳成疾有直接关系,最后当病情恶化到极点时,他便不幸逝世。可以说,陶行知将普及教育与争取民主作为一生追求的主要目标,正是追求民主使他的人生更加绚丽多彩,使他的教育生涯更具魅力。因此,与他共事多年的史良为他撰写挽联：

教育与民主不可分〔离〕,遍栽桃李万千,远志克承,先生无恨；
专制和法西斯成一气,纵有么魔一二,和平争取,我辈有人。②

陶行知遽然逝世的噩耗传开后,举国上下为之震动,周恩来和邓颖超火速赶到陶行知下榻的爱棠新村,含着热泪说："陶先生,放心去吧！你已经对得起民族,对得起人民。你的未了的事会由朋友们,由你的后继者们坚持下去、开展下去的,你放心地去吧！我立时就要到南京去了,我们必定

---

① 郭沫若:《痛失人师》,江苏省教育学会:《纪念陶行知先生文选》,江苏省教育学会1981年编印,第55—56页。
② 《遍栽桃李爱满天下　誓承遗志奋勇前进》,《新华日报》1946年8月5日第3版。

要争取全面的、悠久的和平和实现民主来告慰你的。朋友们都得学习你的精神,尽瘁民主事业直到最后一息的。陶先生,你放心地去吧!"

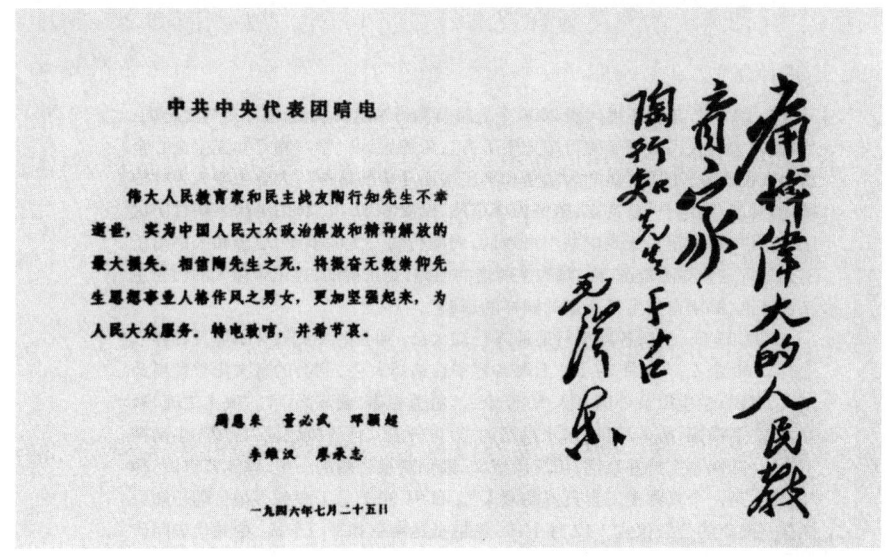

中共中央代表团对陶行知逝世所发唁电　　毛泽东为陶行知所题挽词

当天,周恩来致电中共中央,报告陶去世一事,称"这是中国人民又一次不可补偿的损失。十年来,陶先生一直跟着毛泽东同志为代表的党的正确路线走,是一个无保留追随党的党外布尔什维克"①。

7月26日,上海数十个团体和各界人士为陶行知举行大殓,前来追悼的各界人士不计其数,络绎不绝。沈钧儒、郭沫若、黄炎培、章伯钧、茅盾、许广平、雷洁琼、王绍鏊、陈鹤琴、吴晗、田汉、章乃器、王造时、司徒美堂、胡风等眼含热泪守在灵堂。马叙伦、翦伯赞撑着病体来到灵堂,柳亚子抚尸昏厥过去。中共代表团驻沪办事处人员潘梓年、华岗、陈家康等人参加祭奠。毛泽东、朱德联名从延安发来唁电:"惊闻行知先生逝世,不胜哀悼!先生为人民教育家,为民族解放与社会改造事业奋斗不息,忽闻逝世,实为中国人民之巨大损失。"入殓后,生活教育社、民盟等15个团体举行公祭。沈钧儒主祭,郭沫若、马叙伦、黄炎培等陪祭。郭沫若宣读祭文,中共代表团驻沪办事处、晓庄校友会、育才校友会等各界团体致祭,在此前后,国内

---

① 周恩来:《一个无保留追随党的党外布尔什维克》,江苏省陶行知教育思想研究会:《纪念陶行知》,湖南教育出版社1984年版,第3页。

外各界人士和许多社会团体也发来唁电,表示哀悼之情。

8月11日,延安各界代表2000余人举行陶行知追悼大会,毛泽东为之题词:"痛悼伟大的人民教育家陶行知先生千古。"朱德题词:"学习陶行知先生全心全意为人民服务,不屈不挠的为独立和平民主而斗争的精神。"大会主祭人为林伯渠、谢觉哉、陆定一、徐特立,陪祭为李卓然、柳湜等11人。林伯渠代表陕甘宁边区政府讲话,陆定一代表中共中央致词,对陶行知一生的事业、思想和人格给予了充分肯定和高度赞扬,称"陶先生所走的道路,是正确的,这正是伟大的民主主义者鲁迅、邹韬奋先生等所走的同样的道路"。

9月23日,重庆各界举行追悼陶行知大会,到会的文化教育团体及各界人士有2000余人。10月27日,上海各界举行追悼大会,到会的有文化教育界及工人、农民、学生以及外国友人5000余人。礼堂悬着"爱满天下"、"民主之魂"、"教育之光"等横幅,格外醒目。宋庆龄题词"万世师表",何香凝题词"行知先生精神不死"。陈鹤琴主持并致词,田汉读祭文,翦伯赞报告陶的一生,郭沫若讲话,称"陶先生是一个真善美三者具备的完人"。11月30日,上海各界举行陶行知灵柩移至南京的公祭仪式。12月1日,灵柩抵达南京和平门车站,中共代表团代表董必武等各界人士千余人在车站迎灵,并由沈钧儒、董必武率领,送至晓庄劳山。董必武在劳山公祭大会上朗诵挽诗《哭陶先生》:"敬爱陶夫子,当今一圣人。方圆中规矩,教育愈陶钧。栋折吾将压,山颓道未申。此生安仰止,无复可归仁。"

一代文化巨人和教育宗师终于魂归其事业的起点南京晓庄老山脚下!

十四、伟大人格

人格精神是一种内在的主体素质,不同的人身上有不同的人格精神。陶行知的人格精神是他在艰难曲折的人生道路上,在几十年革命实践中锻造出来的,又反过来支撑和推动着他从事改造中国社会和文化教育的伟大实践。

陶行知的人格,就是他一贯倡导和奉行的"大丈夫精神"。陶行知在晚年致育才学校全体师生的最后一封信里,对这种"大丈夫精神"作了一个全面概括:"平时要以'仁者不忧,智者不惑,勇者不惧,达者不恋'的精神培养学生和我们自己。有事则以'富贵不能淫,贫贱不能移,威武不能屈,美人不能动'相勉励。"[1]他一生自尊自立自强,正正当当做人,贫贱不移,威武不屈,私德廉洁,公德文明,严于律己,身体力行,在思想上筑起一座坚不可摧的人格长城。陶行知的人格,是中华民族优秀的人格范型,足可为后人所效仿,并将对中华民族的发展产生广泛而深刻的影响。

陶行知的精神,概括起来,主要有以下六种。

爱 满 天 下

陶行知热爱我们的祖国。"我是一个中国人,要为中国作出一些贡献来"[2],这是他少年时期立下的爱国志向。"国家是大家的。爱国是个个人的本分。顾亭林先生说得好:'天下兴亡,匹夫有责。'我觉得凡是脚站中国土地,嘴吃中国五谷,身穿中国衣服的,无论是男女老少,都应当爱中国"[3],这是他对爱国主义最通俗的解释,也是最朴素的感情:"我是中华国

---

[1] 陶行知:《最后一封信——致育才学校全体师生》,华中师范学院教育科学研究所:《陶行知全集》第5卷,湖南教育出版社1985年版,第965页。

[2] 转引自华中师范学院教育科学研究所:《陶行知年表(1891—1926)》,《陶行知全集》第1卷,湖南教育出版社1984年版,第672页。

[3] 陶行知:《预备钢头碰铁钉——致吴立邦》,华中师范学院教育科学研究所:《陶行知全集》第5卷,湖南教育出版社1985年版,第67页。

民,我爱中华民国。中华民国,现在虽是不得了,将来一定了不得"①,这是他对祖国所寄予的希望和坚定的信念。爱国必然爱民,由此,他以爱满天下的精神,爱平民,爱农民,爱工人,爱广大劳苦大众。"因为他爱人类,所以他爱人类中最多数而最不幸之中华民族;因为他爱中华民族,所以他爱中华民族中最多数最不幸之农人"②,他愿为苦难的农民"烧心香",因而他大力倡导乡村教育;他爱工人,他唱出了"光棍的锄头不中用呀!联合机器来革命呀!"他倡导"科学下嫁",创办各种工学团,开展工农教育;他爱天下一切劳苦大众,愿意终生为劳苦大众服务,做人民的"老妈子"。从爱国爱民出发,他爱教育,决心一辈子献身教育,立志要用教育来救国救民。为此,他反对封建主义的传统教育,反对帝国主义的洋化教育和奴化教育,决心闯出一条适合中国国情的新教育之路来。因此,他矢志不渝地奋斗了一生。从爱国、爱民、爱教育出发,他无保留地追随党,全身心地投入中共所领导的抗日救亡运动,把自己的一切纳入革命的轨道,直到生命的最后一息。

爱满天下是陶行知先生一生教育实践之路的真实写照,他对自己所投身的教育事业、自己的学生,乃至身边的朋友同志都倾尽所有给予帮助,而自己一直过着安贫乐道、十分清苦的生活。

有一次,夫人吴树琴告诉他,翦伯赞先生来看望过他,等了很久不见他回来,就走了,说是去弄钱买米。陶行知深知翦伯赞的困窘,对夫人说:"翦先生只怕是无米为炊了。赶快看看,家里还有多少米?"

夫人看了看已露出底的米缸,苦笑着说:"你是泥菩萨过江,自身难保,家里的米只够吃两天了。"陶行知略一思索,跑出去叫了一个学生来,叫他给翦伯赞送了一些

陶行知与妻子吴树琴1939年于重庆的合影,这也是他俩唯一的二人合影

---

① 陶行知:《中国人》,华中师范学院教育科学研究所:《陶行知全集》第4卷,湖南教育出版社1985年版,第411页。

② 张劲夫:《中国近代教育史上的一座宝库——祝〈陶行知全集〉出版》,北京市陶行知研究会:《陶行知研究》,湖南教育出版社1987年版,第30页。

米去。

"米送掉了,现在只剩下两碗米,我怎么烧饭?"夫人无可奈何地说。

陶行知看看夫人,又看看米缸,突然爆发出一阵大笑:"别急,我自有办法。"

他提笔一挥而就,然后放在夫人面前说:"这就是我的办法。"夫人接过来一看,原来是抄录了一首陈世倌的《煮粥诗》:"煮饭何如煮粥强?好同儿女细商量。一升可作三升用,两日堪为六日粮。有客只须添水火,无钱不必做羹汤。莫嫌淡泊少滋味,淡泊之中滋味长。"

陶行知与夫人相视而笑。后来,他将此诗译成英文读给育才师生听。在学校每日都以两餐饭度日的困境中,陶校长的风趣和乐观,给师生们带来了战胜困难的信心。[①]

乐 于 奉 献

"捧着一颗心来,不带半根草去"是陶行知奉献精神的生动体现。陶行知的奉献精神具体体现在以下几个方面。

第一,全心全意为人民的教育事业献身。他为了中国的教育事业,"为了苦孩,甘为骆驼;于人有益,牛马也做","愿把整个的心捧出来献给小孩",愿为农民"烧心香"……他从中国的国情出发办教育,苦心探索,矢志追求;他艰苦奋斗办教育,动员群众,发动社会,一生劳碌奔波;他边试验,边探索,边实践,边总结,为中国创造新的教育理论付出了毕生精力;他身教重于言教,求真,务实,身体力行,时时处处以身作则,为人师表。

第二,他甘愿为抗日救国事业献身。民族危亡,国难当头,他挺身而出,不顾劳累,出访28个国家和地区,宣传抗日救国,揭露日本军国主义罪恶,争取国际援助,力争侨胞支持。回国后他倡导国难教育、战时教育,创办育才学校,收容难童,培养人才幼苗,使教育为抗日救国服务。

第三,他献身于新民主主义革命事业,一贯同情、支持、保护和多次营救共产党人。从同情革命事业,到自觉追随中共,服从中共的领导,他不但把自己的教育事业纳入革命的轨道,而且全力以赴投入到反独裁、争民主、

---

① 叶良骏:《陶行知的故事》,人民教育出版社1991年版,第285—286页。

反内战、争和平的斗争。

一生贫困潦倒的陶行知,为自己的教育理想和教育实践奉献了毕生的精力。他辞去东南大学教学科主任职务后,一直以卖文卖讲维持生活。他曾经多次在报上刊登卖艺广告,措辞十分风趣。

1932年12月,他为了维持山海工学团,再次在《涛声周刊》上登了一则别出心裁的广告:

陶行知卖艺告事

狐狸有洞鸟有食,乡下先生难度日。
风高谁放李逵火?武训讨饭也不易。
自杀不成怕坐牢,从来不演折腰戏。
众谓我曾做书呆,便教出卖书呆艺。
书呆之艺卖于谁?开张岂必有生意。
女生卖艺被开除,先生卖艺可遭忌?
哪里管得这许多,硬着头皮试一试。

一　卖文:儿歌、故事、小品文等登载权每篇十元。
二　卖字:写"自立歌"、"锄头舞歌"、"手脑相长歌"等每幅十元。
三　卖讲:每讲:小学十元,中学二十元,大学三十元,外埠来回加倍。讲题任选(创造教育、儿童科学、通俗文学等)。

广告登出后,来索文索字的人很多,陶行知应接不暇,经常忙得晚上不睡觉赶任务。

但是,乱世文贱,陶行知再拼命也拿不到多少稿费。他要办教育,又要维持家庭,生活得非常清苦。①

炽烈真诚

徐特立说过:"杜威虽是一个伟大的教育家,但不是一个革命家,行知

---

① 叶良骏:《陶行知的故事》,人民教育出版社1991年版,第33—34页。

却是一个革命家,同时在教育方面起了伟大的革命作用……"①那么,作为一个革命家,陶行知炽烈真诚的教育激情体现在何处呢?首先,在祖国处于半殖民地半封建社会,阶级斗争与民族斗争都十分激烈的背景下,他虽然不是一个共产党员,但他的阶级斗争觉悟却很高。他反帝、反封建、反殖民主义。"为人民奋斗者,血写人民史诗",为了国家,为了人民,他全心全意跟着中共走,奋斗到最后一刻,真正做到了"鞠躬尽瘁,死而后已"!其次,反映在世界观的自我改造、自我革命上,陶行知也很突出。他自觉从"知行"观变为"行知"观,从唯心主义变为唯物主义。他自觉下农村、办乡师,实行知识分子与

宋庆龄所题"万世师表"

工农相结合;他又自觉办工学团,与工农交朋友,拜工农为师……吴玉章说:"回忆陶先生,我想起了他的革命精神,凡一切过去的思想、学说、理论、制度等等,都要经过理性的裁判,如有不合理的,即使人人认为神圣不可侵犯的东西,他也大胆的要反对要革命……"②最后,教育理论与教育实践上的大胆改革与创新,也是陶行知教育激情的重要体现。

陶氏为了筹款,曾去成都一次。回来,他对我们说,这一次在成都躲飞机,我有了新发现。大家连忙问他有什么发现?

"有一天,我在成都街上,突然遇到空袭警报,成都我们不熟,只好跟着群众跑,成都的防空洞和战壕既少又不好,市民们慌慌张张的乱跑着。我开始跟群众跑到少城公园,看看已挤满了人,便又跟着群众跑到城外。

"一忽儿,飞机就飞上头顶,嗡嗡的声音,摄人神魂,贲贲的爆炸声,如大雷灌[贯]耳。把那些老太太吓慌了,一个个跪在地上念阿弥陀佛,阿弥陀佛,而炸弹就在她们附近爆炸着,有些人被打

---

① 徐特立:《陶行知学说》,《解放日报》1946年8月12日第4版。
② 吴玉章:《回忆陶行知先生》,《新华日报》1946年9月22日第2版。

倒了。另有一些群众，一大堆一大堆的聚集在一起，看见飞机从东来就向西跑，从西来就向东跑，头上又都裹着一块白布（四川人民的习惯如此），目标明显，危险极了。如果你也象群众一样，东跑西逃，也就有吃炸弹的危险。

"这时候，我隐蔽在一个土堆后面，一边喊大家睡下来不要动，一边想道，我们可以跟群众去，而且必须跟群众去，才可以发现问题，但不能做群众的尾巴。跟群众去了之后，了解群众的情况和要求之后，必须集中起来，要群众跟我们来，走向真理，走向胜利。

"这就是我对群众教育的新发现！"陶氏很高兴的结束了他的话。

这位随时随地为人民着想的斗士，他时时，事事，无时无地不在研究问题，因此，他的发现常是合于实际需要的宝贵真理。这个发现，和现时我们做群众工作的一条原则，"来自群众回至群众"是非常接近的。

当场，有人问他，群众的思想，有些地方是很落后的，例如迷信和恶习之类，有人蹲在群众中久了，就被同化了。怎么办呢？

他回道："你要在迷信的大海里游泳，不被淹死，就穿上泅水衣吧！"

陶氏在这里所说的泅水衣就是真理，他要大家不断求进步，不断用理论或真理武装自己，才不至于迷失方向。①

刚 毅 品 质

陶行知说："失败是成功之母，奋斗是成功之父。"他一生奋斗，抬头乐干、为事业苦战的精神是一致公认的。他的艰苦奋斗精神主要表现在：事业上的专一性，他赤诚爱国，忠心革命，为了救国救民，矢志不渝地探索开拓，立志创新；意志上的坚韧性，他做任何事情都目标明确，意志坚决，一经决定，苦战到底，不达目的，誓不罢休；思想作风上的踏实苦干精神，他在思

---

① 戴伯韬：《陶行知生平及其学说》，人民教育出版社1982年版，第121—122页。

想理论上的探索,细致周密,虚心求真,一步一个脚印,如办学实践上的探索,他从计划、募捐、教育、教材、教法……处处都能周密部署,从校长、教师到工友,凡事都要亲自动手;生活上也艰苦朴素。他公私分明,不抽烟,不喝酒,处处以身作则,为人师表。他原是留过学的大学教授,在当时社会,地位不算低,收入不算少,只要他愿意,他完全可以像他的同学孙科、蒋梦麟、胡适那样飞黄腾达。但是他为了自己所认定的事业,甘愿脱掉西装革履,下乡办乡村师范,甘愿赤脚穿草鞋,与师生同吃同住同劳动,做农民戏称的"挑粪校长"。为了事业,他无论是办学还是出国访问,总是夜以继日,连续苦战,忍饥挨饿,战斗不息。陶行知先生不仅是鲁迅先生所说的"中国的脊梁"那一类优秀人物,是杰出的为中华民族做了很多有益的事情的那一类埋头苦干的"脊梁人物",而且是属于鲁迅先生形容的柔石一类"损己利人"的高尚人物。

生活在黑暗落后的旧时代,陶行知作为海外留学归来的"洋学生",没有和其他人一样选择攀权附贵,而是坚持与劳苦大众站在一起,为平民教育事业奔走呼号。

在极端困难和不断遭到压迫危害的严重情况下,陶氏表现了更大的英勇,坚持进步,坚持真理,痛恨倒退,他象一头狮子一样猛吼着,只要一有机会他就用幽默的口吻讥刺国民党反动派。有一回,他和我们一起去重庆对岸的南山参观一所学校,国民党的老爷们和官府机关,为了避免空袭,在那一带风景秀丽的山岚上,建筑了许多辉煌的别墅和官舍。战时占极重要地位的国民党全国经济资源委员会也在那里,恰巧那一晚该会举行所谓精神总动员大会,夜晚在旷场上搭起楼台,灯光辉耀,机关里的大小职员到了几千人,老爷们也在军乐抑扬声中,纷纷上场。

照倒在官员梦呓似的训话一通以后,就请来宾演讲。陶氏被邀上台。他很幽默的说道:

"我们要坚持抗战,一直抗到底,不能抗到一半就睡觉。凡是中国人民,无论男女老幼,都要把自己最好的一分[份]力量拿出来打敌人,尤其不能自己打自己人。中国的一个中字,立起来是一个堂堂正正的'中'字,如果自己相打起来,右手打左手,结果两只手都打断了,倒下来,便成了日本的'日'字,这不是很可痛心吗?"

他接下去又对许多职员说道:"不要灰心,事不论大小,人不论地位,只要我们坚决干下去,我们是会成功的。最近就有人说我陶行知是步步下降,我回国时办大学,后来办中学,现在降级使用当小学校长,教小娃娃了。有人看到我的许多同学、同事和我的学生,因为善于趋炎附势,个个飞黄腾达,步步高升,不是面团团而为官商大亨,就是官至委员、部长、厅长,趾高气扬,别人也美慕得很。说我没出息,才步步下降。但我是坚持为国家,为老百姓服务的精神,在任何情形下,就是只让我当一名小学校长,我也要贡献出一切力量来服务。而且很愉快,我相信我们一定会胜利。"

他这场话,说得职员们连连鼓掌不止。这种威武不能屈,富贵不能淫,贫贱不能移,坚持进步,坚持真理,坚决为人民服务的伟大精神,和痛恨国贼、贪官和一般庸俗的自私自利者的坚决态度,感召了大众。使被压迫者扬眉吐气,而使声势烜赫的恶徒们在大众面前,不得不低下头来①。

求 真 务 实

"千教万教教人求真,千学万学学做真人",这是陶行知为人与教人的宗旨之一。为此,他政治上求真,追求进步,追求光明,追求革命。他从旧民主主义革命走向新民主主义革命,从"天生孙公做救星呀,唤醒锄头来革命","革命成功靠锄头"转变为"光棍的锄头不中用呀!联合机器来革命呀!"②这是他在政治认识上求真的结果,是一个质的飞跃。在世界观的改造上,他从接受王阳明"知是行之始,行是知之成"的"知行"观转变为"行是知之始,知是行之成"的"行知"观。这是他在哲学思想上求真的结果。在教育思想上,他将杜威的"教育即生活"、"学校即社会"、"做中学"翻半个筋斗改造为"生活即教育"、"社会即学校"、"教学做合一"。这是他"吾爱吾师,吾更爱真理"的求真的结晶。晓庄师范、山海工学团、育才学校、社会大

---

① 戴伯韬:《陶行知生平及其学说》,人民教育出版社 1982 年版,第 118—119 页。
② 陶行知:《新锄头舞歌》,华中师范学院教育科学研究所:《陶行知全集》第 4 卷,湖南教育出版社 1985 年版,第 198 页。

学等校的创办,是他在教育实践上求真的实际行动。在作风上他也求真,他民主,待人宽容,不苟求人,爱满天下,"民之所好好之。民之所恶恶之。教人民进步者,拜人民为老师"①。他一生求真,谦逊待人,求真善美,反假恶丑。他为人处世最重视一个"真"字;他一生说实话,办实事,重视名实相符,言行一致,重视真才实学,不求虚名,从不弄虚作假。他勇于自我批评,听得进不同意见,能团结大多数,因而平民百姓、工农群众、中小学生,甚至小贩、报童都喜欢他。

陶行知一生从没停下过求真的脚步,他总是无所畏惧,敢于求真,勇于求真,面对白色恐怖,他总是坚持真理,凛然不惧。

晓庄师范创办两年,在国内颇有名气。由于建立了地下党支部,师生参加反帝斗争,国民党反动派很不放心。有一天,教育部长蒋梦麟把陶行知找去谈话。

蒋梦麟知道陶行知的脾气,不敢直言。一阵寒喧[暄]以后,他问:"晓庄办得怎么样? 不会出毛病吧?"

陶行知也猜出他的意思,不动

陶行知在苏格拉底石牢前留影

声色地说:"人吃五谷有时要害病,一个团体要出点毛病原是意料中事。晓庄是根据五种生活实施教育的,有一个地方会伤风,一个地方会咳嗽。象人一样小毛病在所难免。"

蒋梦麟急忙问:"哪五种生活? 会出毛病的是哪几种?"

陶行知耐心地回答:"我们的五种生活是健康、劳动、科学、艺术和改造社会的生活。前三种我可以担保不会出乱子,后两种就

---

① 陶行知:《民之所好三首》,华中师范学院教育科学研究所:《陶行知全集》第 4 卷,湖南教育出版社 1985 年版,第 660 页。

说不定了。"

"为什么呢?"

陶行知呷了一口茶笑笑说:"你如果要过艺术的生活,难免有浪漫虫混进来伤风。恋爱啊、失恋啊都会有。你若想改造社会,处处和土豪劣绅、贪官污吏、帝国主义短兵相接,有时咳几声就好了,有时则会受重伤,吐血,严重的还会送命。"

蒋趁机急忙说:"我担心的也正是这点,学校办得好好的,何必要惹出事来呢!我看何不把后两种生活除掉。"

陶行知幽默地回答:"人的脸上五官齐备才算是一个完人。怎么能因为怕伤风,就把鼻子割掉呢?虽说病从口入,但总不能因此把嘴封起来啊!"

蒋梦麟无言可答。①

一九三七年秋,他(陶行知)离美赴加,由加到欧洲,沿途作国民外交……他到希腊时,又曾去囚禁苏格拉底的狱前凭吊,并写了一首诗道:

这位老夫子,
为何也坐牢?
只因说真话,
得罪大阔佬。②

开 拓 求 新

"敢探未发明的新理","敢入未开化的边疆"③,一生探求、开拓、创造,是陶行知的最大特点。陶行知从中国的国情出发,从实践实验着手,创造了一整套以生活教育理论为核心的教育学说;创办了一批内容与形式全新、多层次、多轨制、多形式的幼儿园、中小学、乡村师范、工学团、育才学

---

① 叶良骏:《陶行知的故事》,人民教育出版社1991年版,第126—127页。
② 戴伯韬:《陶行知生平及其学说》,人民教育出版社1982年版,第108页。
③ 陶行知:《第一流的教育家》,华中师范学院教育科学研究所:《陶行知全集》第1卷,湖南教育出版社1984年版,第113页。

校、社会大学等,他在办学的指导思想、教学、教材、教法等方面进行了一系列探索,为中国教育创造了一批新的办学典型;他倡导平民教育、乡村教育、普及教育、国难教育、战时教育、民主教育等一系列教育运动,从中国的国情和革命斗争的实际出发,为中国的教育改造探获新路,也为中国的教育文化事业、中国的革命事业培养了一大批具有开拓和创造精神的人才。陶行知重视创造,倡导创造,自己也事事处处开拓创造,连他别具一格的大众诗,也是具有独特陶味的创造。他的创造,不仅为中国的教育开了路,更重要的是为提高中国劳苦大众的科学文化水平,为提高中华民族的觉悟和素质,为中国的革命做出了贡献。

陶行知先生一生提倡创造精神并身体力行,在恶劣的环境中也能乐观地面对一切困难。他在生活中也常常鼓励身边的人这样去做。

一次,陶行知到同乡张国良宿舍去玩,看见门上贴了一张纸,上面写着:"日出而作,日入而息,埋头苦干,不怠不逸。"他沉吟了一下,对张国良说:"你这四句话,三句都很好,只有一句不好。"

张国良觉得奇怪:"这四句话的意思都很好,且上下有关联,我要尽量照着做,有什么不好的?"

陶行知指着第三句话说:"'埋头苦干'是一句成语,给它改一个字就好了,把'苦'改成'乐',如何?"张国良不明白,反问道:"这不是违反常理了吗?"

陶行知说:"苦干一定干不好。在干一件事情之先,应当了解为什么干?为谁干?这样,即使遇到任何困难,也不觉得它苦了。苦着脸干,只觉越干越苦,谁还会有信心干下去?"

张国良听了觉得有道理,提起笔正要改,陶行知又说:"还要改一个字,将'埋'字改为'抬'字就更好了。埋着头,瞎干,闷干,碰了壁也不知为什么,必然走弯路,事倍而功半。抬起头来看清前面的路,搞明白为什么干,这样,越干越有劲,事业也能取得成功。我提倡抬头乐干,千万不要埋头苦干。"[1]

---

[1] 叶良骏:《陶行知的故事》,人民教育出版社1991年版,第155页。

陶行知的上述六种精神是一个有机的整体。正是这六种精神,构筑了陶行知丰富而深邃的精神世界,为他在中国现代文化诸多领域进行开拓和创新提供了巨大的精神动力。

陶行知大事年表

1891年(清光绪十七年)

10月18日(农历九月十六日)　诞生于安徽省歙县(旧称徽州)西乡黄潭源村,乳名和尚,学名文濬,字世昌。也有资料显示他生于1892年10月或1893年11月,本书暂从众说。

父亲陶长生,字位朝(一说字槐卿),号笑山(筱山)。祖籍浙江绍兴府会稽县陶家堰,后辗转迁居安徽省歙县西乡黄潭源村。曾在安徽省休宁县万安街经营酱园,后出顶他人,回黄潭源村务农,靠几亩薄田为生,兼贩菜和经营酱油等小本生意。粗通文墨,一度到乡镇管理文书契约。

母亲曹翠仂,安徽省休宁县万安街人。持家节俭,曾给人缝补浆洗做佣人。

姐宝珠,幼觞。

1895年(光绪二十一年,4岁)

开始随父识字。妹美珠(学名文渼)出生。

1897年(光绪二十三年,6岁)

歙县旸村蒙馆塾师方庶咸秀才因其聪明好学,免费为其开蒙。

1898年(光绪二十四年,7岁)

在方秀才蒙童馆读书,接受传统文化教育。

1899年(光绪二十五年,8岁)

外祖父母喜其聪慧,刻意培养,将其转学到休宁县万安街吴尔宽经馆读书。

1903年（光绪二十九年，12岁）

回歙县，先到程朗斋秀才处学四书，后到贡生王藻处求教。

1905年（光绪三十一年，14岁）

经人介绍，父亲加入耶稣教内地会，成为基督徒。母亲被介绍到耶稣教内地会教堂帮工（炊事兼勤杂）。

1906年（光绪三十二年，15岁）

因常随父亲挑菜进城，看望在教堂帮工的母亲，为英籍堂长（校长）唐进贤所喜爱，得以免费进入歙县耶稣教内地会所办的学校崇一学堂读书，开始接受西方文化教育。

1907年（光绪三十三年，16岁）

学习期间，曾邀集同学多人，警告歙县西干十寺勾结官府、欺压百姓的和尚，并将该寺泥菩萨摔入江中。

因学业优秀，堂长（校长）唐进贤关照免费在通事（翻译）章觉甫家搭伙。堂长精通医术，对他有所影响。

1908年（光绪三十四年，17岁）

因唐进贤回英国，崇一学堂关闭，遂转到杭州广济医学堂学医学。三天后，因不满校方歧视非教会学生，愤而退学，回到歙县，专心自修英语一年。

1909年（宣统元年，18岁）

得唐进贤帮助，考入南京汇文书院，习文科。

1910年（宣统二年，19岁）

汇文书院与同是教会系统的南京宏育书院合并，成立金陵大学堂，陶行知升入金陵大学堂文学系。

1911年（宣统三年，20岁）

辛亥革命爆发后，一度回故乡参加地方起义，任徽州咨议机构秘书半年。信仰孙中山学说，主张民主共和。

1912年（民国元年，21岁）

研究王阳明的学说，深受其"知行合一"思想的影响，并仰慕其为人，遂取名"陶知行"。但"陶文濬"原名仍继续使用。

1913年（22岁）

先后任金陵大学学生杂志《金陵光》中文报中文编辑和中文主笔，发表《〈金陵光〉出版之宣言》、《一夫多妻之恶结果》、《因循篇》、《导引新生之倡议》、《为考试事敬告全国学子》、《伪君子篇》、《杀机之天然淘汰》等文章，并翻译发表译文《中华民国之将来》、《美国大统领罗斯福传》等。开始以"陶知行"之名发表文章。

在校长包文博士（Dr. Bowen）和亨克教授（Prof. Henke）的指导下，受詹克教授（Prof. Jenks）《耶稣的社会原则》一书的影响，特别是受著名传教士艾迪博士现场演讲的影响，敬佩耶稣基督乐于奉献、勇于牺牲的人格精神，一度成为基督教徒。

夏　在全校考试中，总分名列第一。

1914年（23岁）

在《金陵光》发表《民国三年之希望》、《呜呼某校》、《医德》和大学毕业论文《共和精义》，坚定民主共和政治信仰。

出席毕业典礼，宣读毕业论文《共和精义》，并接受美国纽约大学承认的文科学士文凭。

与汪纯宜女士结婚。

在金陵大学校长包文的赞助下，并通过向亲友借贷，赴美国伊利诺斯大学攻读政治学。担任学生会秘书，热心公共事务。

1915年（24岁）

1月　父亲去世。

4月　长子陶宏(又名桃红)出生。

夏　获伊利诺斯大学政治学硕士学位。

秋　转入纽约哥伦比亚大学师范学院,在教育行政学权威斯特雷耶教授指导下攻读教育学博士学位,同时修读杜威、克伯屈、孟禄等人教育哲学和教育史学等课程,成为杜威实用主义哲学与教育学信徒。

1916年(25岁)

2月16日　致函哥伦比亚大学师范学院院长罗素(《我的生活经历和今后打算》)。

秋　接替凌冰,任哥伦比亚大学师范学院中国学生会和中国教育研究会年度主席。

1917年(26岁)

受时任南京高等师范学校教务主任郭秉文(哲学博士、陶行知哥伦比亚大学师范学院校友)的鼓动,做回国任教的准备。在孟禄博士的争取下,通过哥伦比亚大学学位委员会组织的博士学位论文口试,得到允许,可以回国收集资料,撰写博士学位论文,完成后,寄交哥伦比亚大学即可获得博士学位(由于回国后事务缠身,博士学位论文虽完成,还未寄出,就在南高师一场大火中被烧毁)。获哥伦比亚大学师范学院"都市学务总监资格凭",离美回国。在船上与人谈及回国志愿时说,"我要使全中国人都受到教育"。

9月　应聘担任南京高等师范学校教育学专任教员,主讲教育学、教育行政和教育统计等课程。

1918年(27岁)

3月　郭秉文代理南京高等师范学校校长后,陶行知接任南京高等师范学校教务主任。支持学生成立教育研究会,研究中国教育改造问题。

4月　在《金陵光》上发表《试验主义之教育方法》,提倡杜威的实用主义教育研究方法。

5月　南京高师教育专修科(相当于现在的教育学院,下辖三个系)成立,拟聘陶担任该科主任。由于改"教授法"为"教学法"的主张在校务会议上受到部分持保守主张者的反对而未通过,陶坚决不接受教育专修科主任一职,直到后来通过后才上任。

7月5日　次子晓光(小桃)出生。

9月　在《南京高等师范日刊》上发表《智育大纲》。

11月　在《教育与职业》上发表《生利主义之职业教育》。

1919年(28岁)

1月　参加由江苏省教育会、北京大学、南京高师、暨南学校、中华职业教育社共组的新教育共进社,任该社《新教育》月刊的南京高师编辑代表。

2月　发表《教学合一》。

2月　闻哥伦比亚大学教授杜威到日本讲学,托南京高师校长、哥伦比亚大学师范学院校友郭秉文邀请杜威来华讲学。

2月　在《新教育》创刊号上发表《试验主义与新教育》。

3月12日　致函胡适(《闻杜威到日本讲学》),谈邀请杜威来华讲学,以推动中国教育改革。

3月31日　发表《介绍杜威先生的教育学说》,为杜威来华讲学作铺垫。

3月　发表《普露士教育之基本改革》。

4月14日　发表《试验教育的实施》。

4月21日　发表《第一流的教育家》。

4月30日　与蔡元培、蒋梦麟等人在上海迎接杜威抵华。

5月1日　陪同杜威夫妇参观申报馆,与经理史量才等人合影留念。

5月9日　上午,在南京六千人声援五四运动的游行集会上,痛斥卖国的"二十一条"。下午,参加江苏省教育会举行的国耻纪念大会,发表演说,强烈要求归还青岛。

5月10日　与南京各校代表一起,会见英、美两国领事,表明中国人民强烈要求归还青岛的严正立场。

5月14日　参加南京绅、商、学各界召开的国民请愿大会。

5月18日　参加南京学界联合会会议,报告该会组织法,并解释会章概要。

5月28日　被聘为南京学生单独成立的学生联合会顾问。

5月下旬　在南京高师学监主任兼代理校务陈容辞职后,暂时代理校务。

9月14日　在全体教务会议上报告教务处及各科组织计划,被推举主持研究股。

9月20日　接待来宁访问的贵州教育实业代表团。

10月3日　发起成立南京学术讲演会,被推为临时主席,起草相关文件,阐述该会之旨趣。

11月22日　三子陶刚出生。

12月7日　在南京高师校务会议上提出《规定女子旁听办法案》,主张应允许女生进入大学学习,实行男女平等对待。

12月8日　参加南京各界四万余人为"福州惨案"而举行的抗议集会,被推为大会副会长。

12月21日　参加筹款建筑南京讲演厅委员会,报告该会活动经过及计划。

本年　将南京高师全部课程中的"教授法"一律改为"教学法"。主持全体校务会议,提出《改良课程案》,计划将本校课程改为"选课制"。任南京高师"工读协助研究"、"改良考试"等委员会主任,还任"学生自治"、"暑期学校"和"女生研究"等委员会委员。

正式更名为"陶知行"。

1920年(29岁)

年初　陪同杜威讲学并担任翻译。

4月15日　在校务会议上报告招生问题,强调"不论男女,均可录取",规定了录取女生的数额。

4月21日　在南京高师第十一次校务会议上报告招收新生问题。

4月　主持接待杜威来南京高师讲学。

6月2日　在南京高师第十四次校务会议上提出《南京高等师范学校招收特别生办法》。

夏　为提高中小学师资水平,在南京高师举办首次暑期学校。组织留校学生教附近平民识字。与胡适、王伯秋等人谈论个人抱负时说:"我的志愿就是要用四通八达的教育来创造一个四通八达的社会。"

9月　促成南京高师首次招收女生。

11月25日　在南京高师教育研究会上谈"教育厅长之产出问题"。

12月16日　东南大学筹备处成立。

1921年(30岁)

春　对南京的教育状况进行深入调查。

2月28日　致函胡适(《借材异地亦无不可》)。

3月　发表《地方教育行政为一种专门事业》。

5月1日　发表译作《未来之中国》。

夏　到安庆支援安徽学生争取教育经费独立的运动。讲演《民权初步》。与胡适等联名发表《改造安徽省教育会宣言》，倡议将"会长制"改为"委员制"。

7月　送杜威归国。

8月　写《义务教育入手办法之商榷大纲》。

9月5日　在沪与教育界同人迎接美国哥伦比亚大学师范学院教授孟禄来华讲学。

9月7日　在江苏省教育会口译孟禄的演讲《共和与教育》。

10月17日　在南京教育界讨论会上口译孟禄的演讲和答客问。

10月21日　在苏州教育界同人宴会上口译孟禄的演讲和答客问。

10月22日　发表《师范教育之新趋势》。在江苏省立第一师范学校口译孟禄的演讲《旧教育与新教育的差异》。

10月31日　在广州全国教育联合会上口译孟禄的演讲《"德漠克拉西"的教育》。

11月7日　由广州回沪。

11月中旬　《新教育》杂志主干(主编)蒋梦麟赴美，接手主持《新教育》四卷一期主编工作。

11月23日　在浙江省教育会口译孟禄的演讲《学理与应用》。

11月28日　回南京。送孟禄去济南。

12月初　被新教育共进社正式聘为《新教育》杂志主干(主编)。着手整顿该刊的组织机构，筹划增加刊物内容。

12月8日　在江苏省教育厅召开的《学制系统草案》讨论会上发言。

12月16日　在北京积极主张由实际教育调查社、新教育共进社和新教育编辑社合组中华教育改进社,被推为《中华教育改进社简章》的起草者。

12月17日　陪同孟禄参观北京香山慈幼院。

12月21日　在有孟禄参加的中国教育问题讨论会上发表《关于师范教育的意见》。

12月23日　出席实际教育调查社在北京为孟禄举行的饯别会。会上,中华教育改进社宣布诞生。

12月下旬　与胡适等人着手编辑《孟禄的中国教育讨论》。

1922年(31岁)

1月7日　在沪送孟禄归国。

1月18日、19日　发表《活的教育》。

1月19日　致函《学灯》记者。

1月　发表《我们对于新学制草案应持之态度》、《评学制草案标准》和《中国建设新学制的历史》。

1月　演讲《新学制与师范教育》。

2月8日　在中华教育改进社于沪召开的董事会上,被聘为主任干事。

2月15日　起草《筹划全国教育费委员会简章》。

3月　发表《对于参与国际教育运动的意见》、《女子教育在学制上占领地位之十五周纪念》和《新学制与师范教育》。

4月12日　中华教育改进社总事务所在北京正式成立。主持所内日常事务。

4月　以中华教育改进社名义致函全国,调查中国的教育状况。

5月13日　与蔡元培、李大钊、胡适等十七人联名发表《我们的政治主张》。

5月　赴山东接洽改进社第一届年会具体事宜。

上半年　与胡适、凌冰合译《中华教育改进社简章》。

7月3—8日　中华教育改进社第一届年会在济南举行,负责年会组织工作。在社务报告中谈到要学习武训办学的精神。与王伯秋合提《创办青岛大学案》，获通过。

7月7日　在《民国日报·觉悟》上发表演讲词《教育者的机会与责任》。

7月　在中华教育改进社第一届年会上报告本社社务。

8月10日　被推选为中华教育改进社委员会委员。

8月20日　为中华教育改进社第一届年会报告专号作序。

9月6日　代表中华教育改进社向教育部提出有关学制问题的八条议案。

9月10日　在南京邀集东南大学、南京高师教授多人与美国教育心理学家麦柯尔讨论进行教育心理测验办法。

9月18日　在北京召集北大、北京高师有关教授学者，与麦柯尔讨论教育心理测验的实行计划。

9月22日　在中华教育改进社讨论美国科学家推士考察及改良中国理科教育的会议上，介绍推士履历。

9月23日　在欢迎推士和麦柯尔的大会上报告社务。

9月25日　参加"筹划全国教育经费委员会"会议，议决增加教育税部。

9月下旬　参加教育部举行的学制会议，就学制问题发表了意见。

9月　发表演讲词《办公原则》。被聘为杭州大学董事。

10月10日　在《新南京》上发表《南京教育谈》。

10月29日　参加由南开大学主办的科学教授法讨论会。

11月2日　在北京，为东南大学、南京高师下年度的经费问题访教育总长汤尔和。

11月5日　在《新南京》上发表《市乡教育分治与南京教育》。

12月6日　南京高师归并东南大学。任东南大学教授、教育科主任和教育系主任。

12月17日　出席在上海召开的中华教育改进社第七次董事会。主持筹备教育陈列所。

12月23日　在北京举行的中华教育改进社周年纪念会上，报告一年社务。

12月27日　参加改进社女子教育委员会北京部委员会议。反对清华学校和教育当局停派女生留学的决定。

当年　应聘担任《教育大辞书》的特约编辑。主持制订了改进社十二年度计划。

1923年(32岁)

1月15日　发表演讲词《教育与科学方法》。

1月　领导中华教育改进社举办国民音乐会。提倡以"国民音乐"来陶冶国民精神。

1月　与北京《导报》记者谈女子高等教育问题。

1月　发表《为反对中学男女同学的进言》。

2月　为中华教育改进社参加万国教育会议做准备。

3月4日　在中华教育改进社于天津召开的京、津董事会上被推为出席万国教育会议的代表。

3月6日　在北京中华教育改进社总事务所参加讨论英、日两国退还庚子赔款问题时,被推举起草对于各国赔款的总办法。

3月　发表《为万国教育会议事敬告全国教育界同人》。

4月　与中华教育改进社薛鸿志共同整理调查资料,合撰《中国之教育统计》(英文);撰写《中华教育改进社之历史组织和事业》(英文),准备作为资料携往万国教育会议。

6月　发表演讲词《教育部学制会议经过情形》。

6月　参观浙江嘉兴的平民教育。与朱其慧、晏阳初等人在上海组织中华平民教育促进会筹备会。与朱其慧、晏阳初联名致函胡适(《关于编辑国民基础教育教科书的目标》),收入中华书局1979年版《胡适往来书信选》。与朱其慧、王伯秋等人共同发起成立了南京平民教育促进会。因准备中华教育改进社第二届年会,未能赴美参加万国教育会议。

夏　受聘为安徽公学校长,筹备开学四十余日。迁家至北京。

7月28日　致函东南大学代理校长刘伯明,请辞东南大学教育科和教育系主任职务。

7月　发表英文论著 *Statistical Summaries of Chinese Education*(《中国教育之统计》)。

8月中旬 通电各省教育厅、教育会和办理平民教育的机关团体,拟在北京举行第一次全国平民教育大会。

8月20—25日 中华教育改进社第二届年会在北京清华学校举行。负责年会的组织工作,并报告社务。参加平民教育促进会筹备大会,被推为大会书记,起草组织大纲。重视教育调查,提出《地方教育行政机关应编教育概况统计案》。

8月22日 演讲《〈平民千字课〉编辑主旨》。

8月26日 中华平民教育促进会总会正式成立,被推选为董事部书记兼安徽省执行董事。任筹设平民学校委员,筹办北京羊市大街平民学校。

8月底 东南大学准其辞职,此后专任中华教育改进社总干事。

9月初 以全国儿童的名义设宴招待交通部职员,感谢他们对改进社第二届年会提供的方便。

9月20日 致函程仲沂(《学问之要素》)。

9月下旬 去上海、杭州商议推行平民教育的具体办法。

10月3日 致函朱其慧(《建议聘晏阳初为中华平民教育促进总会总干事》)。

10月4—16日 在南京推行平民教育。与南京教育界及教育当局议定:每一区立学校开办平民学校一班以上。从长子、次子读《平民千字课》的经验中,悟出"连环教学法"。召开平民学校教育促进会董事会,报告新发现的"连环教学法"。参加平民教员会议,讨论改良教学问题。演讲《活的平民教育运动要有活的干事》《孔子纪念日与平民教育》等。给栖霞乡人张大写信,附寄《平民千字课》一本,建议他请和尚教,并鼓励他学会教人。建议将南京歙县馆的所有收入,全用来推行家乡的平民教育。

10月8日 致函陶宏、陶晓光(《连环教学法之发现》),致函胡适之夫人(《能使全家识字的连环教学法》)。

10月10日 致函程仲沂(《作十万新民,并寿六旬王母》)。

10月17日 由宁赴皖。

10月18日—11月初 在安庆推行平民教育。参加安徽省平民教育促进会成立大会,被推选为该会董事。向一女师学生演讲女子领袖对于平民教育的使命。向全城学校讲社会服务的精神。

对圣公会学生暨全城牧师布道团演讲平民教育。对全城小学教员和省立小学讲平民教育。对徽州同乡讲促进平民教育的方法。对全城商董讲商界对于平民教育的使命。出席安徽省平民教育促进会董事会。向全城警察讲警察与平民教育的关系。对私塾教员讲私塾与平民教育。对和尚讲平民教育与宗教。在安庆各界一万七千余人庆贺平民教育的集会上演讲。会后参加游行。

10月22日　发表《〈平民千字课〉编辑大意》。

10月30日　致函金鸣岐(《平民教育下乡》)。

10月31日　致函胡自华(《女子平民教育》)。

11月初　离安庆赴江西。

11月上旬　在南昌推行平民教育。会见江西省督,提出:由省长令省署内不识字之人限期读书。举行平民教育庆贺活动。将平民读书机构命名为"平民读书处",并迅速推广。在南昌监狱对四百余名囚犯演讲,推广平民教育。参加南昌全城庆贺平民教育运动的集会游行。

11月11日　离南昌前往武昌。

11月12日　致函陶文溟(《创造一个四通八达的社会》)。

11月13—27日　在武汉三镇推行平民教育。

与朱其慧一起,到各学校、各团体以及教育厅和监狱等处演讲平民教育。倡导成立了湖北省平民教育促进会。参加武汉三镇约定同时举行的集会游行,庆贺平民教育运动的开展。

11月28日　离汉。

11月底　在芜湖与徽州旅芜同乡共同拟定《徽州推行平民教育八条》。

11月　出版《平民千字课》(1—4册)。

12月上旬　回京后组织了十几个平民读书处。在家里设立笑山平民读书处,鼓励儿子教祖母识字。应邀去北京师大平民教育社讲演长江流域平民教育运动之性质、组织及方法。

12月3日　发表《平民读书处之试验》。

12月10日　发表《平民读书处组织大纲》。

12月23日　发表《社会改造之出发点》。

12月底　北京平民读书处迅速发展到一百多个。

12月 发表演讲词《长江流域平民教育运动之性质组织及方法》，发表《平民教育运动与国运》。

下半年 与朱经农合编的《平民千字课》四册陆续出齐。

1924年(33岁)

1月3日 致函朱经农(《请看〈三字经〉之流行》)。

1月5日 致函吴立邦(《预备钢头碰铁钉》)。

1月7日 由北京前往张家口。

1月8—10日 在张家口推行平民教育。

参加察哈尔区平民教育会筹备会议，与政学各界领袖开会商讨推行平民教育。出席察哈尔全区平民教育促进会成立大会。在蒙古学生举行的欢迎会上，演讲平民教育。得一蒙古名：麦勒根亚布达拉图。

1月中旬 调查平民教育现状，并进行初步总结。

1月16日 致函温佩珊(《我们送的寿礼》)。

1月20日 致函汪镜人(《希望于县知事的》)，致函朱其慧(《深入蒙古教育之梦》)。

1月30日 在北京参加平民教育促进会总会举行的平民学校试验班毕业仪式。报告平民学校组织经过，颁发毕业文凭。

2月8日 致函卢绍浏(《希望您做一位三千万人的教育厅长》)。

3月2日 在北京举行专题演讲会，报告提倡平民读书处的办法和经验。

3月初 中华教育改进社和东南大学拟在南京举办全国教育展览，任筹备委员会副主任。

3月17日 发表《五族共和与教育者之责任》。

3月25日 作诗《自勉并勉同志》。

3月26—29日 在河南推行平民教育。抵开封后，对河南90余县教育局局长演讲平民教育，对各界领袖演讲平民教育。参加河南全省平民教育促进会会议。在开封庆祝开展平民教育的集会上演讲。

3月30日 离豫赴沪。

3月 发表《全国平民教育之现状》和《徽州推行平民教育办法》。

4月15日 在南京召集有关学校领导，讨论编制学校模范报告的进行计划。

4月20日　以中华教育改进社的名义致函东南大学，奉商在该校设立改进社分事务所。

4月21日　发表《论平民读书处之得失》。

4月　筹组科学教员暑期研究会，被推为该会副会长。拟定中、英文说明书及报告单。

5月　筹备出版《平民周刊》。发起筹备由文学界、教育界知名人士组织平民文学委员会，编辑出版平民文学书刊。

6月29日　《平民周刊》在上海《申报》创刊。

7月3—9日　中华教育改进社第三届年会在南京举行。筹办的全国教育展览在年会期间正式展出。提出两项参加世界教育会议的提案，获通过。在中华教育改进社董事会上，被公推连任改进社主任干事。就日本利用庚款实行文化侵略问题发表意见，力主维护中国主权。演讲《蒙古生活与教育》。修订《请求力谋收回教育权案》，获通过。

7月10日　在中华教育改进社董事会上被推为出席下届世界教育会议的代表。

7月　在中华教育改进社第三届年会上谈对《请求力谋收回教育权案》的修改意见。

7月　作《半周岁的燕子矶国民学校——一个用钱最少的活学校》。

7月　撰写《平民教育概论》。

夏　与赵叔愚一同参观南京燕子矶国民学校，归后撰文宣传。扩充南京安徽公学班级，拟定该校训育方案。

8月9日　发表诗歌《村魂歌》。

8月上旬　去清华学校，视察科学教员暑期研究会的举办情况，并征求意见。

8月11日　致函清华学校（《协商合办科学教员暑期研究会》）。

8月14日　致函姚文采（《师生共生活》）。

8月　组织成立平民文学委员会，为平民教育运动提供"有营养"的读物。修改《平民千字课》，拟再版。

10月　发表《平民教育概论》。

12月8日　发表《南京安徽公学创学旨趣》。

12月13日 四子陶城(蜜桃)出生。

年底 主持制定中华教育改进社下年度方针,提出:"适合本国国情,满足生活需要。"

是年 为程湘帆所作《小学课程概论》写序。

是年 作英文论著《中国》。

是年 作诗《每事问》、《问到底》。

1925年(34岁)

2月7日 发表《民国的政府》。

2月21日 发表《主动的民意》。

2月28日 参加北京京兆尹公署举行的附设平民补习学校开学式并演讲。

2月 不再担任《新教育》主干(主编)。

5月 为陈鹤琴所著《语体文应用字汇》写序。为中华教育改进社所编《柏克赫司特女士与道尔顿制》写序。

6月 出版英文论著 Education In China 1924(《民国十三年中国教育状况》)。

7月28日 在中华教育文化基金董事会所的开幕式上被聘为该会执行秘书。

7月 筹备中华教育改进社第四届年会,未能出席世界教育会议。

8月17—23日 中华教育改进社第四届年会在太原山西大学举行,汉、满、蒙古、回、藏五族均有代表参加年会。负责年会组织工作。在社务报告中特别强调:"本社现在所办理之事业,一为科学教育,一为乡村教育。"

8月 在中华教育改进社第四届年会上演讲,介绍柏克赫司特女士。

8月 在中华教育改进社第四届年会上演讲《中国教育政策之商榷》。

8月 在中华教育改进社第四届年会上提出《请组织国家教育政策委员会案》、《请发起并筹备中华女子教育促进会案》等。

9月 发表《〈新教育评论〉创刊缘起》。

11月14日 致函吕镜楼(《小学理科》)。

11月中旬 参观吕镜楼教课后,针对当时小学教员漠视科学教育的状况,疾呼:"科学教育应当从儿童时代下手。"

12月1日　发表演讲词《学生的精神》。

12月4日　发表《本刊之使命》。

12月6日　参加由北京师大教育系发起成立的乡村教育研究会成立大会,在演讲中主张:先试办小学,再试办乡村师范学校,以为改良乡村生活之中心。

12月上旬　就北京女子师范大学更名一事发表意见。

12月11日　发表书评《陈著之〈家庭教育〉——愿与天下父母共读之》和《女师大与女大问题之讨论》。

12月18日　发表《驳特定学区议》。

12月25日　发表《内蒙革命与教育》。

本年底　在南开中学演讲《学做一个人》。与程其保合写的英文论著《民国十三年中国教育状况》的论文被收入《世界教育年鉴》。

1926年(35岁)

1月1日　发表《四年前的这一周》。

1月初　撰文介绍江苏省立师范在乡间设分枝,培养乡村师资之举。

1月8日　发表《师范教育下乡运动》。

1月　致函杨继宗(《教会学校与私立学校》)。

春　被推为中华教育改进社国家政策教育委员会委员和促成宪法中制定教育专章委员会委员。

2月5日　发表《整个的校长》。

2月19日　致函徐正之(《如何引导学生努力求学》)。

2月26—28日　在北京出席中华教育文化基金董事会首次常会。

3月16日　在讨论"英国国会关于庚款处置办法"的会上表示极力反对此办法,要求英国无条件归还庚款。

3月17日　致函有关单位,阐述中华教育改进社对英国处置庚款法案的立场。致函庚款咨询委员会的中国委员,劝勿就职,以维护我国主权。

3月22日　与教育界同仁联名发表《对于英国处置庚款办法之宣言》。

3月27日　致函丁文江、胡适等(《反对英国政府关于庚款处置办法》)。

4月16日　发表《尊重公有财产》。

4月　致函邵振青(《女子大学与女子师范大学联合并存》)。

5月　主持中华教育改进社与在京其他单位合办北京暑期学校。

夏　被推为第二届科学教员暑期研究会书记。

9月16日　致函陈陶遗(《幼稚园应有之改革及进行方法》)。

9月17日　致函陈陶遗(《农村急需设立幼稚园》)。

9月20日　作《我之学校观》。

9月　参加江苏省教育会讨论乡村标准学校的会议。

10月3日　在南京安徽公学召开燕子矶试验乡村幼稚园董事会,被推为副董事长。

10月5日　去江宁县立师范学校参观,深为该校坚持面向农村的办学精神所感动,演讲时为之落泪。

10月9日　参观无锡开原乡立第一小学,并讲述了"知难行易"和"知易行难"的道理。

10月15日　抵天津,参加南开大学二十二周年校庆。

10月22日　发表《天将明之师范学校——江宁县师范学校半日生活记》。

10月29日　以中华教育改进社的名义发表《创设乡村幼稚园宣言书》,主张"用科学的方法来建设一个省钱的、平民的、适合国情的乡村幼稚园"。

11月5日　发表《南京中等学校训育研究会》。

11月7日　致函宋鼎(《唯有学校负社会,没有社会负学校》)。

11月12日　发表《幼稚园之新大陆——工厂与农村》。

11月21日　在中华教育改进社特约乡村教师研究会上演讲《我们的信条》。在南京参加特约乡村试验学校第一次研究会暨乡村教育研究会成立大会。建议在明陵小学举办特约乡村小学成绩展览会。

11月24日　为《燕子矶小学》写序。

11月26日　发表《无锡小学之新生命——开原乡立第一小学一日生活记》。

11月　撰写《中国师范教育建设论》。组织特约乡村试验学校互相参观。首创"艺友制"教育。

12月3日　发表《中国师范教育建设论》、《中华教育改进社改造全国乡村教育宣言书》。

12月初　为乡村教育事业筹集资金。

12月12日　在上海邀集中华教育改进社在沪社员,召开乡村教育讨论会。报告说:"乡村教育系改进社所认为最重要之事业。"演讲《中国乡村教育之根本改造》。拟定推行乡村教育计划。

12月14日　致函凌冰(《山穷水尽》)。

12月17日　发表《中华教育改进社设立试验乡村师范学校第一院简章草案》。

12月19日　作《本校生长程序》。

12月25日　在南京参加中华教育改进社特约乡校联合宣誓仪式,誓词题为《我们的信条》。提议组织乡村教育同志会,宣读了简章,并在讲话中提出:"打破死的教育;创造活的教育;打破假的教育,创造真的教育。"

12月28日　作《试验乡村师范学校答客问》。

12月31日　获江苏省教育厅复函,准允设试验乡村师范学校第一院。

12月　作《中国乡村教育之根本改造》。

年底　筹办中华教育改进社乡村教育同志会会刊《乡教丛讯》,为乡教工作者提供园地。

1927年(36岁)

1月1日　中华教育改进社乡村教育同志会主办的会刊《乡教丛讯》创刊。召开试验乡村师范学校筹备会,议决了开校计划,落实了专人负责。

1月2日　与赵叔愚、丁超等人赴南京北郊黑墨营勘察乡村师范校址,初步确定后,立下界牌。

1月3日　在青年会演讲《中国乡村教育之根本改造》。

1月15日　在无锡河垮口开原一小参加改进社特约乡校教师研究会第三次会议,讨论乡村教育实际问题。复函清华学校学生操震球,充分肯定他有志乡村教育的精神,欢迎他前来投考乡村师范。

1月中旬　因黑墨营交通不便,决定将乡村师范校址改定在南京神策门外老山脚下的小庄。

1月28日　在《新教育评论》上刊出《试验乡村师范学校招生》的广告,其中声明:"小名士、书呆子、文凭迷最好不来。"

1月下旬　在沪为创办乡村师范筹款。

1月31日　在南京用筹得的款项买下创校所需地皮。

2月3日　致函石民佣、费锡胤等(《师范教育之彻底改革》)。

2月4日　下乡安排试验乡村师范学校立础礼。当晚,住晓庄农友陆健祥家。稻草铺地,与耕牛(戏称之为"牛大哥")同卧一室。

2月5日　立春。主持试验乡村师范学校立础礼,宣布改"小庄"为"晓庄",取日出而作之意。

2月9日　致函潘一尘(《试就小学办师范》)。

2月10日　在上海召开试验乡村师范学校董事会,被推为董事会书记兼学校校长。推举袁观澜(希涛)为董事长。通过了学校组织大纲。

2月11日　致函曹聚仁(《加入乡村教育运动》)。

2月21日　致函王琳(《为中国教育寻觅曙光》)。

2月27日　在南京安徽公学召开试验乡村师范学校(简称"晓庄师范")第一院院务会议,报告董事会议决的事项,议决了招考及开学日期等问题。

2月下旬　委派钱向志在晓庄附近的佘儿岗筹办晓庄小学,贯彻办理师范应以小学为中心的主张。

3月5日　晓庄小学开学。

3月上旬　北伐军进逼南京,战云密布。协助南京红十字会办起收容所和救护队,以减轻逃难平民的痛苦。

3月11日　主持晓庄师范招考工作。对前来应试的学生,除笔试、口试外,要求每人开垦荒地两分。

3月15日　在试验乡村师范学校开学典礼上谈该校特点。

3月下旬　带领晓庄学生参加救护、收容难民的工作。在晓庄设立了救护队和妇孺收容所。在收容所内创办妇女教育班。在安徽公学设立的妇孺收容所内创办了临时幼儿园、小学、平民学校和临时看书处,晚上还举行"同乐会"。组织晓庄乡村师范和安徽公学师生成立北伐军慰劳队。

4月　协助当地农民组织农民协会。在上海等地为晓庄和安徽公学筹集经费。动员师生在晓庄附近荒山上植树。

4月2日　致函晓庄师范全校同志(《晓庄学校之使命》)。

5月　创设寅会,于每日清晨,由师生轮流演讲工作计划及学习心得一刻钟左右。

5月6日　发表《北齐庙会期内之农民教育运动》。

5月15日　致函晓庄师范全校同学(《实际生活是我们的指南针》)。

6月12—14日　参加晓庄乡村师范的建校劳动,自己动手盖厕所、浴池和厨房。

6月16日　参加晓庄小学迁址后补行的开学典礼。利用晓庄小学原址开办乡村医院,为学校周围农友治病。

6月19日　晓庄乡村教育先锋团成立,兼任先锋团团长。

6月　晓庄师范礼堂——犁宫落成,亲笔书写"和马牛羊鸡犬豕做朋友;到稻粱菽麦黍稷下工夫"对联贴于犁宫大门两侧。组织晓庄小学课程设计会。

7月10日　上午,组织晓庄信用合作社,宣传、发动"到民间去"。晚,与全体师生一起到民间去"会朋友"。

7月16日　主持制订晓庄小学课程设计办法。将小学课程分为五门:语言文字、公民训练、自然农艺、健康卫生、正当娱乐。主动兼任语言文字指导员。

7月19日　在晓庄师范寅会上演讲《农夫的身手》。

7月　创设农村改造设计会和民众学校。将到民间"会朋友"形成制度。

8月14日　与南京市教育局局长和各校校长谈"晓庄试验乡村师范学校创校概况"。

8月15日　发表《如何教农民出头》。

8月　创设晓庄武术会,劝导青年农友入会练拳。

9月初　晓庄师范第二期招生,招收了两名女生,赞扬她们是中国历史上第一个到乡下去的女学生。组织成立民众教育研究会。主持编订儿童生活历。

9月1日　发表《平等与自由》。

9月27日　发表《中国乡村教育运动之一斑——中国代表送坎拿大

世界教育会议报告之一》。

9月　致函胡适(《拜金主义》)。

10月2日　蔡元培应邀来晓庄师范就任董事长职。

10月26日　演讲《政治家与政客》。

11月2日　演讲《教学做合一》。

11月3日　演讲《在劳力上劳心》。

11月5日　演讲《以教人者教己》。

11月7日　演讲《本校产生时的催生娘娘》。

11月9日　作诗《锄头舞歌》。

12月　应冯玉祥邀请，去开封实地考察河南教育。帮助冯玉祥制定普及军队教育计划。婉言谢绝出任河南省教育厅厅长。

1928年(37岁)

1月1日　在寅会上宣布："十七年的晓庄要彻底的科学化。"

1月5日　将培养师资的"徒弟制"定名为"艺友制"。

1月8日　晓庄师范、燕子矶小学、尧化门小学、晓庄小学、鼓楼幼稚园、燕子矶幼稚园联合招收艺友。

1月9日　写《艺友制师范教育答客问——关于南京六校招收艺友之解释》。

1月　在晓庄乡村师范推行国语(普通话)。

2月10日　担任中华职业教育社与晓庄师范合办的中心木匠店指导。

2月　与中华职业教育社合办晓庄中心茶园。晓庄师范第三期招生。创设第三中心幼稚园(晓庄幼稚园)。主持召开晓庄附近三十余村的村长会议。

3月7日　参加晓庄师范吉祥庵中心小学的开学典礼。

3月8日　指导筹创的晓庄师范万寿庵中心小学开学。

3月15日　演讲《晓庄试验乡村师范的第一年》。

3月20日　创设晓庄师范三元庵中心小学。

3月24日　筹创的晓庄联村救火会成立。

3月26日　上午，参加晓庄师范神策门中心小学的开学典礼，报告开办缘由。下午,晓庄师范黑墨营中心小学开学。

3月 正式试行"艺友制"。接待蒋梦麟、沈定一等来晓庄参观。商谈在浙江成立乡村师范事。

约3月 作诗《风雨中开学》。

4月1日 在杭州出席关于设立浙江乡村师范的筹备会议,受托创办该校。

4月4日 为自编教育论文集《中国教育改造》写自序。

4月22日 主持联村运动会,参与竞赛的农友有八十余人。

4月 发表《从野人生活出发》、《生活工具主义之教育》、《答操震球之问》、《如何使幼稚教育普及》和《"伪知识"阶级》等。创设和平门、万寿庵两民众学校。与中国科学社联络,计划研究南京当地生物。主持召开晓庄附近一百六十余村村长会议。

5月1日 带领全校师生做粗工八小时纪念劳动节。

5月15—28日 参加在南京举行的全国教育会议。任全国教育会议分组审查委员会普通教育组委员和初等及中等学校教学组提案预备委员会委员。会议期间,提出了改革教育和社会的提案十余件。在追悼高仁山遇害的大会上发表演说。陪同全国教育会议代表参观晓庄学校及所属的燕子矶中心小学。

5月 建议晓庄地区民众组织晓庄联村会,以防匪患。组织"五四"和"五九"纪念会,组织对英日经济绝交委员会。提倡乡村自卫运动——灭蚊灭蝇。

5月中下旬 在第一次全国教育会议上提出《乡村小学、师范学校标准案》、《调查全国幼稚教育案》、《各省、各县、各市实验小学设立幼稚园案》、《推广乡村幼稚园案》、《各省开办试验幼稚师范案》、《设立教育研究所案》、《审查编辑幼稚园课程及教材案》、《小学目标案》、《减少校工以实现劳动教育案》、《改革乡村教育案》、《请大学院呈请国民政府,划出地方数处献与人类,俾抱有改造社会理想之学者,得以运用科学方法,实现极乐世界,俟试有结果,再行从事推广,以收大同之效案》等。

6月27日 与操震球、程本海、王琳同赴杭州,筹办浙江乡村师范。

6月 作诗《功友》。

7月3日 偕同建筑家朱葆初到湘湖定山勘定了浙江乡村师范校址。

8月1日　致函中国科学社(《重视生物学》)。

8月15日　致函大学生(《介绍一件大事》)。

夏　接待冯玉祥来晓庄参观。

秋　联村自卫团举行成立大会，自任团长。冯玉祥到会授枪。

8月18日　致函冯玉祥(《武八股》)。

10月1日　浙江省立乡村师范(简称"湘湖师范")开学。

10月10日　演讲《今后中华民族的使命》。晓庄学校第一院院长赵叔愚病逝，作《祭赵院长叔愚兄文》。

1929年(38岁)

1月20日　致函田汉，欢迎南国社到晓庄来演出。

1月下旬　南国社来校演出后，陶行知成立晓庄剧社，任晓庄剧社社长，创作剧本，与学生同台演出。

1月　由上海亚东图书馆出版《知行书信》。

2月　发表《地方教育与乡村改造》。

3月10日　晓庄学校成立妇女工学处，聘胞妹陶文渼为指导员。

3月12日　在寅会上作题为《定于一》的演讲，指出真假三民主义的区别在于"考察他是不是在认真为民众做"。

3月15日　发表《这一年》、《对于乡村教育及本校赞助人之总致谢》。

春　与前往江苏淮安创办新安小学的李友梅等人谈话。

4月21日　在和平门小学开会，讨论"武进乡村教育促进会"捐款在晓庄建筑武进馆事宜。

4月28日　为程本海著《在晓庄》写序。

4月30日　发表演讲词《定于一》。

5月15日　发表《哥伦布探得新大陆》。

6月6日　新安小学开学，兼任校长。妹文渼病逝。

7月8日　主持晓庄师范全体会议，议决将本校事业分设为五个学院，兼任和平学院院长。

7月30日　发表《行是知之始》。

夏　辞去安徽中学校长职。

9月17日　被教育部聘为教育方案编制委员会委员、常委。

9月28日　主持召开乡村教育先锋团团部会议,讨论晓庄学校进行计划。

9月29日　主持召开五院联席会议和晓庄学校全体会议,议决将晓庄已成立的几个幼稚园集合成一个独立的学院(蟠桃学园)。

10月14日　参加教育方案编制委员会第一次会议,担任义务教育组主任、师范教育组委员。

10月15日　接待美国哥伦比亚大学教授克伯屈参观晓庄学校。

10月28日　在晓庄学校幼稚教育研究会上演讲《今日之幼稚园》。

10月29日　指导召开和平门村民大会,民主解决村民和学校的吃水用井问题。

11月10—11日　在湘湖师范教学做讨论会上答客问。

11月15日　发表《和平门的村民大会——解决吃水问题的教学做》、《教学做合一测验》和《〈谈心集〉序》。

11月中旬　拟定教学做合一测度题,并对全校学生进行测验。

11月下旬　带领晓庄剧社去镇江、无锡、苏州、上海、杭州等地演出,颇获好评。

12月4日　在上海接受圣约翰大学授予的荣誉理学博士学位。

12月17日　乡村教育先锋团举行大会,决定出版《乡村教师》周刊,被推为筹备委员会委员。

12月20日　作诗《小庄晓》。

12月22日　作诗《乡下先生小影》。

12月24日　在《乡村教师》周刊第一次委员会会议上被推为委员会主席。

12月25日　出席晓庄学校指导会议,要求每个团体和个人都要对下年的工作列出计划。

本年底　致函朱端琰(《谈教学做合一》)。

1930年(39岁)

1月初　拟定自己的一年计划和晓庄学校一年计划大纲。

1月5日　召开乡村教育先锋团全体大会,通过晓庄学校十九年计划。决定办初级中学,定名"劳山学园"。

1月8日　作诗《告书呆子》。

1月26日—2月7日　主持乡村教师讨论会,研讨乡村教育问题,邀请各地乡村教师和教育行政人员参加。

2月1日　发表《本刊宣言》、《生活即教育》、《社会即学校》和《晓庄学校民国十九年的计划大纲》。

2月　作为教育部遴聘的专家,被定为出席第二次全国教育会议代表。

3月15日　发表《晓庄三岁敬告同志书》。

3月15—17日　主持晓庄师范成立三周年的纪念活动。举办成绩展览会、专家讲演,举行联村运动会、救火会演习等活动。发表《晓庄三岁敬告同志书》。

3月18日　亲自筹创的迈皋桥幼稚园成立。

3月中旬　呈请江苏省民政厅划定北固乡为试验乡,以谋村治研究之精深,并图乡村工作人才训练之切实,获批准。

3月29日　发表演讲词《生活即教育》和《为组织试验乡推行村治呈民政厅文》。

春　撰写《实施义务教育初步计划提要》。

3月下旬　日本舰队泊留南京。对国民党政权奴颜媚外表示愤慨。

4月1日　函复孙科,要求当局"拟定小学生免费旅行条例",为儿童考察、浏览创造条件。

4月3日　对南京英商和记工厂的华工被殴事件非常关心,进城了解情况。

4月4日　从城里写信,通知晓庄同学第二天进城参加游行示威。

4月5日　鼓励晓庄师范游行队伍,要他们冲破阻拦,达到示威目的。

4月7日　首都(南京)卫戍司令部司令官谷正伦奉命训令晓庄师范停办。

4月8日　教育部派赵迺传、顾树森等五人接管晓庄师范。

4月9日　写《护校宣言》,反对政府强行封校。

4月11日　晓庄师范学生和农友代表赴教育部请愿,沿途散发《护校宣言》。

4月12日　晓庄师范被国民党武装军警强行封闭,陶行知遭国民党政府通缉。

4月13日　在上海致函《时事新报》,痛斥该报记者关于封闭晓庄学校原因的造谣诬蔑。

4月15日　第二次全国教育会议开幕。因陶本人"为国府明令通缉,教育部改聘中大教育学院院长韦悫担任代表"。

4月30日　在极端困难的情况下,回函、汇款给新安小学的同志们,并勉励他们要"捧着一颗心来,不带半根草去"。

夏　在上海召集晓庄师生座谈,一致认为晓庄师范是"用教育的形式反封建、反帝国主义",并指出"我们是实际的革命者"。

秋　被迫东渡日本。

7月　发表《教育改进》、《生活历》、《艺友制的教育》。

11月7日　作诗《一双手》。

12月15日　作诗《贺胡适先生40岁》。

是年　作诗《改作黄金时代歌》。

1931年(40岁)

1月16日　在日本上桃山谒明治陵时,观察到日本工人对天皇冷漠的态度。

1月25日　在日本作《人与煤炭》一诗,指出:"工人不是主人翁。如此人间即地狱,翻造天宫。"

春　作诗《春天不是读书天》、《儿童工歌》、《敬赠师范生》、《诗的学校》和《糊涂的先生》等。

4月　指导方与严主编出版《师范生》月刊。以时雨为笔名,为《师范生》月刊撰稿。

4月7日　作诗《学生或学死》。

4月15日　发表《师范生的第一变——变个孙悟空》。

4月18日　作诗《小孩不小歌》。

5月1日　发表《一只鸽子》,后改题为《白鸽》,由上海儿童书局作为"创作故事丛书"之一出版。

5月15日　发表《师范生的第二变——变个小孩子》。

6月6日　作诗《教师节》(一、二)。

7月1日　发表《乌鸦歌》，后改题为《乌鸦》，由上海儿童书局作为"创作故事丛书"之一出版。

7月19日　回信新安小学的同志，进行理论指导，并允诺给予经济上的支持。

7月　发表《中华民族之出路与中国教育之出路》。

夏　接受史量才资助，创办自然学园，开展"科学下嫁"运动。主编"儿童科学丛书"。

8月　发表《教学做合一下之教科书》。

9月2日　在《申报·自由谈》上辟《不除庭草斋夫谈荟》专栏，发表时评和杂感。

9月4日　在《申报·自由谈》上发表《胡适捉鬼》。

9月21日　写《科学的生活》。

9月24日　发表《托尔斯泰与穆罕默德的信徒》一文，对"九一八"事变中国民党政权的不抵抗主义进行猛烈抨击。

9月25日　在《申报·自由谈》上发表《假好人》。

秋　作诗《三伐》，收入1933年上海儿童书局版《知行诗歌》。

秋　致函问真、探真(《科学的孩子》)。

10月1日　发表《战时的功课》。

10月10日　发表《背起四个十字架》。

10月18日　发表《我的小怀抱》。

10月20日　发表《陶知行的颜色》。

10月30日　发表《工业文明》。

10月　由上海儿童书局出版《儿童的度量衡》(上、下)、《空气的科学把戏》(一、二)和《肥皂的把戏》，前列数书均属"儿童科学丛书"。

11月4日　发表《笼统哥之统一》。

11月11日　发表《思想的母亲》。

11月12日　发表《莫轻看徒弟》。

11月26日　发表《新旧时代之学生》。

11月　作诗《死》、《活》。

12月上旬　支持上海青年自动组织的援马抗日团北上抗日。

12月11—12日　发表《一个教师与家长的答复——出头处要自由》。

冬　　作诗《儿子教学做之四个阶段》、《手脑相长歌》。

是年　　被申报馆总经理史量才聘请为总管理处顾问。

是年　　致函一位青年小学教师(《如何可以不做一个时代落伍者》)。

1932年(41岁)

1月1日　　发表《新年三问三答》。

1月8日　　发表《颠倒的逻辑》。

1月9—10日　　发表《从烧煤炉谈到教育》。

1月11日　　发表《主人教育》。

1月16日　　发表《创造中之中华民族》。

1月21—22日　　发表《是非》。

1月23—24日　　发表《儿子教学做之一课》。

1月29日　　发表《国民的军队》一文,对"一·二八"事变中顽强奋战的十九路军将士给予声援。

2月中旬　　与史量才就《申报》登载《伍豪启事》密商,决定推迟发表该启事,并接受中共对策,刊登《致伍豪先生启事》,有意为周恩来"脱党"辟谣。

3月22日　　致函庄泽宣(《关于科学教育》)。

3月　　发表《怎样做一个科学的孩子》、《怎样选书》。

4月17日　　致函教师、家长和小朋友(《〈儿童科学丛书〉的用法》)。

4月25日　　致函伍朝枢(《贺先生抱开辟的精神出治琼崖》)。

4月　　由申报馆出版杂文集《斋夫自由谈》。

5月13日　　在杭州师范学校演讲《儿童科学教育》。

5月21日　　开始发表教育小说《古庙敲钟录》。

5月30日　　致函台和中(《以大自然为生物园》)。

6月20日　　发表《仍在不辍研究中的"活的教育"》。

6月23日　　成立儿童科学通讯学校。

6月24日　　致函徐笃仁(《全民族五大训练》)。

6月　　起草《乡村工学团试验初步计划说明书》,筹备创立将"工场、学校、社会打成一片"的工学团。

夏　　撰写《乡村工学团试验初步计划说明书》。

夏　作诗《活的教育》、《拉车的教员》、《拉车》、《士之小影》、《两位先生的对话》和《招生》等。

7月　派戴自俺、马侣贤、王作舟等人分头物色创办工学团地点。

8月30日　在上海沪江大学演讲《国难与教育》。

9月4日　晓庄小学在佘儿岗复校开学。

9月11日　派马侣贤、王作舟去山海与宝山县交界处选择创办工学团的地点。

9月15日　中秋，亲赴大场，察看创办工学团的地点。

9月20日　在《消息》月刊发表《从教育上谋国难的出路》。

9月　发表为李楚材所著《破晓》所写的序。

10月1日　出席上海大场孟家木桥山海工学团成立大会。

10月　出版《教学做合一讨论集》。作诗《自动学校小影》。

11月　与陈立延、沈嗣庄、丁柱中共同署名补呈设立山海实验乡村学校（山海工学团）。

11月28日　发表在暨南大学教育学系的演讲词《目前中国教育的两条路线——教劳心者劳力，教劳力者劳心》。

12月　与孙铭勋谈"幼稚园要重视科学的训练"。

冬　作诗《留级》。在报纸上刊登《卖艺广告》，为工学团筹集基金。指导晓庄学生徐一冰在上海北新泾创办了晨更工学团。

1933年（42岁）

1月1日　上午参加山海工学团成立三周月纪念会。下午应中社邀请，前往演讲《手脑相长》。

1月16日　发表演讲词《手脑相长》。

1月21日　宝山县政府批准设立山海试验乡村学校（山海工学团）。

2月　在程霖生家，请人讲解马克思主义，约严竞成、戴伯韬等人参加。

3月14日　参加与蔡元培、陈望道、李公朴等共同发起的纪念马克思逝世五十周年的纪念大会。

3月15日　作诗《新锄头舞歌》。

3月　发表在上海大夏大学的演讲词《创造的教育》。

4月2日　作诗《儿童节歌》。

约4月　作诗《瞄准乡村向前冲》。

7月　由上海儿童书局出版《知行诗歌集》。

夏　指导方友竹(方明)、陈挺夫创办报童工学团。

7月　指导张世德(张劲夫)、严钝组织沈家楼棉花工学团。亲自下地劳动,推广条播技术。

9月16日　与山海少年工学团谈"为农人服务的方针和做学问的方法"。

10月1日　陪同马莱率领的国际反战大同盟代表团参加山海工学团成立一周年纪念活动。

10月25日　看望来沪参观的新安儿童旅行团团员,为他们拟定参观计划。

10月26日　与新安儿童旅行团谈"参观和演讲的方法"。

10月　出版《幼稚教育论文集》。

10月下旬—12月上旬　陪同、指导新安儿童旅行团在上海开展各项活动。

11月1日　萧场工学团成立。

11月26日　陶母去世。

11月　在《女青年月刊》上发表在基督教女青年会的演讲词《农工教育对于社会改造的重要》。

12月10日　去上海火车站为新安儿童旅行团送行。

12月15日　致函承国英(《乡村教育要不会办教育的人办》)。

12月　派陆静山、侣朋到宜兴指导承国英创办西桥工学团。

是年　由儿童科学通讯学校自刊函授教材《儿童天文学活页指导》(一、二、三)和《算学的把戏》。

是华　主编"晓庄丛书"、"山海工学团丛书"。创办侯家宅养鱼工学团、红庙儿童工学团等,并在山海工学团总部开设了木工场、图书馆和诊疗室。

1934年(43岁)

1月4日　致函潘一尘(《小孩子有不可思议的力量》)。

1月12日　参加山海工学团计划讨论会。

1月20日　致函生活教育社全体同志(《各人对于劳苦大众干了什么事》)。

1月28日　在山海工学团参加"一·二八"两周年纪念会。同时举行儿童自动工学团小先生普及教育队授旗典礼及宣誓，"小先生制"正式诞生。

2月16日　发表《生活教育》、《普及什么教育》和《小先生》。

春　多方营救被国民党以"左翼文化联盟负责人"罪名逮捕的山海工学团团长马侣贤。

3月1日　发表《从穷人、教育想到穷国教育》、《从救水想到小孩的力量》、《怎样培养普及教育的人才》和《创立山海工学团的呈文》等。

3月16日　发表《从守财奴想到守知奴》。作诗《小先生歌》。

4月1日　发表《怎样指导小先生》。劳工幼儿团正式成立，专门招收劳工子女免费入学。山海工学团开始利用电影、收音机等设备施行电化教育。

4月4日　在山海工学团庆祝儿童节大会上演讲《普及教育与学武训》。

4月16日　在《生活教育》第1卷第5期上发表《从今年的儿童节到明年的儿童节》。

4月　出版《儿童节歌曲集》(陶行知词，赵元任曲)。

4月　在浙江湘湖师范、杭州市翁家山小学等地推广"小先生制"。

5月1日　在《生活教育》第1卷第6期上发表《从学军到工学军》。

5月6日　与山海工学团全体工师及艺友谈"怎样达到工以养生"。

5月16日　发表《暑期普及教育运动》。作诗《教师歌——献给儿童教育社同人》。

5月　派戴自俺在山海工学团总部成立了乡村幼儿园。在山海工学团为农友放映电影。亲自改写电影说明书，要求农友认读说明书后方能进场。

6月1日　发表《杀人的会考与创造的考成》。

6月16日　发表《文言白话又一战》。

7月1日　发表《大众语文运动之路》。

7月16日　发表《行知行》。

8月1日　发表《小先生解》、《四十万人民是参考书吗》和《评〈分部教科书〉》。

8月20日　致函汪达之(《你们走的是创造之路》)。

夏　山海工学团所在地旱灾严重,捐款购买抽水机救灾。

9月1日　发表《女子教育总解决》。

9月18日　在山海工学团参加纪念"九一八"三周年大会。

10月1日　参加山海工学团成立两周年纪念会,领读自己创作的儿歌。

10月上旬　北行卖艺演讲,遇南开大学校长张伯苓时,贺南开中学"会考"失败。

10月14日　由天津到济南推行普及教育。

10月　发表《教育的新生》。发表《大众的力量伟大》和《普及教育运动小史》等,收入同年上海儿童书局版《普及教育》。

11月8日　中国普及教育助成会筹备会在上海成立,任负责人。

11月10日　发表《读书与用书》。

11月11日　参加山海工学团星期讨论会,阐述了生活教育与传统教育的区别。

11月15日　在山海工学团星期总集会讨论会上谈"传统教育与生活教育有什么区别"。

11月16日　发表《怎样指导小朋友明白时事》。

11月23日　为新安儿童旅行团编著的《我们的旅行记》写序。

11月26日　会见甘肃省教育厅厅长水楚琴,商议把"小先生制"推广到甘肃去。

12月1日　发表在宝山县民众教育馆主办的民众教育服务人员训练班开学典礼上的演讲词《小先生与民众教育》。

12月16日　发表《答复子钵先生之批评》。

12月24日　在安徽大学演讲《普及教育》。

冬　应安徽省教育厅之请,赴安庆演讲《小先生攻破二十七道难关》,并带领程本海、朱泽甫等六人在安徽大力推广"小先生制"。

是年　作诗《兴学的乞丐》。

是年　编选出版《普及教育》，编印《老少通千字课》（1—4册），主编"小先生丛书"。

1935年（44岁）

1月1日　发表《不费钱的课本》和《拉夫教育》。

1月16日　发表《谈文字符号》和《谈调查学龄儿童》等。

1月21日　将自著的童话寓言《乌鸦》题字赠送给日本东京池袋儿童之村生活学校。向日本介绍生活教育、山海工学团和"小先生制"。

1月24日　召开山海工学团小先生谈话会，并提出把山海工学团交给儿童自己办。

1月25日　列席中国普及教育助成会第一次筹备会，建议由小先生起草中国普及教育助成会的组织大纲和宣言。

1月30日　在中国普及教育助成会第二次筹备会上被推举为辅助团主任。

1月　在《中华教育界》上发表《普及现代生活教育之路》，系统阐述了普及教育的理论和攻破普及教育之难关的方法。

2月1日　发表《胡适的普及教育理论》、《从孔德成的教育说到孔子的故乡与祖国》和《一来一去》等。

2月9日　参加中华职业教育社召开的专家会议，讨论"复兴民族目标下之青年职业训练问题"。

2月12日　主编的中国普及教育助成会筹备会《普及教育》周刊在上海《晨报》创刊。

2月12—26日　在上海《晨报·普及教育》周刊上连载演讲词《普及教育》。

3月1日　发表《乡村小学比赛表》、《中国普及教育方案商讨》、《私塾改造会组织大纲草案》和《攻破普及教育之难关》等。

3月4日　致函山海儿童社会（《新的旅行法》）。

3月8日　在汉口市立第三小学演讲《怎样做小先生》。

3月上旬　到南京、九江、汉口推行"小先生制"。

3月10日　与李公朴等发起、推行手头字运动，同时公布手头字第一期字汇表。

3月24日 参加沪郊农村工作协进会成立大会,发表演说。

4月1日 作诗《凤阳花鼓改作》。

4月4日 在山海工学团参加儿童节纪念会。

4月10日 创办"三十分钟普及教育"(空中学校),由上海中西药房无线电台播送。内容为教《老少通千字课》、唱歌、自然科学和社会科学,由陶晓光用普通话讲解指导。晚,与郭秉文、陈鹤琴、廖茂如等以哥伦比亚同学会的名义宴请过沪的哥伦比亚大学教授孟禄。

4月16日 发表《五千万匹马力的普及教育机器》。

4月26日 主编的"民众学校教科书"由世界书局出版。

4月 由上海商务印书馆出版普及教育识字课本《老少通千字课》(1—4册)。

约4月 作诗《儿童节献歌》(之一、之二)、《儿童节献词》。

5月1日 发表《文化细胞》。

5月16日 发表《文化网》和《强迫教育新义》。

5月中旬 派密野和鸿达创办郭家桥工学团。

6月1日 发表《对于上海市普及初步教育之意见》、《儿戏与儿教》。

6月9日 参加沪郊农村工作协进会首次理事会,任该会干事,负责普及教育委员会的工作,提出《沪郊各县初步普及教育办法案》。

6月16日 发表《通不通》。

6月18日 对来沪参观的山西大学教育学院教育系毕业生和山东省社教考察团演讲《普及教育》。

6月19日 山海工学团接待前来参观的山东省社教考察团。

7月1日 发表《从跑狗场谈到教育》。

7月2日 参加中华儿童教育社全体理事会。

7月9日 在中华职业教育社参加沪郊农村工作协进会卫生委员会成立会,被推选为沪郊村工作协进会卫生事业委员会委员。

7月16日 发表《读〈实施义务教育暂行办法大纲〉有感》。

7月25日 发表《大众读书谈》。

8月1日 发表《普及教育之组织与方法》和《再论普及教育之组织与方法》。

8月16日 发表《新文字创造之商榷》。

9月4日　作《佘儿岗儿童自动小学三周纪念》。

夏　在泰山给冯玉祥讲学。

秋　指导汪达之筹建新安旅行团。

约10月　作诗《新文字歌》(一、二)。

10月10日　新安旅行团出发。

11月1日　发表《新诗路线》等。

11月11日　发表《普及教育与店员》。

11月16日　发表《怎样写大众文》、《再谈怎样写大众文》。

11月19日　在《晨报·普及教育》周刊上发表《家庭妇女与普及教育》。

11月　出版专著《怎样做小先生》。

12月1日　发表《大众画报——一个需要,一个建议》和《流通图书馆与普及教育》等。

12月12日　与宋庆龄、何香凝、马相伯、沈钧儒等知名人士联署发表《上海文化界救国运动宣言》。

12月16日　刊文支持"一二·九"北平学生运动。

12月23日　发表《四个先生——教人写大众文,不取学费》。

12月27日　发起成立上海文化界救国会,被推选为执行委员。

12月　出版《知行诗歌别集》。

冬　聘请冼星海到山海工学团做音乐教师。

是年　由上海儿童书局出版论文集《普及教育续编》。

1936年(45岁)

1月1日　发表《连环的矛盾》和《十月运动与五四运动》。

1月6日　起草的《上海文化界救国会国难教育方案》经上海文化界救国会通过。

1月16日　发表《白话文与大众文》和《上海文化界救国会国难教育方案》。

1月28日　上海各界举行"一·二八"四周年纪念会,与沈钧儒等率领工人、农民及各界爱国人士近万人参加游行示威,徒步四十五里,呼吁国人团结起来抗日救国。

1月　与上海文化界救国会、职业界救国会、妇女救国会等团体及其他爱国人士，组成上海各界救国联合会，被选为理事。

2月1日　发表《战斗》。

2月10日　致函冯玉祥(《对士兵实施国难教育》)。

2月16日　发表《民族解放大学校》。

2月23日　国难教育社成立，被选为理事长。主持起草《发起组织国难教育社缘起》、《国难教育社成立宣言》、《国难教育社简章》等文件，经会议通过。

2月　到沪东、沪西和浦东开办工人夜校、识字班，训练班等。

春　与陈鹤琴、方明一起参观亭子间工学团，并写诗赞颂。接待美国进步作家、记者史沫特莱女士参观山海工学团，由张健、侣朋两位小先生接待，自己在旁担任翻译。

3月1日　发表《国难教育方案之特质》。

3月16日　发表《生活教育之特质》。

3月25日　作诗《儿童节献歌》。

4月1日　发表《儿童节对全国教师谈话》。

4月4日　发表《谈谈儿童节》。

4月16日　发表《教育逃走》和《新文字和国语罗马字——答复黎锦熙先生》。

4月17日　应广西民团干部学校之聘前往讲学。

4月23日　离上海去广西。夫人汪纯宜病逝。

4月30日　在广州中山大学大礼堂演讲《怎样才能粉碎日本的大陆政策》。

5月1日　在广州中山大学大礼堂演讲《大众教育问题》。发表《我们对于执行新文字的意见》等。发表英文论著 China's New Language (《中国新文字》)。

5月10日　发表《大众教育与民族解放运动》和《我们的态度》。

5月16日　发表《叶诚一先生的教育主张》等。对南宁市中学生演讲《中国的出路》。

5月19日　致函芝冈(《新文字为推进大众文化之最有效的工具》)。

5月22日　在南宁《民国日报》发表《我和女工们讲的话》。

5月30日　发表《国难教育问题——答香港〈工商日报〉记者问》。

5月31日　与沈钧儒、宋庆龄、何香凝、邹韬奋等及其他地方救亡团体代表在上海开会，成立全国各界救国联合会，被选为常务委员会和执行委员会委员。

6月1日　发表《新大学》。

6月14日　发表《文化解放》。

6月16日　发表《民族解放与大众解放》等。

6月20日　参加香港民众歌咏团演唱会。

6月21日　发表《民众运动》。

6月22日　发表《抵抗论》。

6月28日　发表《从大众歌曲讲到民众歌咏团》。

6月　由上海儿童书局出版论文集《普及教育三编》，发表《普及教育之歧路》、《民族解放中小先生之使命》、《答复庶谦先生》、《普及民族自救的教育》、《沪郊各县初步普及教育办法草案》和《普及什么教育——普及教育的四种精神》等。

7月1日　发表《争取时间》和《和民族解放运动配合的中等教育——和一位大规模的省立中学校长的谈话》。

7月5日　发表《树下谈话记——怎样才可以做一个前进的青年》。

7月7日　受全国各界救国联合会委托，前往欧美亚非各国宣传抗日救国，发动侨胞共赴国难。

7月10日　离港赴英，参加世界新教育会议。

7月11日　发表与记者的谈话记录《南京若与红军携手，救亡实力大有可观》。

7月14日　抵新加坡。

7月16日　在新加坡青年励志社演讲《新中国与新教育》。发表《苏联宪法草案中之公民权》。

7月22日　到印度。

7月25日　与沈钧儒、章乃器、邹韬奋等人联合签署的《团结御侮几个基本条件与最低要求》宣言正式发表。

7月27日　发表《第二次"新文字讨论会"演辞》。

7月　作诗《团结御侮文件》。

8月1日 发表《我对联合战线的认识》。

8月7日 抵伦敦。在世界新教育青年会上作了题为《推行"小先生制"普及教育》的报告。

8月10日 毛泽东就《团结御侮的几个基本条件与最低要求》宣言,写信给陶行知与沈钧儒等四人,表示:"我们同意你们的宣言纲领和要求,诚恳地愿意与你们合作,与一切愿意参加这一斗争的党派、组织或个人合作,以便如你们纲领与要求上所提出的一样,来共同进行抗日救国的斗争。"

8月22日 参加巴黎中国学生会、妇女救国会欢迎会。

8月 由上海大众文化社出版论文集《中国大众教育问题》。

8月底—9月初 与钱俊瑞、陆璀在日内瓦参加世界青年和平大会。

9月3—7日 在布鲁塞尔参加世界和平大会第一次会议,被参加大会的中国代表推为中国代表团主席,并在大会上被选为大会主席团成员。会议结束时,被推为世界和平理事会中国执行委员。与陈铭枢、王礼锡、钱俊瑞、胡秋原、黄清源等致函国际和平会议主席,"请求国际和平大会的常务委员会尽速派遣代表到中国去,以资常务委员会与中国委员会有所联系"。

9月12日 在巴黎华侨各界欢迎会上演讲《联合奋起,抗日救亡》。

9月15日 会见旅德华侨代表。

9月18日 参加巴黎中国学生会召开的纪念"九一八"大会并演讲。

9月20日 在巴黎出席全欧华侨抗日救国联合会成立会,即席创作并朗诵《中华民族大团结》长诗。

9月21日 作诗《赞〈救国时报〉》。

10月3日 调查巴黎华工生活及历史。

10月5日 作诗《跟青年学》。

10月10日 在巴黎万花楼与中法友人共庆双十节并演讲。

10月18日 与陆璀赴伦敦。

10月30日 作诗《瞻仰马克思墓》。

10月 发表《儿童的世界》,收入同月上海生活书店版《今日之儿童》。作诗《中国人》。

11月9日 抵纽约。

11月中旬　会见杜威、克伯屈等。访中国学生抗日会、农联、华侨学校等。

11月22日　在全欧华侨抗日救国大会上演讲《〈团结御侮的几个基本条件与最低要求〉之再度说明》。

11月24—29日　在纽约哥伦比亚大学演讲。参加东南大学同学会宴会。访问各团体。

12月1—11日　先后会见哥伦比亚大学师范学院教授杜威、孟禄、克伯屈等人。在美国非侵略会演讲。

12月12日　去波士顿,访当地华侨组织。

是年　由上海儿童书局出版《知行诗歌三集》。

1937年(46岁)

1月4—8日　应邀到红十字会男职员俱乐部、女青年会、国际研究所、中央护士俱乐部等处演讲。

1月28日　出席纽约华侨学校"一·二八"纪念会。

1月　与在美国的华侨冀朝鼎等33人发起救援救国会领导人沈钧儒、章乃器、邹韬奋、王选时、史良、沙千里、李公朴"七君子"。杜威、爱因斯坦、孟禄等世界知名人士16人致电蒋介石,表示严重关切。

2—3月　出席美国洗衣工会联合会议,并建议印制"请不要买日本货"的卡片,放在洗好的衣袋里,以宣传抗日救国。去妇女协会、外国教士会演讲。

4月3日　被国民党政权江苏省高等法院以"危害民国并宣传与三民主义不相容之主义"罪名再次予以通缉。

4月14日　在加拿大温哥华演讲《中国的抗战是不自由就受奴役的斗争》英文记录稿载同月加拿大报纸 *Sun*。

4月15日　出席国际扶轮社午宴,并作政治形势演讲。

6月　发表《对于中国学生运动之认识与希望——祝全国学联成立周年纪念并述我个人》。

7月　到钵仑、西雅图等地演讲。出席欢迎西班牙人民之友会等。"七七"事变后,将"国难教育运动"改名为"战时教育运动"。

8月上旬　出席中华会馆与中华总商会、抗日会执委会会议。到大中华戏院、孔教学校等演讲。

8月11—16日　出席中国学生大会。与华工、美国码头工人谈话。

8月27日　去墨西哥。

8月30日—9月7日　在墨西哥接受记者访问,到妇女人民阵线会议、墨西哥中华小学演讲。

9月20日　拜会墨西哥总统。

9月24日　在墨西哥城午宴上致告别词。

9月25日　离墨西哥去美国。

10月10日　对美国工人演讲,指出:过去工人制造汽船、铁路、机器,今日的工人制造工会、民生,甚至和平。

10月11日　接见记者和美国青年大会代表与英国劳工代表。

10月16日　致信胡适,对其承认伪满洲国以换取和平的主张表示反对。

10月22日　在美国反战反法西斯联盟演讲《中国与西班牙》。

11月2日　会见美国青年大会芝加哥代表主席。

11月15日　出席大使馆纪念周活动并演讲。会见华盛顿邮报记者。

11月17日　在华盛顿,参加与胡敦元等组织发起的中华经济研究社成立会。

11月18日　离美去加拿大,宣传抗日救国。

11月26日　返纽约。到美国的中国人民之友会演讲。

12月6日　代发经杜威同意的致甘地、罗曼·罗兰、罗素、爱因斯坦电稿。

12月8日　代为草拟的杜威、甘地、罗曼·罗兰、罗素、爱因斯坦五人宣言发表,谴责日本侵略中国。

12月11日　致函陶晓光、陶城,要他们"到最信仰民为贵的地方去"。

12月23日　会见妇女国际和平自由大会代表路威兹、查尔斯等。

12月24日　作诗《战场即学校——写第八路军对日军之宣传教育》,收入1947年大孚出版公司版《行知诗歌集》。

12月28日　演讲《教育在中国为自由而战斗中的地位》。

1938年(47岁)

1月4日　致函吴树琴(《"十二个字"的理论》)。

1月5日　致函戴伯韬、刘季平(《把战场变作学堂》)。

1月9日　出席离美送别会。

1月中下旬　在加拿大,参加民众大会,出席科鲁尼茶会,参观工厂和调查矿物,并多次演讲。

2月3日　离美去英。

2月9日　抵英国。

2月10日　在伦敦出席世界反侵略大会。

2月10—15日　与吴玉章再次拜谒马克思墓。

2月17—18日　去都柏林调查爱尔兰与日本的贸易情况。

2月20日　去利物浦,访问当地华侨抗日救国后援会。

2月23日　去荷兰鹿特丹、海牙,访问华侨会馆及救国后援会。

2月24日　抵荷兰阿姆斯特丹。

2月25日　去比利时,在布鲁塞尔访问华侨抗战后援会。

2月26日　去巴黎,为救济中国留学生事访问中国学生会。

3月7日　回纽约。

3月14日　赴加拿大。

3—4月　访问国际研究所。到加拿大各大城市演讲,把演讲所得之款,购买医药器材,通过宋庆龄转送八路军白求恩医疗队。调查加拿大华人情况。

4月24—25日　到西雅图,积极推动购买公债及捐款活动。

4月26—27日　访工业组合大会一般福利研究会及经济社会研究所。

4月28日　抵旧金山,会见加州华工合作会代表彭飞及洗衣工会临时主席黄垣。

5月3日　离旧金山去洛杉矶。

5月4日　在洛杉矶五千人集会上,揭露美国军火商运送军用物资帮助日本军阀屠杀中国人民的事实,引起各方震动。

5月9日　作诗《笔伐平时教育》。

5月12日　作诗《〈先锋〉八周年》(一)。

5月14日　抵芝加哥。

5月23日　到华盛顿。

夏　　作诗《衣联歌初稿》。

6月10日　谴责日本轰炸平民。

6月12日　出席致公党茶会,向各团体辞行。

6月15日　离美去英。在美期间,积极推动《鲁迅全集》征订工作。

6月24日　离伦敦去巴黎。在英期间,与李信慧女士一道第三次拜谒马克思墓。写诗祝贺《鲁迅全集》出版。

6月26日　离巴黎去意大利。

6月28日　在罗马访抗日会。

6月30日—7月2日　离意大利,经奥地利、捷克到柏林。

7月3日　访柏林华侨学生会。

7月6日　第一届第一次国民参政会在汉口举行。根据国民参政会组织条例第三条(甲)项,被选为安徽省参政员,因在国外未出席会议。

7月11日　离德去法。

7月16日　访问参战华工联合会、亚细亚华工总工会、旅法华工联合会。营救努力救国而被拘捕、驱逐的王庆元与陈曙光。

7月18—20日　经奥地利、匈牙利、南斯拉夫抵雅典。

7月21日　访苏格拉底石牢。去埃及。

7月24—26日　在开罗会见埃及爱兹哈尔大学中国留学生、爱兹哈尔大学校长麦拉额。出席回民学生集会并演讲。

7月27日　用英文致函甘地、泰戈尔等。

7月28—29日　离埃及去印度。在船上组织唱歌团,船过红海时组织医药急救班。

8月10—12日　抵加尔各答。访泰戈尔,出席全印学生、工人、农民代表及全印大会领袖举行的欢迎茶会。后去孟买。

8月14日　访甘地,答应撰写关于中国大众教育的文章,将"小先生制"介绍给印度。

8月18日　到科伦坡,出席华侨工会欢迎会。

8月19日　出席锡兰红十字会集会。

8月27日　抵达西贡,访问侨胞团体。

8月30日　抵香港。

8月31日　与邓颖超一起参加香港文化界人士举行的欢迎大会,并介绍遍访欧美诸国的情况。

9月1日 在香港各界欢迎会上演讲《国际形势与中国抗战》。

9月9日 完成英文论著 The People's Education Movement In China(《中国的大众教育运动》)。该文系应甘地约请而作。

9月上中旬 在香港青年会、香港四妇女联合会、香港女子筹委会演讲,动员华侨支援抗战。在港期间,向报界和各界人士发表谈话,表示自己在抗战中要从事三件工作:一是创办晓庄学院,以培养高级人才;二是创办难童学校,使难童能受到一定的教育;三是在港创办中华业余补习学校(店员职业补习学校),以教育方式发动侨胞救国。在香港筹组中华业余补习学校,任董事长。

9月20日 离港归来,路过衡阳,对湘省中学军训学生演讲。

10月1日 深夜,与作曲家任光同船抵武汉。

10月4日 出席汉口临时儿童保育院欢迎大会并演说。拜见蒋介石,谈晓庄复校、改创晓庄学院计划。

10月5日 拜会周恩来。听周恩来谈陕北军民坚持抗战情况,深受鼓舞。

10月6—12日 先后访问白崇禧、李宗仁、宋美龄、黄仁霖、陈启东等。

10月14日 到战时妇女工学团演讲。在新友旅行团成立三周年庆祝会上讲话,勉励孩子们"骑到真理的背上去"。

10月15日 作诗《鲁迅先生逝世两周年纪念》。

10月16日 与任光一起参观武汉儿童保育院。

10月17日 离汉赴渝,前往参加国民参政会第二次会议。在汉期间,谢绝任安徽省教育厅厅长之聘,应邀参加设计委员会,帮助从武汉迁到四川去的八九所保育院的开办工作。

10月24日 作诗《〈鲁迅全集〉出版祝》。

10月28日—11月6日 以国民参政员身份,出席国民参政会第一届第二次会议,并在会上提出《推行普及教育及增加抗战力量树立建国基础案》等提案。

11月初 参观重庆临时儿童保育院。

11月5日 在《新华日报》上发表与该报记者谈话记录《谈战时民众

教育》。在重庆保育院演讲《小朋友是民族未来的巨子》。

11月21日　抵桂林。筹组生活教育社。

11月　香港店员补习学校（中华业余补习学校）由吴涵真主持，在香港中华儿童书院内成立。

12月15日　生活教育总社在桂林正式成立，被选为理事长。

12月23日　离广西去香港。在桂林期间，考察了广西战时教育状况，制订《桂林战时民众教育工作人员须知》。

12月25日　发表《一个建议——桂林山洞教育》。

12月29日　在香港，接受《星岛日报》记者访问。

12月　在香港应东江华侨回乡服务团训练班的邀请演讲《回乡去怎样工作》。

是年　创立中国战时教育协会。

是年　作英文论著 China（《中国》）。

1939年(48岁)

1月2日　作诗《生活教育小影》、《战时民众教育》。

1月10日　发表《生活教育目前的任务》。

1月13日　创刊《东江》。

1月14日　发表《说书》。

1月25日　发表《推行生活教育之又一方式》。

1月　出席香港记者座谈会、新年聚餐会。在明德中学、业余联谊会、中国青年记者学会、红磡自强体育会等社团演讲。在香港召开晓庄学校董事会议，决定筹设晓庄研究所。

1月底　离港赴重庆参加第三次国民参政会。

2月10日　发表《桂林战时民众教育工作人员须知》。

2月　回川途经桂林时，看望新安旅行团的同志。

3月初　由重庆到北碚。计划将筹组中的晓庄研究所设于北碚。着手筹办招收和培养难童中天才儿童的育才学校。

3月6日　在北碚实验区署纪念周演讲，谈自己的来碚观感和遍访列国的情况。

3月10日　发表《评加强教育党化》。

3月14日　致函宋美龄(《育才学校创办旨意》)。

3月15日　在《生活教育十二周年纪念刊》上发表在香港中华业余学校的演讲词《全面抗战与全面教育》。撰写《告生活教育社同志书——为生活教育运动十二周年纪念而作》。

3月24日　作诗《儿童节歌》(一、二、三)。

4月初　在北碚各界欢迎抗日游击队英雄赵老太太大会上讲话,号召全国的老太太都变成赵老太太。

4月10日　发表《评〈第三届全国教育会议宣言〉》。

4月　在北碚成立育才学校筹备处,领导王洞若、马侣贤、陆维特等开始筹办育才学校。

5月初　在欢送三峡志愿战士的大会上演讲,并赠诗勉励志愿战士。为使志愿战士能安心服役,向三峡实验区出征将士家属优待委员会建议:以"志愿捐"来配合"志愿兵",并首先认捐每月五十元。

5月30日　致函邓哲熙(《生活教育的目的》)。

5月　积极筹组育才学校。聘请吴晓邦、陈烟桥等来校任教,组织测验团,用智力测验、公组测验、普通课测验方法,到各儿童保育院、教养院、孤儿院等难童所在地,为育才学校选拔有才能的学生。

6月　撰写《育才学校教育纲要草案》。

7月20日　演讲《育才学校创办旨趣》。

7月　撰写《讨论生活教育的提纲》,原件存晓庄师范。

9月9日　致函陶晓光、陶城(《青年至少要学好一种外国语》)。

9月10日　发表《精诚团结是民族存亡的头》。

9月　参加国民参政会第四次会议。香港中华业余补习学校终因局势动荡、师资缺乏和经费不足等问题而停办。

11月10日　提出当年孙中山先生的诞辰纪念应以宪政问题为运动中心,举行宪政座谈会,将中山先生有关宪政的重要言论提出来开展研究。

11月16日　撰写《宪政运动与国民教育》。

11月25日　发表《填鸭教育》。

11月27日　致吴羽白函(《学问与革命是一件事》)。

11月下旬　与沈钧儒、黄炎培、章伯钧等人在重庆发起组织"统一建国同志会"。

12月12日 给尹来弟小朋友寄药方,鼓励其用心治疟疾、痢疾和咳嗽。

12月25日 发表《我的民众教育观》。

12月31日 与吴树琴结婚,极简朴,住北碚一废弃不用的旧碉堡内。

12月 撰写《我们的校徽》。致一位朋友函《谈生活教育》。

是年 晓庄研究所成立,并撰写出一批研究报告。育才学校得到迅速发展,已有学生一百二十名,分设音乐、戏剧、文学、社会科学、绘画、自然科学六组。

1940年(49岁)

1月3日 出席沈钧儒、郭沫若、邹韬奋、李公朴、史良等为庆贺他结婚而举办的茶会。美国记者安娜·路易斯·斯特朗也到会祝贺。

1月10日 发表《谈未来的东亚秩序》。

1月11日 发表《〈新华日报〉二周纪念》一诗。

1月25日 发表《游击区教育》。

1月 将结婚所收到的贺礼捐助给香港的反汪工友。

2月1日 致函高士其,要他为学术珍重身体,并为他募捐住院治疗的费用。

2月10日 发表在重庆保育院院长会议上的演讲词《儿童保育问题》。

3月10日 发表《小学教师之烦恼》。

3月15日 出席生活教育社十三周年纪念会,报告社务并指示生活教育运动的方向。

3月25日 发表《生活教育运动十三周年纪念告同志》。

4月上旬 在国民参政会上提出,政府应规定教育为人民之义务和权利。

4月9日 与《新华日报》记者谈话"抗战必须坚持团结停止摩擦"。

4月25日 发表《结婚歌——调寄村魂歌》一诗。

5月1日 为纪念五一劳动节,组织育才师生修路。

7月7日 致函业勤(《儿童教育的任务》)。

8月10日 致函潘畏三(《我们不是企图取消学校教育》)。

9月上旬 拟就一份改革教育制度的大纲，对大中学课程及修业期限等问题提出创见。主张大学生不一定入校读书，可采取自修办法，读完学校规定的课程后，再通过考试取得学位。

9月24日 出席周恩来等人在北碚温泉举办的招待文化界知名人士的宴会，并聆听了周恩来的形势报告。

9月25—26日 周恩来、邓颖超为育才学校的学生健康捐款。

10月11日 函告马侣贤(《周恩来、邓颖超为育才学校的学生健康捐款》)。

10月29日 致函皎然(《教育要起推动作用》)。

11月4日 请德国医生到育才学校检查学生体格。

12月10日 发表《谈海外回国青年之教育》。

12月23日 连任第二届国民参政会参政员。

12月26日 邀请周恩来、邓颖超、叶剑英、冯玉祥等人及中外记者参加育才学校音乐组在重庆举行的儿童音乐会。

1941年(50岁)

1月4日 "皖南事变"后，派人通知共产党员戴伯韬等人，要他们赶快隐蔽起来，免遭不测。

1月10日 发表《清水沙盘——献给全国的小朋友》。

1月25日 致函陶晓光(《追求真理做真人》)。

3月 为克服育才学校艺术教师不足的问题，组织成立了见习团，到重庆各艺术团体向各方面专家就教。

春 物价飞涨，育才学校的经济十分困难。但仍严词拒绝教育部部长陈立夫以解决育才学校立案和经费作为交换条件向育才学校派出训育主任的要求，保持育才学校的独立性。

4月6日 提出"跟武训学"、"做一个集体的武训"等口号，以克服育才办学中的经济困难。定4月6日为"育才兴学节"。

6月1日 发表《新武训》。

6月底 撰写《育才二周岁前夜》。

6月 发表《育才二周岁前夜》，总结育才办学初步经验，探讨培养人才幼苗的基本方法。

7月20日　为因公遇难的育才学校会计富醒泉书写碑文,把他称为"会计英雄"。

7月23日　致函陶晓光(《在集体创造上学习创造》)。

9月26日　作诗《荷叶舞歌》。

9月　试验"育才幼年研究生制"。为充分发挥学生的学习潜力,选拔少年研究生二十七名,进行专门培养。

10月10日　与张澜、沈钧儒、胡愈之等发起组织民主政团同盟。

10月19日　参加第二届国民参政会第二次会议,提出《设立中央儿童学园以倡导幼年社会教育案》。

10月　在国民参政会二届二次会上提出《化除青年烦闷发挥青年精神以保全民族元气而增加抗战建国力量案》等案。

冬　约请翦伯赞到育才学校讲学三周。

是年　送萧志鹏、刘国钧、王智等七个育才学生赴延安学习。

1942年(51岁)

1月11日　作诗《〈新华日报〉四周纪念》。

1月19日　作诗《把自由还给我们》。

1—2月　组织育才师生向社会汇报见习后的创作成果,举行戏剧公演、绘画展览、音乐演奏。

3月15日　在生活教育社十五周年纪念会上演讲。

春　作诗《自嘲》。

5月　组织育才师生学习毛泽东《在延安文艺座谈会上的讲话》以及延安整风的文献资料。

春夏之际　在育才学校经费极度困难时,为募集经费而四处奔走,使育才学校得以维持。

7月7日　致函赵冕(《培养人才幼苗的六字诀和十字诀》)。

7月20日　在育才学校三周年纪念晚会上演讲《每天四问》。作《育才三周年祭同志文》。

8月18日　写《写在〈植物小世界〉创刊号之后》。

10月16日　在重庆育才学校晚间音乐会上演讲《把"创造之神"迎接回来了》。

11月7日　发表《向斯大林格勒战士致敬》和《苏联革命二十五周年纪念献词》二诗。

11月28日　作诗《长青不老歌》。

12月4日　演讲《育才十字诀》。

12月24日　作诗《育才戏剧组共勉》。

12月25日　在育才学校纪念牛顿诞辰三百周年、伽利略逝世三百周年大会上朗诵《纪念牛顿与伽利略》，号召育才学生向牛顿和伽利略学习，争取为人类做出贡献。

1943年(52岁)

1月11日　作诗《贺〈新华日报〉五周年》。

1月21日　致函育才师生，希望他们进城观看莫扎特的《安魂曲》演出，以受教育。

2月11日　致函陶宏（《人生最大的目的还是博爱》）。

3月22日　到育才学校所办的光铁坡农场指导工作，并带现金五百元慰劳垦荒大军。

3月　生活教育社改选，连任理事长。

9月25日　作诗《百候中学复校十周年纪念》。

秋　撰写《学习外国文》。

10月13日　撰写《创造宣言》。

10月15日　在育才朝会上宣读《创造宣言》，指导教育者要创造的是真善美的活人，教师的成功是创造出使自己崇拜的人和理论与技术。

10月　邀请《新华日报》记者陆诒来育才主讲时事。

11月28日　作诗《育才学校校歌》。

12月　致函育才之友（《关于育才学校的创办》）。

12月　总结"幼年研究生制"和见习团的经验，认为这是一种行之有效的好办法，决定继续试行下去。

是年　为营救萨空了而到处奔走。接受周恩来所送的一套南泥湾垦荒大生产图片和一件用延安毛线织成的毛衣。

是年　作诗《创造年献诗》。撰写《怎样培养十六常能》。

1944年(53岁)

1月5日 作诗贺董必武六十大寿。

1月 发表《育才之方针》、《育才十二要》、《育才卫生教育二十九事》、《育才学校之礼节与公约》、《育才学校创造年计划大纲》、《育才学校创造奖金办法》、《育才二十三常能》和《育才学校节略》等,收入同月时代印刷出版社版之《育才学校手册》。

3月 动员育才师生到光铁坡农场去开荒劳动,生产自救。

4月 育才学校重庆办事处在管家巷28号成立。

5月 派员到重庆难童收容所、保育院等单位选拔学生。

6月25日 发表关于民主与教育的若干看法。

6月 撰写《从五周年看五十周年》。

7月 在育才学校建校五周年之际,再次强调,在战时,学校不只是一个研究学问的组织,而且应该是个战斗体,要加强军训。

7月 撰写《〈武训先生画传〉再版跋》。

约8月 作诗《追思韬奋先生》、《邹韬奋先生挽歌》(一)。

9月18日 作诗《邹韬奋先生挽歌》(二)。

9月25日 作诗《武训先生画赞》。

9月26日 与宋庆龄等70余人联名发起邹韬奋先生追悼会,并写诗以寄追思。在儿童福利工作人员会议上演讲。

9月 派舞蹈组戴爱莲、庄严学习《兄妹开荒》等秧歌剧。亲自修改、审定《朱大嫂送鸡蛋》的歌词。倡导补习班、青年班、夜校及识字班,为青年、农民补学文化服务。

10月上旬 为育才学生王士毅参军抗战举行欢送会,并题词相勉。

10月8日 作诗《民主到那里去》(一、二、三)。

10月10日 作诗《歌唱现代》、《民主》、《政治的盘尼西林》、《言论自由》和《民主第一》等。

10月13日 致函育才全体同志(《召开校务会议》)。

秋 再次约请翦伯赞来育才讲学十一天。

12月5日 在育才学校武训诞辰纪念会上谈"武训精神",记录稿载次日《新华日报》。

12月16日 在中国儿童福利协会成立大会上对儿童福利问题提出具体建议。在重庆《大公报》上发表《创造的儿童教育》。在《时事新报》上发表《敲碎儿童的地狱,创造儿童的乐园》。

12月25日 作诗《迎接民主年》。

冬 鼓励、帮助育才戏剧组学生张本治创作四川方言话剧《郎格办》,写成后又推出公演。

是年 与沙千里、周竹安等人筹建大孚出版公司。

1945年(54岁)

1月1日 发表《迎接民主年》诗。

1月 撰写《创造的社会教育论纲》,原件存晓庄师范。

3月15日 在育才学校同学会成立会上讲话,号召同学们加强团结。

4月初 动员各界人士在儿童节(4月4日)这一天向乡下儿童送礼。

4月4日 在重庆《新华日报》上发表《民主的儿童节》。

4月8日 慰问郭沫若时,希望他筹办民主研究院。

4月9日 在《新华日报》上发表与该报记者的谈话,希望郭沫若筹办民主研究院。

4月22日 写《假如我重新做一个小孩》。

春 请延安来的陈波儿到育才学校教秧歌舞。育才学校成立了两个秧歌队,深入工厂、农村,为群众演出。

5月 协助中国民主同盟主编《民主》星期刊。为社会青年开设民主星期六讲座。

5月 发表《实施民主教育的提纲》。

7月20日 参加育才学校六周年校庆活动,接受美国援华会赠育才的儿童读物,并与贵宾一起将读物分发给育才小朋友。

8月 任中国人民救国会中央常务委员兼组织部部长。

9月4日 贺重庆荣军互助会成立。

9月9日 与冯亦代、倪斐君等筹办的国际难童学校开学。

9月18日 刊行 *Education For All*(《全民教育》),*Yu Tsai School For Talented Refugee Children*(《育才学校英文手册》),*The People's Education Movement In China*(《中国大众教育运动》)。发表《育才学校的

创办》。

  9月 多次拜会来重庆谈判的毛泽东。

  10月1—12日 民盟在重庆召开临时全国代表大会,被推选为民盟中央常务委员、教育委员会主任委员。

  10月6日 发表译作《学习怎样运用自由》。作诗《四万万五千万人的大公司,四万万五千万人做老板》。

  10月8日 作诗《胜利带来了一切》。

  10月10日 由生活教育社刊行论文集《普及现代生活教育之路及其方案》。

  10月11日 为毛泽东返延安送行,并在机场合影。

  10月27日 完成诗作《民之所好三首》。

  10月 作诗《立刻停止内战》。

  11月1日 在《民主教育》创刊号上发表《民主》和《民主教育》。

  11月6日 致函杜威(《论中美两国关系》)。

  11月18日 参加重庆各界团体举行的陈嘉庚先生安全庆祝大会,祝贺陈嘉庚安全回到新加坡。

  12月1日 在《民主教育》第2期上发表《民主教育之普及》。在《民主》第10期上发表《把武训先生解放出来——为武训先生诞辰一百零七周年纪念而写》。作诗《莫吞原子弹》。

  12月7日 作诗《昆明因反内战被杀于再先生及潘琰荀极中李鲁连同学千古》。

  12月9日 参加重庆各界追悼昆明"一二·一"死难烈士大会,大义凛然,将生死置之度外。

  12月20日 作诗《赠勉功先生》。

  12月22日 作诗《政治协商会议之路》。

  12月22日 着手筹办重庆社会大学。

  12月23日 发表《抗战时代之乡下先生》。

  约12月 作诗《中国救国会祭昆明反内战被害师生哀词》、《民主进行曲》。

  是年 任大孚出版公司总编辑。

1946年(55岁)

1月1日　提出生活教育的四大方针,即民主的、大众的、科学的、创造的方针。

1月1日　作诗《新年的希望》。

1月2日　作诗《社会大学颂》。

1月3日　与周恩来、郭沫若等50余人发起冼星海先生纪念演奏会,协助组织周恩来倡议成立的星海合唱团和民主合唱团,并任民主合唱团团长。

1月5日　作诗《向民主小姐求爱》。

1月10日　组织育才师生出席欢迎叶挺出狱的联欢会。

1月11日　作诗《敬赠政治协商会议代表》和《新闻大学——贺〈新华日报〉八周岁》。

1月15日　与李公朴、史良等共同筹创的重庆社会大学(夜大学)开学,任校长。

1月28日　发表《"一·二八"十四周年纪念》一诗。

1月　发表《大众的艺术》。撰写《社会大学运动》。

年初　将育才学校迁往红岩村。带领育才师生参加重庆沧白堂政协促进会。

2月2日　作诗《大闹沧白堂有感》。

2月10日　参加较场口庆祝政协会议成功大会。

2月14日　登报聘请史良为育才学校常年法律顾问。

2月　就《新华日报》工作人员遭国民党特务殴打事,前往中共代表团慰问和致意。

3月8日　请邓颖超到育才学校讲革命经历,对育才师生进行革命传统教育。

3月15日　发表与《民主》杂志社记者的谈话《谈社会大学》。

3月22日　发表《领导者再教育》。

3月下旬　发动各界朋友为乡下苦孩子送节礼,提出使穷孩子们能得到"一天的快乐,一年的教育"。

4月1日　发表《值得我们学习的一件事》。

4月4日　作诗《儿童节儿歌》、《儿童节大人歌》和《饯行歌——送别党化教育》。

4月6日　出席新武训节纪念会并讲话。

4月11日　由重庆飞南京,筹备育才迁校和筹办上海社会大学。

4月14日　到南京晓庄扫墓,受到晓庄农民和儿童的热烈欢迎。

4月中旬　到南京梅园看望周恩来,谈及对育才学校迁校的设想。

4月18日　抵上海。接受《联合晚报》记者访问。

4月21日　对上海一千多名小学教师作题为《小学教师与民主运动》的专题演讲。

4月23日　与山海工学团所在地的农友见面谈话,讨论如何恢复山海工学团等问题。

4月25日　发表《自我再教育》一诗。

4月25日　在上海市教育团体联合会举行的欢迎会上演讲。

4月　撰写《小学教师与民主运动》。

5月1日　出席上海百货业职工纪念"五一"的联欢会并演讲。

5月6日　参加中华职业教育社成立二十九周年纪念会,介绍美国的职业教育情况。

5月16日　发表《跟人民和小孩学习》。

5月23日　发表对教师们所作的系列讲话第一讲《第一件大事》。

5月中下旬　在沪江大学、圣约翰大学等地作专题讲演。与郭沫若等宴请美洲爱国华侨司徒美堂。指导筹组的生活教育社上海分社成立。

5月30日　发表系列讲话第二讲《谈接收主权》。

6月2日　参加欢迎美国援华总干事毕莱士的欢迎会,致欢迎词,并朗诵诗歌。

6月6日　发表系列讲话第三讲《教师自动进修》。

6月8日　与上海文化界知名人士马叙伦、马寅初、周建人、茅盾、巴金、赵丹等一百六十四人写信给蒋介石,呼吁停止内战。

6月13日　发表系列讲话第四讲《谈扫除文盲》。

6月14日　与柳湜谈教育问题。

6月19日　在大同大学反内战要和平大会上发表演讲。

6月19日　作诗《春风文艺社题词》。

6月23日　在上海北站欢送马叙伦等赴京请愿的十万人大会上发表演说，斥责国民党反动派搞假和平、真内战的阴谋。上海和平运动联合会在大会上宣告成立。

6月25日　代表上海54个团体向外国记者发表谈话，抗议国民党特务所制造的"下关事件"，并要求美军立即撤离中国。

6月　探望高士其，并赠罐头食品。筹办生活教育社上海分社暑期进修班。

6月　发表《怎样可以得到和平》。作诗《诗人节祝词》。

约6月　与上海日文《改造日报》记者小野三郎谈自己的教育生涯。

7月初　在沪江大学演讲《新中国之新教育》。

7月3日　在上海青年会举行的招待外国记者茶会上用英文宣读郭沫若拟订的发言稿，揭穿了国民党特务的阴谋，并即席答记者问。

7月7日　作诗《赠女工夜校毕业典礼》。

7月15日　在回答翦伯赞劝他提防"无声手枪"时说："我等着第三枪。"

7月16日　致函育才同学会上海分会全体同学（《为民主斗争前仆后继》）。撰写《致育才同学会上海分会全体同学》，信中说："只要我们肯得为民主死，真民主就会来到，而中华民族也一定可以活到万万年。"

7月18日　作诗《追思李公朴先生》。

7月21日　作《祭邹韬奋先生文》。

7月22日　参加邹韬奋逝世两周年暨遗体安葬大会。

7月24日　与郭沫若等30余人致电美国哥伦比亚大学历史学院，要求派代表调查李公朴、闻一多遭特务暗杀事件。为生活教育社赶写对联和整理自己历年的诗稿直至深夜。

7月25日　因突发脑溢血抢救无效，于12时30分逝世于上海，终年55岁。

主要参考资料

一、图书类

吴一德编:《陶行知诗歌选》,上海教育出版社1985年版。

朱经农、陶知行编纂:《平民千字课》(全4册),商务印书馆1923年版。

舒新城编:《近代中国教育史料》(全4册),中华书局1928年版。

胡适著:《胡适留学日记四册》,商务印书馆1947年版。

联共(布)中央特设委员会编:《苏联共产党(布)历史简明教程》,人民出版社1954年版。

陶行知著:《中国教育改造(重版)》,安徽人民出版社1981年版。

江苏省陶行知教育思想研究会、南京晓庄师范陶行知研究室合编:《陶行知文集》,江苏人民出版社1981年版。

中央教育科学研究所编:《陶行知教育文选》,教育科学出版社1981年版。

葛懋春、李兴芝编辑:《胡适哲学思想资料选(上)》,华东师范大学出版社1981年版。

葛懋春、李兴芝编辑:《胡适哲学思想资料选(下)(胡适的自传)》,华东师范大学出版社1981年版。

赵祥麟、王承绪编译:《杜威教育论著选》,华东师范大学出版社1981年版。

四川省纪念陶行知先生诞生九十周年大会筹备组编:《陶行知纪念文集》,四川人民出版社1982年版。

中央教育科学研究所教育理论研究室《陶行知年谱稿》编写组编:《陶行知年谱稿》,教育科学出版社1982年版。

高平叔编:《蔡元培全集》第5卷,中华书局1984年版。

昆明社会大学教育处重编:《社会大学1946—1985纪念 附:昆明社会大学恢复成立介绍》,北门出版社1984年版。

华中师范学院教育科学研究所主编:《陶行知全集》第1卷,湖南教育出版社1984年版。

华中师范学院教育科学研究所主编:《陶行知全集》第2—6卷,湖南教育出版社1985年版。

朱泽甫编著:《陶行知年谱》,安徽教育出版社1985年版。

中国社会科学院近代史研究所中华民国史研究室编:《胡适的日记》(全2册),中华书局1985年版。

陶行知等著:《生活教育文选》,胡晓风等编,四川教育出版社1988年版。

金陵大学南京校友会编:《金陵大学建校一百周年纪念册》,南京大学出版社1988年版。

南京大学高教研究所校史编写组编:《金陵大学史料集》,南京大学出版社1989年版。

上海市陶行知研究会、上海市陶行知纪念馆、上海师范大学陶研会编:《陶行知佚文集》,四川教育出版社1989年版。

陕西省陶行知研究会编:《陶行知论乡村教育改造》,陕西师范大学出版社1989年版。

李楚材编写:《陶行知和儿童文学》,少年儿童出版社1986年版。

董宝良主编:《陶行知教育论著选》,人民教育出版社1991年版。

教育大辞典编纂委员会编:《教育大辞典 第10卷 中国近现代教育史》,上海教育出版社1991年版。

华中师范大学教育科学研究所主编:《陶行知全集》第7—8卷,湖南教育出版社1992年版。

江苏省陶行知研究会编:《陶行知日志》,江苏教育出版社1991年版。

璩鑫圭、唐良炎编:《中国近代教育史资料汇编 学制演变》,上海教育出版社1991年版。

中国第二历史档案馆编:《中华民国史档案资料汇编 第三辑 教育》,江苏古籍出版社1991年版。

《陶行知全集》编辑委员会:《陶行知全集》第1—10卷,四川教育出版社1991年版。

胡晓风主编:《工学团史料》,四川教育出版社1992年版。

朱有瓛主编：《中国近代学制史料　第三辑上册》，华东师范大学出版社1990年版。

朱有瓛主编：《中国近代学制史料　第三辑下册》，华东师范大学出版社1992年版。

中国第二历史档案馆编：《中华民国史档案资料汇编　第五辑　第三编　教育（共二册）》，江苏古籍出版社2000年版。

沈卫威编：《胡适日记》，山西教育出版社1997年版。

蒋廷黻著：《蒋廷黻回忆录》，岳麓书社2003年版。

单纯编：《冯友兰自述》，河南人民出版社2004年版。

胡适口述：《胡适口述自传》，唐德刚注译，安徽教育出版社2005年版。

蒋梦麟著：《西潮与新潮——蒋梦麟回忆录》，东方出版社2006年版。

杨亮功著：《早期三十年的教学生活　五四》，黄山书社2008年版。

梁漱溟讲演：《东西文化及其哲学》，陈政、罗常培编录，商务印书馆1922年版。

舒新城编：《近代中国留学史》，中华书局1933年版。

潘开沛著：《陶行知教育思想的批判》，大众书店1952年版。

戴伯韬著：《陶行知的生平及其学说》，人民教育出版社1982年版。

安徽省陶行知教育思想研究会编：《陶行知一生》，湖南教育出版社1984年版。

江苏省陶行知教育思想研究会编：《纪念陶行知》，湖南教育出版社1984年版。

北京师范大学历史系中国现代史教研室编：《中国现代史》（上、下），北京师范大学出版社1983年版。

李泽厚著：《中国现代思想史论》，东方出版社1987年版。

徐大文、刘大康著：《陶行知》，江苏古籍出版社1985年版。

辛元、谢放编：《陶行知与晓庄师范》，江苏教育出版社1986年版。

北京市陶行知研究会编：《陶行知研究》，湖南教育出版社1987年版。

方与严著：《生活教育简述（修订本）》，上海教育书店1950年版。

毛礼锐、沈冠群主编：《中国教育通史》第3—4卷，山东教育出版社1988年版。

许宗元著：《陶行知》，人民出版社1988年版。

《中国现代教育家传》编委会编:《中国现代教育家传》第 1 卷,湖南教育出版社 1986 年版。

叶上雄主编:《生活教育十讲》,四川教育出版社 1989 年版。

胡国枢著:《生活教育理论——陶行知教育思想研究》,浙江教育出版社 1991 年版。

陆维特著:《陶行知研究论文集》第 1 集,福建教育出版社 1991 年版。

汤翠英、吴梦进编著:《陶行知与当代中国名人》,南京大学出版社 1991 年版。

童富勇、胡国枢著:《陶行知传——纪念伟大的教育家——陶行知诞辰一百周年》,教育科学出版社 1991 年版。

袁振国、张葵编:《伟大的人民教育家——陶行知》,江苏教育出版社 1991 年版。

章开沅、林蔚主编:《中西文化与教会大学》,湖北教育出版社 1991 年版。

周洪宇编:《陶行知研究在海外》,人民教育出版社 1991 年版。

叶良骏著:《陶行知的故事》,人民教育出版社 1991 年版。

章开沅、唐文权著:《平凡的神圣——陶行知》,湖北教育出版社 1992 年版。

董宝良主编,周洪宇副主编:《陶行知教育学说》,湖北教育出版社 1993 年版。

王炳照、阎国华主编:《中国教育思想通史》(全 8 卷),湖南教育出版社 1994 年版。

张劲夫著:《思陶集》,华夏出版社 1994 年版。

梁吉生著:《张伯苓教育思想研究》,辽宁教育出版社 1994 年版。

田正平著:《留学生与中国教育近代化》,广东教育出版社 1996 年版。

吴刚著:《接受认识论引论》,北京大学出版社 1996 年版。

章开沅主编:《文化传播与教会大学》,湖北教育出版社 1996 年版。

董宝良、周洪宇主编:《中国近现代教育思潮与流派》,人民教育出版社 1997 年版。

梁启超撰:《中国历史研究法》,汤志钧导读,上海古籍出版社 1998 年版。

余子侠著:《山乡社会走出的人民教育家:陶行知》,湖北教育出版社1999年版。

周洪宇、余子侠、熊贤君主编:《陶行知与中外文化教育》,人民教育出版社1999年版。

李国钧、王炳照总主编:《中国教育制度通史》(全8卷),山东教育出版社2000年版。

熊明安、周洪宇主编:《中国近现代教育实验史》,山东教育出版社2001年版。

元青著:《杜威与中国》,人民出版社2001年版。

周毅、金成林编著:《创造奇葩——陶行知的弟子们》,四川教育出版社2001年版。

吴式颖、任钟印主编:《外国教育思想通史》(全10卷),湖南教育出版社2002年版。

何兆武、陈启能主编:《当代西方史学理论》,上海社会科学出版社2003年版。

苗春德主编:《中国近代乡村教育史》,人民教育出版社2004年版。

张广智著:《西方史学史》,复旦大学出版社2000年版。

王一心著:《劳谦君子陶行知》,南京师范大学出版社2004年版。

金林祥主编:《20世纪陶行知研究》,上海教育出版社2005年版。

徐明聪著:《陶行知与现代名人》,合肥工业大学出版社2006年版。

徐志辉、卢爱萍主编:《吴树琴与陶行知》,江苏人民出版社2006年版。

邝忠炽、徐仲林主编:《陶行知与重庆育才学校》,西南师范大学出版社2006年版。

李刚著:《历史与范型:陶行知研究的知识社会学考察》,东北师范大学出版社2006年版。

袁晞著:《陶行知:捧着心来 不带草去》,大象出版社2007年版。

陶行知与中国现代化课题组著:《陶行知与中国现代化》,四川教育出版社2008年版。

金林祥、胡国枢、屠棠主编:《当代中国陶行知教育思想实验研究》,浙江工商大学出版社2008年版。

胡国枢著:《中华本土教育家陶行知》,杭州出版社2009年版。

金林祥、胡国枢主编:《陶行知词典》,百家出版社 2009 年版。

王一心著:《最后的圣人:陶行知》,团结出版社 2010 年版。

周毅、向明著:《陶行知传》,四川教育出版社 2010 年版。

周洪宇著:《开拓与创建:陶行知与中国现代文化》,山东教育出版社 2010 年版。

周洪宇著:《陶行知生活教育学说》,湖北教育出版社 2011 年版。

周洪宇著:《陶行知画传》,山东教育出版社 2011 年版。

朱若潜著:《新兴国家的教育型:陶行知在中国的工作 1917—1946 年》,(台湾)高昌印刷公司 1966 年版。

[美]杜威著:《经验与自然》,傅统先译,商务印书馆 1960 年版。

[英]爱德华·霍列特·卡尔著:《历史是什么?》,吴柱存译,商务印书馆 1981 年版。

[联邦德国]H. R. 姚斯、[美]R. C. 霍拉勃著:《接受美学与接受理论》,周宁、金元浦译,滕守尧审校,辽宁人民出版社 1987 年版。

[英]杰弗里·巴勒克拉夫著:《当代史学主要趋势》,杨豫译,上海译文出版社 1987 年版。

[法]安多旺·莱昂著:《当代教育史》,樊慧英、张斌贤译,光明日报出版社 1989 年版。

[加]许美德、[法]巴斯蒂主编:《中外比较教育史》,朱维铮等译,上海人民出版社 1990 年版。

[英]柯林武德著:《历史的观念》,何兆武、张文杰译,商务印书馆 1997 年版。

[美]费正清著:《美国与中国》,张理京译,世界知识出版社 2000 年版。

二、报刊类

《申报》,1872 年创刊。

《东方杂志》,1904 年创刊。

《教育杂志》,1909 年创刊。

《中华教育界》,1912 年创刊。

《新青年》,1915 年创刊。

《教育与职业》,1917 年创刊。

《新教育》,1919年创刊。
《少年中国》,1920年创刊。
《平民》,1924年创刊。
《新教育评论》,1925年创刊。
《乡教丛讯》,1927年创刊。
《中央日报》,1928年创刊。
《生活教育》,1934年创刊。
《大众教育》,1935年创刊。
《中国青年》,1939年创刊。
《行知研究》,1980年创刊。